U0640663

中国绿色物流发展报告
（2023—2024）

编写单位

中国物流与采购联合会绿色物流分会
物资节能中心
辽宁科技大学

支持单位

中国外运股份有限公司

中国财富出版社有限公司

图书在版编目（CIP）数据

中国绿色物流发展报告.2023—2024 / 中国物流与采购联合会绿色物流分会，物资节能中心，辽宁科技大学编.——北京：中国财富出版社有限公司，2025.6.——（国家物流与供应链系列报告）.——ISBN 978 - 7 - 5047 - 8436 - 0

Ⅰ.F259.22

中国国家版本馆 CIP 数据核字第 2025T2J946 号

策划编辑	郑欣怡		责任编辑	贾浩然 于名珏		版权编辑	武 玥
责任印制	苟 宁		责任校对	杨小静		责任发行	敬 东

出版发行　中国财富出版社有限公司

社　　址　北京市丰台区南四环西路 188 号 5 区 20 楼　　　　邮政编码　100070

电　　话　010 - 52227588 转 2098（发行部）　　　010 - 52227588 转 321（总编室）

　　　　　010 - 52227566（24 小时读者服务）　　　010 - 52227588 转 305（质检部）

网　　址　http：//www.cfpress.com.cn　　　　排　　版　宝蕾元

经　　销　新华书店　　　　　　　　　　　　　印　　刷　北京九州迅驰传媒文化有限公司

书　　号　ISBN 978 - 7 - 5047 - 8436 - 0 / F·3815

开　　本　787mm×1092mm　1/16　　　　　　版　　次　2025 年 6 月第 1 版

印　　张　27.5　　　　　　　　　　　　　　印　　次　2025 年 6 月第 1 次印刷

字　　数　554 千字　　　　　　　　　　　　定　　价　198.00 元

《中国绿色物流发展报告（2023—2024）》

编 委 会

主 任

任豪祥　中国物流与采购联合会副会长、中国物流学会会长

宋　嵘　中国外运股份有限公司总经理

刘　武　宝供物流企业集团有限公司董事长

王正刚　日日顺供应链科技股份有限公司 CEO

副主任

蒋　浩　中国物流与采购联合会绿色物流分会执行副会长

高　翔　中国外运股份有限公司副总经理

何明珂　北京工商大学教授

肖　亮　浙江工商大学管理工程与电子商务学院党委书记

主 编

刘　然　中国物流与采购联合会绿色物流分会秘书长

　　　　物资节能中心副主任

赵洁玉　中国物流与采购联合会绿色物流分会副秘书长

　　　　物资节能中心绿色发展部主任

金玉然　辽宁科技大学工商管理学院副院长、教授

　　　　辽宁科技大学低碳经济与智慧商业研究所所长

傅培华　浙江工商大学现代物流与供应链研究中心主任、教授

李灏源　中国外运股份有限公司创新研发部（可持续发展部）

　　　　总经理

1

副主编

刘　哲　中国物流与采购联合会绿色物流分会评估策划部主任
　　　　物资节能中心绿色发展部副主任

崔丹丹　中国物流与采购联合会绿色物流分会综合会员部主任
　　　　物资节能中心绿色发展部项目主管

曹惠蕾　中国物流与采购联合会绿色物流分会国际合作部主任
　　　　物资节能中心绿色发展部助理工程师

张庆环　中国物流与采购联合会绿色物流分会市场开发部主任
　　　　物资节能中心高级工程师

朱晓林　辽宁科技大学工商管理学院教授

李修琳　浙江工商大学物流管理与工程系副主任、副教授

尤　赟　中国外运股份有限公司创新研发部（可持续发展部）
　　　　副总经理

特约撰稿人（按姓氏音序排列）

崔　秦　顺丰航空有限公司飞机性能工程师

傅　兵　中国物流与采购联合会绿色物流分会专家委员会委员

葛金田　济南大学山东物流发展研究中心主任、教授

郝　皓　上海第二工业大学经济与管理学院科研院长、教授

贺建志　广州市综合交通枢纽有限公司总经理

侯海云　鞍山钢铁集团有限公司副总工程师

黄　松　中集运载科技有限公司总经理

贾翔宇　浙江创联信息技术股份有限公司技术总监

金玉然　辽宁科技大学工商管理学院副院长、教授
　　　　辽宁科技大学低碳经济与智慧商业研究所所长

李　鹏　河南省物流与采购联合会副会长兼秘书长

梁艳杰　济南大学商学院讲师、博士

林有来　北京物流与供应链管理协会会长

刘春良　普洛斯中国资产运营服务 ESG&Risk 负责人

刘　帆　亿海蓝（北京）数据技术股份公司产业经济研究院
　　　　院长

刘伟华	天津大学运营与供应链管理系主任、教授
刘　艳	北京物资学院物流学院教授
孟　毅	内蒙古伊利实业集团股份有限公司低碳发展总监
浦春鸣	江苏省现代物流协会副秘书长
乔显苓	日日顺供应链科技股份有限公司智慧物流创新研究院副院长
王　沛	北京交通大学交通运输学院物流工程系副教授
王　珊	中外运物流有限公司物流事业部（可持续发展部）总经理
王　秭	京东物流低碳产品战略专家
韦　倩	山东大学经济研究院副院长、教授
徐　丽	普洛斯中国资产运营服务市场商务总监
杨　夕	深圳观复碳中和技术研究院院长
张晓东	北京交通大学交通运输学院物流工程系主任、教授
张　艳	复旦大学环境科学与工程系教授

其他编写人员（按姓氏音序排列）

安赟书	陈锦龙	陈俊虎	陈　朋	陈云云	程　岩	董晓玲
高　阳	韩璐莎	侯可欣	胡　潘	黄　丽	黄少阳	冀守铅
黎梓朗	李天杨	李　哲	刘晓旭	刘　旭	路恒玮	石春光
石莹莹	苏廷乐	苏宗晟	王宏鑫	王娜英	王　琦	王小雨
王旭明	王一鸣	王钰杰	王　玥	韦　倩	尉芳芳	吴　凡
吴利金	武宇亮	谢小玉	徐友国	严　涛	杨　波	尤　赟
曾　锴	张春豫	张文佑	张　颖	者文明	庄建林	庄杨柳

案例参编单位（按公司名音序排列）

北京国研趋势科技有限公司

北京金谷智通绿链科技有限公司

重庆长安汽车股份有限公司

大众汽车（安徽）有限公司

马士基（中国）航运有限公司

内蒙古蒙牛乳业（集团）股份有限公司

宁夏东来能源运输有限公司

宁夏坤达物流有限公司

宁夏宇鹿供应链科技有限公司

日日顺供应链科技股份有限公司

山东京博物流股份有限公司

陕西坤源供应链集团有限公司

陕西易运力科技有限公司

上海箱箱智能科技有限公司

深圳中集智慧托盘有限公司

唐山港集团股份有限公司

无限极（中国）有限公司

武汉中百物流配送有限公司

西安自贸港建设运营有限公司

中国外运股份有限公司

中国物流宁夏有限公司

中集运载科技有限公司

中铁快运股份有限公司西安分公司

中外运物流有限公司

中远海运物流供应链有限公司

前　言

气候变化已成为全人类无法回避的重大挑战。为积极应对气候变化带来的诸多危害与影响，全球范围内对碳中和的追求越发坚定且广泛。在《巴黎协定》框架下，承诺碳中和的国家和地区数量持续增加，目前已覆盖超过 160 个国家和地区，涉及城市数量突破 300 个，参与企业数量有 1100 余家。值得关注的是，碳中和目标所覆盖的全球 GDP、人口和二氧化碳排放量的比例已超过 85%，这充分彰显了全球各国在应对气候变化问题上的决心与行动。

在"双碳"目标的引领下，多个国家不断深化和完善碳中和方案，覆盖领域更加广泛，不仅延续了对交通运输、建筑、工业、农业等传统领域的碳减排关注，更在绿色金融、科技创新等新兴领域加大了政策引导和支持力度。"双碳"目标已成为推动全球产业转型升级、能源结构优化、供应链重构以及技术和模式创新的核心驱动力。绿色发展理念已深度融入全球经济社会发展各环节，成为高质量发展的鲜明底色。

现代物流作为连接生产与消费的关键纽带，高度集成并融合了运输、仓储、分拨、配送、信息等多元服务功能，是延伸产业链、提升价值链、打造供应链的重要支撑力量。然而，现代物流的快速发展在带来经济便利的同时，也伴随着大量的能源消耗和对环境的负面影响。在此背景下，绿色物流不仅成为全球物流行业发展的重要趋势，更是实现可持续发展的必由之路。

回顾 2023—2024 年，绿色物流领域取得了诸多令人瞩目的新进展：政策体系持续完善，标准引领作用凸显；技术创新加速渗透，绿色转型成效显著；行业实践纵深推进，多领域协同发展；国际合作深化拓展，全球治理贡献中国方案。

编写《中国绿色物流发展报告（2023—2024）》的初衷，正是基于当前绿色物流领域的新发展态势，通过全面梳理过去一段时期行业发展脉络，深度剖析最新趋势与挑战。本报告立足行业实践，结合政策导向与国际经验，为政府提供决策参考，为物流

1

行业企业提供更加全面、深入的绿色物流管理实践指导。

　　中国物流与采购联合会绿色物流分会衷心希望与更多志同道合的合作伙伴携手共进，充分发挥各自优势，共同推动物流与供应链领域绿色低碳的高质量发展。我们坚信，通过全行业的共同努力，必将推动中国绿色物流向更高质量、更可持续方向发展，为全球气候治理贡献中国力量。

编　者

2025 年 6 月

目　录

第一篇　综合报告

第一章　2023 年中国绿色物流发展情况 ·· 3
第二章　2024 年中国绿色物流发展情况 ·· 13
第三章　中国绿色物流发展趋势分析 ·· 22

第二篇　专题报告

第一部分　行业篇 ··· 27
第一章　钢铁行业绿色物流发展现状与趋势分析 ································ 27
第一节　钢铁行业发展现状和绿色低碳发展需求分析 ··················· 27
第二节　钢铁行业绿色物流发展现状 ·· 30
第三节　钢铁行业绿色物流发展趋势 ·· 34
第二章　家电行业绿色物流发展现状与趋势分析 ································ 36
第一节　家电行业发展现状和绿色低碳发展需求分析 ··················· 36
第二节　家电行业绿色物流发展现状 ·· 40
第三节　家电行业绿色物流发展趋势 ·· 43
第三章　乳制品行业绿色物流发展现状与趋势分析 ···························· 45
第一节　乳制品行业发展现状和绿色低碳发展需求分析 ··············· 45
第二节　乳制品行业绿色物流发展现状 ··· 47
第三节　乳制品行业绿色物流发展趋势 ··· 54

第四章　烟草行业绿色物流发展现状与趋势分析 ················· 55
　　第一节　烟草行业发展现状和绿色低碳发展需求分析 ········· 55
　　第二节　烟草行业绿色物流发展现状 ····················· 57
　　第三节　烟草行业绿色物流发展趋势 ····················· 62

第五章　电商领域绿色物流发展现状与趋势分析 ··············· 64
　　第一节　电商领域发展现状和绿色低碳发展需求分析 ········· 64
　　第二节　电商领域绿色物流发展现状 ····················· 70
　　第三节　电商领域绿色物流发展趋势 ····················· 77

第二部分　物流服务篇 ··································· 80
第六章　综合物流绿色低碳发展现状与趋势分析 ··············· 80
　　第一节　综合物流发展现状和绿色低碳发展需求分析 ········· 80
　　第二节　综合物流绿色低碳发展现状 ····················· 82
　　第三节　综合物流绿色低碳发展趋势 ····················· 89

第七章　公路货运绿色低碳发展现状与趋势分析 ··············· 92
　　第一节　公路货运发展现状和绿色低碳发展需求分析 ········· 92
　　第二节　公路货运绿色低碳发展现状 ····················· 97
　　第三节　公路货运绿色低碳发展趋势 ···················· 100

第八章　内河货运绿色低碳发展现状与趋势分析 ·············· 104
　　第一节　内河货运发展现状和绿色低碳发展需求分析 ········ 104
　　第二节　内河货运绿色低碳发展现状 ···················· 106
　　第三节　内河货运绿色低碳发展趋势 ···················· 114

第九章　远洋货运绿色低碳发展现状与趋势分析 ·············· 117
　　第一节　远洋货运发展现状和绿色低碳发展需求分析 ········ 117
　　第二节　远洋货运绿色低碳发展现状 ···················· 126
　　第三节　远洋货运绿色低碳发展趋势 ···················· 133

第十章　中国铁路货运绿色低碳发展现状与趋势 ·············· 139
　　第一节　中国铁路货运绿色低碳发展现状 ················· 139
　　第二节　中国铁路货运绿色低碳发展趋势 ················· 146

第十一章　航空货运绿色低碳发展现状与趋势分析 ············ 152
　　第一节　航空货运绿色低碳发展现状分析 ················· 152
　　第二节　航空货运绿色低碳发展需求分析 ················· 153

第三节　顺丰航空 2023 年绿色低碳发展现状 ……………………………… 154

第四节　顺丰航空 2024 年绿色低碳发展现状 ……………………………… 156

第五节　航空货运绿色低碳发展趋势 ……………………………………… 159

第十二章　运输结构调整优化发展现状及趋势 …………………………… 163

第一节　推动运输结构调整优化的意义 …………………………………… 163

第二节　运输结构调整优化的发展现状 …………………………………… 164

第三节　影响运输结构调整优化的问题 …………………………………… 171

第四节　运输结构调整优化的趋势 ………………………………………… 173

第十三章　物流园区绿色低碳发展现状与趋势分析 ……………………… 176

第一节　物流园区发展现状和绿色低碳发展需求分析 …………………… 176

第二节　物流园区绿色低碳发展现状——普洛斯绿色低碳运营理念 …… 180

第三节　物流园区绿色低碳发展趋势——普洛斯绿色低碳卓越实践 …… 185

第十四章　物流枢纽绿色低碳发展现状与趋势分析 ……………………… 190

第一节　物流枢纽/园区发展现状和绿色发展需求洞察 ………………… 190

第二节　物流枢纽/园区绿色低碳发展现状与实践 ……………………… 192

第三节　广州东部公铁联运枢纽"双碳"策略与行动体系 ……………… 198

第四节　物流枢纽/园区绿色低碳发展趋势 ……………………………… 202

第十五章　绿色转型视角下的物流载具和包装发展现状与趋势探究 …… 203

第一节　物流载具和包装发展现状与绿色低碳发展需求分析 …………… 203

第二节　物流载具和包装绿色低碳发展现状 ……………………………… 207

第三节　物流载具和包装绿色低碳发展趋势 ……………………………… 209

第三部分　综合篇 ……………………………………………………………… 212

第十六章　逆向物流发展现状与趋势分析 ………………………………… 212

第一节　逆向物流发展现状 ………………………………………………… 213

第二节　逆向物流发展趋势 ………………………………………………… 222

第十七章　物流业绿色金融（碳金融）发展现状与趋势分析 …………… 225

第一节　绿色金融（碳金融）发展现状和需求分析 ……………………… 225

第二节　物流业绿色金融（碳金融）发展现状 …………………………… 226

第三节　物流业绿色金融（碳金融）发展趋势 …………………………… 230

第十八章　绿色物流标准发展现状与趋势分析 …………………………… 233

第一节　绿色低碳标准发展现状和需求分析 ……………………………… 233

第二节　绿色物流标准发展现状 …………………………………………… 233

第三节　绿色物流标准发展趋势 ·································· 237

第十九章　现代物流绿色化与数字化协同发展现状与趋势分析 ·········· 239

第一节　现代物流绿色化与数字化协同发展背景 ················ 239

第二节　现代物流绿色化与数字化协同发展现状 ················ 242

第三节　现代物流绿色化与数字化协同发展的现存问题与挑战 ···· 244

第四节　现代物流绿色化与数字化协同发展趋势 ················ 245

第五节　现代物流绿色化与数字化协同发展建议 ················ 247

第二十章　绿色物流人才发展现状与趋势分析 ······················ 250

第一节　2023—2024 年我国绿色物流人才发展整体现状 ·········· 250

第二节　2023—2024 年我国绿色物流人才培养策略与实践 ········ 252

第三节　2024 年绿色物流人才发展趋势 ························· 258

第四部分　区域篇 ·· 260

第二十一章　北京市绿色物流发展现状与趋势分析 ················· 260

第一节　北京市绿色低碳发展现状与需求分析 ················· 260

第二节　北京市绿色物流发展现状 ··························· 262

第三节　北京市绿色物流发展趋势 ··························· 266

第四节　2023—2024 年北京市绿色物流政策和标准梳理 ·········· 267

第二十二章　江苏省绿色物流发展现状与趋势分析 ················· 273

第一节　江苏省绿色低碳发展现状与需求分析 ················· 273

第二节　江苏省绿色物流发展现状 ··························· 276

第三节　江苏省绿色物流发展趋势 ··························· 280

第四节　2023—2024 年江苏省绿色物流政策和标准梳理 ·········· 282

第二十三章　河南省绿色物流发展现状与趋势分析 ················· 285

第一节　河南省绿色低碳发展现状与需求分析 ················· 285

第二节　河南省绿色物流发展现状 ··························· 288

第三节　河南省绿色物流发展趋势 ··························· 291

第四节　2023—2024 年河南省绿色物流政策和标准梳理 ·········· 292

第二十四章　山东省绿色物流发展现状与趋势分析 ················· 294

第一节　山东省绿色物流发展现状及主要问题 ················· 294

第二节　山东省绿色物流发展趋势分析 ······················· 297

第三节　加快山东省绿色物流发展的对策 ····················· 301

第三篇 资料汇编报告

2024 年绿色物流政策梳理 …………………………………………………… 307

第四篇 绿色物流案例

第一章 中外运物流有限公司 ……………………………………………… 329

第二章 中国外运股份有限公司 …………………………………………… 332

第三章 日日顺供应链科技股份有限公司 ………………………………… 333

第四章 唐山港集团股份有限公司-智慧能源综合管控平台建设 ……… 336

第五章 内蒙古蒙牛乳业（集团）股份有限公司 ………………………… 345

第六章 中集运载科技有限公司 …………………………………………… 348

第七章 马士基（中国）航运有限公司 …………………………………… 352

第八章 无限极（中国）有限公司 ………………………………………… 354

第九章 中远海运物流供应链有限公司 …………………………………… 359

第十章 深圳中集智慧托盘有限公司-绿色可循环 SSD 租赁运营项目 … 362

第十一章 中国物流宁夏有限公司 ………………………………………… 366

第十二章 中铁快运股份有限公司西安分公司 …………………………… 369

第十三章 武汉中百物流配送有限公司 …………………………………… 372

第十四章 宁夏东来能源运输有限公司 …………………………………… 383

第十五章 宁夏坤达物流有限公司 ………………………………………… 387

第十六章 北京金谷智通绿链科技有限公司 ……………………………… 390

第十七章 宁夏宇鹿供应链科技有限公司 ………………………………… 394

第十八章 北京国研趋势科技有限公司 …………………………………… 396

第十九章 重庆长安汽车股份有限公司 …………………………………… 399

第二十章 山东京博物流股份有限公司 …………………………………… 402

第二十一章 陕西易运力科技有限公司 …………………………………… 409

第二十二章 西安自贸港建设运营有限公司 ……………………………… 415

第二十三章 陕西坤源供应链集团有限公司 ……………………………… 418

第二十四章 大众汽车（安徽）有限公司 ………………………………… 421

第二十五章 上海箱箱智能科技有限公司 ………………………………… 423

第一篇

综合报告

第一章　2023 年中国绿色物流发展情况

一、2023 年中国社会经济和物流发展形势

2023 年，俄乌冲突持续、巴以爆发新一轮冲突、美政治极化更加凸显，国际动荡迹象显著增多，百年未有之大变局加速演进。面对复杂严峻的国际环境和艰巨繁重的国内改革发展稳定任务，中国着力扩大内需、优化结构、提振信心，国民经济回升向好，高质量发展扎实推进。根据《中华人民共和国 2023 年国民经济和社会发展统计公报》（以下简称"公报"），2023 年中国 GDP 达到 126.06 万亿元，比上年增长 5.2%。2023 年年末全国人口总量达到 14.10 亿人，城镇化率达到 66.2%。2023 年新产业新业态新模式较快成长，新能源汽车产量 944.3 万辆，比上年增长 30.3%；太阳能电池（光伏电池）产量 5.4 亿千瓦，增长 54.0%。这一年，绿色低碳转型深入推进，水电、核电、风电、太阳能发电等清洁能源发电量 3.19 万亿千瓦时，比上年增长 7.8%。

根据中国物流与采购联合会通报的 2023 年全国物流运行情况，2023 年全国社会物流总额 352.4 万亿元，按可比价格计算，同比增长 5.2%。从构成看，工业品物流总额 312.6 万亿元，占比为 88.71%，按可比价格计算，同比增长 4.6%；农产品物流总额 5.3 万亿元，占比为 1.50%，增长 4.1%；再生资源物流总额 3.5 万亿元，占比为 0.99%，随着国家绿色发展理念指引和循环经济发展，其增速高达 17.4%；单位与居民物品物流总额 13.0 万亿元，占比为 3.69%，增长 8.2%；进口货物物流总额 18.0 万亿元，占比为 5.11%，增长 13.0%。2023 年，全年货物运输总量 556.8 亿吨，货物周转量 24.8 万亿吨公里，货物运输量和货物周转量分别同比增长 8.1% 和 6.3%，其中，民用航空货物运输量增长 21.0%。全年港口集装箱吞吐量 3.10 亿标准箱，增长 4.9%。全年快递业务量 1320.7 亿件，比上年增长 19.4%。

二、2023 年中国绿色物流发展的主要驱动力

1. 全球"双碳"目标下的绿色发展达成初步共识

为应对全球气候变化，各国都在积极行动。根据《2023 全球碳中和年度进展

报告》指出，全球已有151个国家提出碳中和目标。2023年年底，《联合国气候变化框架公约》第二十八次缔约方大会（COP28）就《巴黎协定》首次全球盘点，达成"阿联酋共识"，该协议文本指出，各方认识到需要大幅、快速和持续地减少温室气体排放，以达成《巴黎协定》所设定的，将全球平均气温上升幅度努力控制在1.5摄氏度之内的目标，呼吁各国采取多项行动，其中包括：到2030年，全球可再生能源装机容量增加两倍，全球年均能效增加一倍；在能源系统中，以公正、有序和合理的方式从化石燃料"转型"；尽快取消低效的化石燃料补贴等。

在全球绿色低碳发展背景下，绿色物流也逐步成为物流行业绿色低碳发展的主要共识。2023年12月1日至3日，第一届绿色物流与供应链发展大会在杭州召开，本次大会以"共谋绿色物流新格局，共建供应链协同新生态"为主题，聚焦绿色物流与供应链领域优秀成果、前沿技术与发展趋势，展示绿色化、低碳化、数字化、智能化相关的新技术、新产品、新模式、新业态，着力打造绿色物流发展的新格局，构建更开放的供应链协同新生态。来自物流及供应链企业、生产制造企业、信息服务企业、能源企业、金融机构、院校及研究机构、行业协会、国际组织、新闻媒体等组织机构的800多名行业翘楚、专家学者、商界精英参加大会。大会同时召开"双碳引领，赋能绿色供应链未来""绿色循环，物流+制造深度融合""标准先行，助力行业高质量发展""创新驱动，绿色供应链物流国际化科技创新"等分论坛。本次大会发布《中国绿色物流发展报告（2023）》（完整版和简版）、《中国物流行业ESG发展报告》、中国物流与采购联合会《物流行业公共碳排计算器》和《物流企业绿色物流评估指标》（WB/T 1134—2023）《物流企业温室气体排放核算与报告要求》（WB/T 1135—2023）两项行业标准以及《绿色物流理论与实验》一书等。

2. 发达国家绿色新政驱动绿色物流发展

2023年4月25日，欧盟通过了绿色新政"Fit for 55"修正案，其中包括五项关键法案，即扩大欧盟碳市场、海运排放、基建排放、征收航空燃油税、设立碳边境调节机制（CBAM，以下简称"碳关税"）。此举将使欧盟减少主要经济部门的温室气体排放，同时为居民和小微型企业提供有效支持，以确保实现欧盟到2030年将温室气体净排放量较1990年水平至少减少55%的目标，并在2050年实现碳中和。①碳边境调节机制（CBAM）要求在欧盟境外生产的货物，根据其生产过程中的碳排放量，在进入欧盟市场时支付碳价格，涵盖钢铁、铝、电力、水泥、化肥、化工（氢）六大行业。为平稳实施法案，欧盟设定从2023年10月至2025年年底的过渡期，从2026年至2034年将逐步实施"碳关税"。②2023年8

月 17 日，《欧盟电池和废电池法规》（新电池法案）正式生效，其是针对电动汽车电池（EV 电池）、轻型交通工具电池（LMT 电池）、汽车启动、照明和点火用蓄电池（SLI 电池）、工业电池、便携式电池（<5kg 家用和手机电池等）共 5 类电池的全生命周期进行规范的法律文件，内容涵盖电池碳足迹、电池护照、生产者责任延伸与废旧电池收集要求、电池材料回收要求、循环材料比例、供应链尽职调查等，其中，电池碳足迹对于电池物流碳排放有明确要求。③欧盟内部及出入欧盟港口的航运业纳入欧盟碳排放交易体系（EU ETS）管控，这意味着船舶在欧盟港口必须支付碳排放费用，即涉及欧盟航线的航运公司将为其船舶碳排放支付履约成本，如目前船公司纷纷推出碳附加费，其对海运成本的影响将从 3.5% 逐渐提升到 10%。

2023 年 1 月 10 日，美国为实现到 2035 年确保 100% 清洁电网和到 2050 年实现净零碳排放目标的战略性蓝图，出台《美国运输脱碳国家蓝图》，该蓝图主要目标是到 2030 年，乘用车新车销量的 50% 实现零排放，中重型卡车新车销量的 30% 实现零排放；到 2040 年加速清洁解决方案实施，确保支持清洁技术所需的基础设施部署到位，完全融入清洁能源系统，到 2050 年，所有联邦采购车辆中均为零排放车辆，实现净零排放。

2023 年 2 月 10 日，日本内阁批准"实现绿色转型的基本方针"，计划未来 10 年日本政府和私营部门投资将超过 150 万亿日元（约 1.1 万亿美元），构建绿色转型、去碳化和稳定供应的体制，促进交通绿色转型和扩大以脱碳为目的的数字投资。发达国家绿色政策和法律的出台，内容逐渐由间接转向直接提出绿色物流发展要求，进而降低交通、物流领域的绿色低碳发展。

3. 国际、国内温室气体排放标准指引绿色物流发展

2023 年，在全球"碳中和"发展需求驱动下，国际标准 ISO 14068—1：2023（Climate change management — Transition to net zero — Part 1：Carbon neutrality, 气候变化管理——净零转型——第 1 部分 碳中和）正式发布，该标准通过量化、减少和抵消碳足迹来实现和证明"碳中和"的原则、要求和指南，为全球提供实现"碳中和"统一的方法和原则。同年，备受期待的国际标准 ISO 14083：2023（Greenhouse gases—Quantification and reporting of greenhouse gas emissions arising from transport chain operations, 温室气体——运输链运营产生的温室气体排放量的量化和报告）正式发布，涵盖了陆路、铁路、海运、水路和航空，也包括所有运输工具（如船舶、车辆或管道等），以及运输枢纽的运营，还考虑了运输过程中客运和货运的空驶情况，适用于运输链的所有阶段，也提供了全球首个通用的物流温室气体排放核算方法。

在中国，2023 年 4 月，《国家标准委等十一部门关于印发〈碳达峰碳中和标准体系建设指南〉的通知》出台，该体系覆盖能源、工业、交通运输、城乡建设、水利、农业农村、林业草原、金融、公共机构、居民生活等重点行业和领域碳达峰碳中和工作，满足地区、行业、园区、组织等各类场景的需求（见图 1），并提出到 2025 年，制修订不少于 1000 项国家标准和行业标准（包括外文版本），主要行业碳核算核查实现标准全覆盖，重点行业和产品能耗能效标准指标稳步提升，实质性参与绿色低碳相关国际标准不少于 30 项，绿色低碳国际标准化水平明显提升。2023 年 11 月，《国家发展改革委等部门关于加快建立产品碳足迹管理体系的意见》提出，到 2025 年，国家层面出台 50 个左右重点产品碳足迹核算规则和标准，一批重点行业碳足迹背景数据库初步建成，国家产品碳标识认证制度基本建立，碳足迹核算和标识在生产、消费、贸易、金融领域的应用场景显著拓展，若干重点产品碳足迹核算规则、标准和碳标识实现国际互认。以上国际、国内温室气体排放标准，以及国内《碳排放管理员国家职业标准》的发布为物流行业落实"双碳"战略提供重要指导。

4. 我国绿色政策对绿色物流发展的持续推动

2023 年，我国发布了多项绿色政策，这些政策对绿色物流的发展起到了持续推动作用。2023 年 7 月 17 日至 18 日，习近平总书记在全国生态环境保护大会上强调，要持续深入打好污染防治攻坚战，坚持精准治污、科学治污、依法治污，保持力度、延伸深度、拓展广度，深入推进蓝天、碧水、净土三大保卫战，持续改善生态环境质量。我们需优化调整产业结构、能源结构和交通运输结构，大力推进挥发性有机物、氮氧化物等多污染物的协同减排，持续降低细颗粒物浓度。同时，积极推进"公转铁"和"公转水"，尽可能提高铁路运输和水运的比例，以降低运输业的能耗和污染。

2023 年 12 月，《中共中央 国务院关于全面推进美丽中国建设的意见》提出，要加快铁路专用线建设，提升大宗货物的清洁化运输水平，推进铁路场站、民用机场、港口码头和物流园区的绿色化改造，以及铁路电气化改造，推动超低和近零排放车辆的规模化应用，促进非道路移动机械的清洁低碳应用。到 2027 年，新增汽车中新能源汽车的占比力争达到 45%，老旧内燃机车基本淘汰，港口集装箱的铁水联运量保持较快增长；到 2035 年，铁路货物周转量占总周转量的比重将达到约 25%。

2023 年 3 月，国家市场监督管理总局和国务院国资委发布的《关于进一步加强中央企业质量和标准化工作的指导意见》强调，中央企业要全面贯彻习近平生态文明思想，深入落实碳达峰碳中和的重大战略决策，加快绿色低碳转型和高质量发展。

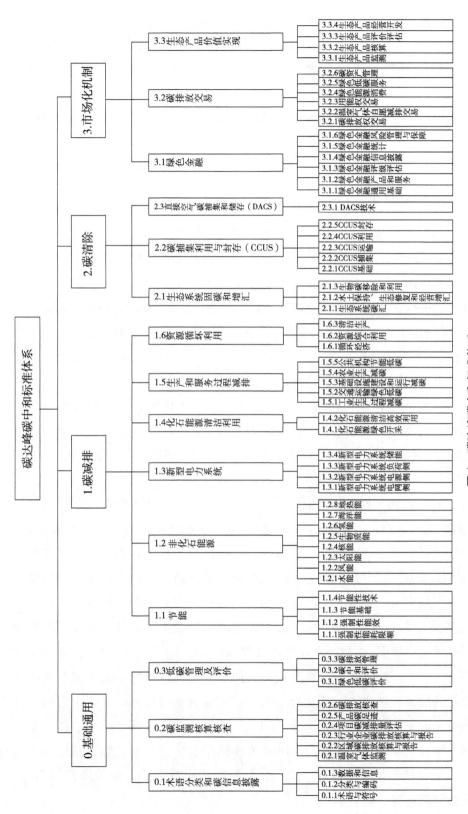

图1　碳达峰碳中和标准体系

我们鼓励中央企业参与统一的绿色产品标准、认证和标识体系建设，牵头制定和推广新能源、可再生能源、化石能源清洁高效利用、碳捕集利用和封存等领域的标准，促进低碳、零碳和负碳关键核心技术的研发攻关和创新应用。2023 年 10 月，生态环境部发布的《中国应对气候变化的政策与行动 2023 年度报告》中指出，要通过调整产业结构、优化能源结构、改进交通运输结构、促进节能提效、控制非二氧化碳温室气体排放、提升生态系统碳汇能力，并推动减污降碳的协同增效，积极应对气候变化。

三、2023 年中国推进绿色物流发展的行动

1. 搭建绿色物流标准工作体系，推进标准制修订与实施

标准是经济活动和社会发展的技术支撑，是国家基础性制度的重要方面，完善绿色物流标准工作体系是指导物流行业推进绿色物流标准化工作的顶层抓手。2023 年 8 月 1 日，两项行业标准《物流企业绿色物流评估指标》（WB/T 1134—2023）和《物流企业温室气体排放核算与报告要求》（WB/T 1135—2023）正式实施。为推动《物流企业绿色物流评估指标》实施，一方面《"十四五"现代物流发展规划》明确提出要开展绿色物流企业对标贯标达标活动，另一方面加强与地方政府合作，如开展"浙江省绿色物流先行企业"征集和评选活动，最终共有 64 家企业参与并完成绿色物流星级评估。此外，《物流企业温室气体排放核算与报告要求》作为中国物流与采购联合会推出的《物流行业公共碳排计算器》组织层级的理论基础，也得到供应链上下游企业的广泛应用。

2023 年，在绿色物流标准体系指导下，三项国家标准《绿色产品评价 物流周转箱》《物流行业能源管理体系实施指南》《物流企业能源计量器具配备和管理要求》和一项行业标准《物流企业碳排放管理体系实施指南》也进入报批和公开征求意见阶段。已报批的国家标准中，《绿色产品评价 物流周转箱》以绿色低碳和全生命周期理念为指导，规定物流周转箱生产企业和产品的基本要求和鼓励性要求，对周转箱产品绿色评价指标进行定性和定量并规定指标的判断依据，为开展物流周转箱绿色产品认证提供理论依据；《物流行业能源管理体系实施指南》是围绕物流企业能源管理体系建设、能源绩效及体系持续改进目标而展开的标准攻坚，是用体系化的方法将物流企业的能源管理业务流程整合，实现过程运行有章可循、证据可追溯，以提升效率和持续改进。此外，随着国家"双碳"战略实施、数字化驱动、新能源和新设备加速落地以及运营模式创新，2018 年发布的国家标准《绿色物流指标构成与核算方法》也进行复审并启动修订，此次修订积极响应社会和企业最新发展趋势，赋予了绿色物流新内涵与新要求。

2. 中国物流与采购联合会发布《物流行业公共碳排计算器》

在全球应对气候变化、国家实施"双碳"战略、市场建立产品碳足迹管理体系背景下，中国物流与采购联合会牵头发布了针对物流组织、物流订单、绿色低碳项目三个层级的公共碳排计算器。该计算器的宗旨是科学全面、公益实用、国际互认。在项目层级，该计算器基于中物联绿色物流分会牵头编制的行业标准《物流企业温室气体排放核算与报告要求》（WB/T 1135—2023），帮助企业根据自身业务特点进行分板块测算，如运输及配送活动、装卸搬运及储存活动、辅助物流活动、包装材料，帮助企业摸清自己在各板块业务的减碳潜力，以及清晰了解碳排放在范围一、范围二、范围三的结构组成，进而满足对外的披露需求。在订单层级，结合 2023 年申报立项的行业标准《物流订单温室气体排放的量化和报告》，该计算器将基于物流企业的商务订单、生产企业和商贸企业的作业订单所需要的物流活动环节进行搭配组合，一方面满足客户所需产品在运输方面的碳足迹计算需要；另一方面也可以提高企业物流服务的质量和市场竞争力。

未来，中国物流与采购联合会将持续完善《物流行业公共碳排计算器》的理论基础、系统开发和认证以及市场推广。优先完善物流组织基于 ISO 14064—1：2018（Greenhouse gases — Part 1：Specification with guidance at the organization level for quantification and reporting of greenhouse gas emissions and removals，温室气体——第 1 部分：组织层次上对温室气体排放和清除的量化和报告的规范及指南）和 WB/T 1135—2023 以及物流订单基于 ISO 14083：2023 的系统开发。此外，还将完善与 ISO 14083：2023 相匹配的中国物流订单标准，以及绿色低碳项目的理论，推动国际国内碳排放互认，进而推进物流行业绿色低碳和高质量发展，协同并助力中国制造企业出海。

除中国物流与采购联合会外，中国外运股份有限公司、中远海运、京东物流、顺丰、联晟智达等企业均开发出适合自身业务场景的物流活动碳排放计算器平台。

3. 生态圈融合发展，创新绿色物流发展之路

绿色物流涉及甲方（生产）企业、物流企业、能源企业、节能环保企业和环境权交易机构等，这些利益相关方相互融合、协作创新，为绿色物流发展开拓新案例和新赛道。

联想集团发布 2030 年气候目标：①范围一＋范围二温室气体（与联想运营相关）绝对排放量减少 50%；②使用联想已售出产品而产生的范围三排放量（价值链）平均减少 35%；③采购商品和服务产生的范围三排放量（供应链）减少66.5%；④物流运营产生的范围三排放量减少 25%。在联想集团与马士基的生态运输解决方案中，使用由废食用油等物质提炼而成的第二代生物燃料代替化石燃料实现海上运输，第二代生物燃料能够减少 80% 以上船舶运输中产生的二氧化碳。此外，

2023 年，联想集团发布独特的全新"减碳运输服务"，让企业可以选择在空运 IT 设备时降低碳排放，即客户可以购买"可持续航空燃料"（SAF）积分，并将由此产生的减排收益归属于购买 IT 设备的客户，从而最低减少 70% 的二氧化碳排放量，促进客户可持续发展。

百威集团在 2018 年发布了《2025 可持续发展目标》，从水资源管理、可循环包装、智慧农业和气候行动四个方面推动业务可持续发展，百威（中国）也提出到 2025 年减少 40% 的物流碳排放。百威（中国）积极加强其与上下游合作商联合创新，于 2022 年年底百威（中国）与赢彻科技正式签署自动驾驶绿色物流战略合作协议，双方将充分结合各自资源，发挥赢彻科技在自动驾驶技术研发和商业运营的领先优势，以及百威（中国）在绿色智能物流系统建设和运营的全球智慧与领先经验，共同开启干线物流自动驾驶示范路线的常态化运营。2023 年 11 月，百威（中国）与空气产品公司签署战略合作协议，双方将在氢气供应服务、氢燃料电池车辆的落地及示范运营推广等方面探索开展深度合作的机会，推进绿色物流在不同领域和实际应用场景内的发展，强化协同创新和产业协作，从而为百威亚太 2040 年全球范围内实现全价值链净零排放的目标提供助力。

中国外运股份有限公司于 2023 年 4 月正式发布《中国外运绿色物流白皮书》（以下简称"白皮书"），指出中国外运把握绿色物流所蕴含的发展商机，积极探索服务绿色产业链相关客户的解决方案，携手上下游合作伙伴共同打造高效协同的绿色低碳供应链体系。白皮书发布中国外运"双碳"目标，即不晚于 2030 年实现企业自身运营碳达峰，力争不晚于 2060 年实现企业自身运营碳中和。中国外运从行业标准制定、数字化和低碳科技应用、供应链管理模式优化等方面全面规划，形成点、线、面、体不同维度的全景图谱和绿色物流解决方案。2023 年 7 月，中国外运联合中兴通讯、汉莎货运航空在国际物流生态链绿色物流领域"端到端"碳中和解决方案的首个落地实例，实现了中兴通讯成品从南京智能制造基地到马德里仓库的全链路碳中和绿色运输，整个案例融合了绿色能源解决方案（包括使用电动城配车、电动叉车等）、碳管理解决方案和碳补偿解决方案［包括使用 SAF 燃油、国际 VCS 自愿碳排放交易进行碳抵消和 I-REC 国际绿证（电力）进行碳减排］，同时保障了运输各环节"碳足迹可测算、可验证、可认证"。

4. 物流新能源、新技术、新设施设备、新模式加速落地

近年来，港口、机场、道路、天空、水面、货场、车站、库房、工厂、流通加工中心等采用越来越多的电能、氢能、太阳能、风能、生物质能、核能等新能源物流设施设备，例如，氢燃料或者电动的汽车、飞行器、水上交通工具、微型物流车、智能机器人、叉车等设备。大风量低转速（HVLS）节能工业风扇或者高转速低风量

（HSLV）节能风扇也将在大型仓库等设施中得到更多应用。自动驾驶、物联网、大数据、人工智能、区块链、云计算、机器人等技术，无人机、无人车、电动卡车、甲醇船舶、智能调度系统等设施设备，在越来越多的绿色物流场景中得到应用。生物降解材料、碳纤维材料、纳米包装材料、植物纤维材料、陶瓷材料、水性油墨等材料，智能传感器、智能标签等具有感知、响应、控制等功能的智能材料，在运输过程中不会产生垃圾污染问题的水溶性缓释膜材料、可用于物流中高效去除有害气体和液态废弃物的微米纳米多孔吸附介质等材料开始被更多的物流企业采用。

在新能源重卡方面，续航里程和装载量一直是电动重卡实际应用中较难突破的鸿沟。随着三一魔塔 1165、奔驰 eActros 600、特斯拉 Semi 等大电量重卡的出现，其续航里程均突破了 500 km，大电量重卡将推动电动重卡在长途干线领域的发展。三一重卡于 2018 年开启大电量长续航电动重卡攻关工作，突破大电量布置、整车热管理、电芯可靠性管理等五大技术难题，在 2023 年 6 月成功打造整车搭载 1165 千瓦时、续航里程超过 800 公里的电动重卡产品，代表中国制造实现中国长续航电动重卡"零"的突破。

在自动驾驶方面，中国外运近期发布 L4 自动驾驶跨省商业运营首发仪式，此次自动驾驶跨省商业运营经京津塘高速从天津港到北京马驹桥物流园，是由中国外运、招商公路、小马智行三位一体推进的公路干线货运新模式，是助力数字中国与京津冀一体化建设的具体体现，也标志着在京津冀地区物流协同发展迈出了关键性一步。中国外运依托自身优势，拓展商业运营业务场景，组织筹备两地业务货源；小马智行凭借稳定自动驾驶技术经验，为货运商业运营提供技术保障；招商公路提供道路测试和示范运营期间所需的路侧基础设施、清障救援保障服务，形成三方在商业试运行业务+技术+场景的协同合作。

在运输模式方面，国家长期推动运输结构调整优化，2023 年 9 月 22 日，交通运输部、国家发展改革委命名中欧班列集装箱多式联运信息集成应用示范工程等 19 个项目为"国家多式联运示范工程"，旨在支持相关企业优化运输组织模式、共享联运信息、研发专业技术装备、衔接联运服务规则、推广应用"一单制""一箱制"等。例如，借助中老铁路的开通，顺丰打通了泰国—老挝—中国公（昆曼大通道）铁（中老铁路）多式联运新通道，为东南亚榴梿鲜果等特色进口产品运输提供综合物流解决方案，极大地提升了运输时效和品质，让国内广大消费者能更好地享受到来自东南亚的美味。2023 年年底，京东物流联合赣西国际港全力打造一个高效衔接铁路港、水港的现代综合公路港物流园区，在产业上行、物资下行与智慧园区方面发力，形成以多式联运功能为依托，以综合物流服务功能为支撑，促进保供内循环的城市智能物流枢纽。

在循环包装载具方面，IBC 中型散装容器被广泛运用于包装、仓储和运输散装货物，其可以帮助实现包装、配送、仓储供应链的标准化，提升配送和仓储效率，降低了包装和物流的综合成本。深圳中集易租科技有限公司一方面推广 IBC 共享租赁模式，另一方面新开发塑料折叠 IBC 产品，其 IBC 产品通过中国船级社（CSC）碳足迹认证证书，结论认为：租赁运营 1 个 TC-IBC 产品，生命周期内可实现减少碳排放 12.99 tCO$_2$e，相当于 168 个传统钢桶的生命周期排放量。2023 年，深圳中集易租科技在 Ecovadis 可持续发展认证评级中荣获铜牌奖章，取得全球参与评估的 85000 家企业中百分排比第 61 名的好成绩，同时也是同行业中唯一一家获得此荣誉的企业。

在碳普惠平台方面，满帮集团推出了"满运碳路计划"，该计划通过联动千万货车司机共建碳普惠平台，货车司机将在"满运碳路计划"中拥有个人碳账户，平台会持续跟踪记录运输过程中与碳排放相关实载率、驾驶行为等数据，科学地测算出碳减排基准线，建立一套货车司机绿色成长体系和权益兑换平台。为货车司机打造看得见、可兑现的碳资产，从行业供给端来减少公路货运行业的碳减排量。2023 年 6 月 5 日世界环境日当天，满帮集团推出面向千万货车司机群体的"碳账户"，这是目前中国公路货运领域首个司机碳账户体系。碳账户首期中，满帮集团为平台 3000 余名货车司机开通了碳账户，设立专项资金，发放绿色权益，助推有效运输里程增加，降低单位碳排放量。

第二章 2024年中国绿色物流发展情况

一、2024年中国社会经济和物流发展形势

2024年前三季度，面对复杂严峻的外部环境和国内经济运行中的新情况新问题，在以习近平同志为核心的党中央坚强领导下，各地区各部门深入贯彻落实党中央、国务院决策部署，坚持稳中求进工作总基调，加大宏观调控力度，着力深化改革开放、扩大国内需求、优化经济结构，有效落实存量政策，加力推出增量政策，国民经济运行总体平稳、稳中有进，生产需求平稳增长，就业物价总体稳定，民生保障扎实有力，新质生产力稳步发展，高质量发展扎实推进，9月，多数生产需求指标好转，市场预期改善，推动经济回升向好的积极因素累积增多。根据2024年前三季度国民经济运行情况新闻发布会上所公布的数据，2024年前三季度国内生产总值949746亿元，按不变价格计算，同比增长4.8%。从绿色发展上来讲，以新能源汽车、锂电池、光伏这些"新三样"为代表的绿色产业2024年继续保持两位数的高增长。风电、核电、光伏发电等生产和消费都保持着比较快的增长速度。

根据中国物流与采购联合会通报的2024年前三季度全国物流运行情况显示，2024年前三季度，物流运行总体平稳，供需适配能力持续增强，运行效率稳步改善，社会物流总费用与GDP的比率有所回落。2024年前三季度，全国社会物流总额258.2万亿元，按可比价格计算，同比增长5.6%，增速比上半年回落0.2个百分点。从构成看，农产品物流总额4.2万亿元，按可比价格计算，同比增长3.4%；工业品物流总额227.7万亿元，增长5.6%；进口货物物流总额13.7万亿元，增长4.2%；再生资源物流总额3.5万亿元，增长10.1%；单位与居民物品物流总额9.1万亿元，增长7.6%。2024年前三季度，社会物流总费用13.4万亿元，同比增长2.3%。社会物流总费用与GDP的比率为14.1%，较上半年下降0.1个百分点，比上年同期下降0.2个百分点。从构成看，运输费用7.5万亿元，增长2.7%；保管费用4.3万亿元，增长1.9%；管理费用1.5万亿元，增长1.7%。2024年前三季度，物流业总收入10.0万亿元，同比增长3.7%，增速与上半年基本持平。

二、2024 年中国绿色物流发展的主要驱动力

1. 国际社会对绿色发展的重视程度日益增强

2024 年，联合国发布了《2024 年可持续发展目标报告》，全球对于可持续发展的关注再次升温。这份报告不仅是对过去一年全球可持续发展进程的回顾，更是对未来发展方向的指引。报告指出，目前只有 17% 的可持续发展目标（SDGs）跟踪指标进展顺利，而超过 1/3 的进展停滞甚至倒退。2024 年 11 月，《联合国气候变化框架公约》第二十九次缔约方大会（COP29）呼吁各国应为共同利益团结一致、制定政策，以在 2035 年之前实现与 2019 年基线相比减排 60% 的目标。提倡各国在气候议题的各个方面要全力以赴，在致力于减少温室气体排放的同时，实施强有力的适应措施，从而及时应对气候变化对经济社会各方面带来的影响。呼吁各国一方面通过对《巴黎协定》第六条达成一致，构建起统一高效的国际碳市场；另一方面，加快向清洁能源转型，并确保发展清洁能源带来的益处惠及所有国家。

为方便中小微企业获得绿色发展支持信息，美国政府于 2024 年 5 月发布了《气候资金指南》（Climate Capital Guidebook）。该指南梳理了 24 个美国拜登政府制定和扩展的涉及初创企业、中小微企业的融资和资助计划，包括由《两党基础设施法》《通胀削减法案》和长期年度拨款促成的计划。从支持方式与规模看，14 项计划提供贷款或贷款担保，支持规模取决于企业/项目情况，或项目投入成本，最高限额从 50 万到 8000 万美元不等，部分无上限。10 项计划提供赠款支持（少则 30 万美元，多则 3 亿美元甚至无上限），1 项计划提供债务和股权融资（100 万至 1000 万美元不等），1 项计划提供税收抵免（单个项目无限额，整个计划的支持规模为 100 亿美元）。从支持条件看，绝大多数政策要求获得支持的中小微主体采取能源替代、制造升级等碳减排举措，少数提供不限定用途的主体性支持。该指南还明确了哪些项目属于拜登政府"公正 40 倡议"（Justice40 Initiative）。该倡议设定的目标是，某些联邦气候、清洁能源和其他投资的总体收益的 40% 将用于因投资不足和污染负担过重而被边缘化的弱势群体。

2024 年 7 月，欧盟《可持续产品生态设计法规》（Eco-design for Sustainable Products Regulation，ESPR）正式生效。该法规被视为欧盟委员会推动环境可持续和循环型产品的重要基石，旨在应对产品使用对环境造成的影响，助力欧盟实现气候和环保目标。该条例是 2020 年循环经济行动计划的核心措施之一，目的是将材料使用的循环率提高一倍，并有助于欧盟实现 2030 年能源效率目标，旨在提升欧盟市场上产品的循环性、能源性能和环境可持续性，从而更好地保护我们的地球、培养更可持续的商业模式以及加强欧盟经济的整体竞争力和复原力。

2024 年 9 月，联合国开发计划署（UNDP：United Nations Development Programme）、美国国际开发署（USAID：United States Agency for International Development）与伊拉克环境部共同发布了《伊拉克环境保护和改善战略（2024—2030 年）》[National Strategy for the Protection and Improvement of the Environment in Iraq（2024—2030）]。在全面评估伊拉克当前环境状况的基础上，这一新发展战略致力于解决伊拉克目前不可持续的自然资源利用方式所导致的荒漠化、生物多样性丧失和水资源枯竭等问题。该战略共提出环境保护与改善、气候变化项目、合作伙伴计划、环境教育传播计划和环境管理计划五大战略项目，以提高伊拉克的社会和环境发展韧性。

2. 金砖国家携手推进绿色低碳发展

2024 年 7 月，金砖国家第十四次经贸部长会议召开，各方达成《金砖国家第十四次经贸部长会议联合公报》，通过《金砖国家环境和气候相关贸易措施声明》，强调反对单边主义和绿色保护主义，各方就加强绿色技术交流、促进绿色产品标准合作等达成共识，同意开展绿色产品标准和最佳实践案例汇编，将为金砖国家进一步加强新能源汽车、锂电池、太阳能电池等产品的标准对接和合作打下重要基础。

2024 年 8 月，金砖国家气候变化高级别对话在俄罗斯莫斯科以线上+线下结合形式举办。本次对话为金砖国家扩员以来首次气候变化主题高级别会议，由俄经济发展部雷谢特尼科夫部长主持，来自中国、巴西、印度、南非、埃及、埃塞俄比亚、伊朗及阿联酋等金砖成员国部级代表出席对话，就金砖国家应对气候变化行动与合作展开深入交流。各方部长普遍呼吁强化金砖国家在应对气候变化领域立场协调及交流合作，积极发挥引领作用。对话后，各方原则性通过《金砖国家气候变化和可持续发展合作框架》和《金砖国家碳市场伙伴关系谅解备忘录》。

2024 年 9 月，在福建厦门召开的"2024 金砖国家新工业革命伙伴关系论坛"上，发布的《金砖国家产业合作案例集》中展示了金砖国家近年来在新工业革命领域的一大批典型合作项目，涉及能源转型、绿色低碳等方面。论坛期间还发布《新型工业化国际合作倡议》，提出金砖国家将扩大光伏、风电装备、新能源汽车等产业务实合作，加快产业绿色化转型。

2024 年 10 月 23 日，国家主席习近平出席金砖国家领导人第十六次会晤大范围会议，就未来金砖发展发表重要意见。习近平指出，我们要建设"绿色金砖"，做可持续发展的践行者。金砖国家携手加快绿色低碳转型是应对全球气候变化、实现可持续发展的必然要求。面对挑战与机遇并存的局面，金砖国家应坚定信心、加强合作、共谋发展，通过政策沟通与协调、能源低碳转型合作、产业转型升级和人才培养等重要措施，强化绿色低碳转型合作，发挥在全球环境治理中的重要作用，为构建人类命运共同体贡献更多力量。

3. 我国多项环保法律法规及环境规范标准的正式实施

2024年11月，为了推动能源高质量发展、保障国家能源安全、促进经济社会绿色低碳转型和可持续发展，积极稳妥推进碳达峰碳中和，适应全面建设社会主义现代化国家的需要，我国根据宪法制定了《中华人民共和国能源法》。同时，为规范排污许可管理，依据《中华人民共和国环境保护法》《中华人民共和国海洋环境保护法》以及大气、水、固体废物、土壤、噪声等专项污染防治法律，并结合《排污许可管理条例》，制定了相应的管理办法，明确了排污许可证的申请、审批、执行以及与排污许可相关的具体规定。

此外，为了防治生态环境污染、改善生态环境质量，并贯彻《中华人民共和国环境保护法》和《中华人民共和国大气污染防治法》，还制定了三项技术规范，分别是《环境空气颗粒物（$PM_{2.5}$）中有机碳和元素碳连续自动监测技术规范》（HJ 1327—2023）、《环境空气颗粒物（$PM_{2.5}$）中无机元素连续自动监测技术规范》（HJ 1329—2023）和《环境空气颗粒物（$PM_{2.5}$）中水溶性离子连续自动监测技术规范》（HJ 1328—2023）。这三项技术规范详细规定了各自监测系统的方法原理与系统组成、技术性能、安装、调试、试运行与验收、系统日常运行维护、质量保证和质量控制、数据有效性判断等技术要求，其中《环境空气颗粒物（$PM_{2.5}$）中水溶性离子连续自动监测技术规范》还额外规定了废物处置的技术要求。

4. 我国推出多项物流相关政策驱动物流业低碳转型

在2024年1月的全国邮政管理工作会议上，国家邮政局提出将着重围绕快递包装绿色转型"七大行动"出台配套实施方案，制定限制快递过度包装强制性标准，完善用品用具产品质量监管制度。协同构建快递包装检测认证体系，全面推进塑料污染治理，提高同城快递可循环包装和标准化包装使用比例，促进包装废弃物减量。加大绿色技术和产品供给，鼓励使用绿色认证快递包装，提升"四化"治理成效。推进基础设施绿色改造，提高光伏发电使用量和快递绿色建筑数量。推动企业优化运输结构模式，参与15个城市公共领域车辆全面电动化先行区试点，提高快递新能源和清洁能源车占比。

交通运输部等十三部门于2024年6月联合印发了《交通运输大规模设备更新行动方案》，旨在通过实施七大行动，大力促进先进设备和北斗终端应用，推动交通能源动力系统清洁化、低碳化、高效化发展。该方案特别强调了加快液化天然气（LNG）、醇、氢、氨等燃料动力船型研发，以及强化相关关键共性、前沿引领核心技术攻关的重要性。同时，还支持新建新能源、清洁能源动力船舶，推动LNG、生物柴油动力船舶在沿海、内河航线的应用，并支持纯电池动力在中小型、短距离内河船舶的试点应用。在机车方面，该方案也提出了加快老旧机车淘汰、推动出台相关管理办法、建立强制报废管理制度等措施，并鼓励新能源机车更新，以实现机车排放、油耗、舒适性等指标的国际化先进水平。

2024 年 7 月，中共中央、国务院发布的《中共中央 国务院关于加快经济社会发展全面绿色转型的意见》中，明确指出要推广低碳交通运输工具，大力推广新能源汽车，推动城市公共服务车辆电动化替代，并加快淘汰老旧运输工具，推进零排放货运。该意见还设定了到 2030 年和 2035 年的碳排放强度下降目标和新能源汽车销售目标。

2024 年 8 月，交通运输部、财政部联合发布的《交通运输部 财政部关于实施老旧营运货车报废更新的通知》中，提出要支持报废国三及以下排放标准营运类柴油货车，并加快更新一批高标准低排放货车，以进一步减少交通运输领域的碳排放。

国家发展改革委等六部门于 2024 年 10 月联合发布了《国家发展改革委等部门关于大力实施可再生能源替代行动的指导意见》，强调加快交通运输与可再生能源的融合互动，提出了建设可再生能源交通廊道、推进光储充放多功能综合一体站建设、加快发展电动乘用车和公交车电动化替代等一系列具体措施。同时，积极探索发展电气化公路、铁路电气化改造、船舶靠港使用岸电等，推动可持续航空燃料应用，并有序推广车用绿色清洁液体燃料试点应用。

三、2024 年中国推进绿色物流发展的行动

1. 加快推动绿色物流的标准化建设和体系完善

2024 年，我国在绿色物流领域取得了显著成就，这一年的进步不仅体现在实践成果上，还包括了标准制定与体系完善等多个方面。作为 ISO/TC 344 创新物流技术委员会的国内技术对口单位，中国物流与采购联合会（中物联）正积极组织编制 ISO 技术报告《绿色物流活动应用案例》。2024 年 9 月，京东物流荣获全球首个快递即时配送物流服务的碳中和证书，这一里程碑事件彰显了中国物流企业在国际标准实施方面的重大突破。与此同时，顺丰的"丰和可持续发展平台"也通过了 GLEC V3.0 及 ISO 14083：2023 标准的评估，进一步提升了行业内的绿色发展水平。为推动物流行业的低碳转型，一系列绿色产品评价标准相继出台，包括 2024 年 3 月发布的国家标准《绿色产品评价 物流周转箱》和 2024 年 8 月获批的《绿色产品评价 托盘》标准计划。此外，2024 年 5 月发布的国家标准《物流行业能源管理体系实施指南》以及报批中的《物流企业能源计量器具配备和管理要求》、2024 年 7 月通过审查的行业标准《物流企业碳排放管理体系实施指南》、2024 年 6 月启动编制的《物流订单温室气体排放的量化和报告》，2024 年 8 月完成全国征求意见的国家标准《基于项目的温室气体减排量评估技术规范 动力电池

梯次利用》（项目计划编号：20232571-T-469）共同构成了促进能源高效利用和碳排放管理的坚实框架。在数字化绿色化融合方面，2024 年 3 月启动的《物流企业碳排放数据的数字化管理指南》，标志着行业在转型升级中的又一重要进展。2024 年 6 月，行业标准《物流企业环境、社会和公司治理（ESG）评价指南》的制定工作也在稳步推进中。这些综合举措充分展示了我国在绿色物流发展中的坚定决心和全面规划布局。

2. **进一步加强绿色物流的国际交流与合作**

中国通过一系列高规格的国际论坛和会议，显著增强了与全球物流行业的互动交流与合作。2024 年 6 月，山东国际会展中心举办了 2024 北方国际物流和运输技术博览会。本次博览会以"新济南、新物流、新时代"为主题，吸引了来自世界各地的参展商和观众，共同探讨物流与运输行业的创新与发展。在为期三天的展会中，山东国际会展中心成为物流与运输技术领域的焦点。各大参展商纷纷亮出自家的最新技术成果和创新产品，展示了物流行业的科技魅力。从无人驾驶车辆、无人机配送到自动化仓储系统，从智能供应链管理到绿色物流解决方案，这些前沿技术和创新应用不仅令人瞩目，更为物流行业的未来发展提供了无限可能。

2024 年 4 月，以"科技蓝擎，与世界共赢"为主题的潍柴新能源商用车 2024 全球战略伙伴大会于青岛圆满举行。会议凝聚全球战略合作伙伴，融合集智、共创、共赢的全球合作思维，以高价值助力全球伙伴构建绿色低碳商业模式新势能。在大会上，潍柴新能源商用车与俄罗斯、菲律宾、厄瓜多尔、多米尼加、柬埔寨、智利六大全球战略合作伙伴成功签署了总计 3400 台新能源商用车的合作协议。这一里程碑式的合作，是潍柴新能源商用车全球化战略的重要一步，不仅彰显了潍柴新能源商用车在全球市场的强大影响力，更标志着双方携手共进，共同开创全球物流新篇章的坚定决心。

2024 年 7 月，DHL 集团与中国企业远景科技集团签署战略合作伙伴协议，推动双方在物流解决方案领域的全面合作，覆盖物流解决方案、可持续航空燃料、绿色能源和共同开发"零碳产业园"四大主要领域。双方将发挥在物流和可再生能源解决方案领域的专长，加速推动环保能源举措的发展。

2024 年 6 月，C40 城市气候领导联盟（C40 Cities Climate Leadership Group）与上海市交通委员会共同主办的"2024 零排放跨太平洋集装箱航运区域研讨会"在上海成功举办。此次研讨会旨在分享绿色航运走廊工作的经验和成果，以及进一步探索亚太区域内新的潜在合作方向。港口和航运活动承载并推动了全球经济发展，全球 80% 以上的贸易通过船舶运输完成。与此同时，港口和航运发展也给城市带来了环境挑战，航运业的二氧化碳排放量约占全球排放总量的 3%，如果不加以干预，这一数字可能还将持续上升。在全球气候治理的背景下，加速航运业低碳转型势在必行。因此，本次研讨会探讨了城市如何在交通和港口脱碳领域继续深入开展工作。参会代表就港口城市气候应对措施展开热烈讨论，分享了绿色港口发展实践，探讨了实现太平洋零排放集装箱航运需要克服的障碍，展望了未来绿色港口之间的友好交流合作，希望能加强城市间、港口间的国际交流与合作，引入国际实践并传播中国成功经验。

3. 企业陆续推出符合自身特色的绿色物流解决方案

菜鸟的绿色物流解决方案涵盖从订单生成到最终回收的各个环节。通过装箱算法和原箱发货策略，2024 财年减少包装材料 10.1 万吨，同时推广循环箱和旧纸箱的重复使用，仓库内重复使用的旧纸箱数量达 4755.8 万个。菜鸟推出的可循环使用 50 次的塑料箱方案，已在多家领先品牌中应用。在运输方面，菜鸟引入新能源车辆和智能路径优化技术，新能源车运输车次占比达 99%，并在短途运输中使用氢燃料电池车，减少对化石燃料的依赖。此外，"回箱计划"鼓励消费者回收快递纸箱，2024 财年减少碳排放超过 2.1 万吨，回收纸箱再加工成作业本，推动环保理念传播。菜鸟还利用射频识别技术（RFID）追踪循环箱，2024 财年减排量超过 1.3 万吨，清洁电力使用比例达 54.1%。

日日顺供应链凭借全流程绿色化创新方案，获评"2024 年智运绿途·碳减排实践企业"。公司实施"三全"绿色发展战略，打造 6-GREEN 绿色服务体系，涵盖 VMI 入厂、绿色包装、绿色运输、绿色仓储等环节。在为家电客户提供 VMI 模式下的供应链管理时，日日顺定制循环包装方案，减少资源浪费。针对快消品牌商，应用统仓统配模式降低物流成本，并通过数字化系统优化汽车制造业的运输路径，整合新能源车辆以减少碳排放。

丰巢在 2024 年 10 月的全球包裹运送、电子商务物流和邮政行业的年度盛会——欧洲邮政快递展（Parcel+post Expo 2024）中成为亮点。丰巢在无人配送领域推出的无人机接驳柜解决方案，支持多种无人机机型，具备 19 个货箱位，能够实现 24 小时不间断运行，显著提升派件效率并降低人力成本。此外，其节能柜结合太阳能、物联网和大数据技术，具备实时监控和智能调度功能，大幅提高物流效率。这些创新举措不仅优化了运营成本，还为全球物流行业树立了新的标杆。

满帮集团作为行业先锋，在 2024 年 9 月于北京举办的全球可持续交通高峰论坛（2024）上备受瞩目，其"数字货运让货运物流更绿色"案例成功入选《全球可持续交通发展研究报告 2023》。据统计，2024 年上半年，满帮集团履约订单中新能源运力占比已近 20%，且新能源运力订单增速实现翻倍。通过技术驱动的数字货运平台，满帮集团有效提升了车辆运力利用效率，降低了公路货运的空驶率、空置率和空载率，每年助力减少碳排放量上千万吨。这一成就相当于种植了 5 亿棵树，面积近 42 万公顷，约等于 1.7 个西双版纳热带雨林自然保护区的规模，展现了满帮集团在推动全球可持续交通发展中的显著贡献。

2024 年 11 月，京东物流携手中铁快运，开启了高铁快运业务的新篇章。这一合作不仅提升了物流效率和服务质量，还为物流行业的未来发展提供了新的思路和方向。随着技术的不断进步和市场的不断变化，物流行业将不断探索更加高效、便捷、绿色的运输方式，为消费者提供更加优质的物流服务体验。

4. 政府、协会、院校等多方携手共推绿色物流发展

2024 年 11 月，上海海事大学、上海海事局、上海国际港务（集团）股份有限公司及交通运输部水运科学研究院在上海海事大学港湾校区共同启动了 2024 年绿色航运人才培养项目。该项目旨在通过资源共享、优势互补，解决当前使用气体或其他低闪点燃料船舶船员高级培训合格证的换证难题，并创新性地建立新能源、清洁能源船舶船员培训、见习、发证一体化模式，以培养具备绿色理念和技术的高素质船员。

2024 年 10 月，为深入贯彻"加快构建龙头企业牵头、高校院所支撑、各创新主体相互协同的创新联合体"重要精神，日前，浙江省交通物流绿色低碳发展创新联合体在嘉兴成立。创新联合体落实新发展理念，推动交通物流行业绿色低碳转型。联合体将以碳达峰、碳中和为目标，强调政府引导、市场主导、企业主体、社会参与、创新驱动和协同发展的基本原则。联合体由浙江吉利远程新能源商用车集团有限公司牵头，浙江清华长三角研究院、浙江省船舶行业协会等 26 家单位共同发起成立，成员单位包括政府、研究机构及相关产业链企业。通过聚集各方优势资源，联合体将强化政企互动，推进项目协同、资源共享。联合体将致力于优化交通物流结构，加强科技创新，提升基础设施绿色化水平，强化绿色低碳监管，深化国际合作。具体实施路径包括建立协同机制，制订行动计划，加强技术研发与推广，完善政策支持，确保绿色低碳发展的全面推进。

2024 年 7 月，国家邮政局决定举办 2024 年快递产业创新大赛。大赛由国家邮政局主办，国家邮政局职业技能鉴定指导中心和西安邮电大学共同承办，中国快递协会、中国邮政快递报社、陕西省邮政管理局协办，全国邮政快递职业教育教学指导委员会、中国高校孵化器联盟、邮政业科技创新战略联盟特别支持。该竞赛鼓励参赛选手践行绿色低碳发展理念，围绕"双碳"目标，优化运输结构模式，推进绿色基础设施运营，开展绿色低碳创新技术和设备应用、碳排放核算等绿色技术和产品研究，提升快件包装标准化、循环化、减量化和无害化水平。该竞赛为绿色物流的人才培养提供了重要平台。

　　2024 年 8 月，由宁夏交通运输厅、发展改革委、财政厅、商务厅携手举办的"物通四海　流润万家"宁夏物流节 2024 系列活动在银川市举办。宁夏物流节 2024 系列活动的举办，不仅为物流企业搭建了一个高效、开放的交流平台，更通过实际行动促进了绿色物流理念的普及与实践，还激发了整个行业对于绿色转型的深刻思考与积极行动，为实现碳达峰、碳中和目标贡献了重要力量。

第三章　中国绿色物流发展趋势分析

一、中国物流业能源消耗及碳排放趋势

近年来，中国物流业在能源消耗和二氧化碳排放方面呈现显著变化。相关数据显示，2020年，物流业能源消耗达到3.93亿吨标准煤，二氧化碳排放为8.80亿吨，分别占全国能源消耗总量和碳排放总量的7.89%和8.82%。2021年，物流业能源消耗和二氧化碳排放量分别增长至4.22亿吨标准煤和9.48亿吨，增速分别为7.50%和7.73%，占全国总量的8.06%和9.01%。2022年，能源消耗下降至4.07亿吨标准煤，二氧化碳排放减少至9.20亿吨，同比降幅分别为3.61%和3.02%，占全国总量的7.53%和8.50%。整体来看，物流业在2020—2022年的能源消耗和碳排放呈现了先增长后回落的趋势。从细分来源来看，运输活动是物流业的主要碳排放来源，2021年其占比为83.19%，而2022年下降至82.27%，减少了0.92个百分点。同时，装卸搬运及仓储活动的二氧化碳排放占比从12.21%上升至12.90%，辅助生产活动则由4.60%增至4.83%[①]。由此可见，我国物流行业的能源消耗和二氧化碳排放有着一定的改善。

二、中国绿色物流发展趋势

1. 政策驱动与标准化建设

针对我国绿色物流的未来展望，可以预期在政府出台的一系列更为具体、更有力的政策措施推动下，物流行业将加速实现全面绿色转型。未来的政策可能深化绿色包装材料的使用以及新能源汽车在物流领域的实践应用，还可能激励物流企业在节能减排、资源循环利用等领域进行更多的创新尝试。同时，政府也可能加大对绿色物流项目的支持力度，通过财政补贴、税收优惠等激励措施，为绿色物流的发展提供强有力的推动。在标准化建设方面，我国有望进一步完善绿色物流标准体系，并加强与国际标准的接轨，以提升绿色物流的标准化水平。这将有

---

① 鉴于分行业能源消耗数据比国家统计年鉴数据晚两年，此处的最新数据截至2022年。

助于规范物流行业的操作流程，提高物流效率，减少能耗和排放，从而推动绿色物流的可持续发展。

2. 技术创新与智能化应用

技术创新是推动绿色物流发展的核心动力。未来，随着人工智能、大数据、物联网等技术的快速发展，绿色物流将更加注重智能化应用。例如，通过智能算法优化运输路径，实现精准配送；利用大数据分析客户需求，提供个性化服务；通过物联网技术实现物流信息的实时监控和追踪，提高物流效率。这些智能化应用将进一步提升绿色物流的智能化水平，推动其向更加高效、便捷的方向发展。

3. 多式联运与绿色运输工具推广

多式联运是绿色物流发展的重要方向之一。通过整合公路、铁路、水路、航空等多种运输方式，实现物流资源的优化配置和高效利用。同时，政府将加大对新能源和清洁能源运输装备的推广力度，如电动汽车、氢能汽车等，以减少物流运输过程中的碳排放。此外，政府还将鼓励企业采用多式联运方式，降低物流成本，提高物流效率。这将有助于推动绿色物流向更加低碳、环保、高效的方向发展。

4. 绿色包装与循环利用

绿色包装是绿色物流的重要组成部分。未来，绿色包装将得到更广泛的应用。政府将鼓励企业使用可降解材料制作包装物，减少塑料等难以降解材料的使用。同时，政府还将推动循环包装的发展，鼓励企业回收再利用包装废弃物，降低环境污染。此外，政府还将加强对绿色包装材料的研发和推广，为绿色物流的发展提供有力支持。这将有助于降低物流过程中的环境污染，推动绿色物流向更加可持续的方向发展。

5. 国际合作与全球供应链优化

国际合作是推动绿色物流发展的重要力量。中国将积极参与国际物流标准的制定和完善，加强与国际物流企业的交流与合作，共同推动绿色物流技术的发展和应用。同时，中国将优化全球供应链布局，实现物流资源的全球优化配置和高效利用。这将有助于提升中国绿色物流的国际竞争力，推动其向更加国际化、全球化的方向发展。此外，通过国际合作，中国还可以借鉴其他国家的先进经验和技术，为绿色物流的发展提供新的思路和方向。

中国 2024 年以后的绿色物流发展将呈现多元化趋势。政策驱动与标准化建设将为绿色物流提供有力保障，推动其可持续发展。技术创新与智能化应用将成为绿色物流发展的核心动力，提升物流效率和便捷性。多式联运与绿色运输工具的推广将促进物流资源的优化配置和高效利用，降低碳排放。绿色包装与循环利用的广泛应用将减少环境污染，推动绿色物流向可持续方向发展。同时，国际合作与全球供应链优化将提升中国绿色物流的国际竞争力，推动其向国际化、全球化方向发展。这些趋势将共同推动中国绿色物流向更加高效、环保、可持续的方向发展，为构建绿色、低碳、循环发展的经济体系提供有力支撑。

（作者：中国物流与采购联合会绿色物流分会　赵洁玉　刘哲　崔丹丹　曹惠蕾

辽宁科技大学　金玉然　朱晓林　吴凡　张春豫）

第二篇

专题报告

第一部分　行业篇

第一章　钢铁行业绿色物流发展现状与趋势分析

第一节　钢铁行业发展现状和绿色低碳发展需求分析

一、钢铁行业发展的主要特点

（一）2023 年钢铁行业发展的主要特点

1. 钢铁生产强于消费，品种优化满足了下游需求

前 11 个月，全国钢产量 9.52 亿吨，同比增长 1.5%；生铁产量 8.10 亿吨，同比增长 1.8%；钢材产量 12.53 亿吨，同比增长 5.7%；折合粗钢表观消费量 8.74 亿吨，同比下降 1.9%。钢材消费结构发生变化，绿色低碳驱动的新能源用钢等钢铁新需求增长，汽车、造船、家电等传统用钢需求提质。钢铁行业积极调整品种结构，满足了下游需求。前 11 个月，我国钢筋、线材（盘条）产量分别同比下降 2.2%、0.4%，电工钢、不锈钢产量分别同比增长 14.6%、13.3%。

2. 钢材出口增长，缓解了国内外市场阶段性供需矛盾

前 11 个月，我国出口钢材 8266 万吨，同比增长 35.6%，出口钢坯 302 万吨，同比增长 214.1%；进口钢材 698 万吨，同比下降 29.2%，进口钢坯 273 万吨，同比下降 56.0%；折合净出口粗钢 7960 万吨，同比增长 63.8%。钢材出口增长是企业按照市场化原则积极参与国际竞争的体现，缓解了国内外市场阶段性供需矛盾，但在当前世界经济贸易形势下，也面临贸易摩擦加剧的风险，需引起企业重视。中国钢铁坚持以满足国内需求为主的定位，不鼓励普通产品出口，保持一定比例高附加值产品出口，以促进行业在连接世界、参与高水平竞争与服务中不断发展。

3. 钢材价格同比下降，进口铁矿石价格仍居高位

前 11 个月，中国钢材价格指数（CSPI）平均值为 111.48 点，同比下降 9.83%。其中，长材指数平均值为 114.89 点，同比下降 11.07%；板材指数平均值为 111.51 点，同比下降 8.73%。同期，国际钢材价格指数（CRU）平均值为 220.1 点，同比下降 19.9%，降幅大于国内钢材价格降幅。从原燃料端看，前 11 个月，我国进口铁矿石 10.8 亿吨、同比增长 6.2%，进口均价为每吨 112.4 美元、同比下降 3.8%；重点统计企业进口铁矿粉采购成本同比上升 1.98%，国产铁精矿（干基）、炼焦煤、冶金焦、废钢采购成本同比分别下降 0.15%、19.17%、22.63%、15.09%。

4. 企业效益同比下降，行业盈利水平持续低位

前 11 个月，重点统计会员钢铁企业营业收入 5.98 万亿元，同比下降 0.25%；营业成本 5.64 万亿元，同比增长 0.55%；利润总额 788 亿元，同比下降 23.92%；平均销售利润率 1.32%，同比下降 0.41 个百分点；亏损面 40.22%，同比下降 5.43 个百分点。从月度数据看，重点统计会员钢铁企业虽各月均保持盈利，但利润水平持续低位，销售利润率在行业中排名靠后。截至 11 月末，重点统计会员钢铁企业资产负债率为 62.55%，同比上升 0.43 个百分点；应收账款 1803 亿元，同比下降 1.27%。行业总体资产状况仍处于较好水平，经营较为稳健，具有抵御阶段性风险的基础和实力。

5. 加大节能环保投资，钢企环境绩效持续提升

前 11 个月，重点企业节能环保类投资 443 亿元，比上年增长 6%；钢协会员企业吨钢耗新水同比下降 1.88%，外排废水总量、化学需氧量排放量、氨氮排放量、二氧化硫排放量、颗粒物排放量和氮氧化物排放量分别同比下降 9.69%、11.83%、11.92%、10.11%、6.76% 和 5.14%，钢渣、高炉渣和含铁尘泥利用率同比提高 0.34 个、0.28 个和 0.15 个百分点，高炉煤气、转炉煤气和焦炉煤气利用率分别同比提高 0.43 个、0.21 个和 0.03 个百分点。钢铁行业环保投入加大、环境绩效提升，为持续深入打好蓝天碧水净土保卫战作出贡献。

（二）2024 年 1—6 月钢铁行业发展的主要特点

国家统计局数据显示：2024 年 1—6 月，中国粗钢产量 53057 万吨，同比下降 1.1%；生铁产量 43562 万吨，同比下降 3.6%；钢材产量 70102 万吨，同比增长 2.8%。

6 月，黑色金属冶炼和压延加工业增加值同比增长 3.3%，上半年同比增长 4.8%。均低于全国规模以上工业增加值增长幅度。

二季度黑色金属冶炼和压延加工业产能利用率为 79.7%（见图 1），同比增加 0.7 个百分点，上半年产能利用率为 78.5%，同比持平。二季度和上半年指标均高于全国规模以上工业产能利用率。

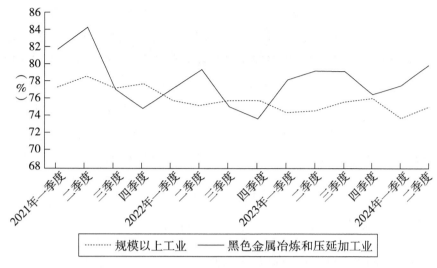

图 1　季度产能利用率

二、钢铁行业绿色低碳发展情况

（一）我国基本情况

紧扣绿色低碳这一行业发展主题，中国钢铁企业持续推进超低排放改造工程，积极实施极致能效工程，取得较大进展。截至 2024 年 6 月底，共有 140 家钢铁企业超过 6 亿吨粗钢产能完成或部分完成了超低排放改造和评估监测公示；改造涉及企业吨钢平均投资约为 466.36 元，吨钢平均环保运行成本约为 226.45 元。2024 年上半年，重点企业节能投资占比为 7.0%，同比提高 0.9%。

钢铁行业超低排放改造工作还在推进，具体目标为：到 2025 年，重点区域钢铁企业超低排放改造基本完成，全国力争 80% 以上产能完成改造。极致能效的工作目标为：到 2025 年，钢铁行业炼铁、炼钢工序能效标杆（先进）水平以上产能比例达到 30%，能效基准水平以下产能基本清零，行业节能降碳效果显著，绿色低碳发展能力大幅提高。

（二）我国钢铁行业的"双碳"目标及愿景

根据工业和信息化部、国家发展改革委、生态环境部联合印发的《关于促进钢铁工业高质量发展的指导意见》和中国钢铁工业协会发布的《中国钢铁工业"双碳"愿景及技术路线图》，钢铁行业要确保 2030 年实现碳达峰，2060 年借助碳汇和社会力量实现碳中和，中国钢铁行业落实从碳达峰到碳中和的目标是 30 年时间。

《中国钢铁工业"双碳"愿景及技术路线图》中明确提出我国钢铁行业的"双碳"愿景是确保 2030 年前实现碳达峰，到 2030 年（近期），钢铁行业具备较 2020 年二氧化碳排放总量降低 15% 的资源条件和技术能力；到 2040 年（近中期），钢铁行业二氧化碳排放总量较 2020 年降低 40%；到 2050 年（中远期），钢铁行业二氧化碳排放总量较 2020 年降低 85%，通过产业链协同、更高性能钢铁产品升级应用等举措，可为下游行业和社会降碳约 2.8 亿吨，为实现碳中和夯实基础；到 2060 年（远期），钢铁行业二氧化碳排放总量较 2020 年降低 95%，借助碳汇与社会力量，实现碳中和。

（三）国际发展情况

全球范围内的钢铁行业正面临着绿色低碳转型的挑战，并且各国和地区正在采取一系列措施来应对这一挑战。印度、日本和韩国等亚洲国家在钢铁产量上占据全球重要地位，这些国家正在通过技术创新和政策支持来推动低碳生产。例如，为实现碳中和目标，预计日本国内钢铁行业的设备投资额可达 10 万亿日元。同时，欧盟和美国也在积极制定绿色钢铁标准，并推动钢铁产业向低碳方向发展。

钢铁行业内部也在积极探索新的低碳技术。例如，氢冶金作为一种新兴技术，正在受到广泛关注，并在一些国际会议上进行了讨论。这种技术的发展可能会为钢铁行业的绿色低碳转型提供新的动力。

总之，钢铁行业绿色低碳发展需求涉及多个方面，包括生产工艺优化、技术创新与应用、产业布局调整、数字化赋能、标准体系建设、国际合作与交流、市场需求与供应链管理等。这些需求的实现将有助于推动钢铁行业向更加绿色、低碳、可持续的方向发展。

第二节　钢铁行业绿色物流发展现状

一、2023 年钢铁行业绿色物流发展情况

（一）强化顶层设计，标准体系建设引领钢铁绿色物流低碳发展

2022 年，国家市场监督管理总局联合相关部门印发了《建立健全碳达峰碳中和标准计量体系实施方案》（以下简称《方案》），提出了构建"双碳"标准体系的工作要求，以"双碳"工作对标准的全方位需求为导向，为构建全覆盖、多维度、多层次的"双碳"标准体系提供了"路线图"。标准体系建设是"双碳"工作的重要

基础，标准作为国家基础性制度的重要方面，在实现碳达峰碳中和目标过程中发挥着基础性、引领性作用。

针对碳达峰碳中和需求，钢铁物流行业积极编制绿色物流相关标准，参与制定了国家标准《逆向物流服务评价指标》（GB/T 42501—2023）、《口岸物流服务质量规范》（GB/T 28580—2023），行业标准《物流企业绿色物流评估指标》（WB/T 1134—2023）、《物流企业温室气体排放核算与报告要求》（WB/T 1135—2023），以及团体标准《钢铁企业环境、社会和治理（ESG）第1部分 信息披露》（T/SSEA 0266.1—2023）、《钢铁企业环境、社会和治理（ESG）第2部分 评价要求》（T/SSEA 0266.2—2023）等，这些标准对引导钢铁物流企业建设和持续改进能源管理体系、碳管理体系，并引导其提高温室气体排放管控水平、促进钢铁物流碳达峰碳中和目标的达成具有指导意义。

（二）明晰技术路径，资源共享凸显绿色物流价值创造力

钢铁物流领域在绿色低碳技术路径支撑下也实现了较好的价值创造。例如，鞍山钢铁集团实施的"构建绿色供应链管理体系，实现价值创造新优势"项目通过运用现代供应链管理思维和方法，推动设计、采购、制造、运营、物流、销售、消费信息交互等流程再造，加快制造业与物流业的数字化协同升级，优化物流方案，减少物流动作，取得绿色低碳新优势，获得国资委研究中心组织的中央企业智库联盟颁发的"中央企业基于实践案例的碳达峰碳中和实现路径研究重点课题"特等奖。河北钢铁集团（以下简称"河铁"）用低碳技术串联起绿色钢铁供应链、产业链、价值链，用更轻、更强、更环保的钢铁材料，聚力打造低碳家电、零碳汽车、负碳经济。绿色物流装备方面，河钢已有50辆氢能车稳定运行，累计行程里程150万公里，完成减碳5100吨，实现运量97万吨。

（三）实施成果转化，创建绿色物流运输模式

河钢加速氢能交通商业化应用，打造钢铁绿色物流运输"新样板"。2023年河钢工业技术联合未势能源打造的新一批氢能重卡投入运营，河钢工业技术已累计投入运营255辆氢能重卡，行驶了389万公里，完成减碳3851吨。河钢工业技术聚焦唐山钢铁行业碳减排需求，联合未势能源签署氢能产业战略合作协议，以200辆氢能重卡示范运营为切入点，先行先试开展氢能应用及产业链深度合作，促进钢铁行业深度降碳减排，助力唐山打造全国钢铁清洁生产示范基地，并在京津冀区域打造具有"唐山特色"的氢能示范应用标杆场景。目前，河钢工业技术已与数十家企业建立了合作关系，加速了氢能产业布局，投运规模仍在持续扩大。

（四）冶金大物流装备在制造领域的应用创造绿色价值

中冶宝钢积极响应国家"双碳"战略，坚持"研发＋品牌"发展理念，聚焦"中冶重机"品牌，推进新能源技术研发，成功研制出国内首台 EPBC-260 型纯电驱动铁水车，在新能源冶金装备制造领域取得重大新突破。EPBC-260 型纯电驱动铁水车额定载重 260 吨，最大载重 280 吨，满载爬坡能力在 4% 以上，整车回转平面度精度高，适用于国内外各大钢铁企业高温铁水转驳运输作业，可进一步减少特种车辆尾气污染、降低钢厂综合运营成本、实现环保和经济价值双提升。

（五）"一箱制"交通强国专项试点指引绿色转型

鞍山钢铁集团提出的项目"卷钢类货物高质量运输服务'一箱制'"，被评为2023 年交通运输部组织的"一票制、一单制、一箱制"交通强国专项试点项目。该项目聚焦成熟开展卷钢集装箱运输"一箱制"服务模式（包括各种卷钢"一箱制"运输适用的集装箱箱型）；稳定运行卷钢集装箱运输"一箱制"服务示范线路。在试点中，鞍山钢铁集团实现了环境效益、社会效益、经济效益三方面的好绩效，主导发布了行业标准《台架式集装箱运输卷钢类货物技术规范》（JT/T 1476—2023），以贯标力量进一步提高绿色物流的环境价值。

二、2024 年钢铁行业绿色物流发展情况

（一）依托标准领航，优质服务引领高质量发展

2024 年，钢铁绿色物流首次实现了标准国际化。钢铁物流行业的相关人员参与编制了《绿色产品评价 物流周转箱》（GB/T 43802—2024）、《物流行业能源管理体系实施指南》（GB/T 44054—2024）《物流园区数字化通用技术要求》（GB/T 44459—2024）三个绿色物流相关标准；完成了国家标准《物流企业能源计量器具配备和管理要求》、行业标准《物流企业碳排放管理体系实施指南》的送审和报批；主导立项了《绿色物流活动应用案例》；参与编制了已立项的国家标准《物流企业碳排放数字化指南》、行业标准《物流订单温室气体排放量化和报告要求》。未来在标准发布后的实施应用等工作将进一步提升钢铁绿色物流的价值创造。

（二）运输结构调整优化、创造绿色低碳价值

在交通运输部的"运输结构调整优化"方向指导下，钢铁物流在该方向实施变革、创造价值。例如，鞍山钢铁集团积极实施运输结构调整优化、创造绿色价值，

实施的"践行绿色低碳发展理念 提升清洁运输比例"项目入选交通运输部办公厅公布的第一批绿色低碳交通强国建设专项试点任务名单,成为钢铁行业唯一入选项目。该项目着眼于运输结构调整优化,大宗物料和产品长距离运输优先采用铁路、水路等清洁运输方式,推进散改集、多式联运(含"一箱制");将短途汽运倒运车辆更新为纯电动汽车、插电式混合动力汽车及燃料电池汽车。到 2025 年年底,鞍山钢铁鞍山区域、鞍钢股份鲅鱼圈分公司清洁运输及电动重卡运输比例将超过 80%,达到辽宁省重点行业环保绩效钢铁行业(长流程)清洁运输 A 级标准。

又如,敬业集团积极构建绿色低碳物流体系,开通铁路专用线实现"门到门"运输。一改以往的公路运输方式,工作人员将通过敬业集团铁路专用线把这些成品钢卷运送至黄骅南站。这条铁路专用线总投资 47 亿元,全长 22.5 公里,是敬业集团连接国能朔黄铁路的货运专用线。以前采取公路运输的方式,厂区每天大约聚集 3000 辆卡车,会释放大量二氧化碳。如今利用电气化铁路进行产品和原料的运输,可以大幅度减少运输能源消耗、空气污染物排放。数据统计,该集团实现每年"公转铁"物料运输达 4500 万吨,每年减少约 130 万辆次重型货车通行,减少约 40 万吨二氧化碳排放。

(三)坚守底线思维,构建资源保障体系,确保钢铁物流绿色可靠

我国铁矿资源保障能力不足,供需存在结构性失衡。一是流程结构变化。我国钢铁流程结构一直以长流程为主导,未来随着我国钢铁产业进一步向峰值区中后期发展,废钢资源、电力等支撑条件逐步完善,流程结构由长流程调整为短流程是必然趋势,但调整周期可能会较长。二是炉料结构变化。目前,世界钢铁生产重心由发达国家向发展中国家转移,呈现出"东升西降"发展趋势,但是冶金炉料需求中心仍在中国。未来,我国对高品位、低杂质含量铁矿石产品需求将保持结构性增加趋势。以低碳、绿色发展为核心的高质量发展新阶段,将推动我国高炉炼铁以低燃料比和节能减排为中心,优化调整炉料结构。

面对铁矿石的资源保障问题,中国钢铁工业协会于 2024 年 3 月 28 日组织了"铁矿石通道建设研究"课题开题会。该项目旨在研究联通多方力量,实施铁矿石通道建设,打造"矿山+港口+航运+物流"的全产业链合作模式,共同保障铁矿石产业链供应链的安全稳定。

(四)数字技术赋能,增强钢铁绿色物流服务创新发展新动能

钢铁绿色物流依托数字技术在科技创新、管理创新等方面,硕果累累绿色价值凸显。在科技创新方面,中冶京诚工程技术有限公司主导的"冶金原料场绿色

数智管控关键技术的研发与应用"项目、鞍山钢铁集团主导的"鞍钢智慧物流冶金运输调度指挥系统的开发应用及其标准化"项目、哒哒智运（黑龙江）物联科技有限公司主导的"钢铁智慧物流园区及厂内物流智能化应用"项目、河北物流集团金属材料有限公司主导的"面向金属材料仓储的智能化管控关键技术研发及产业化应用"项目、机科发展科技股份有限公司主导的"智慧冶金重载钢卷输送系统关键技术研究、成套装备研制及应用"项目、普天物流技术有限公司主导的"钢材绿色物流智能存储系统"项目、大连中集特种物流装备有限公司主导的"多式联运可折叠集装化装备"项目均获得科技进步奖。在物流数字化优秀案例方面，鞍钢钢水无人化运输系统达到行业领先水平，为冶金行业及相关企业铁路运输提供全新方案；本钢首次将无人驾驶技术应用于厂内短途倒运，实现降本增效，开创国内钢企先河；攀钢数智化物流一体化管控平台实现了跨区域协同、全要素资源统筹、辅助决策等，为高质量发展提供了强大物流保障，大幅提高物流效率，为钢企保供、保产、降本提供强力支撑。

（五）完善钢铁行业 EPD 平台中物流部分的建设

2024 年钢铁物流团队研究推进中国钢铁物流绿色转型的一揽子计划，重点探讨改进和构建钢铁绿色物流话语体系。完善钢铁行业 EPD 平台中物流部分的建设，鼓励企业积极参与 EPD 评估，持续推动上下游及国际采信。巩固钢铁物流碳排放因子研究，加快低碳钢铁物流标准研制并重点推动标准发布和国际互认。加快发展新能源和清洁能源车船，加快构建便利高效、适度超前的充换电网络体系；根据企业区位、原燃辅料采购区域、产品销售区域、厂区总图布局及生产工艺的特点，编制宜铁则铁、宜水则水等多式联运方案；对于厂内物流，要不断优化，尽量采用皮带、管道、辊道、轨道等清洁运输方式。

第三节　钢铁行业绿色物流发展趋势

一、协同共享将成为钢铁行业绿色物流发展的基石

中国钢铁行业以钢铁生产为核心，有序统筹钢铁与石化、建材、化工等多产业链协同，建设高效循环利用的工业生态圈，供应链协同将成为钢铁行业绿色物流发展的基石。一是加强废钢、冶金渣等再生资源的逆向物流技术的研究、推广和应用，提高废钢判定、分选和加工技术效率；强化钢渣热焖分选再利用、高炉渣冷却破碎筛分再利用等技术的应用效果和效率；建立全流程废水资源的综合处

理与回收利用技术框架，梯级利用水资源，实现废水高效循环利用；结合超低排放改造，加强烟气处理和各类副产物的高效循环利用。二是探索共享绿色物流新模式。国家发展改革委于 2024 年 9 月 23 日举办的专题新闻发布会中透露，中国资源循环利用集团正在筹建中。这一"国家队"巨无霸将由中国石油化工集团有限公司、中国宝武钢铁集团有限公司、中国铝业集团有限公司、中国五矿集团有限公司、中国建材集团有限公司、华润（集团）有限公司等多家央企共同出资成立，推动设立全国性、功能性资源回收利用平台。国家发展改革委将会同有关方面加快构建覆盖各领域、各环节的废弃物循环利用体系，持续畅通资源回收利用链条，加快"换新+回收"物流体系和新模式发展，强化生产者责任延伸，支持企业建设回收废旧产品的逆向物流体系，推进退役风电光伏、动力电池等高效利用。

二、数字技术赋能深入推进钢铁行业绿色物流发展

据全球电子可持续发展倡议组织（GeSI）调查数据显示，到 2030 年，ICT（信息通信技术）将助力全球二氧化碳当量排放减少 20%。作为低碳转型的重要推动力，数字化、智能化技术带来的效率和成本优势日益凸显。数字技术在绿色低碳钢铁供应链发展的模式转型中，将扮演着不可替代的作用。充分发挥技术创新的支撑作用，促进数字化和绿色化的产业融合，推动绿色低碳钢铁物流建设，是实现钢铁物流转型升级和长期可持续发展的基础。一方面，物流的数字化转型本身就会带来减碳增效，数字协同彻底改变了组织沟通和协作的方式，大幅提升了钢铁物流的敏捷性和效率；另一方面，数字技术低成本、可信赖、成规模的特性，可以帮助衡量和管理经济各环节的生态足迹，致力于减少现实能源消耗，是绿色低碳发展的重要"使能者"。

三、培养钢铁绿色物流人才，激活钢铁供应链高质量发展新动能

钢铁绿色物流目标的实现，离不开技术的提高和改善，而技术提高和改善的关键在于科研人员的积极性、创造性。科研人员的创造性是基础理论和应用成果不断积累和迭代升级的过程，要建立起有效的科技成果转化机制。科技成果的转化离不开价值规律的作用，好的激励机制可以促进科技成果转化为真正的生产力。另外，要加快钢铁绿色物流标准化人才培养，主动培养具有国际视野和创新理念的应用型、复合型标准化专家队伍，提升各相关方运用标准的技术能力。

（作者：鞍山钢铁集团有限公司　侯海云）

第二章　家电行业绿色物流发展现状与趋势分析

第一节　家电行业发展现状和绿色低碳发展需求分析

一、家电行业整体发展情况

在全球范围内，家电属于高度市场化竞争行业，经历了持续的市场淘汰和整合，行业格局日渐清晰，家电巨头之间的竞争日益白热化。美国、欧洲和日韩等国家曾经是全球家电品牌中心和制造中心，而目前中国已成为全球最大的家电生产国，拥有完整的产业链和强大的制造能力，具备全球领先的规模效应和成本优势，目前中国家电产业的专利申请量占全球家电专利总申请量的近七成。中国家电产业规模持续壮大，品牌竞争力持续增强。

从家电行业全球市场格局来看，中国家电品牌正在迅速崛起，已从贴牌出口 OEM 模式转型为自主品牌出口 OBM 模式。从 20 世纪 90 年代开始，以海尔为代表的中国家电企业在美国、欧洲、东南亚、非洲和南美等全球市场建立工厂，实现本地化设计、本地化制造和本地化运营。伴随中国家电品牌在国内和国际市场占有率持续增长，传统的欧美、日本老牌家电企业纷纷转型发展，通用电气、三洋、东芝、日立、费雪派克等老牌家电品牌先后将整体或部分家电业务出售给海尔、美的、海信和富士康等中国企业，中国家电产业全球竞争力持续增强。

2023 年全球家电市场规模约为 5200 亿美元，其中，大家电全球市场规模约 3400 亿美元，各类小型家电全球市场规模约 1800 亿美元。中国家电产量占全球份额接近六成，出口规模占全球份额超过 30%。《2023 年中国家电行业全年度报告》显示，2023 年中国家电国内销售规模 7736 亿元，出口规模 6174 亿元，出口数量为 371741 万台，出口同比增长 11.2%，其中，中国对东盟 10 国、拉丁美洲、阿盟 22 国和非洲的家电出口额分别增长 3.6%、22.4%、15.7%、23.6%，显示了新兴国家的家电市场增长潜力。

伴随 5G、物联网、AI、云计算、芯片等技术进步，家电产品从单一功能产品向网络化、智能化、绿色化发展。各类家电产品通过融入和构建智能化家居场景，带来更加智能和便捷的生活体验。消费者对家电产品的智能化需求日益增加，对健康和环保日益重视。智能、健康和环保成为消费者选择家电产品的重要考虑因素。同时，各国政府制定碳排放约束政策，对家电产品的低碳和环保要求不断提高。

在物联网时代背景下，家电制造模式从传统的"大规模制造"模式向"大规模个性化定制+智能制造"模式转型，凸显"多批次、小批量、按单定制"的精益制造特征，家电流通渠道和销售方式进一步多元化，对全流程一体化供应链服务的需求日益迫切，驱动供应链物流服务向一体化、智能化和绿色化发展。

二、家电主要市场发展情况

（一）国内市场

中国作为全球最大家电制造国和消费国，家电产品制造和出口在 2023 年和 2024 年持续增长。根据国家统计局数据，2024 年上半年，全国家用电冰箱产量 5051.0 万台、家用空调产量 15705.6 万台、家用洗衣机产量 5311.6 万台，同比均显著增长。海关总署最新数据显示，2024 年 6 月，中国出口各类大小家电 40238 万台，同比增长 26.4%；上半年累计出口大小家电 214024 万台，同比增长 24.9%。

在中国家电持续规模增长的同时，细分家电品类中很多知名品牌和龙头企业脱颖而出，如海尔、美的、海信、TCL、老板、方太、九阳、苏泊尔等。家电企业持续兼并和整合，形成大型家电集团，如海尔系、美的系、海信系等家电巨头。建立家电品牌矩阵，如海尔在全球范围内拥有卡萨帝、海尔、统帅、GEA、费雪派克等多个国内外著名家电品牌。

家电产品向智能化和绿色化发展。海尔、华为和小米等企业开发了 U+、HarmonyOS、澎湃 OS 等物联网操作系统，推动家电产品的智能化。各类网红小家电涌现，如扫地机器人、便携挂烫机、智能颈椎按摩仪、全自动面包机等小家电的出现满足了用户在细分生活场景下的个性化需求。

近年来，小米等互联网硬件企业入局家电行业，投资各类小家电企业，建立家电生态链体系，布局生活小家电、智能台灯、门锁、猫眼等家电品类，通过贴牌和自建工厂等方式向传统大家电延伸。

家电销售渠道多元化，线上家电销售占比约 40%，线上渗透率持续增长。线下家电销售门店更加注重顾客体验，交互和体验成为获取用户青睐的必要方式。在"最后一公里"和"最后一米"家电交付服务方面，用户对交付服务质量日益重视，送货安装一体化服务具备更强竞争力。

家电产业链资源集聚，形成广东、浙江、青岛、合肥、武汉等产业集聚区。同时，家电企业积极走出去，开展全球化布局，如海尔在美国、意大利、越南、印度尼西亚、印度、巴基斯坦、尼日利亚、约旦、埃及等地建立工厂。

在国家政策方面，家电行业发展得到政策支持。2008年以来政府出台了家电下乡、以旧换新、智能家居发展等支持政策。2019年，国家发展改革委等15部门联合印发《关于推动先进制造业和现代服务业深度融合发展的实施意见》，积极探索重点行业重点领域两业融合发展新路径，加快包括家电在内的消费品工业等重点行业高质量发展。2024年，国家发展改革委、财政部印发《关于加力支持大规模设备更新和消费品以旧换新的若干措施》，推动工业设备、用能设备、环境基础设施等领域设备更新，制定汽车、家电等领域消费品以旧换新实施细则，对家电制造和终端消费给予支持。

（二）国外市场

美国是家电产品主要发源地和重要市场，市场规模稳健增长，2021年超过570亿美元，同比增长约8.38%。近年来，美国在芯片、人工智能、云计算等高新技术方面引领全球发展，随着技术进步和消费需求的增长，美国家电产品持续向智能化方向发展。美国政府积极推动能源效率标准和环保政策，推动了高效能和绿色家电产品的普及。

日本家电市场竞争激烈，市场集中度高。日本家电企业积极转型，以适应新的市场需求和技术趋势，同时十分注重产品的创新和设计，满足消费者对高品质生活的追求。一些日本传统家电品牌面临挑战，中国家电品牌则通过技术创新和供应链优势日益获得认可。

韩国家电市场在过去几年中保持稳定增长，家电企业通过技术创新和产品升级来吸引消费者，家电产品向智能化、网联化发展，同时节能、环保的家电产品成为市场的新趋势。韩国政府也积极推动家电行业未来发展，发布多项产业科技战略，加速推进研发投资和技术创新，力图打造重点领域核心竞争力。

三、家电行业绿色低碳发展需求

家电作为人类社会必需的消费工业产品，在家庭、办公、教育、医疗等几乎所有人类活动场景中得到使用。各类家电产品的社会保有量巨大，在为人类提供各类功能服务和生活便利的同时，伴随巨量能源消耗。

家电产品在制造、流通和使用过程中产生废水、废气、有机物等有害物质和碳排放。在全球日益重视环境保护、制定各类环境约束政策的背景下，家电行业发展受到直接性约束，绿色低碳化发展已是必由之路。

（一）能效等级约束

各国政府制定和实施家电产品能效标准，推广能效标识制度，提高家电产品的能源效率，促进节能技术发展应用，减少能源消耗和碳排放。

中国的能效等级分为1、2、3、4、5共5个等级，等级1表示产品达到国际先进水平，最节电，能耗最低；等级2表示比较节电；等级3表示产品能源效率为中国市场的平均水平；等级4表示产品能源效率低于市场平均水平；等级5是产品市场准入指标，低于该等级要求的产品不允许生产和销售。

欧盟的能效标识制度是全球较早实施的能效标识之一，它使用从A到G的等级来表示产品的能效，要求家电产品必须有能效等级标签，以帮助消费者了解产品的能耗情况。欧盟法规还规定了家电产品在待机和关机状态下的最大能耗要求。此外，欧盟计划对某些高碳排放的产品征收"碳关税"。

美国推行能源之星计划，该计划是由美国环保署（EPA）推动的认证计划，旨在认证那些超越联邦能效标准的产品。

（二）环保材料约束

各国政府制定法规，要求家电制造使用环境友好、人体安全的制冷剂、发泡剂和金属等材料。

在制冷剂方面，其大气寿命、臭氧耗损潜值（ODP）和全球变暖潜能（GWP）等指标必须符合环保要求，持续迭代和升级。例如，R134a的替代品R1234yf在大气中仅存在11天左右，而R22的替代品R410A的ODP为0，GWP也较低。制冷剂的安全性、热功能性也必须符合要求，具备低毒性和低可燃性以确保使用过程中的安全性，热物理性质符合家电产品稳定运行要求。同时，应对制冷剂进行源头管控和过程控制，确保生产和使用过程中安全规范、环境友好。

发泡剂须满足环保和安全要求，并兼顾材料经济性和适用性。环保性是发泡剂替代的首要要求，传统的发泡剂如氯氟烃（CFC）和氢氯氟烃（HCFC）因对臭氧层有破坏作用而被逐步淘汰，新型发泡剂需减少对生态系统的负面影响。此外，发泡剂应具有不燃或难燃等特性，确保在使用和储存过程中的安全性。

在金属材料和电子器件材料方面，要求限制使用某些有害成分，如铅、汞、镉等重金属材料，以减少对环境和人体健康的影响。

（三）政策导向

家电行业在受到相关绿色低碳政策直接约束的同时，也受到了很多政策鼓励和支持，向绿色低碳方向发展升级。

2022年，商务部等13部门下发《商务部等13部门关于促进绿色智能家电消费若干措施的通知》，要求发挥政府部门、行业协会、电商平台和家电生产、流通、回收企业等各方面作用，通过以旧换新等方式全面促进绿色智能家电消费。积极引导企业以县城、乡镇为重点，改造提升家电销售服务网点，鼓励家电生产和流通企业开发适应农村市场特点和老年人消费需求的绿色智能家电产品。

2024年，商务部等9部门印发《商务部等9部门关于健全废旧家电家具等再生资源回收体系的通知》，推动家电回收和资源再生。

2024年，国家发展改革委等部门下发《绿色低碳转型产业指导目录（2024年版)》，目录中包含绿色物流和低碳节能家用电器等产业，推动家电产业绿色低碳发展。

第二节　家电行业绿色物流发展现状

家电行业在产品制造、流通和交付的全过程中均需要物流服务提供基础支持，实现原材料、零部件和成品的有序组织和流转，完成从用户需求到产品制造、再到用户体验的全过程服务。家电物流包括前端原材料零部件物流、厂内制造物流和家电成品物流三大场景，直接影响家电产品的制造成本、制造效率和交付质量，对家电行业发展十分重要。

伴随物联网、数字化、人工智能、新能源等先进技术发展，家电物流日益向平台化、智能化和绿色化发展，为家电行业发展提供了有力支持。绿色物流是家电行业供应链一体化智慧物流体系的有机组成部分，也是家电物流转型升级的积极成果。

一、家电行业绿色物流发展情况

近年来，家电物流领域通过管理模式创新、供应链一体化平台建设、智慧化管理和智能化作业、新能源技术应用等方式，持续向绿色低碳化发展。

在家电行业前端原材料和零部件物流方面，行业内家电企业普遍采取供应商管理库存与自有库存相结合的模式，工厂需对接数量众多的供应商，涉及品类规格众多的原材料和零部件。在工厂"T+N"、小批量多批次的按单定制模式下，物流管理频次高、难度大，服务保障有待提升。以日日顺供应链为代表的领军企业创新组织管理模式，建设供应商管理服务平台，集中化管理供应商库存，就近部署智能仓储设施，循环取货和循环送货，为供应商节省了仓储和配送成本，为家电工厂提供平台化零部件管理和按需配送服务，从而提高了服务效率和保障度，降低了仓储运输产生的碳排放。

在厂内制造物流方面，传统的家电工厂以制造为中心进行工厂规划和布局，原材料和零部件流转过程中存在人工作业环节多、物流断点多、占地面积大、集约化程度低、物流自动化程度低等问题。近年来，海尔和美的等家电企业建设运营以"灯塔工厂"为代表的智能工厂，广泛应用物联网、数字化、自动化和智能化等先进技术，实现工厂内制造流程的一体化。智能工厂注重厂内物流的整体规划，部署自动化输送线、智能线边仓、无人搬运机器人等物流设施设备，提高厂内物流作业的连续性，减少人工作业环节和物流断点。物流一体化作业能力的提升，提高了制造效率，也降低了物流作业相关能耗和碳排放。

在成品物流方面，家电成品需交付给经销商客户，并通过"最后一公里"和"最后一米"物流服务交付给终端用户。在成本和时间约束条件下，物流服务应满足不同订单类型、不同商业模式的服务需求，提供标准化、多样化和个性化的物流方案。近年来，日日顺供应链和京东物流等专业物流企业，在全国范围内建设和部署多级仓储体系，在多仓之间进行库存共享化管理和多仓路由规划，结合库存数据动态分析和销售预测，提供多级云仓家电物流服务，在保持客户合理库存的同时，满足了用户对家电产品交付的时效性要求。在面向经销商的家电物流服务方面，为了降低经销商的仓储、配送等运营成本，提高经销商在多元电商时代背景下的市场响应速度，海尔和日日顺供应链探索"统仓统配"模式，为家电经销商提供具备灵活性的统一库存管理和配送服务。在面向用户的"最后一公里"服务方面，日日顺供应链率先推出家电送货与安装调试同步的一体化服务，为用户带来一次就好的优质服务体验。对于大批量、远距离的家电运输需求，家电物流可采用"公路+铁路+公路"的多式联运方式，提高运输集约度，实现长途运输的绿色低碳。综上所述，家电成品物流的绿色低碳，体现在减少家电产品的搬运次数和运输里程，"多级云仓""统仓统配""送装同步""公铁联运"等家电成品物流服务方案有效提高了服务效率，降低了物流能耗，减少了碳排放。

在绿色技术应用方面，近年来家电物流企业积极应用数字化、智能化和绿色化技术，推动了家电物流的绿色化转型。家电物流企业采用数字化管理系统，将制造工厂、供应商、物流平台、服务商及用户连接在一起，通过系统驱动上下游资源协同，提高了各类物流资源的供需匹配效率，减少了低效物流作业造成的损耗。在零部件管理和厂内物流作业中，循环物料箱得到积极使用，大大减少了一次性物料包装带来的资源浪费和成本损失。智能仓储设施、自动化输送和搬运装备、电动叉车工具等得到积极应用，减少和取消人工作业，实现减排增效。新能源配送车辆在城市配送中广泛应用，显著降低了"最后一公里"家电物流运营成本，并直接减少了碳排放。此外，很多家电物流企业在仓库顶部部署光伏系统，通过发电和售电降低仓库运营成本，同时改善了夏季库房内部的温度条件。

作为绿色低碳发展代表性家电企业，海尔提出 6-Green 发展战略，这一战略覆盖了产品的全生命周期，包括绿色设计、绿色采购、绿色生产、绿色经营、绿色回收和绿色处置。绿色物流服务贯穿产品生命周期全过程。

二、2024 年家电行业绿色物流发展情况

2024 年家电行业绿色物流发展情况可归结为以下几个方面：平台化、可视化、智慧智能、新能源、逆向物流。伴随行业发展和新技术应用，家电物流进一步向绿色化发展。

家电物流企业进一步提升专业服务能力，延长服务链，应用数字化系统连接上下游资源，建设供应链一体化物流平台。在前端零部件和原材料物流领域，专业物流服务商成为供应商和家电制造商之间的桥梁和平台，对接供应商进行零部件采购备货，集中管理供应商库存，就近提供前置化零部件物流服务，提高了对工厂制造订单刚性时间窗口的响应能力。在家电成品物流领域，平台型物流企业通过整合社会化运力资源、建设自有核心运力资源、部署多级仓储网络，提供全国整车直发和仓储分拨服务。家电物流企业建设"最后一公里"和"最后一米"服务平台，为用户提供家电产品"送装一体""次日达""限时达"等差异化服务。

家电物流应用物联网、卫星定位、信息化和数字化等技术，提升上下游数据和资源共享能力，对物流运营和物流资源进行可视化管理；对车辆进行实时定位和数字化管理，构建车辆运力画像，进行订单智能配车和任务智能排程，实现配送路线可视化和配送决策智能化。在车辆上部署传感器并实时获取数据，可实现对车辆状态和冷藏箱温度等数据的实时监控。以货物订单为单元，以货物条码识别为基础，对货物订单的状态进行实时监测和跟踪，为客户提供及时的订单信息，可提高订单管理准确性和客户满意度。应用数字化技术管理货物库存，对库存的位置、数量、状态等进行实时监控和调度，通过库存管理系统和算法，提高仓储作业效率、仓库利用率和货物周转率。对于跨境运输和多式联运等长距离、多节点物流场景，通过上下游数据共享和实时在线管理，对家电产品全链路中转运输进行可视化管理，提高上下游节点物流资源匹配效率，保障货物运输安全。

家电物流持续增强智能化作业和智慧化管理能力。在零部件管理和成品物流仓储作业中，应用 WMS、WCS 等系统和 AGV、机械手、堆垛机和穿梭车等硬件智能设施设备，实现货物条码自动识别、货物智能称量、货物自动输送搬运和上下架、自动堆码和拣选等作业，提高全流程作业效率，减少了人工作业；应用人工智能技术和算法训练，对人工装卸搬运等作业环节进行实时监控识别，规范人员作业，保障人货安全，降低货损和货差。在家电运输配送中，利用大数据、人工智能、运筹学优化算法等技术方法，规划物流网络，优化关键节点与路由方案，提升运输效率；

在电商大促等家电消费重要节点，家电物流企业与上游客户协同，通过大数据分析进行数据预测，货物预先下沉部署到配送中心和末端配送站点，事前调度仓储和运力资源，降低资源匹配不平衡。

家电物流加速应用新能源和绿色物流技术。在政策导向和成本驱动作用下，家电物流已经在城市配送中广泛使用新能源运输车辆，伴随电动重卡技术发展，目前在干线物流运输中探索使用新能源重卡车辆。越来越多的物流园区和仓库部署太阳能光伏板和风力涡轮机来满足能源需求，减少对化石燃料的依赖，降低能源成本。可循环利用的包装箱和物料箱得到推广应用。

在政策和市场需求驱动下，以家电回收为主的逆向物流存在很大需求和发展空间。2024 年，商务部等 9 部门印发《商务部等 9 部门关于健全废旧家电家具等再生资源回收体系的通知》，推动家电回收和资源再生。海尔等家电龙头企业近年来投资建设了智能化家电拆解工厂，改变原先废旧家电作坊式拆解造成的资源回收率低、环境污染等状况。海尔依托 3.2 万家线下门店、10 万余名服务兵、100 余个物流配送中心，通过与全国 1300 家回收商合作，搭建了覆盖全国 2624 个区县的回收网络。海尔再循环互联工厂年拆解规模为 200 万台/年、循环材料再生规模为 3 万吨/年，年碳减排量约为 1.7 万吨，海尔在拆解过程中，利用先进的设备，将家电中的塑料、金属和电子元件分类处理，并将其再生材料应用于新产品的生产中，实现了废旧家电的无害化拆解和资源的循环利用。日日顺供应链等企业依托全国服务网络布局和干支线运力资源，对接上游海尔家电回收平台，积极开展家电回收物流服务。

第三节　家电行业绿色物流发展趋势

我国自"十三五"以来陆续出台一系列重大战略和政策，支撑绿色物流体系的快速发展。2019 年，《交通强国建设纲要》中提出我国中远期物流发展蓝图，目标是形成包括物流运输方式、物流运输结构、物流组织模式、物流网络、物流系统等在内的综合性现代绿色物流体系。

欧盟在《可持续与智能交通战略》中提出，要依靠数字技术创建一个全面绿色低碳运营的跨欧洲多式联运网络，为铁路、航空、海运、公路联运提供便利。德国推出"物流 2030 创新计划"，加大对智慧物流系统尤其是人工智能领域的研发资助等，提出加强建设"面向未来且灵活可拓展"的数字物流基础设施、数据处理和平台解决方案、数字供应链等，促进物流智慧化、低碳化。

展望未来，家电物流领域将进一步应用物联网、大数据、人工智能、自动化、新能源等先进技术，持续提升智慧管理能力、智能作业能力和资源管理协同能力，加快绿色低碳化发展。

　　家电物流将积极采用数字化技术来组织和管理上下游物流资源，提高物流资源供需预测准确度和匹配效率，对物流全过程进行可视化管理，优化运输网络和路线，提高运输效率和减少空驶，提高管理效率。

　　家电物流将推动数字化物流园区和智能化物流设施建设，提高园区管理和物流作业智能化水平，采用高效节能设备，优化仓储设计，提高仓储效率，通过精细化运营和科技手段实现降本节能。

　　家电物流将扩大使用新能源车辆，伴随快速充电、换电和固态电池技术进步，电动车辆的续航里程持续增长，电动货车的使用范围将从目前的园区物流和城市内物流扩展到城市间物流和干线运输物流。此外，氢能源技术不断进步，氢能源货车在家电物流领域有良好的应用前景。伴随货车电动化和自动驾驶技术成熟，未来在干线运输领域，自动驾驶重卡将在家电物流领域发挥作用。

　　家电物流将更多使用可循环使用的物料箱和包装箱，更多使用可回收纸壳等填充和包装材料，降低一次性纸箱和填充泡沫使用。废旧家电的回收和再利用将快速增长，实现资源循环利用，减少废物的产生。

　　家电物流将积极采用新能源技术，部署光伏发电和风能发电等新能源系统，为仓储基地和运输车辆提供清洁能源，降低碳排放。

参考文献

［1］2023 年中国家电行业年度报告［EB/OL］.（2024－07－18）［2024－12－21］. https：//www. sohu. com/a/794172138_ 121640652.

［2］2023 年中国家用电器出口数量、出口金额及出口均价统计分析［EB/OL］.（2024－02－19）［2024－12－30］. https：//www. huaon. com/channel/tradedata/963898. html.

［3］2024 至 2030 年中国家电物流行业市场预测与投资机会分析报告［EB/OL］.（2024－09－19）［2024－12－21］. https：//www. renrendoc. com/paper/348964748. html.

［4］2022—2027 年中国家电物流行业市场全景调研及投资价值评估研究报告［EB/OL］.（2022－03－17）［2024－12－21］. https：//www. chinairn. com/report/20220317/08593280. html? id＝1828937&name＝liumingyue.

［5］中国物流与采购联合会绿色物流分会，物资节能中心，辽宁科技大学，等. 中国绿色物流发展报告（2023）［M］. 北京：中国财富出版社有限公司，2024.

（作者：日日顺供应链科技股份有限公司　乔显苓　严涛　徐友国　石莹莹）

第三章　乳制品行业绿色物流发展现状与趋势分析

第一节　乳制品行业发展现状和绿色低碳发展需求分析

近年来，随着我国宏观经济的持续增长，乳制品的消费需求出现高速增长，奶业已成为我国农业和食品加工业中发展的亮点。然而，从整体来看，我国乳制品加工业与发达国家的差距仍然十分明显。

一、乳制品行业发展现状

国内的乳制品市场持续增长，近年来，随着居民生活水平的提高和健康观念的深化，我国乳制品市场需求呈现出持续增长的趋势。根据中国奶业协会发布的报告，2023 年全国奶类产量达到 4281.3 万吨，同比增长 6.3%，预计 2024 年将增长至 4570 万吨。同时，乳制品产量也在逐年攀升，2023 年全国规模以上企业乳制品产量达到 3054.6 万吨，同比增长 3.1%。在生产与供给方面，我国现有 1000 多家乳制品企业，其中大多数是中小企业，技术上比较落后，品种也比较单一，竞争力较弱。国内乳制品行业市场竞争激烈，形成了少数全国性乳企、数个区域性乳企以及众多地方性乳企并存的市场格局。近年来，乳企之间的并购整合频繁，旨在通过扩大规模、优化资源配置来提升市场竞争力。随着我国乳制品市场的逐渐成熟，有越来越多的企业和资本涌向乳制品业，供给能力日益扩大，而乳制品的国际贸易对我国国内的乳制品供给形成了一定的补充。从消费情况方面看，我国在乳制品的消费方面近年来有所提高，但整体看来还处于较低的水平，且存在地区差异性。北京、上海等一些大城市的乳制品市场较为成熟，人们的消费量也较大，而小城镇特别是农村市场还有待进一步开发。不过，业内提出到 2025 年和 2030 年，我国人均乳制品消费量有望分别突破 45 千克和 50 千克。消费者对乳制品的品质要求日益提高，促使企业不断改进生产工艺，采用更优质的原料，加强品质控制。市场上出现了更多高端、有机、功能型的乳制品，以满足消费者对健康、营养、美味的多样化需求。在数字化转型与全渠道融合方面，数字化技术的广泛应用推动了乳制品行业的智能化升级，提升了生产效率，降低了成本。同时，线上线下相结合的全渠道销售模式成为新常态，为消费者提供了无缝购物体验。

而从国外的生产情况来看，经济合作与发展组织（OECD）和联合国粮食及农业组织（FAO）发布的《经合组织—粮农组织 2023—2032 年农业展望》报告中预判，全球牛奶产量将在 2024—2033 年以年均 1.6% 的速度增长，到 2033 年达到 1085 百万吨。其中，单头奶牛产量的提升是全球产奶量增长的主要原因，尤其是在北美，该地区的单头奶牛产量远高于全球平均水平。从消费与贸易的视角来看，未来十年，全球乳制品消费量将随着收入和人口的增加而增长，尤其是在亚洲地区，印度和巴基斯坦将继续引领新鲜乳制品的消费增长。到 2033 年，全球乳制品贸易将增长 12%，数量达到 13.9 百万吨。其中，欧盟、新西兰和美国将继续主导全球乳制品出口市场。从全球化趋势来看，随着全球经济一体化的加深，乳制品行业的全球化趋势日益明显。国际乳企通过跨国并购、建立海外生产基地等方式，拓展国际市场，实现全球资源配置。从品质与安全的视角来看，国际市场对乳制品的品质和安全要求极高，各国纷纷加强乳制品质量监管，提升产品质量标准。同时，消费者对乳制品的营养成分、健康效益等方面的关注度也在不断提高。从创新与差异化方面来看，国际乳企在产品研发、包装设计、营销策略等方面不断创新，以差异化竞争赢得市场份额。例如，推出针对特定人群（如老年人、运动员等）的定制化乳制品。从可持续发展角度出发，绿色低碳发展成为国际乳制品行业的重要趋势。乳企通过采用环保材料、节能减排、循环经济等措施，降低生产过程中的环境负担，实现可持续发展。

二、乳制品行业绿色低碳发展需求分析

（一）国内视角

（1）政策推动：中国政府高度重视绿色低碳发展，出台了一系列政策措施，鼓励乳制品行业采用环保技术、降低能耗和排放。2024 年，生态环境部等多个部门联合印发了《关于建立碳足迹管理体系的实施方案》等文件，要求从产品碳足迹着手，完善国内规则、促进国际衔接，建立统一规范的碳足迹管理体系。乳制品行业作为畜牧业的重要组成部分，所涉及的温室气体排放环节众多，包括牧草种植、奶牛养殖、原奶运输、加工处理、储运销售等，因此实现绿色低碳发展成为必然趋势。

（2）市场需求：随着消费者对环保意识的提高，绿色低碳的乳制品越来越受到消费者的青睐。企业需要通过改进生产工艺、使用环保包装等方式来满足这一市场需求。

（3）企业实践：绿色低碳发展有助于乳制品行业实现产业升级和转型。通过采用新技术、新设备，提高生产效率，降低生产成本，同时减少对环境的影响。一些乳制品企业已经开始在绿色低碳发展方面做出实践。例如，通过优化饲料、使用低碳能源、改进粪便管理等措施实现牧场低碳管理；通过优化运输路线、创新包装材质等措施减少下游环节的碳排放。

（二）　国际视角

（1）全球趋势：随着全球范围内更加严格的环保立法，尤其是在乳制品生产温室气体排放日益增多的国家，乳制品行业需要采取新的解决方案来应对环保挑战。这包括优化奶牛生产系统、改善动物健康和饲料效率等措施。

（2）国际竞争：在国际市场上，绿色低碳发展已成为乳制品行业的重要竞争点。一些发达国家已经通过大力发展高附加值、高科技含量的绿色乳制品生产来占据市场优势。因此，我国乳制品行业要想在国际市场上取得竞争优势，也需要加强绿色低碳发展。

（3）技术合作：国际乳企之间需要加强技术合作与交流，共同研发绿色低碳的生产技术和产品，推动整个行业的可持续发展。

（4）消费者教育：通过消费者教育，提高消费者对绿色低碳乳制品的认知度和接受度，从而推动市场的扩大和发展。

综上所述，乳制品行业在国内外市场均呈现出持续增长和转型升级的趋势。绿色低碳发展成为行业发展的重要方向，需要政府、企业和消费者共同努力，推动行业的可持续发展。

第二节　乳制品行业绿色物流发展现状

《中国绿色物流发展报告（2023）》指出，我国物流业碳排放占全国碳排放总量的9%左右，随着全球应对气候变化和我国"双碳"目标的落地，物流行业的低碳化面临的挑战越来越大。

乳制品行业的绿色物流发展是随着消费者对食品质量和安全意识的提高以及环保理念在全球范围内的普及而逐步推进的。目前，乳制品行业在绿色物流方面积累了一些经验和做法，同时也面临着一些挑战。

一、2023 年乳制品行业绿色物流发展情况

2023 年，乳制品行业在绿色物流方面持续发力，尤其是在减少碳排放、优化资源利用等方面取得了显著成就。以下以伊利为例，详细介绍其在绿色物流发展方面的一些具体措施和成果。

（一）伊利的绿色物流实践

（1）打造智慧绿色物流：伊利坚持"绿色、精益物流"的运输理念，通过一系列举措推动物流的绿色化。例如，伊利通过建设绿色仓储、优化全国订单及发运周期、改进物流网络等方式，发展出一套更为高效、低碳的物流体系。

（2）绿色仓储建设：引入拆托系统、自动装车机器人等智能设备，提高仓储运作效率。

（3）高效节能：使用低碳节能无氟制冷剂，减少温室气体排放；采用高效节能压缩机和风机，引入变频节能技术，提高能源使用效率。

（4）物流网络优化：通过搭建 AI 算法模型测算每月最优流量流向；通过优化分仓选址、辐射范围调整及增设前置仓等措施，降低调拨频次，避免交叉调运。伊利集团积极探索多式联运，除了公路运输的优化，还积极探索铁路运输等多式联运方式，增加直发量，减少运输总里程。2022 年，伊利减少使用 4900 台车辆，直发增加 6600 吨，减少运输总里程 172 万公里。这种运输方式的优化不仅提高了运输效率，还降低了能源消耗和碳排放。

（5）运输车辆管理：推动供应商淘汰老旧车辆、引进环保等级更高的新型车辆，并在供货协议中增加关于升级运输车辆的条款。

（6）无纸化管理：搭建物流全链条信息系统，深化应用，在产成品入库、培训验证、部分会议、物流服务等环节，均实现线上办公与无纸化办公，减少纸张、能源等资源消耗。

（7）推广绿色低碳运输工具：伊利在 2023 年推动 4 个基地仓使用天然气车辆替代燃油车辆，助力减少碳排放。此外，伊利在全国多个分仓推进新能源车辆使用，2023 年累计使用新能源车次 1256 次，新能源车辆使用率 17.10%，减少物流运输过程产生的碳排放。2023 年重点开展物流策略变革与创新，规划一级供应商物流和运输环节实现国五标准的占比达 80%（2025 年实现 100%），这有助于减少运输过程中的尾气排放，降低对环境的污染。

（8）供应链优化：伊利通过优化供应链配置效率、无纸化管理、物流网络优化、运输车辆管理等措施，推动供应商协同推进绿色物流。例如，伊利在原奶物流业务

中应用调配系统规划最优调配运距，通过缩短奶车运输路径降低碳排放量。2023 年，通过最优调配实现原奶单吨运距达到 7.2 公里。

（二）伊利的创新举措

（1）智能仓储助力低碳物流：伊利现代智慧健康谷智能立体库配备智能仓储系统，实现全自动、高效、高速运行，保持恒温、恒湿，且空气洁净程度达到生产车间标准。同时，伊利精准把控乳制品温度，确保不同乳制品在储存阶段的安全性，优化仓储质量和效率。

（2）打造绿色门店，助力碳中和亚运会：2023 年，伊利支持杭州亚运会，打造了首家绿色门店，店内设施由 64610 个回收奶盒搭建制成，出售的乳制品均为伊利旗下的低碳产品。此外，伊利还推出多个品牌亚运定制新品，携手大熊猫、丹顶鹤和东北虎进行包装共创，让"碳足迹"转化为消费者熟悉的"动物足迹"。

（三）伊利的价值创造

通过上述一系列举措，伊利不仅降低了自身运营过程中的碳排放，也为整个乳制品行业树立了绿色物流发展的典范。这些努力不仅有助于保护环境，还提升了企业的品牌形象和社会责任感，赢得了消费者和市场的广泛认可。

2023 年 12 月，中国物流与采购联合会与浙江省交通运输厅主办、中国物流与采购联合会绿色物流分会与中国外运股份有限公司联合承办的第一届绿色物流与供应链发展大会在杭州国际博览中心成功举办。伊利集团作为乳制品行业唯一代表受邀参加本次大会，伊利集团副总裁晃德文受邀做了"伊利集团绿色低碳转型与发展"的主题分享，并获得由中国物流与采购联合会绿色物流分会颁发的绿色物流先锋人物奖。

近年来，伊利还积极与物流龙头企业合作。2022 年伊利与菜鸟签订绿色战略合作协议，开启绿色回收和绿色供应链的全面合作。2023 年这种合作不断深化，共同打造供应链管理减碳新模式，通过信息共享、资源整合等方式，优化物流配送流程，提高物流效率。

同时，伊利在绿色物流方面的积极实践也得到了政府充分认可，2022 年作为内蒙古唯一乳品企业荣获全国供应链创新与应用示范企业。2022 年 10 月，呼和浩特国家骨干冷链物流基地获批落户伊利现代智慧健康谷。伊利现代智慧健康谷成为全国唯一同时落户国家级商贸物流枢纽和国家骨干冷链物流基地的区域，体现了伊利在物流、仓储、配送方面的低碳优势。

2023 年，伊利坚定贯彻国家绿色发展的"双碳"目标，把物流、能量流、碳排流、数据流全线拉通，带领整个行业践行绿色发展理念，持续在降低物流碳排放、推动供应链绿色低碳高质量发展、打造绿色低碳合作新生态方面作出更大贡献。

图1　伊利集团副总裁在第一届绿色物流与供应链发展大会做主题演讲

二、2024年乳制品行业绿色物流发展情况

在2024年，乳制品行业的绿色物流发展情况呈现出积极向好的态势，主要体现在以下几个方面。

（一）绿色物流政策与法规推动

随着国家对环境保护和可持续发展的重视程度日益提升，乳制品行业也积极响应国家号召，推动绿色物流的发展。政府出台了一系列相关政策与法规，鼓励企业采用环保包装、优化物流流程、减少碳排放等，为乳制品行业的绿色物流发展提供了有力的政策保障。

（二）企业绿色物流实践

（1）绿色包装：乳制品企业积极采用可回收、可降解的包装材料，减少塑料污染。例如，植物基梦幻盖、0铝箔低碳无菌纸基复合包装等，这些包装材料不仅环保，而且保持了产品的品质和口感。

（2）新能源物流车辆：乳制品企业推广使用新能源汽车进行物流配送，减少燃油消耗和尾气排放。这些新能源物流车辆不仅环保，而且提高了物流配送的效率和安全性。

（3）多式联运与低碳物流：乳制品企业积极发展多式联运，通过铁路、水路等低碳运输方式，减少碳排放。企业还致力于打造低碳物流园区和低碳物流路线，实现物流环节的全面绿色化。2024 年，长春伊利冷冻食品有限责任公司为了减少产业链中的碳排放量，冷饮事业部在长春工厂内部策划并建设一个蛋卷生产的"厂中厂"，通过缩短供应链运输距离及产品损耗，年度减少 103.28tCO$_2$e，实现生产效率提高的同时，减少了产品碳足迹。云南伊利乳业有限责任公司在 2024 年增加昆明王家营西站到成都城厢站的铁路运输占比，经核算，2024 年 1—8 月，较上年同期减碳 140 吨，此路线减碳比例为 80%。

（4）企业绿色物流体系建设：2024 年，为深入贯彻伊利集团"全面价值领先"战略思想，积极推动《集团零碳未来计划》的稳步实施，集团安全生产管理部紧密结合集团的战略要求，持续从优化运输方式、合理规划运输路线、推广应用清洁能源物流运输、提高车辆满载率、建立高效的仓储管理系统（WMS）和运输管理系统（TMS）、采用物流信息化管理手段、建立智慧低碳物流体系等方面开展减碳管理。目前已由各事业部物流管理部门出具仓储物流端减碳方案，实现绿色低碳排放物流路线较同等路程的物流路线碳减排 50% 的目标。

（三）技术创新助力绿色物流

（1）数字化与智能化：乳制品企业借助数字化和智能化技术，优化物流流程，提高物流效率。通过引入物联网、大数据等技术，企业可以实时监控物流状态，快速识别问题隐患点，提前预防设备故障，减少能源浪费和碳排放。

（2）绿色仓储与包装回收：乳制品企业加强绿色仓储管理，采用节能设备和技术，降低仓储环节的能耗。同时，企业还建立包装回收机制，强化固废闭环管理，推进资源再生循环利用。

（四）消费者绿色消费意识提升

随着消费者对环保和可持续发展的关注度不断提高，绿色消费已成为一种趋势。乳制品企业积极迎合这一趋势，通过绿色营销和消费者教育等方式，将绿色理念传递给更多消费者。这不仅提升了企业的品牌形象和市场竞争力，还促进了整个乳制品行业的绿色转型。

（五）和物流企业战略合作

2024 年 10 月 25 日，伊利集团与顺丰集团在深圳签署战略合作框架协议，双方将围绕乳制品供应链优化、物流效率提升等领域开展深度合作、赋能共进，打造更

图2　伊利集团与顺丰集团战略合作共谋绿色乳业供应链体系

高效、更智能、更绿色的乳业供应链体系，为消费者提供更加优质的产品与服务。

2024年，乳制品行业的绿色物流发展情况呈现出积极向好的态势。在政策推动、企业实践、技术创新、消费者意识提升以及国际合作等多方面的共同作用下，乳制品行业的绿色物流发展将取得更加显著的成效。

三、乳制品行业绿色物流发展的经验做法

（1）冷链物流企业技术的提升：随着人们对乳制品新鲜度的要求越来越高，冷链物流成为保证乳制品品质的关键。先进的保温材料、温度控制系统等技术手段，保证了乳制品在运输过程中的安全与新鲜。

（2）绿色包装的应用：为了减少环境污染，乳制品企业开始采用可降解或可回收材料制作包装材料，有些企业甚至推出了环保纸盒包装，不仅减少了塑料的使用，还提高了包装材料的循环利用率。

（3）信息化管理系统的引入：通过信息化管理平台，企业可以实时监控产品的流向和温度变化，确保产品质量不受影响。同时，通过大数据分析，优化配送路线，减少不必要的运输里程，进而降低碳排放。

（4）供应链整合：加强与上下游企业的合作，优化供应链结构，减少重复运输和过度包装现象，提高整个链条的运行效率。

（5）绿色能源的应用：部分企业开始尝试使用新能源汽车进行物流配送，减少化石燃料的消耗，降低尾气排放，实现绿色环保运输。

（6）龙头企业实践：伊利集团为深入贯彻习近平生态文明思想，贯彻落实党中央、国务院关于碳达峰、碳中和的重大战略决策，切实推动执行伊利集团"全面价值领先"的战略目标，稳妥有序推进《集团零碳未来计划》，在行业内率先实现碳达峰、碳中和。2023 年，集团公司在综合物流应用方面，建成智慧低碳物流体系，推进仓储物流持续降碳，大力推进新能源汽车，逐步降低传统燃油汽车在物流环节的占比，推动电动化替代；发展智能交通，推动不同运输方式合理分工、有效衔接、降低空载率和不合理货物周转量。大力发展以铁路、水路为骨干的多式联运，推进港口、物流园区等专用线设计，创新绿色低碳、集约高效的配送模式，加强智慧运行，实现系统化节能降碳。目前，内蒙古伊顺供应链管理有限公司已实现了全国各分（子）公司、项目部、产业链合作商 150km 运输半径业务的新车辆运营投用比例达到 30% 的目标。推动完成全国实施重污染天气预警的城市，全部使用符合国家第五阶段机动车污染物排放标准的物流运输车辆，涵盖公路货运、铁路及海洋船舶的短途货运业务。

四、乳制品行业绿色物流发展所遇问题

尽管乳制品企业在绿色物流方面取得了一定成绩，但在实践中依然面临不少困难。

（1）冷链物流成本高昂：为了维持恒定的低温环境，冷链物流企业需要投入大量资金购置专用设备，这增加了企业的运营成本。

（2）包装材料的替换成本较高：虽然环保包装材料逐渐普及，但其成本往往高于传统包装材料，给企业带来了额外的财务负担。

（3）信息技术投入较大：建设完善的信息化管理系统需要较高的前期投入，对于一些中小型乳制品企业来说是一笔不小的开支。

（4）物流网络布局不合理：基础设施不足或物流网络布局不合理，导致部分地区产品运输效率低下，增加了运输过程中的碳排放。

（5）绿色能源设施不完善：新能源汽车充电站等基础设施建设滞后，限制了企业向绿色运输转型的步伐。

五、乳制品行业绿色物流发展创造的价值

乳制品行业通过推行绿色物流，不仅有助于提升企业的社会形象，也能为企业带来实际的价值。

（1）增强品牌竞争力：绿色环保已经成为消费者选择产品时考虑的重要因素之一，企业通过实施绿色物流可以吸引更多注重可持续发展的消费者。

（2）优化成本结构：虽然短期内可能会面临较高的投入，但从长远看，通过提升效率、减少浪费等方式可以实现成本的有效控制。

（3）响应政策号召：随着各国对环保要求的日益严格，积极参与绿色物流建设的企业更容易获得政策扶持，如税收优惠等。

第三节　乳制品行业绿色物流发展趋势

乳制品行业绿色物流发展趋势主要体现在以下几个方面。

（1）绿色物流理念的深化：越来越多的乳制品企业开始将绿色物流理念融入企业的战略规划中，通过优化物流流程、减少碳排放、提高资源利用效率等措施，实现物流环节的绿色化。

（2）物流技术的创新：乳制品企业正在积极采用数字化和智能化技术来优化物流流程。例如，通过引入物联网、大数据、人工智能等技术，实现物流信息的实时监控和智能调度，提高物流效率，减少资源浪费。

（3）新能源车辆的应用：为了减少碳排放，乳制品企业开始大量使用新能源车辆进行物流配送。这些车辆不仅环保，而且能够降低企业的运营成本。

（4）包装材料的创新：在包装方面，乳制品企业正在积极采用可降解、可回收的环保材料，以减少包装废弃物对环境的污染。同时，企业还在不断优化包装设计，提高包装的利用率和回收率。

（5）绿色供应链的建设：乳制品企业正在积极构建绿色供应链，从源头开始减少碳排放和资源浪费。例如，通过优化牧场管理、提高奶牛养殖效率、采用低碳饲料等措施，减少牧场环节的碳排放。同时，企业还在加强与供应商的合作，共同推动供应链的绿色化。

（6）政策法规的推动：政府也在积极推动乳制品行业绿色物流的发展。例如，通过出台相关政策法规，鼓励企业采用新能源车辆、优化物流流程、减少碳排放等措施。同时，政府还在加强对乳制品行业的监管，确保企业遵守环保法规，推动行业的可持续发展。

（7）市场需求的驱动：随着消费者对环保意识的提高，越来越多的消费者开始关注乳制品的环保属性。因此，乳制品企业也开始重视绿色物流的发展，以满足消费者的需求。例如，通过提供环保包装、优化物流配送等方式，提高产品的环保性能，赢得消费者的青睐。

乳制品行业绿色物流的发展趋势是明显的，未来将有更多的企业加入绿色物流的行列中来，共同推动行业的可持续发展。

（作者：内蒙古伊利实业集团股份有限公司　安赟书　孟毅　董晓玲　石春光　王娜英　云南伊利乳业有限责任公司　陈朋　高阳）

第四章 烟草行业绿色物流发展现状与趋势分析

第一节 烟草行业发展现状和绿色低碳发展需求分析

一、国内烟草行业发展现状

我国烟草行业规模庞大，是国民经济的重要组成部分与国家税收的重要来源之一，2023年实现工商税利总额15217亿元，同比增长5.6%，实现财政收入总额15028亿元，同比增长4.3%，创历史新高。我国烟草种植面积常年稳定在1500万亩以上，烟草产量多年来保持稳定增长，2023年烟草产量达到229.67万吨，同比增长4.96%。烟草行业的产品包括卷烟、雪茄、斗烟等，其中卷烟是我国烟草行业的主要产品，其产量和消费量均居世界前列。2023年，我国卷烟产量为24427.5亿支，同比增长0.44%，卷烟需求量约为24375亿支。作为全球烟草生产大国，我国烟草产业在全球市场中占有重要地位。出口方面，2023年1—10月，中国烟草及其制品出口数量为175656吨，出口金额为65221.7万美元，相比2022年同期增长了1669.5万美元，同比增长2.6%，并且在国际市场上的价格竞争力有所提升。

随着时代和科技的进步，我国烟草行业的产业链也在不断优化升级，其中，烟叶种植环节正在逐步实现规模化、标准化和生态化，以提高烟叶的产量和质量。烟草制品生产环节也在不断创新，通过研发新型烟草制品和优化生产工艺，以满足消费者对品质、口感和健康的多样化需求。同时，批发零售环节也在积极转型升级，通过拓展线上销售渠道和提升服务质量，提高消费者的购物体验。体制上，中国烟草实行了工商分离的形式，中国烟草总公司的工业公司负责烟草的生产，主要集中于烟草产区和经济发达地区，如浙江中烟、广东中烟、云南中烟等。烟草专卖局负责烟草的专卖、烟叶的种植收购以及卷烟的销售。

二、国外烟草行业发展现状

近年来，受新冠疫情和国际局势动荡的影响，世界经济增长缓慢，再加上人民健康意识日益提高且控烟政策逐步实施，国外卷烟、雪茄、斗烟、手卷烟等可燃烟草制品销量全面下降，而加热卷烟、电子烟等无烟气烟草制品销售收入增速维持在 10% 以上。2023 年，国外各类烟草制品销售额为 6456.5 亿美元，其中卷烟占比 78.5%、雪茄及其他可燃烟草制品占比 9.6%、加热卷烟和电子烟等占比 11.9%。国际跨国烟草巨头如菲莫国际、英美烟草、日本烟草等在全球市场上占据领先地位，凭借强大的品牌影响力和技术实力，在全球范围内拥有大量制造工厂及员工，其产品销售网络遍布众多国家和地区。其中，菲莫国际规模和销量最大，在全球拥有 50 个制造工厂，产品在近 200 个国家销售，2023 年净收入为 351.7 亿美元，消费税达 494 亿美元。

从烟草市场区域角度看，欧洲地区的卷烟市场主要集中在英国、法国、德国等国家，其中，英国和法国的市场规模尤为显著，但总体而言近年来呈持续下降趋势，且无烟产品比例不断提升。在美洲地区，美国的烟草市场最为庞大，2023 年烟草收入为 85.8 亿美元，卷烟销量达到 1780 亿支，加拿大、巴西、阿根廷和墨西哥的卷烟市场也非常可观。东南亚各国吸烟人口众多，烟叶资源丰富，人均卷烟消费存在较大增长空间，马来西亚、越南等国的烤烟销量占比超过 50%，印度尼西亚、马来西亚等国的雪茄销量增长较快。此外，国外新型烟草发展迅速，表现出良好的发展态势，其中，菲莫国际的无烟气烟草制品净收入占比达到 36.5%，英美烟草的无烟气烟草制品净收入占比为 16.5%。

三、国内外烟草行业低碳发展需求分析

随着全球气候变暖问题日趋严重，世界各国都开始积极应对，据《2023 全球碳中和年度进展报告》显示，全球已有 151 个国家提出碳中和目标。对我国而言，从 2020 年习近平总书记提出碳达峰碳中和目标，到《中共中央 国务院关于完整准确全面贯彻新发展理念做好碳达峰碳中和工作的意见》和《2030 年前碳达峰行动方案》两份重要文件的出台，标志着低碳发展需求进入一个新的阶段。烟草行业作为国民经济支柱之一，也必然要充分贯彻落实绿色低碳发展的理念。在北京、上海、湖北等省市的碳排放配额管理企业名单中，中国烟草总公司的各省市公司均赫然在列。国家烟草专卖局于 2022 年 1 月印发《关于深入贯彻落实党中央、国务院决策部署做好烟草行业碳达峰碳中和工作的实施意见》（国烟办运〔2022〕12 号），制定相应的目标和任务规划。在国际上，菲莫国际发布了"低碳转型计划"，提出 2025 年实现自身运营碳中和，2040 年实现全产业链碳中和。英美烟草提出 2030 年实现自身运营

碳中和，2050 年实现全产业链碳中和。

中国烟草行业具备完整的产业链体系，从烟叶种植到烟草制品生产，再到批发零售环节，每个环节都紧密相连。实现"双碳"目标，需要在产业链的各个环节做到绿色低碳发展，并最终协同形成完整碳减排体系。《关于深入贯彻党中央、国务院决策部署做好烟草行业碳达峰碳中和工作的实施意见》要求深入推进烟草农业低碳发展、全面实施烟草工业绿色低碳转型、加快建设绿色高效烟草物流体系、积极构建清洁低碳安全高效能源体系，并鼓励低碳技术创新、健全保障机制和动员全员开展绿色低碳行动。

在农业方面，需要构建全程绿色生产链，提高烟区绿色防控覆盖率，加快绿色烟草生产技术的创新应用，加强废弃烟杆回收利用，加大低碳清洁能源烘烤技术创新，实现低碳精准烘烤。在工业方面，需要推进绿色厂区建设，优化生产组织和工艺流程，降低单产能耗和材料能耗，加强基础设施节能改造，加快数字化转型驱动生产方式变革，深化生产制造过程中的数字化应用，赋能绿色制造。在能源体系方面，需要加强源头管控，加快实施节能降碳改造升级，健全能源管理系统，积极利用非化石能源，实施可再生能源替代。在保障体系方面，需要严格执行质量、环保、能耗等法律法规，制定相关行业标准，科学制定指标体系，打造绿色低碳人才队伍，建立多元化人才评价和激励机制。

物流在经济发展和能源消耗上均是大户，根据《2023 年中国绿色物流发展回顾与 2024 年展望》，2021 年我国物流业能源消耗量和二氧化碳排放量分别占我国能源消耗总量和二氧化碳排放总量的比重为 8.06% 和 9.01%。烟草物流主要包括仓储、运输、分拣、装卸和包装等环节，绿色低碳发展需要在物流园区建设、配送模式、运输工具、包装循环利用等方面，开展新材料、新装备和新技术的应用，推进烟草绿色物流体系化建设，全面提升物流绿色低碳发展水平。目前，全国各地烟草公司在绿色低碳发展上取得了一些成效，如重庆中烟重庆卷烟厂获评国家级绿色工厂，浙江中烟杭州卷烟厂先后被评为"杭州市绿色低碳工厂"、浙江省"无废工厂"。此外，由于烟草业务的特殊性，其增长受计划控制，故业务无较大变动，再加上烟草物流已基本完成自动化，因此碳达峰基本可以实现。

第二节　烟草行业绿色物流发展现状

一、2023 年烟草行业绿色物流发展情况

2022 年，《关于深入贯彻落实党中央、国务院决策部署做好烟草行业碳达峰碳中和工作的实施意见》明确要求加快建立绿色高效烟草物流体系，为烟草行业物流

建设工作指明了方向。主要任务包括优化物流网络资源布局，创新绿色低碳的配送模式；开展物流园区节能减碳，降低全过程能耗和碳排放；推进运输工具装备低碳转型，持续降低运输能耗和二氧化碳排放强度；持续开展烟用包装物循环利用，全面提升绿色低碳发展水平。全国各地烟草公司相继发文，将系统地深入推进烟草绿色物流体系建设的实施意见，也使烟草物流发展开始进入碳减排计量时代。

目前烟草企业的物流水平还缺乏统一的评价标准，物流行业的国家标准包括《绿色物流指标构成与核算方法》（GB/T 37099—2018）等，2023 年发布的《物流行业公共碳排计算器》进一步推动了国内外物流碳排放的互认。作为国民经济的支柱产业之一，烟草行业也在寻求符合烟草物流特点的绿色低碳标准，浙江省局、云南省局、浙江中烟、湖南中烟、四川中烟等烟草公司积极开展烟草行业绿色物流评价体系的研究，并通过烟厂试点的实际评价来验证体系的科学性和合理性。浙江省局提出了以指标研究为基点，构建绿色物流评价新模式，以指标推广为路径，推动绿色物流落地应用，以平台运营为核心，促进"智慧+绿色"深度融合的思路，构建了绿色物流评价指标库和权重的确定方法，搭建了绿色物流运行管理系统。湖南中烟将绿色物流分解为工业、商业、工商协同三个方面的绿色仓储、绿色装卸、绿色运输、绿色包装、绿色流通和绿色再造六个维度，实现烟草物流活动全过程"绿色化"，建立一套结合层次分析法和模糊综合评判法进行评价的体系。

烟草公司贯彻动员全员开展绿色低碳行动的精神，组织员工系统地学习碳排放相关概念和知识，并制定了激励机制和保障制度。各公司积极开展碳排放基础数据的数字化采集，碳排放管理系统的建设等工作，基于碳排放计算标准对物流环节的碳排放进行测算，"摸家底"，为后续开展碳减排探索和实践提供基础和依据。以优化运输结构、推行低碳运输工具、提高仓储效率、循环绿色环保包装为大方向，烟草公司与信息化商业公司合作开发适合烟草行业的内部绿色相关平台、配送路线规划软件、仓储管理系统；外部供应链减碳寻求和政府碳普惠、碳交易平台对接，提升供应链减碳积极性，并逐步将传统燃油货车替换为新能源货车。如浙江中烟和浙江创联在烟叶、原辅料和成品卷烟的物流环节深入合作，开展多库点发运和库间调度、库内 Wi-Fi 定位和货位分配、智慧园区和月台等方面的创新应用，实现了烟叶工业物流过程中的节能减碳。技术上，先进的人工智能、物联网、区块链等技术及新能源设备在烟草物流中得到了广泛应用。

在运输方面，传统的供应保障模式通常将原材料集中到大型仓库，在检查和匹配后再分发到合作生产点，近年来的实践结果表明该模式降低运输成本和减少碳排放的空间已非常有限。多库点协同发运模式可以更好地协同运作多个仓库和生产点，但实际应用中存在着仓储单位间协同发运、多点分布式发运、外租库库存结构匹配的困难。浙江中烟秉持数字化创新和绿色低碳物流的理念，通过省外直发合作生产点业务流程再造、膨丝自产与委外加工生产的协同管理快速响应模式设计、库点间原料流向分配模式优化重构三大举措，实现多库点合作生产原料的数字化协同发运和供应，仓库原料存放结构优化。此外，还增加了新版利群配方中临沂、武夷外租库库存片烟的使用量，提高了片烟的直发比例。

在仓储管理方面，全国各地烟草公司以提升库存周转效率、降低能耗、减少碳排放为目标，普遍加快数字化和低碳化转型。浙江中烟建立了"物联感知、数据驱动"的智慧仓储系统，通过引入射频识别、智能传感器等物联网设备，实现仓储物资的实时监控和管理，采用大数据分析技术对仓储业务数据进行全面分析和挖掘，优化库存管理和物流调度，实时生成最优的仓储作业计划和调度方案，最终搭建一体化数字化仓储管理平台，实现原料物资的全流程数字化管理，打通各业务环节的信息流。广东省肇庆市局依托 5G 技术和弱电智能化技术，建立了 AGV 平库智能仓储系统，并搭建智慧物流管理平台，实现了业务数字化、管理智能化和决策智慧化。

在资源循环利用方面，绿色包装、塑膜回收和废弃物回收等工作取得成效。山东省泰安市局在前期推广绿色包装物（软塑周转箱、尼龙布袋）的基础上，通过强化监管和过程控制，有效提升了绿色包装物的安全性和可追溯性，并建立了一套管理服务体系。2023 年广西全区卷烟包装塑膜回收率达到了 85.71%，零售客户参与率达96.31%，钦州市局通过积分管理提高零售客户参与塑膜回收的积极性。河南中烟通过紧盯"源头把控、过程管控、目标掌控、质量严控"四个环节，提高烟箱、烟丝箱、辅料废旧托盘的回收利用率，形成"资源、产品、再生资源"的循环物流模式。云南昆明市局积极开展漂浮育苗盘、地膜等烟田废弃物回收再利用，以废弃烟杆为主的生物质燃料加工生产，推动循环农业发展和清洁生产，实现生物质燃料供给与生物质能源烘烤同步推进。2023 年昆明烟区 100% 开展废弃残膜治理，累计回收残膜 1.76 万吨。

在运输工具低碳转型方面，各烟草公司的燃油车已逐步被新能源车取代，其中陕西省西安市局等实现新能源货车 100% 覆盖，所节省的成本和碳排放非常可观。浙江省台州市局采用光伏车棚发电，光伏车棚采用光伏一体化结构，以光伏电池板代替车棚顶面，在实现光伏发电功能的同时避免车辆日晒雨淋，还安装的 31 个充电桩供新能源货车充电。广东湛江市局为新能源货车加装智能独立车载电源系统，采用 ACC 点火控制信号在原车电源和独立车载电源间自动切换，利用光伏发电技术为车辆持续供电，确保视频监控系统不断电，消除了停车熄火时的安全空窗期。

二、2024 年烟草行业绿色物流发展情况

2023 年，我国各省市烟草公司针对物流中各环节的碳减排进行探索和实践，取

得了广泛的成效，2024 年发展的一个方向是在各项工作中更进一步地追求精益化，提高效率，降低碳排放。另外，由于物流是一个系统工程，将各环节的实践成果进行系统化和体系化推进，才能发挥其最大效益。因此，烟草公司在 2024 年开始寻求从自身节能走向行业协作，力求实现供应链减碳。

浙江中烟构建了"一条链路、一张网络、一套机制"的"111"卷烟物流高效能运行体系，通过完善全链路多要素调度策略智能化建设，持续提升供应链一体化、协同化和数字化水平，从而更快速地响应市场需求；构建多层级物流网络布局，横向协同企业内外部物流生产要素，有效降低物流运行成本，推动整体供应链实现效益最大化。机制上通过搭建以计划、执行和评价为核心的 PAC 管理模型并贯穿基础管理全流程，实现与物流仓储、物流调运同向发力，相互支撑。云南烟草全面贯彻新发展理念，按照"1+12+N"绿色物流转型发展路径，以"碳中和智慧物流园区"建设为载体，推动全流程绿色低碳产业为核心，稳步推进云南烟草商业系统绿色物流发展体系建设。积极制定低（零）碳绿色物流体系建设相关方案，引导地市级局（公司）通过推行"新规划、新模式、新能源"，努力实现"减碳、减费、减配置"目标。四川中烟坚持多管齐下、多措并举，稳步推进能源环境管理体系融合，着力构建碳管理体系，助力减污减排；多方发力积极推进绿色低碳转型，助力降耗降碳；拓宽视野、创新实践，不断"碳"寻企业绿色发展之路，鼓励绿色低碳创新，积极推进智慧能源环境管理信息系统建设运行。浙江省湖州市局从"碳盘查、碳核算、碳生产、碳办公、碳生活"五个维度树立绿色生产意识，实现物流园区的精准降碳，拓展增效外循环，构建低碳零售网络，将零售商废弃卷烟塑膜包装回收的逆向物流与日常配送正向物流相融合，形成绿色降碳方法搭建、蓝色数治平台探索、红色公益宣传升华的三色工作体系。浙江省台州市局以打造绿色物流园区样板为目标，引入雨水花园工艺，每年储存净化用水 2.5 万余吨；设计碳排一本账簿，根据国际通用的 IPCC 换算标准，将不同能耗统一换算成碳排放；开发绿色节能工艺，实现产能提升、送货升级、绿色转型和材料降解；打造绿色管控平台，提升智治效能。

配送路线优化是烟草绿色物流精益化的一个重要方向，过去的近十年中各地烟草公司均取得了很大进展，高水平推进路线优化，助力配送运输"绿色化"。通过完善路线优化方案，可以实现降低车辆能耗、减少配送人员、缩短配送时长的目标，推动降本增效、精益管理。浙江省台州市局联合浙江创联针对全市各地区送货量和送货时间不均衡的问题，在分析零售客户地理位置、车辆装载、站点位置等数据的基础上，以最少总运营时间、最优总运营成本为目标，借助地理空间技术和区块划分等算法的支撑，开展边界规划、子区域规划、订单日优化等工作，并通过模型程序在数字地图上对零售客户归属进行精细微调，使客户在地理空间上相对集中，达到工作量和送货时间的相对均衡。西安市局引入"智能协同型"路线优化算法，通过区域精准划分、路径深度计算、路线动态规划、人员高效调配，有效解决了客户分布不均、送货路线交叉重叠等问题，实现了平台路线全面升级与优化，年送货里程可节约 23.4 万公里。

在节省用纸减碳方面，无纸签收开始逐步替代传统的"纸质票据+人工签收"模式。河南省局采用视频监控、GPS/GIS、智能感知、信息交互等技术，通过移动终端设备语音播报商户情况、货款是否结算等信息，待送货员离开车厢时开启录像功能，记录送货员取货、商零交接、货款交接等全部视频、语音资料，实现商零交接过程全程无感、优化流程，并对服务过程进行全程回溯。福建莆田市局采用卷烟识别签收模式，设计了由人脸判别、卷烟识别及场景识别三部分构成的卷烟 AI 识别模型，并将其接入"闽烟物流"App，通过判定送货人员、卷烟、订单信息和签收地点是否匹配来确定签收是否完成，实现了卷烟送货签收过程的精简化、无纸化、可视化以及签收结果的可溯化、可量化。广东清远市局采用"电子文书 e 键签"，依托企业微信平台及 RPA（机器人流程自动化）技术，围绕签署、提醒、客户反馈三个核心环节，开发"电子文书签章"小程序。利用 RPA 技术读取需要签署文件的客户编码，形成用户 ID，建立基于企业微信的电子文书签章系统，通过企业微信接口将待签署文件精准推送给对应客户，成功替代传统签字盖章模式。

新能源货车的规模化应用已成为物流业共识，但由于新能源货车存在续航能力弱和充电时间长的不足，配送路线和充电策略将会对运营效率产生极大的影响，因此，如何构建立体高效的充换电网络，并通过车联网和网络规划算法为车辆提供最优路线，依然是亟待攻关的难点。浙江省湖州市局联合浙江创联采用微服务框架、LightGBM 和智能数据分析技术，搭建新能源货车质效管控系统，通过优化车辆调度方案、改进充电策略、数据智能决策，最终提升车辆的运行效率、降低能耗、优化充电管理和实现碳排放的有效监管。针对暴雨等异常天气，湖北省武汉市局充分发挥新能源货车优异的防水性能和稳定的行驶能力优势，根据历史气象数据和实时天气信息，分析暴雨天气对配送路线的影响，合理规划配送路线，并优先选择路况较好、交通流量适中的道路集中配送。在安全防护方面，重庆市局对新能源货车充电桩的配电箱电气参数进行实时感知，对电气火灾关键参数（如温度、电流、电压等）进行全天候监控，设定阈值，出现异常情况立即报警，并采取应急处置，可远端实施断电控制，做到既可管又可控，实现早预警、准定位、快反应。

"碳普惠"是全民减排行动中的一项重要机制，可以对小微企业、社区家庭和个人的节能减碳行为进行具体量化并赋予一定价值，起正向引导作用，并能够积极调动社会各方力量加入。依托碳普惠平台，与公共机构数据对接，量化公众的低碳行为减碳量，给予其相应的碳币。公众用碳币可在碳普惠平台上换取商业优惠、兑换公共服务，也可进行碳抵消或进入碳交易市场抵消控排企业碳排放配额。目前，全国有北京、上海、浙江、广东等众多省市具有正式投入运营的碳普惠平台，还有北京、天津、上海等九家碳排放权交易所。由于现有的碳普惠平台在小微企业领域存在着缺乏明确的减排场景和策略，以及数据溯源的问题，且烟草企业的零售商普遍以小微企业的形式存在，浙江省湖州市局联合浙江创联为推动烟草行业在生产、物流和零售等环节的全供应链碳减排，积极开展基于零售商的碳普惠平台建设，通过优化数据管理和检测、设计个性化碳减排方案、提供技术指导和支持、检测和评估减排成果，从而推动激励政策和机制的制定，提升零售商的减排意识，实现供应链减排。此外，湖州市局为进一步整合各方资源，为烟草行业内部人员及零售商提供一个综合性减碳积分平台，开发了烟草积分管理系统。通过对个人、小微企业的绿色低碳行为以碳减排量的形式进行具体量化，并赋予相应积分，通过商业激励、政策鼓励、积分兑换等相结合的方式，推动个人、零售商加入碳减排行动，形成正向引导绿色低碳发展的机制。

第三节　烟草行业绿色物流发展趋势

一、数字化转型助力烟草绿色物流建设

烟草行业的绿色物流正在加快步伐向数字化转型发展。数字化硬件和软件基础设施不断完善，物流信息整合力度持续加大，再加上新一代信息技术的应用，使物流环节中的每一个步骤都能够被实时监控与追踪。从原材料的采购到成品的运输，所有数据都能够通过数字化平台进行整合和管理，供应链上的各个环节能够紧密连接，信息无缝流转，提高物流运作的效率。当然，数字化必然带来信息安全等风险，因此需要加强网络安全方面的管理。

二、智能化升级赋能烟草绿色物流发展

烟草行业绿色物流的智能化趋势紧密契合国家"双碳"战略要求。通过智能化物流技术的应用和物流设备的开发，行业可以有效减少运输环节的能耗和碳排放。基于大数据和人工智能的智能决策系统，能够迅速应对突发情况，优化物流链条的运作。例如，在遇到物流需求波动时，智能决策系统可以自动调整物流路径和运输安排，确保在减少碳足迹的同时，实现物流环节的高效运行。此外，利用新一代人工智能等现代信息技术，在烟草物流关键领域和重要环节建立智能应用模型，可以实现物流管理向智能化升级。

三、标准化建设引领烟草绿色物流步入高效正轨

在全行业绿色转型的背景下，进一步推动烟草行业物流标准化能够帮助烟草企业在全产业链上实现统一的流程、规范与操作，从而提高绿色物流的整体协同能力。通过建立统一的物流标准，企业能够在仓储、运输、包装等各个环节实施规范化操作。物流环节涉及众多上下游企业，通过统一标准，不同企业之间的物流系统可以无缝对接，减少资源浪费和不必要的能源消耗，降低整个供应链的环境负荷。此外，标准化也能促进物流信息的共享和互联互通，为物流数字化、智能化发展提供了支撑。这一趋势不仅能够提高烟草企业的运营效率，降低环境成本，还将为推动整个行业向绿色、高质量发展提供有力的制度保障。

参考文献

［1］沈潼.2023 年烟草行业实现税利总额和财政总额创历史新高［EB/OL］.（2024-03-06）［2024-10-09］.http：//www.etmoc.com/look/Statslist? Id＝46953.

［2］2023 年 10 月中国烟草及其制品出口数量、出口金额及出口均价统计分析［EB/OL］.（2023-12-23）［2024-10-09］.https：//www.huaon.com/channel/tradedata/951026.html.

［3］衡丙权.2023 年世界烟草发展报告（上）［EB/OL］.（2024-07-01）［2024-10-09］.https：//epaper.eastobacco.com/html5/2024-07-01/content_ 3_ 1.htm.

［4］衡丙权.2023 年世界烟草发展报告（中）［EB/OL］.（2024-07-09）［2024-10-09］.https：//epaper.eastobacco.com/html5/2024-07-09/content_ 3_ 1.htm.

［5］衡丙权.2023 年世界烟草发展报告（下）［EB/OL］.（2024-07-15）［2024-10-09］.https：//www.eastobacco.com/ty/content/2024-07-15/content_ 1233553.html.

［6］顾小飞.云南昆明市局（公司）：让绿色成为烟草农业的新质生产力［EB/OL］.（2023-11-16）［2024-10-09］.https：//www.eastobacco.com/ty/content/2023-11/16/content_ 1196929.html.

［7］董传富，程卫.动态化监测预警 全方位高效管理——以重庆市局（公司）物流分公司物流园区智慧安全管理系统为例［EB/OL］.（2024-03-12）［2024-10-09］.https：//www.eastobacco.com/ty/content/2024-03/12/content_ 1214934.html.

［8］浙江省烟草公司湖州市公司：逐"绿"而行"碳"寻美好［EB/OL］.（2024-07-03）［2024-10-09］.http：//new.qq.com/rain/a/20240703A02LBP00.

（作者：浙江创联信息技术股份有限公司　贾翔宇　黄丽）

第五章　电商领域绿色物流发展现状 与趋势分析

电子商务交易的最终实现离不开高效物流系统的支持，相对地，电子商务的快速扩张也最大限度地推动了物流行业的发展。电商与物流相互促进、关系日趋紧密，共同推动商业模式的创新和供应链的优化。因此，在电商情境下分析绿色物流发展的现状和趋势具有重要的现实意义。

第一节　电商领域发展现状和绿色低碳发展需求分析

一、电子商务行业的总体发展情况

随着中国互联网普及率的快速增长，网上零售额及其在社会消费品零售总额中的占比持续上升（见图 1）。电商平台逐步成为居民消费和企业销售的重要渠道，电商市场规模逐年扩张。近十年内，中国的电子商务行业历经数次变革，显示出蓬勃发展的态势。从 2014 年到 2023 年，电子商务市场规模从 13.4 万亿元增长到 46.8 万亿元，增长了 3.49 倍（见图 2），显示出行业的强劲增长势头。然而，10 年内同比增速整体呈下降态势，意味着中国电商市场开拓新增发展空间的压力越发凸显。

在市场规模扩张的同时，电子商务行业也见证了新业态和新模式的发展。包括跨境电商、直播电商、生鲜电商和社交电商等在内的新兴商业模式为电商行业注入了新的发展活力，也为消费者提供了多元的购物选择。总体而言，十年间，消费者已逐步培养起线上购物的消费习惯，电子商务行业也从高速增长期逐步转向稳健发展期。电商企业未来应回归商业竞争的本质，提高产品和服务的核心竞争力，推动电商行业的可持续发展。

二、电子商务行业的投融资分析

相较于稳定扩张的市场规模，电子商务行业的投融资情况波动性较强。近年来，

图1　2014—2023年中国网上零售额及其占社会消费品零售总额的比重情况
资料来源：国家统计局。

图2　2014—2023年中国电商市场规模发展情况
资料来源：国家统计局、网经社。
注：增速按可比口径计算。全书同。

资本市场对于电商市场的投资态度逐渐趋于审慎和保守。2023年电商领域的投融资金额和投资事件数均为近年内的历史最低值，融资金额仅为2018年的13.3%，融资事件数较2018年也下降了78.5%（见图3）。因此，随着融资环境的收紧，不难判断电子商务市场将经历剧烈的行业变革，资金短缺、运营乏力的电商企业可能逐步

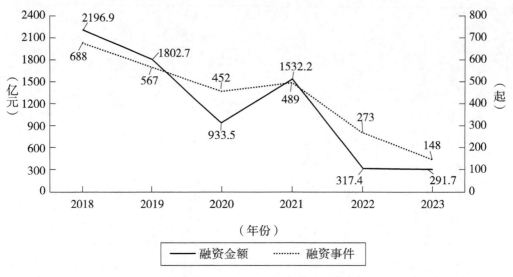

图3　2018—2023年中国电商投融资情况

资料来源：网经社。

退出市场；而实力强劲、勇于创新的电商企业则可能在变革中把握机遇，扩大市场份额，实现规模化发展。

此外，电商投融资的具体细分领域也在动态变化中。根据交易实体的类别和交易的特性，可将电子商务分类为产业电商、数字零售、跨境电商以及数字生活。其中，产业电商是指以大宗商品和工业品为主的企业间在线化交易模式，是工业互联网的重要组成部分；数字零售和跨境电商则聚焦于消费品，分别针对境内和进出口的交易市场；数字生活则是包含餐饮外卖、旅行交通、婚恋交友、招聘求职、房产家装、医疗健康在内的多种数字化形式的服务消费形式（陈礼腾等，2024）。2023年的148起投融资事件中，数字生活领域投融资事件数为48起，占比32.43%（见图4），高于包括数字零售、产业电商和跨境电商在内的其他细分领域。这意味着数字生活服务电商领域正在成为资本市场高度关注的焦点。而在融资总额方面，跨境电商由于单次融资规模较大，其2023年融资金额共计157.39亿元，在四大细分领域中占首位。

三、电子商务行业的温室气体排放

尽管电子商务行业本身不属于传统的高污染高排放行业，但其业务流程的各个环节都涉及一定程度的温室气体排放。电商交易流程以互联网为载体，需要依托用电设备来存储、分析和处理海量的交易数据，从而在用电过程中产生大量温室气体排放。同时，物流配送是电商交易的重要环节，不论是航空、铁路还是公路运输都会使用化石燃料或电力，从而产生不同程度的碳排放。此外，货物仓储、快递包装物和包裹面单也是重要的排放源。

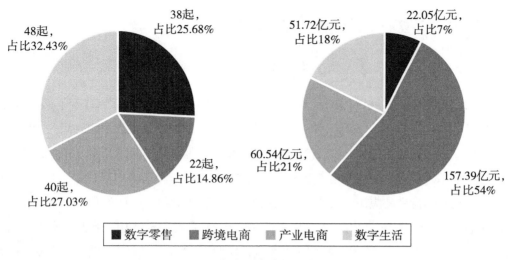

图4 2023年中国电商投融资领域分布

资料来源：网经社。

电商领域的交易几乎都依赖于快递环节实现履约或退换货，电商快递订单占快递行业订单总量的70%以上（夏怡雯等，2023），电商交易的物流配送产生的温室气体排放是整个快递行业排放的重要组成部分。2017—2022年，中国快递行业的碳排放总量迅猛增长，从2017年的1837万吨二氧化碳当量激增至2022年的5565万吨，年均复合增长率高达24.8%（见图5）。因此，随着居民消费习惯的转变和电商市场规模的扩张，电商领域未来还会进一步对温室气体排放产生深远影响。

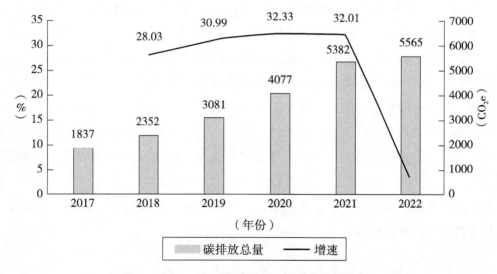

图5 2017—2022年快递行业温室气体排放情况

资料来源：国际能源署。

四、电子商务行业的绿色发展需求

（一）"十四五"现代物流发展规划

基于《中华人民共和国国民经济和社会发展第十四个五年规划和2035年远景目标纲要》，国务院办公厅于2022年12月发布了《"十四五"现代物流发展规划》（以下简称"《规划》"），指出要大力推动绿色物流发展和绿色低碳物流创新工程。首先，加快推进充换电基础设施、液化天然气加注站及加氢站等配套设施的布局建设，促进新能源车辆在现代物流中的应用。其次，加强绿色物流新技术和设备研发应用，推广使用循环包装，减少过度包装和二次包装，促进包装减量化、再利用。最后，依托行业协会等第三方机构，开展绿色物流企业对标贯标达标活动，推广一批节能低碳技术装备，创建一批绿色物流枢纽、绿色物流园区。

在电商领域，《规划》强调了要支持国家物流枢纽率先开展逆向物流体系建设，针对电商退换货行为建立线上线下融合的逆向物流服务平台和网络，创新服务模式和场景，促进产品回收和资源循环利用。

（二）快递包装绿色转型行动方案

为推动快递绿色包装标准体系的全面建立，国家发展改革委联合其他相关部门于2023年发布《深入推进快递包装绿色转型行动方案》（以下简称"《方案》"）。《方案》提出，要推进快递包装绿色治理，助力实现快递包装的标准化、循环化、减量化和无害化，促进电商行业和快递行业高质量和可持续发展。

《方案》针对电商企业如何实现快递包装绿色转型提供了详细的指导。其一，由行业主管部门组织电商企业参加快递包装相关法律法规的培训，督促不合格的企业优化商品配送环节的包装规则标准。其二，助力电商平台企业引领绿色包装行动，完善快递包装减量化规则，制定快递包装减量化目标任务，并联合平台内品牌电商企业发出原装直发倡议。其三，鼓励电商企业建立快递包装产品合格供应商制度，抵制过度包装商品，推动包装生产企业开展包装减量化设计。其四，鼓励电商平台企业为消费者提供可循环快递包装选项，并建立一定的激励机制，以引导消费者自主返还可循环快递包装。

（三）商贸物流高质量发展专项行动计划

2021年，商务部联合国家发展改革委、财政部等部门制定并发布了《商贸物流高质量发展专项行动计划（2021—2025年）》（以下简称"《计划》"），为进一步推进商贸物流的高质量发展提供参考和指导。《计划》在优化商贸物流网络布局、建设城乡高效配送体系、促进区域商贸物流一体化、提升商贸物流标准化水平、推广应用现代信息技术、发展商贸物流新业态新模式等方面提出了具体的行动指南。

在绿色物流方面，《计划》强调要建立健全绿色物流体系。第一，鼓励使用可循环利用环保包材，减少物流过程中的二次包装，推动货物包装和物流器具绿色化、减量化、可循环。第二，大力推广节能和清洁能源运输工具与物流装备，引导物流配送企业使用新能源车辆或清洁能源车辆。第三，发展绿色仓储，支持节能环保型仓储设施建设。第四，加快构建新型再生资源回收体系，支持建设绿色分拣中心，提高再生资源收集、仓储、分拣、打包、加工能力，提升再生资源回收网络化、专业化、信息化发展水平。

（四）全球物流低碳转型是大势所趋

欧洲是全球整体脱碳进程的先驱，发布了一系列高级指导方针和相关实施政策。其中，"Fit for 55"一揽子计划是欧洲脱碳政策的最新补充，设定了一个更高的减碳目标，即与1990年的温室气体排放水平相比，到2030年至少减少55%。该政策在物流领域推动减排的措施覆盖陆运、空运、海运和多式联运。其中，道路运输需实现乘用车碳排放减少55%，厢型车减少50%，卡车和公交车减少45%；铁路运输的减碳目标是铁路燃料中混合至少14%的可再生燃料；航空运输要求到2050年，可持续航空燃料的比例增加至70%；海运则需通过使用更可持续的燃料，实现到2050年温室气体强度降低80%的目标；多式联运的减碳则建立在一个可靠、无缝且高质量的交通网络上。

与此同时，在需求侧，消费者也越来越倾向于使用并要求货运物流公司提供绿色产品和解决方案。根据全球领先的综合货运物流集团在六大市场（美国、德国、英国、中国、印度和巴西）针对1800名企业客户和1800名终端消费者进行的在线调查，超过半数的企业客户认为，使用绿色货运物流运输产品将成为吸引客户的制胜策略。超过60%的终端消费者认为，他们将要求货运物流公司在同等成本下提供绿色货运物流产品（Roland Berger，2024）。世界银行发布的《2023年物流绩效指数报告》也表明，当前全球市场对绿色物流的需求正持续上升，约75%的托运人在向高收入国家出口时倾向于选用绿色环保的运输方式。

此外，随着"碳中和"概念在资本市场的持续发酵，近年来与可持续投资相关的标的逐渐受到投资者的青睐。全球环境、社会和公司治理（ESG）投资的总量和数量均呈现大幅增长趋势。机构投资者的可持续基金资产投资持续走高。个人投资者也更加青睐与绿色相关的金融产品。

第二节　电商领域绿色物流发展现状

一、绿色物流基础设施建设的现状

（一）物流数字化基础

党的二十大报告指出要"加快发展物联网，建设高效顺畅的流通体系，降低物流成本。加快发展数字经济，促进数字经济和实体经济深度融合"，明确了数字化基础对推动绿色物流发展的积极作用。数字技术通过收集、整合、处理和配置多元化的资源要素，与绿色技术互为补充，为物流行业开展绿色创新活动提供保障，成为推动物流业绿色低碳转型的重要基础（汪旭晖和谢寻，2024）。

根据《2023 中国数字物流发展报告》，报告期内中国的数字物流经历了蓬勃发展。数字物流是指在物流过程中各方将物流过程自动化、可视化，形成一个端到端、集成的业务实现和物流管理服务机制，其核心是用先进的数字化技术为物流行业赋能（李晓梅和崔靓，2022）。数据表明，2023 年我国新成立的数字物流企业数量超过 5900 家，占数字物流企业总数的 26.37%。截至年底，经营范围涉及数字物流的企业总数超过 2.2 万家。同时，新增重点数字物流项目达 1647 个。具体地，近三年内重点数字物流项目中涉及大数据技术和物联网技术的占比最大。数字化转型是物流行业未来可持续发展的共识，数字技术能够有效帮助实现物流过程的排放信息实时共享、能源资源优化配置和运输效率提升，从而助力物流行业整体的碳减排，推动绿色物流的深入发展。

（二）新型能源体系建设

新型能源体系的建设不仅是保障国家能源安全的必然选择，也是各行各业绿色低碳转型的重要支撑。中国在能源结构调整方面取得了重大进展，重点在于推动非化石能源的发展，同时提高化石能源的清洁和高效利用。2023 年，全国可再生能源发电装机容量突破 14.5 亿千瓦，占全球份额约 40%，可再生能源装机对全球非化石能源消费增长的贡献度超过 40%。风电和光伏发电装机突破 10 亿千瓦，占全国发电装机容量的比重超过 30%，其中，新增的风电和光伏装机突破了 2 亿千瓦。与此同时，氢能产业高速发展，在上游的制氢、储运氢及核心设备制造，中游的加氢站建设和运营，以及下游的氢燃料电池系统等应用领域全链条发力。截至 2024 年上半年，中国已建成的加氢站数量达到 456 座，占全球加氢站总数的

36.1%，成为全球加氢站保有量最大的国家。① 由此可见，光伏发电在绿色仓储中的应用和氢能源在绿色运输中的应用都为绿色物流的进一步发展作出重要贡献。

（三）充换电基础设施

发展绿色运输的基础是新能源汽车的推广和应用。我国的充换电基础设施作为电动汽车运营的重要基础和保障，正处于快速发展向高质量发展的转型阶段，充换电基础设施覆盖范围不断扩张，充换电服务品质持续提升。截至 2022 年年末，我国的充换电基础设施保有量达 521.0 万台，较上年增长 259.3 万台，同比增长率高达99.1%，其中，公共充换电基础设施保有量约为 179.7 万台，私人充换电基础设施保有量为 341.2 万台。近 5 年内，充换电基础设施的保有量呈持续上升的趋势，每百辆新能源汽车平均配置的充换电基础设施数量整体上也表现出缓慢增长的态势（见图 6、图 7）。

总体而言，中国在充换电基础设施方面处于全球领先地位，公共充换电基础设施保有量长期保持在首位。我国部署了相对完善的公共充电服务网络，为电动汽车所有者提供了便捷的充电服务，减缓了使用者的充电焦虑，进一步促进了新能源汽车的推广和应用。

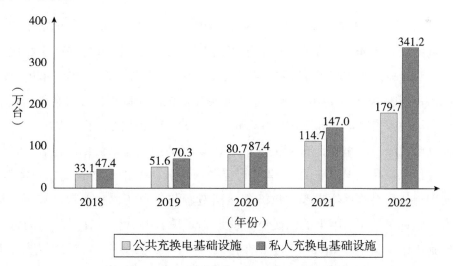

图 6 2018—2022 年充换电基础设施保有量

资料来源：中国电动汽车充电基础设施发展年度报告。

注：数据存在四舍五入，未进行机械调整。全书同。

---

① 资料来源：国家能源局。

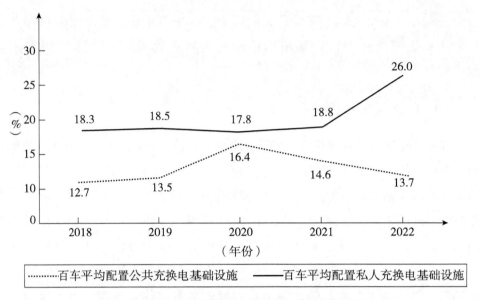

图 7　2018—2022 年百车平均配置充换电基础设施保有量
资料来源：中国电动汽车充电基础设施发展年度报告。

二、电商企业绿色物流的实践经验

（一）阿里巴巴

阿里巴巴在 2023 年发布了集团 ESG，报告显示，全年直接二氧化碳净排放（范围一和范围二）为 468.1 万吨，较上年同比下降 12.9%，同时与基准线相比的减碳量为 141.9 万吨，较 2022 年的减碳量增长 128.9%。此外，2023 年阿里巴巴的价值链（范围三）减排量为 40.0 万吨；进一步使用碳消除、碳抵消等方案作为补充，使范围三碳排放强度降低至 8.7 吨/百万元，与 2022 年相比减少了 5.7%。

在物流领域，阿里巴巴全面关注完整的物流链路，包括订单、包装、运输、仓储、回收这 5 个重要环节。通过建设数智循环物流，即推动数智优化、能源转型、转变使用包装材料等具体实践，积极连通消费者和供应商，实现物流减碳目标。具体而言，在订单环节，阿里巴巴通过智能识别多单合并、生鲜补货和逆向订单三种优化措施，减少碳排放 19080.9 吨。在包装环节，菜鸟通过开发简约包装方案和积极推广厂商原箱及循环包装发货的方式，2023 年合计减少包装耗材逾 18.4 万吨。同时，菜鸟积极引导消费者参与减碳行动，鼓励消费者取件时将纸箱留在驿站，2023 年实现 2382 万个纸箱的回收再利用。在运输环节，通过智能算法优化仓库选址、品仓部署、库存调拨等环节，2023 年实现 9690.9 吨的碳减排量。此外，阿里巴巴针对不同的运输场景开展多种低碳运输创新模式。在短途末端配送场景下，大力推动城配电动车和智能电动无人配送车"小蛮驴"的应用，并积极引导运输服务供应商的快递员采用电动交通工具。在长途配送和跨境物流场景下，推行加注可持续航空燃料的货运班机来承载菜鸟服务快递。最后，在仓储环节，持续推进物流仓库屋顶分布式光伏的部署，大幅提高分布式光伏的装机量，并结合清洁电力的交易，最终实现减碳量约21003.2吨。

（二）京东

京东集团重视绿色可持续发展，关注自身运营中产生的碳排放，致力于通过算法提效、绿色能源、智能设备应用、包材循环利用等方式，降低仓储、运输、包材等各个方面的排放量。同时，联动供应链上下游合作伙伴共建绿色物流，积极推动供应商原厂包装直发，减少包材用量。此外，大力开展以旧换新和回收旧物等活动，引导消费者和品牌商参与循环物流，减少浪费。

根据京东集团2023年度ESG报告，在包装环节，京东物流通过推进循环中转袋和循环保温箱的应用，减少一次性包装的污染和浪费，2023年合计投入1703万个循环中转袋，其单位平均使用频率超过18.3次，相当于少用了2.946亿个一次性编织袋。同时，京东物流在北京、上海、海南等地试点使用减量化、循环化的可降解塑料包装和无纺布袋，截至2023年，共减少约69515吨碳排放量。此外，京东物流与供应链上下游合作伙伴共同发出原发包装（DWOP）环保宣言，并发布DWOP认证标准，共同助力绿色包装变革。

在运输环节，京东物流大力推动新能源运输载具的应用，规模化投用氢能源汽车、电动物流运输车、换电车、电动牵引车、甲醇轻卡、LNG清洁能源物流车等。2023年，共计在干支线运输和末端配送场景投入8290辆自营新能源车，较2022年增加2872台。其中，京东集团旗下达达的即时配送服务均使用两轮电动车作为配送工具，2023年度配送里程超过22亿公里，以燃油车在相同行驶场景下产生的温室气体为基准线，合计减少碳排放量约60万吨。除提高自营新能源车使用比例外，京东物流也积极推动第三方运输供应商更多地应用新能源车辆来承担运输服务，并明确记录能源消耗、行驶里程等数据台账，从而共同助力绿色物流发展。

在仓储环节，京东产发致力于打造低碳物流园区，大力发展自动化作业流程、园区用能全面电气化和智能物流园区碳中和解决方案在线运维系统。数据显示在2023年，共为31座物流园区建设升级了光伏发电系统，总装机容量达到180兆瓦（MW），年均发电量约为19万兆瓦时（MWh），以传统火电为基准线计算得到的减碳量约为18.9万吨。同时，京东在全国范围内的物流园区部署超过800个充电桩，为电动汽车提供了便捷应用的充换电基础设施。值得关注的是，京东"亚洲一号"西安智能产业园已获"碳中和"示范园区认证，是中国首家获得认证的物流园区。

（三）唯品会

唯品会在 2023 年积极推动了绿色包装和绿色运输领域的节能减碳，并充分利用了平台的中介作用，推动价值链的协同低碳发展。其 2023 年发布的 ESG 报告显示，在绿色包装方面，唯品会实行了减量包装材料、提高包装使用率、使用可生物降解或可循环的包装材料等措施。同时，2023 年回收的纸箱、塑料袋和其他废弃包装数量累计达 43910 吨，有效减少了快递包装生产使用过程中产生的碳排放。在绿色物流方面，唯品会通过优化运输路线、整合产品配送资源、努力提高运输能效的方式实现减排目标。同时，平台还建立了对物流服务供应商的监督机制，制定了新能源货车比例、运输路线效率等要求，带动供应商减少碳排放。在绿色仓储方面，唯品会在所有仓库稳步推进退货与供应商交接清单的减纸计划，实现了收货装箱单 100% 无纸化的目标。退货与供应商交接清单上的文件从 4 份减少到 2 份，全年节约纸张 360 万张，相当于 17 吨纸。退货给供应商的装箱单无纸化活动也取得了进展，全年节约纸张 4000 多万张，相当于 70 吨纸。通过在绿色物流领域的这些实践，唯品会在物流过程中贡献了相当的减排量。

三、电商绿色物流发展的机遇和挑战

在电商领域绿色物流快速发展的同时，不免存在诸多限制其持续升级的风险因素。首先，绿色物流的实现离不开数字技术，如物联网、大数据、云计算、人工智能、区块链等，因此应用新兴技术的过程中可能会伴随一定的技术风险和安全隐患。其次，大量的资金投入是绿色物流发展的基础，配置新能源运输载具、建设绿色仓储设施、推广绿色物流解决方案和新技术等都面临巨大的资金需求，投资风险和资金链断裂风险也随之增加。再次，绿色物流的运营以完善的管理体系为支撑，需要全面覆盖物流规划、协同运作、信息技术支持、能源管理和碳排放管理等方面，从而增大管理压力，带来管理风险。最后，绿色物流的发展必须符合国内外相关的环保法律政策的要求，如果不满足相关标准，可能会面临处罚风险和声誉损失。具体而言，不同场景下的电商绿色物流可能面临更加复杂多变的机遇和挑战。

（一）农村电商绿色物流

在乡村振兴战略的持续深入、供给侧结构性改革不断深化的背景下，农村电子商务正日益成为激发城乡消费潜力、优化产业结构以及推动城乡一体化发展的新动力。近年来，国家对农村电商领域及其物流的发展给予了高度重视和强有力的政策扶持。《乡村振兴战略规划（2018—2022 年）》明确指出，要多措并举促进我国现代农业全面升级，加快建设完善农村物流体系，努力建成符合经济社会发展需求的现代农村电商物流体系。《中华人民共和国国民经济和社会发展第十四个五年规划和2035 年远景目标纲要》也表明国家计划从多个方面对农村电商物流的发展给予引导和支持。同时，中央已连续多次以一号文件形式指导农业农村发展，多年的文件内容都涉及农村电商物流发展。其中，2023 年中央一号文件强调要加快农村物流设施现代化建设，大力推动农村客货邮融合发展，并发展共同配送、即时零售等新模式。商务部等 9 部门于 2024 年 3 月发布了《商务部等 9 部门关于推动农村电商高质量发展的实施意见》，强调了发展农村电商的重要性，旨在通过技术和应用创新推动农村商贸流通企业的转型升级，促进电商与农村各产业的深度融合，并构建高效的农村电商生态圈。这些规划和政策均对我国农村电商物流的发展做出了相应指导，为农村电商物流带来了广阔的发展空间。整体来看，我国农村电商的市场规模保持快速增长，增速稳定在 15%~17%（见图 8），未来农村电商会进一步扩张和发展，持续成为农村经济发展的重要贡献力量。

尽管农村电商物流蓬勃发展，电商交易额、商品配送量逐年递增，为农村地区的经济发展和农民的生产生活产生诸多积极影响，但在绿色建设方面仍存在一些制约发展的问题。当前，我国农村路网建设规划发展态势良好，四级物流中转中心和基层配送点建设逐步完善，为实现快捷、高效的物流配送奠定了坚实基础。然而，某些偏远、欠发达地区至今仍存在公路网络盲点问题。同时，由于农村具有空

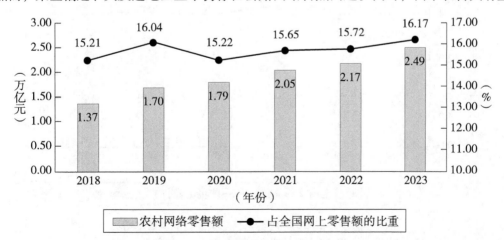

图 8　2018—2023 年农村电商规模及其占比情况

资料来源：商务部。

间集聚密度小、收入水平低、消费结构半自足等问题，物流配送返程时常面临空载问题，大大增加了物流运输成本和运输排放，损害物流企业的经济绩效和环境绩效。此外，农村电商的从业人员受教育水平普遍较低、鲜少接受过专业的技能培训、缺乏绿色环保意识，因此造成农村电商绿色物流难以有效推进（吕建军，2020）。总体而言，当前制约农村电商绿色物流建设的核心因素是发展阶段的滞后和环保意识的缺失。

（二）跨境电商绿色物流

随着我国数字经济的蓬勃发展，"互联网+"的商业模式逐渐渗透到经济生活的各个层面。新冠疫情期间，线上生产和交易模式的普及进一步培养了公众的线上消费习惯，促使我国互联网普及率及跨境电商行业渗透率的显著上升。"十四五"期间，国家层面陆续出台多项扶持跨境电商产业发展的相关政策，明确要加快发展跨境电商，鼓励建设海外仓，扎实推进跨境电商综合试验区建设，培育壮大一批跨境电商龙头企业、海外仓领军企业和优秀产业园区，打造跨境电商产业链和生态圈。与此同时，伴随全球经济的逐步复苏，跨境电商在内外部环境的双重驱动下表现出良好的行业发展态势，市场规模稳定增长，在整个电商市场规模中的占比超过30%，跨境物流因此成为重要受益环节。2018—2023年跨境电商规模及行业渗透率情况如图9所示。

跨境电商的特性决定了其物流过程跨越国界，从而产生全球性、开放性、复杂性等特点，其绿色物流建设也就面临更多的机遇和挑战。一方面，国际市场对环境

图9　2018—2023年跨境电商规模及行业渗透率情况

注：行业渗透率 =（跨境电商交易规模/电商市场交易规模）× 100%

资料来源：网经社、中国银河证券研究院。

保护的法律法规、绿色物流的标准和认证体系是跨境电商所必须遵循的。同时，国际市场消费者的绿色环保意识也是跨境电商绿色物流发展的重要驱动因素。Meta 和艾华迪集团联合发布的《ESG 环境社会治理策略白皮书》指出，分别有 64% 和 54% 的美国消费者愿意为可持续包装和可持续运输支付额外的费用，因此对于跨境电商来说，推动绿色物流发展是开拓新市场、增强竞争优势的关键途径。另一方面，跨境电商物流的链路很长，往往需要经历长时间的运输流程，面临各种类型的外部物理冲击和气候环境问题，因此通过多式联运运输规划来实现节能减排目标，需要更加复杂的协调和管理。此外，跨境电商物流场景下的语言、风俗、行为习惯等差异，可能使物流配送过程更加烦琐，增加退换货的可能性，从而产生不必要的能源浪费和排放。

（三）新零售绿色物流

高度竞争的电商赛道需要主动探索新的消费场景，持续进行业态迭代和模式创新，才能保证较高的增长率。积极创新开拓新零售渠道，加快推动线上线下渠道业务的深度融合，是未来电商领域可持续发展的必然趋势。新零售是指企业以互联网为依托，通过运用新兴数字技术，对商品的生产、流通与销售过程进行升级改造，进而重塑业态结构与生态圈，并对线上服务、线下体验以及现代物流进行深度融合的零售新模式（杜睿云和蒋侃，2017）。新零售的核心在于以新物流和智能化供应链为支撑，实现线上线下渠道相结合，是推进"互联网+流通"、建立现代流通体系的重要途径。

新零售业态的发展为绿色物流体系构建带来了独特的挑战和机遇。新零售模式打破了传统的供应链结构，渠道商对分销体系进行优化改革，通过搭建物流平台深入产品生产基地，直接与生产商进行对接合作，缩短产品中间流通环节，以"去中间化"供应链条让现代物流更加精简、高效，降低物流成本的同时，减少了长运输链条带来的温室气体排放（柳荣，2020）。在新零售背景下，构建绿色物流体系必须深入洞察消费者需求的变动性和独特性。伴随消费者对产品品质及环保标准的日益提升，绿色物流亟须展现出更高的灵活性与效率。

第三节　电商领域绿色物流发展趋势

一、出台有针对性的政策法规

当前，我国在支持电商领域绿色物流发展方面发布了多项发展规划和行动指南，但大多仍处在顶层设计层面，缺乏针对不同电商场景发展绿色物流的具体可行的政策指南，特别是深耕下沉市场的农村电商物流、面向海外市场的跨境电商物流以及与线下销售深度融合的新零售模式。因此，有必要根据不同电商领域的行业特性和发展程度，制定和出台专门的法律法规，为电商物流有序化、绿色化发展提供安全稳定的政策环境。同时，提供政策引导和资金扶持，鼓励行业领军企业大力开展电商绿色物流服务，凭借其影响力推动同行业其他企业共同参与绿色物流建设。

二、数字化绿色化协同发展

数字化基础是推动绿色物流发展的重要基础，准确收集碳排放的相关数据信息才有可能计算、分析和减少碳排放。电商平台企业具有天然的数字化优势，更应该充分利用新兴数字技术，优化物流网络、追踪物流碳足迹、调整运输方案、革新绿色包装等，从而提升运输效率并减少运输过程中的能源消耗和温室气体排放。电商领域坚持数字化升级与绿色化转型相结合，可以有效促进电商物流的网络化、智慧化、服务化水平，加速产业链形成和价值链重构，从而形成高效稳定、协同有序、绿色低碳、安全韧性的新型电商物流组织形态。

三、强化新能源基础设施建设

清洁能源的供应和使用是电商领域物流实现绿色化的必要条件，因此有必要进一步强化新能源基础设施建设。首先，优化新能源基础设施的布局、加大政策支持力度、推动清洁技术的创新、提升新能源装备的性能和效率，都能够有效减少电商企业绿色物流的用能成本。其次，应建立健全新能源市场机制，推动新能源电力交易市场化。再次，促进公众参与，提高社会对新能源的认知度和接受度，引导消费者选择绿色低碳的物流服务。最后，推动电商企业更多地在物流过程中应用新能源，主动发展绿色物流。

四、构建专业的人力资源体系

大力发展电商领域绿色物流产教融合，着力推进电商平台企业与高等院校和职业技校等共同培育电商物流高技术人才、管理人才和基层从业人员，为电商物流可持续、高质量发展提供智力支撑。新时期高校电商绿色物流人才的培养需要充分调动政府、学校与企业等相关主体的积极性，结合地方特点建设特色的电商绿色物流人才培养模式。注重改革培养模式，推进线上线下混合式学习，强化绿色意识的培养和环保知识的吸收。

参考文献

[1] 汪旭晖，谢寻. 数字科技创新引领物流业绿色低碳转型的机制与路径——基于

京东物流的案例研究 [J]. 经济与管理研究，2024，45（5）：21-40.

［2］李晓梅，崔靓. 数字物流、区域经济与碳环境治理耦合及影响因素——基于我国 30 个省级面板数据的实证检验 [J]. 中国流通经济，2022，36（2）：11-22.

［3］杜睿云，蒋侃. 新零售：内涵、发展动因与关键问题 [J]. 价格理论与实践，2017（2）：139-141.

［4］柳荣. 新物流与供应链运营管理 [M]. 北京：人民邮电出版社，2020.

（作者：京东物流　对外经济贸易大学　陈俊虎　程岩　者文明　王种　侯可欣）

第二部分　物流服务篇

第六章　综合物流绿色低碳发展现状
与趋势分析

第一节　综合物流发展现状和绿色低碳发展需求分析

2023—2025 年，全球绿色和低碳物流行业的发展继续加速，各国政府和企业在能源、基础设施和技术等层面上持续发力，以实现碳减排目标，推动物流行业的可持续发展。国际视角下，各国在基础设施和技术投入上不断加码，据欧盟物流协会（ELA）的研究报告显示，欧盟绿色物流市场规模 2023 年约为 480 亿美元，预计 2025 年将增长至 680 亿美元，年均复合增长率（CAGR）为 9.5%。中国绿色物流市场在过去几年内以年均复合增长率超过 15% 的速度增长，在 2024 年达到了约 3600 亿元的规模。至 2030 年，根据预测数据，市场规模有望突破 8000 亿元，年均复合增长率预计为 19.2%，这一趋势主要得益于政策推动、消费者需求升级以及企业对可持续发展承诺的增加。2023 年，全球超过 23000 家企业在 CDP 平台披露相关环境表现，披露数量持续增长，增长率突破 26%，制造业、服务业、材料业、服饰业、零售业是填报样本中企业数量较多的五个行业，总共占比突破 90%。

2023—2024 年，全球密集发布一系列关于低碳化、绿色化的政策，政策对综合物流发展产生了深远影响，推动物流行业的绿色低碳转型和可持续发展。全球范围内，欧盟碳边境调节机制（CBAM）自 2023 年 10 月 1 日起试运行，对进口到欧盟的商品根据其碳含量征税。这一政策逐步扩大至更多行业，增加了出口产品的碳管制成本，推动了国际供应链向绿色低碳转型。与此同时，《欧盟电池和废电池法规》（《新电池法案》）对电池全生命周期进行规范管理，要求电池生产商回收并披露碳足迹等信息，促进了电池产业的绿色化发展，并对物流环节的电池运输和回收提出了相应要求。

中国国内碳达峰碳中和政策体系不断完善，包括《中共中央 国务院关于加快经济社会发展全面绿色转型的意见》等，推动构建碳达峰碳中和"1+N"政策体系。这些政策促进了能源、产业、交通运输等结构的优化调整，要求物流企业加强供应链管理，推动上下游企业协同转型，共同实现绿色低碳发展。此外，绿色物流相关政策也相继出台，如《交通运输部 财政部关于实施老旧营运货车报废更新的通知》支持淘汰更新老旧营运货车，推广新能源货车，减少物流运输环节的碳排放，促使物流企业采用更环保的运载能源和车辆类型；《深入推进快递包装绿色转型行动方案》则推动快递包装减量化、标准化和循环化，减少物流包装废弃物并降低其对环境的影响。

在全球供应链和物流视角下，低碳化、绿色化已成为各行业的核心关注，这一趋势源于对环境保护的重视和可持续发展理念的深入人心。消费者对环保的关注度日益提高，更倾向于购买绿色、可持续的产品，企业为了满足市场需求，必须推动供应链的低碳化和绿色化。行业头部客户主动作为，将可持续发展纳入其企业战略，致力于减少供应链中的环境影响，包括降低二氧化碳排放、减少废弃物和节约资源，通过实施绿色供应链管理，进一步优化资源使用，减少能源消耗，从而降低运营成本并提高经济效益。德勤指出，制造企业通过低碳产品设计、能源替代、节能提效等措施实现低碳转型；蔚来、理想、小鹏等车企推动供应链降碳减排，进行碳足迹核算和认证，从源头降低整车碳足迹；宝洁、雀巢、联合利华、百事和一些企业积极试点，确保所生产的产品使用可重复应用的包装，并交付给最终客户，举措涉及部署高质量容器的退回、消毒、重新填充等环节的工艺流程。

高新科技制造行业，具有高度全球化的供应链，涉及跨国运输并高度依赖能源密集型生产流程，头部客户正在积极推动供应链低碳化进程。电子行业能耗需求上升，能耗管理与碳排压力巨大，电子信息产业作为国民经济战略性、基础性和先导性支柱产业，随着电子制造产业快速扩张，正在消耗越来越多的全球电力资源，预计到 2030 年电子行业将占据全球能源需求的 7%。此外，"新基建"的政策驱动下，电子行业正在从高速增长向高质量全面转型，行业绿色化发展的监管与标准化体系日趋完善。基于此，该行业面临的挑战集中在如何降低跨国物流的碳排放并引入清洁能源运输工具方面，该行业已在推动绿色供应链管理方面取得了显著进展，尤其是在减少生产和物流中的温室气体排放方面，电子产品制造商正在依赖 LNG 船舶、电动卡车等清洁能源运输工具以减少物流中的碳排放。某半导体制造商通过参与 SB-Ti 设定了到 2030 年碳达峰的目标，并发布了绿色物流白皮书，承诺减少供应链中的运输碳排放。通过使用 LNG 船舶与电动卡车替代传统燃油运输工具，该公司成功减少了 20% 的物流碳排放量。

快消品行业物流过程快速且频繁，碳排放量巨大，包装、运输和配送过程中产生的废弃物和碳排放带来环境污染问题，市场内头部客户对可持续发展的需求更加明确，快消品行业更加关注循环包装和低碳运输的需求。越来越多的企业采用塑料托盘和铁托盘的循环使用，这些材料能够减少物流中的一次性包装材料浪费，部分客户通过引入循环包装技术，有效减少物流中的包装废弃物，数据显示使用循环包装可以降低 25%~40% 的碳排放。一家快消品巨头通过发布绿色物流白皮书，展示了其如何通过循环包装技术降低碳排放。白皮书中详细介绍了该公司在全球范围内推动低碳物流配送中心的建设，并展示了其在 2024 年减少了 30% 的包装废弃物。

2023—2024 年全球对气候变化和环境保护的关注日益增加，很多行业客户开始聚焦于数字化减碳方向，并积极尝试关键举措，应对环境变化的影响。例如，利用数字化工具优化物流和供应链，减少运输过程中的碳排放；通过自动化和智能化生产线，减少能源消耗和废物产生；通过数字化手段支持远程工作，减少通勤带来的碳排放；通过应用能源管理系统监控和优化能源使用，减少能源浪费。

简言之，伴随客户对低碳化运营的理解更加深入，很多客户已明确表示希望了解产品或服务的碳足迹，要求企业提供详细的环境影响数据，客户在积极寻求相关减碳技术，助力实现减碳目标。在这一过程中，专业化碳数据的认证与标准更加清晰，获得环保认证或符合国际减碳标准的产品和服务也将更具有核心竞争力。

第二节　综合物流绿色低碳发展现状

一、综合物流绿色低碳发展举措

综合物流低碳发展举措聚焦物流活动的全过程，通过一系列管理策略或技术手段，助力优化能源消耗和减少温室气体排放，以实现环境保护和可持续发展的目标。相关发展举措首先应关注优化资源布局与配置，在战略和资源层面形成低碳化布局，具体实施方向应围绕物流各个环节，如运输、仓储、包装、装卸搬运和配送等，采取措施降低能耗和减少碳排放，将清洁能源转入具体环节逐一应用，从而起到优化的效果。物流企业在实施相关举措时，还应关注标准化体系、专业化管理方案，以及数字化举措的迭代，以期提升举措的应用效果。

（一）供应链整体脱碳规划

供应链整体脱碳规划是战略驱动型举措，关注减碳的经济效应、合规风险、创新能力以及品牌影响力，在对抗气候变化的过程中提升企业的责任形象，同时，体系化保证了能源的应用效率和资源利用率，有助于提升物流企业的市场竞争力和企业技术创新能力。

行业内头部物流企业在 2024 年年初明确了供应链脱碳规划，首先确认了领导力和相关减碳承诺，设置脱碳目标并建立跨部门的脱碳组织。在目标项下明确识别和量化了供应链中的碳排放源，对相关基线进行了全面评估，据此制定了具体的、可衡量的、并可实现的相关脱碳目标，在技术改进、流程优化、能源管理、物流服务产品、相关标准与体系制定方面形成规划模块，明确了具体的长短期行动计划。未来，基于此脱碳规划加强监控和指标反馈，并在物流企业内部的各层级穿透宣贯与培训，确保脱碳规划的落地执行保障有力。

（二）清洁能源应用的举措

物流企业是清洁能源的直接用户，结合不同的应用场景应考虑如下几方面的因素选择适宜能源应用，包括地理位置与条件、当地国家和政府对于清洁能源应用的补贴与支持机制、评估初期投资与长期运营成本项下的效益、相关能源应用的技术成熟度和维护便利性等。以合同物流服务场景为例，结合仓储与配送的低碳化运营需求，安装在物流中心屋顶的分布式光伏能源，以及服务于办公和员工住宿的太阳能热水器，为园区提供车辆绿色能源补给的方案更为常见。在绿色化运力举措方面，全国范围内短途配送的电动城配运力已形成规模，氢燃料电池货车、甲醇及甲醇增程货车等绿色化运力资源在部分省市已形成减碳或降本的最佳实践。国内部分物流企业也在先行先试，利用安装风力涡轮机组来实现风力发电，服务于物流场景的绿色能源供给应用。

（三）低碳化管理体系建设

物流企业的低碳化管理体系首先锚定顶层设计，围绕低碳化管理要求确立体系建设的目标和方向，对物流运营活动的全过程综合考虑低碳化举措的应用方案，采用新技术、新设备提升物流服务的低碳化竞争力，鼓励上下游合作伙伴共同推进温室气体减排，在内部形成低碳文化，试点碳普惠等工具来提升员工可持续减碳意识。具体举措涉及实施能源审计，安装节能设备，加强清洁能源应用；优化运输路线，提升电动、混动、新燃料电池车辆占比，推广多式联运；提升仓库空间利用率，提升节能新型仓储设备的使用，减少环境污染等。在能力建设方面，定期开展低碳培训，提升专业化减碳素养，在物流企业内部建立低碳、减碳的奖励机制等。

（四）迭代数字化减碳举措

伴随物流行业数字化进程的发展，企业在推进减碳时，数字化技术发挥着至关重要的作用。物流运营团队正在利用大数据分析预测货物流量，合理安排运输计划，加强历史数据的分析，识别节能减排的潜在机会。承运商已在车辆和货物上安装传感器，实时追踪位置和状态，减少能源浪费，预测设备的维护需求，避免突发故障导致能耗增加。目前，国内绿色化仓库更注重智能仓储的应用覆盖度，在仓储环节大量使用自动化搬运机器人，减少人力成本和能源消耗。在多渠道物流发展的推动下，AI 等技术助力业务效率的提升，可提供在线订单、跟踪和客户服务，减少面对面交流的需求，降低相关碳排放。通过这些数字化减碳举措，物流企业不仅能有效降低碳排放，还能提高运营效率，增强市场竞争力。

（五）绿色化服务产品应用

随着社会与公众对于节能减排理解的深入，低碳化、绿色化产品的价值日益凸显，物流企业在推进减碳举措的过程中，要聚焦客户的底层需求，设计具有专业化、标准化、精益化的绿色物流服务产品，以取得可持续发展的领先地位。相关产品如绿色包装服务，即使用可循环利用或生物降解材料进行包装，减少塑料和其他不可降解材料的使用，提供包装回收服务或参与客户包装材料的循环利用等方向。传统物流企业已开始普及绿色化服务并收取相关服务费用，专业化物流企业通过提供绿色供应链设计与管理咨询服务，帮助客户优化供应链减碳流程，取得了一定的创新突破进展。

二、综合物流低碳发展所面临的问题

（一）物流低碳化的体系化专业化问题

应对客户需求推进低碳化发展，物流企业面临从 0 到 1 的专业化及体系化挑战，特别在 2023 年至 2024 年供应链全面承压，物流企业在挖潜精益降本的同时，还要建立专业的碳服务团队以应对行业变化。物流企业在低碳技术创新和研发方面的能力有限，难以推动行业的技术进步，与科研机构、高校等外部机构的技术合作不够紧密，影响了新技术在物流领域的应用。

绿色化进程涉及物流行业多个环节，遵循一定的标准和规范，需要以国际、国内相关标准、认证体系为依据。国际标准 ISO 14083、GLEC 框架 3.0、WB/T 1135 等的发布为物流企业温室气体排放量的核算提供了更标准化、更清晰、可度量的标准，客户与物流企业均已将相关碳核算标准提上日程，综合物流绿色化发展将驱动物流企业减碳专业性的提升。

在低碳管理方面，要建立或应用科学的碳排放核算体系，准确测量和监控运输、仓储、包装等各个环节的碳排放量，采用专业的碳排放计算工具和软件，进行定期的碳排放报告。绿色物流的检测和认证需要精确的数据支持和复杂的评估体系，这对企业来说是一个挑战，认证过程可能烦琐且成本高，小型企业可能难以承担。结合头部客户绿色发展要求，企业要有意识培养具备低碳物流知识和技能的专业型人才，为业务团队提供定期的物流培训，打造从上至下的绿色物流专业化运营团队。

（二）减碳投入产出难以平衡的问题

从物流行业的绿色化脱碳进程来看，目前尚处于初级阶段，脱碳未与企业经营深度融合，脱碳的成本确实居高不下，会对企业的投资决策产生影响。多数物流企业在推动减碳举措的过程中亲身感受到投入产出难以平衡的问题，减碳措施需要难以评估的初期投资，而减碳收益在短期内不明显，这成为物流企业参与绿色化低碳发展中的关键问题。

服务于物流行业的脱碳技术与行业实践经验尚待进一步融合，技术驱动无法释放。实际运营中客户要求新能源设备、车辆，建立能源管理平台等连续性前期投资。目前可直接应用的低碳技术投资回报期较长，新技术的运营需要时间磨合和优化，市场竞争下绿色化服务成本敏感，加之相关低碳政策补贴的不确定性，都导致了企业在绿色化投入时犹豫不决。

在推动绿色物流发展的过程中，相关法律法规有待健全，由于缺乏对绿色物流低碳化发展的明确要求和指导，部分地区的政策支持力度不够，如税收优惠、补贴等激励措施不足，影响了物流企业在绿色化布局与投资方面的积极性。

（三）绿色物流低碳化运营执行的问题

综合物流低碳化发展需要供应链上下游合作伙伴加强减碳经验的分享和数据共享，企业之间存在信息不对称，数据不透明使上下游企业在协同减碳措施时效率低下，难以实现有效的资源优化和减排，缺乏统一的数据共享标准，减碳效果难以整合和分析。

在项目运营层面，低碳运输工具普及率不高，且配套基础设施不完善，现有运输工具的更新换代成本高，阻碍了低碳化进程。物流运营中应用的运输工具和设备能耗高，缺乏有效的能源管理措施。仓储设施的能源使用效率低，如照明、温控等系统未进行节能改造。过度包装或使用非环保材料，增加了碳排放和环境污染，缺乏循环利用和回收体系，导致资源浪费。此外，绿色化物流运营的配套设施还需进一步完善，电动车辆充电站、加氢站等配套设施不足，限制了新能源物流车辆的使用，绿色物流中心、仓库等建设滞后，无法满足低碳化发展的需求。

三、综合物流绿色低碳标杆举措案例

（一）新能源运力多元化

近年来，在绿色发展理念和低碳政策的双重驱动下，绿色物流呈现出较强劲的发展态势。节能提效与新能源替代是我国进行碳中和转型的核心路径，促进终端电气化应用有利于加速行业碳中和目标的实现。目前，国内大部分物流运输车辆仍以内燃机货运车辆为主。德勤的报告显示，仍建议企业加速向电动车队（EV）转型，该类电气设备的维护、运营成本和碳排放水平远低于燃油设备。

聚焦绿色化高质量发展要求，中国外运股份有限公司（以下简称"中国外运"）致力于打造新能源引擎并加强规模化应用，挖掘新能源低碳潜力，其积极探索氢能源重卡应用方向，为头部客户提供试点绿色化运输服务；应用充换电重卡、醇氢货车为客户提供灵活、环保、低碳的运输服务，场景覆盖城配、长短途驳运及干支线运输。伴随新能源运力不断发展，技术已相对成熟，LNG、氢、电、甲醇等多种能源可服务于各类运输场景。

（二）端到端低碳出海服务

中国外运旗下的中外运物流有限公司（以下简称"外运物流"）专注为汽车行业提供全程端到端物流服务，支持客户海外销售，致力于打造高质量共赢发展模式。在实现国家"双碳"目标的过程中，其采用端到端碳中和绿色物流解决方案，推动低碳发展新格局，展示了端到端碳中和服务的国际化能力。通过全球运营网络和绿色运力服务，公司实现了低成本、高质量的零碳出海运输。在项目执行中，外运物流向客户提供了定制的全程碳中和绿色物流解决方案，使用新能源电车、电动叉车、国际班列等举措降低碳排放，应用中国外运自主开发的碳足迹计算器，精确监控和管理碳排放，全程碳排放实现可测算、可验证，并获得碳中和相关认证声明，展示了外运物流在国际市场助力合作伙伴可持续发展的能力，加速助力行业绿色化服务转型。

（三）智能化零碳园区标杆

能源管理的数字化转型是实现"双碳"目标的重要途径，聚焦物流资源的零碳化进程，从供能端、数字化侧提升电力系统的智能化应用，加强对设备设施的全生命周期运维和监控，有助于提升物流企业对整体用能预测和计划、监控与用能调度的能力。上海临港桃浦智慧园区展示了如何利用先进的数字技术推动减碳努力，项目基于腾讯云微瓴平台，构建了集成多功能的数字孪生运营平台，在推动减碳方面发挥了重要作用。园区建立了覆盖用水、用电、用气等全方位的能源管理系统，可对园区能耗进行实时采集和分析。管理者能够精细化管理能耗，快速发现潜在的能耗大户。该系统利用 AI 技术对能耗数据进行横向和纵向比较分析，帮助识别异常用能情况和节能机会。平台整合了空调暖通、照明系统等多个能源基础设施，结合大数据分析和深度学习技术，应用持续迭代与动态优化的机器学习节能演算模型，实现了跨系统的协同节能管理，进一步提高了能源使用效率。园区形成了专业的设施设备管理知识体系，将操作经验数字化、模型化，形成可复制、可推广的智慧园区节能减排方案。通过这些数智化应用，上海临港桃浦智慧园区实现了显著的减碳效果，能源使用效率显著提升，运营成本有所降低，为智慧城市建设提供了宝贵经验。

（四）绿色包装应用推广

2024 年，《政府工作报告》中提出推动生态环境综合治理议题，并重点强调了强化塑料污染治理相关工作。相关行业协会也正在政府领导下积极参与塑料及包装的行业标准制定，全面推进包装绿色转型。蒙牛集团编制的行业首份《绿色包装价值报告》中指出，将包装绿色转型作为集团发展的重点工作。

2024 年，蒙牛成立绿色包装专项工作组，以集团的战略远见，统筹推进各事业部包装转型工作，确保绿色发展与业务增长并行不悖。工作组旨在推动建立集团绿色包装材料数据库，设定集团包材可持续相关目标，并依托绿色包装专项工作组，探索推动绿色包装材料及技术的商业化应用。

蒙牛将包装管理绩效纳入相关负责人绩效考核，例如，将创新包装项目数量、包装质量管理、创新技术转化率、绿色包装项目、包材减塑减量等指标纳入包装研发部门以及技术和供应部门工程师、主管、经理的绩效考核。同时，蒙牛制定"可持续发展评优方案"，将绿色包装列为主要评优方向之一，激发工作积极性，高效推进绿色包装可持续转型。

伴随电商快递的蓬勃发展，包装废弃物成为日益严峻的环境问题。京东启动的"青流计划"，计划在 2025 年前将一次性包装使用量减少 100 亿个，80%产品包装可回收，单位产品包装重量减轻 25%。减量化包装方面，通过优化纸箱材质、瘦身胶带、规范打包流程等措施，将包装材料用量大幅降低，将胶带宽度缩小 15%，每年可少用 2 亿米胶带。通过新材料技术，将填充物厚度降低 35%，年节约 1000 吨 PE 颗粒，这些包装方案体现了积少成多的减排效果，实施效果惊人。绿色包装在未来仍面临诸多挑战，成本与回收是供应链减碳应用的主要问题，生物降解材料的价格比传统塑料高达一倍，回收体系不完善，以及消费者参与度不高，都将制约绿色包装的推广实践。

（五）多式联运减碳推广

多式联运作为一种更加绿色高效的运输组织方式，其在提高运输效率、降低物流成本、减少大气污染以及优化运输结构中发挥着积极作用。未来，多式联运行业市场规模在综合交通运输体系建设的不断完善以及政府政策支持下将持续扩张。保守估计，未来五年多式联运行业市场规模将以17.4%的年均复合增长率增长，到2027年多式联运行业市场规模将达到4982.5亿元。

研究表明，当运输距离超过200公里时，多式联运带来的经济效益将超过公路运输，多式联运不仅具有更高的经济效益，其碳排放量也大大降低。环渤海鲁辽公铁水滚装联运项目是国家第二批多式联运示范工程的一部分，项目的核心是烟台至大连航线。依托于此，项目建立了一个运营平台和信息平台，以此支撑整个多式联运系统。该项目旨在通过公水滚装联运和铁水滚装联运的方式，提升运输效率，并实现物流的集聚效应，通过公水联运的方式，将烟台与大连之间的运输距离从1500公里缩短至165公里，不仅显著提升了时效，还减少了大约20%的运输成本，同时大幅降低了碳排放。

未来，中国将不断完善综合立体交通网络，加快交通基础设施数字化转型步伐，提高各运输方式之间的衔接度。《推进铁水联运高质量发展行动方案（2023—2025年）》中指出，到2025年多式联运发展水平明显提升，基本形成大宗货物及集装箱中长距离运输以铁路和水路为主的发展格局，全国铁路和水路货运量比2020年分别增长10%和12%左右，集装箱铁水联运量年均增长15%。若各运输方式之间衔接度得以提升，多式联运的运营成本有望下降、服务效能将有所提升，多式联运在所有运输方式中的占比将得以增加。

（六）航运减碳智慧平台

据国际海事组织（IMO）统计，航运业每年排放的温室气体约占全球总量的2.5%，如减碳行动低效，到2050年这一数字可能会增加到17%。面对这样的挑战，航运业必须寻求创新的解决方案，从船舶设计优化到航线规划，从能源管理到排放监控，数字技术正在航运业的各个环节发挥着越来越重要的作用。在这场数智化低碳的航程中，招商轮船无疑是走在了前列，作为中国领先的航运企业，不仅要确保自身的可持续发展，还要为整个行业树立标杆。基于此，招商轮船推出了创新的

"船奇碳智平台"，开启了数智化低碳的新篇章。

"船奇碳智平台"就像是为每艘船配备了一个智能大脑。这个平台不仅全面覆盖了碳资产数据的采集、智能应用和可视化管理，还包括碳监察、碳 AI 和碳可视化等功能。它利用物联网技术实时采集船舶数据，通过大数据分析和人工智能算法，对能耗和排放进行精确计算和预测。"船奇碳智平台"实现了碳资产的全生命周期管理，从碳资产认证、配额管理到碳信用交易，整个过程都变得透明、高效。通过精细化管理，招商轮船每年可节约三四百万美元的燃油成本，相当于减少了数万吨的碳排放，对于缓解全球气候变化作出了巨大贡献。

第三节　综合物流绿色低碳发展趋势

一、政策体系日趋完善，标准化进程实现加速度

近年来，中国在绿色低碳领域频繁出台政策，加速政策体系的构建，推动了绿色物流的标准化进程，为绿色物流发展提供了明确方向和强大动力。在国际层面，随着欧盟碳边境调节机制等国际政策的实施，中国绿色物流发展面临更大的国际压力和挑战，但同时也促进了国内企业提升产品标准，增强其国际竞争力。

为推动绿色物流的规范化发展，国家加快构建绿色物流标准体系，通过立项审定一系列标准，如《物流企业能源计量器具配备和管理要求》等，显著加快了绿色物流的标准化进程。这些标准的出台，为行业规范发展提供了有力支撑。国家发展改革委等部门发布的《绿色低碳先进技术示范工程实施方案》等文件，通过树立标杆项目和加强示范推广，有效推动了绿色物流技术的创新和应用。同时，相关补贴机制与支持性政策的出台，如《关于支持老旧营运货车淘汰更新的通知》提供的车辆补贴机制，以及绿色金融指引等支持性政策，降低了企业绿色转型的成本。这些政策措施共同推动了绿色物流的可持续发展，为绿色物流标准化奠定了坚实基础。

二、绿色出海创新驱动，成就端到端低碳服务能力

全球"双碳"目标的推动下，绿色物流的端到端产品化逐渐成为企业增强竞争力的关键手段。超过 30% 的全球 500 强企业对绿色服务的重视度持续上升，并将低碳化标准纳入其供应链管理体系。企业逐步将碳中和目标从物流和生产环节扩展至整个供应链，包括原材料采购、制造、运输和末端配送。中国外运通过应用可持续航空燃料（SAF），减少了空运过程中 60%~80% 的碳排放，成功实现了国内首个基于 SAF 的端到端碳中和项目，吸引了众多重视环保的客户。随着可持续发展意识的

不断增强，绿色物流端到端产品化已成为企业提升竞争力的重要手段。通过国际碳中和项目、绿色供应链考核和全面碳盘查，企业能够满足客户对绿色服务的需求，并通过多层级绿色物流方案实现供应链的低碳转型。通过国际标准、技术创新和政策支持，绿色物流的普及正在加速。企业通过参与全球碳中和承诺、采用绿色能源和数字化工具管理碳排放，能够在激烈的市场竞争中保持领先地位，并为全球环境目标作出积极贡献。

三、数字化加持低碳运营，形成物流减碳关键力量

数字化技术正在深刻改变物流行业的运营模式，为绿色低碳转型提供了强大动力，是推动行业可持续发展的关键力量。数字化为企业碳管理奠定了坚实基础，建立全链条数字化链接，供应链上的各项活动被精确记录和分析，海量数据沉淀在各个运营环节和系统中，为企业开展碳监测和碳核算提供了丰富的数据源。基于真实业务数据的碳盘查和核算，企业能够精准掌握自身碳排放状况，制定有针对性的减排策略。

云计算技术的发展降低了企业碳管理的门槛，基于云计算的 SaaS 平台为企业提供了便捷的碳盘查、核算和管理服务，平台通过智能数据采集和自动化核算等功能，提升碳盘查效率。有数据显示，某 SaaS 平台帮助企业将碳盘查效率提升了 50%。这不仅节省了企业的时间和人力成本，也使更多中小企业能够参与到碳管理中来，推动整个行业向低碳方向发展。

在碳排放最严重的运输环节，数字化技术的应用正重塑传统模式，智能调度系统能够实现公路、铁路、水路等多种运输方式的无缝衔接，充分发挥各种运输方式的优势。在发展多式联运方面，数字化系统的作用尤为突出，铁路运输的单位货物周转量能耗仅为公路运输的 15%，污染物排放仅为公路运输的 8%，通过数字化手段优化运输结构，可显著降低物流过程中的碳排放。

展望未来，5G、人工智能、数字孪生等新兴技术的应用将进一步加速物流行业的数字化转型，推动物流服务向更加智能、精准、低碳的方向发展，数字化正在打破行业壁垒，促进物流与制造、商贸等产业的深度融合。这种跨行业的协同不仅能够提高整体供应链的运作效率，还能构建更加完善的绿色供应链生态，实现更大范围的低碳协同。

综上，绿色物流首先服务于头部客户的减碳需求，同时也是物流企业 ESG 商誉的体现。低碳物流要聚焦供应链维度的协同与发展，从战略、理念、举措等层面驱动网络结构的优化，贯穿供应商、制造商、分销商、零售商、消费者及其他利益相关主体，在生态模式的创新中协调一致，培育全链条的环保理念，切实参与绿色低

碳管理与运营，助力整个供应链迭代成为更加绿色、共享、协同的可持续发展生态链。货主与物流服务商要积极联动建立上下游低碳互惠的合作关系，加强模式创新与信息共享，可能涉及的领域如绿色技术应用成效、政策配套与试点共创、低碳专业化标准参编与验证、物流资源整合与绿能转化、循环包材再利用、绿色化采购体系实施经验、碳数据与碳资产机制等。

新质生产力的崛起已成为推动社会进步的重要力量，低碳与可持续发展正成为时代发展的主题。习近平总书记强调，绿色发展是高质量发展的底色，新质生产力本身就是绿色生产力。在综合物流绿色化、低碳化发展的推动下，物流企业要积极应对气候变化的影响，用创新的生态化发展路径提升业务发展的含金量，构建可持续发展的护城河，塑造绿色化物流竞争优势，强化物流服务的产业化支撑能力，抢占低碳发展新赛道，为加快打造绿色供应链新质生产力释放强大动能。

（作者：中外运物流有限公司　王珊　苏宗晟　王一鸣）

第七章　公路货运绿色低碳发展现状与趋势分析

　　本章旨在分析公路货运的现状与发展趋势，重点关注绿色低碳发展对行业的影响。首先，梳理了我国公路货运的总体发展现状，并分析了公路货运绿色低碳发展的需求驱动，包括全球绿色低碳发展共识、市场需求、政策导向等。其次，介绍了近两年我国公路货运绿色低碳发展的现状和所取得的进展，尤其是在中共中央、国务院发布了《中共中央 国务院关于加快经济社会发展全面绿色转型的意见》后，"绿色交通基础设施""节能降碳""清洁能源"等成为公路货运发展的高频词汇。最后，从运营创新、技术赋能、设施支撑三方面梳理了公路货运绿色低碳发展的趋势。

第一节　公路货运发展现状和绿色低碳发展需求分析

一、我国公路货运运力发展与市场现状

（一）公路货运量在波动中稳步回升

　　基于交通运输部公开统计数据，梳理我国2019年至2023年公路货运量和周转率的变化趋势，如图1和图2所示。具体而言，2019年全国公路货运量为343.6亿吨，占总货运量的72.9%，显示出公路运输在整体货运体系中的重要地位。然而，2020年由于新冠疫情的影响，总货运量下降至473亿吨，公路货运量也轻微下滑至342.6亿吨，占比降至72.4%。这一变化反映出疫情对物流行业的严重冲击。2021年随着经济复苏，总货运量猛增至521.5亿吨，公路货运量显著增长至391.4亿吨，占比上升至75.1%。这一年，公路货运在疫情后经济迅速恢复的过程中扮演了关键角色，得益于线上消费的增长和制造业的复苏。2022年总货运量小幅回落至506.6亿吨，公路货运量也降至371.2亿吨，占比降至73.3%。这种波动可能与经济政策和市场环境的变化密切相关。然而，到了2023年，总货运量再度回升至547.5亿吨，公路货运量也增加到403.4亿吨，占比为73.7%，表明经济复苏和需求回升推动了公路运输的增长。

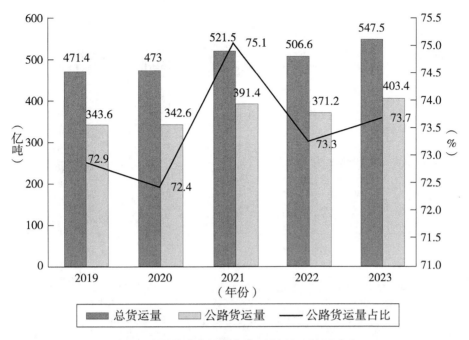

图 1　全国公路货运量变化（2019—2023 年）

与此相对应的货物周转量数据显示，2019 年为 193677.7 亿吨公里，公路货物周转量为 59636.4 亿吨公里，占比为 30.8%。2020 年货物周转量小幅下降至 196383.0 亿吨公里，但公路货物周转量略增至 60171.9 亿吨公里，占比降至 30.6%。进入 2021 年，货物周转量迅速回升至 218181.3 亿吨公里，公路货物周转量显著增长至 69087.7 亿吨公里，占比提升至 31.7%。这表明在经济复苏过程中，公路运输的效率和需求同步提升。2022 年货物周转量保持在 226161.0 亿吨公里，公路货物周转量略降至 68958.0 亿吨公里，占比降至 30.5%。而到 2023 年，货物周转量进一步提升至 240646.0 亿吨公里，公路货物周转量回升至 73950.0 亿吨公里，占比略增至 30.7%。整体来看，我国公路货运量和公路货物周转量的变化展现了公路运输在国家物流系统中的重要性，尤其是在疫情后的经济快速恢复过程中，公路运输展现出强大的适应能力和弹性。

（二）载货汽车保有量与新能源物流车销量双双增长

基于交通运输部公开统计数据，梳理我国载货汽车保有量和新能源物流车销量的变化趋势，如图 3 和图 4 所示。在 2019 年至 2023 年，我国的载货汽车保有量稳步上升，反映出经济发展和物流需求的不断增长。2019 年，载货汽车保有量为 1087.82 万辆，随着经济复苏及在线消费的增加，2023 年这一数字增长至 1170.97 万辆。这一增长趋势与公路货运量的回升密切相关，尤其是在疫情后的经济恢复阶段，企业和个人对物流运输的依赖程度加深，促使载货汽车的需求持续上升。

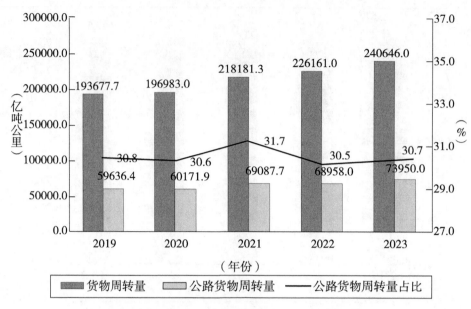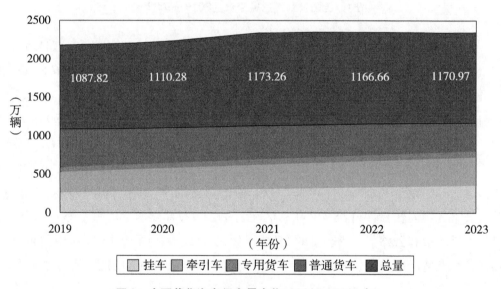

图2 全国公路货物周转量变化（2019—2023年）

图3 全国载货汽车保有量变化（2019—2023年）

与此同时，新能源物流车的销量逐年上升，显示出行业对绿色环保的重视。具体而言，2020年新能源物流车销量约为5.8万辆，而到2023年这一数字激增至27.7万辆，增幅达4倍以上。新能源物流车不仅减少了对传统能源的依赖，还在城市配送和短途运输中展现出高效、环保的优势。整体来看，载货汽车保有量的增长和新能源物流车销量的攀升，不仅反映了我国物流行业在运力提升方面的努力，也预示着未来公路货运将向着更高效、更绿色的方向发展。

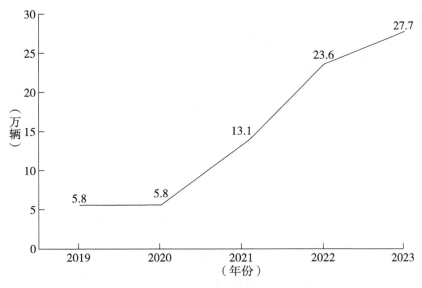

图4　全国新能源物流车销量变化（2019—2023 年）

（三）行业竞争格局加速洗牌，从快速扩张阶段进入存量整合阶段

当前，我国公路货运行业正经历深刻的竞争格局重塑，行业整体从快速扩张阶段进入存量整合阶段。过去，公路货运行业依赖于快速增长的市场需求和较为宽松的竞争环境，企业纷纷通过扩张运力、压低价格等方式抢占市场份额，形成了大量中小型货运公司并存、市场集中度低的局面。然而，随着行业的逐渐成熟，加之政策调控、环保压力和技术变革的推动，企业面临的利润空间缩小，单纯依靠规模扩张和低成本竞争难以为继。

在这一背景下，公路货运行业内开始出现大规模的存量整合。中小型企业由于缺乏资金和技术支持，难以适应新的市场环境，逐渐被淘汰或并入更具实力的企业。数据显示，2023 年国内累计吊销注销的货运相关企业共 4.46 万家，相比 2022 年增加了 10.4%。相比之下，头部企业则通过并购、战略合作等手段，进一步扩大市场份额，行业集中度逐年提升，形成更具规模效益和竞争力的行业格局。例如，根据云联智库和前瞻产业研究院的数据，2020 年我国零担物流 CR10 为 78.4%，而到 2023 年，这一数字达到 85.6%。互联网平台、智能物流、大数据和新能源技术的广泛应用，进一步加速形成了行业的集中化和技术驱动型发展格局。

二、公路货运绿色低碳发展需求分析

（一）绿色低碳成为全球发展共识，公路货运节能降碳势在必行

近年来，国际社会为应对气候变化，纷纷采取行动推动交通运输领域的减碳转

型。例如，联合国《巴黎协定》明确了将全球平均气温增幅控制在 2°C 以内的目标。交通运输领域尤其是公路货运，被视为实现这一目标的关键领域之一。欧盟在《欧洲绿色协议》中提出，到 2050 年实现碳中和，并计划大幅减少运输部门的碳排放。许多国家和地区也正在制定电动汽车、氢能源货车等零排放技术的推广和应用计划。公路货运行业占据了交通运输领域的大部分碳排放，特别是在一些大型经济体，如美国、中国和欧盟，其公路货运碳排放量持续攀升。因此，公路货运行业的绿色低碳发展不仅是环境保护的必要选择，更是提升运输效率和企业全球竞争力的战略手段。

（二）绿色需求驱动行业变革，公路货运呼唤低碳解决方案

公路货运市场对于绿色低碳公路货运的需求日益旺盛。一方面，随着企业社会责任和 ESG（Environmental，Social and Governance，即环境、社会和公司治理）理念的兴起，越来越多的公路货运企业将绿色供应链管理作为提升企业形象和核心竞争力的重要手段。再加上采用新能源车辆和更高效的运输调度系统可以有效降低油耗和维护成本，因此，越来越多的公路货运企业开始投资新能源车辆、智能运输系统和碳足迹管理工具，以实现运输过程中的低碳化。另一方面，消费者的环保意识增强也推动了市场对绿色低碳货运的需求。为了迎合这种市场需求，公路货运企业需要提供更加环保、透明的货运服务，包括采用电动货车、优化运输路线、提升运输设备能效等。绿色低碳物流成为市场竞争的热点，也是企业吸引消费者信任的重要手段。

（三）政策导向加速转型升级，公路货运绿色发展迎来新机遇

当前，我国已设定"双碳"目标，明确了碳达峰、碳中和的时间表和路线图。在此背景下，我国各级政府纷纷通过制定政策法规来推动低碳交通体系的建设。例如，我国政府发布的《新能源汽车产业发展规划（2021—2035 年）》中明确提出，加快新能源汽车在物流行业的应用，推动传统燃油车逐步被新能源车辆替代。为此，各级政府提供多样化的财政补贴和税收优惠政策，鼓励企业加速新能源车辆的应用和技术创新。我国还通过碳交易市场的建立，推动物流企业内部的碳排放管理，鼓励企业通过购买碳配额来实现低碳发展。此外，政府积极推广绿色基础设施建设，例如，加大充电桩、氢气站等新能源配套设施的布局，为新能源物流车的使用提供便利条件。通过政策的引导和约束，公路货运行业正在走向更加清洁和高效的未来。

第二节　公路货运绿色低碳发展现状

一、2023 年公路货运绿色低碳发展情况

（一）新能源设备大力推广，助力公路货运绿色转型

2023 年，新能源物流车的推广力度显著加大。全国新能源商用车市场信息联席会数据显示，2023 年新能源商用车销量为 44.7 万辆，同比增长 32.7%，渗透率首次突破 11%，达到 11.1%，其中，新能源物流车占据重要部分，特别是在大城市和交通枢纽区域，电动货车的使用率显著提升。与此同时，氢燃料电池货车的应用也逐步展开。如在河北张家口，已有一批氢燃料重卡投入运营，测试表明其一次加氢续航能力超过 800 公里，显著优于传统燃油车。值得注意的是，新能源货车的初始购置成本相对较高，车型种类和选择也相对有限，因此，尽管有政府补贴，但企业在采购时仍会考虑总成本、运营效率和续航等问题，这在一定程度上限制了公路货运设备的低碳转型进展。

此外，我国充电服务网点密度持续增加，充电便利性大幅提升。2023 年全国充电桩数量突破 859.6 万个，同比增长 65%。广州、上海等地大规模建设电动货车专用快速充电站，支持电动货车的长途运输运营。同时，在张家口、青岛等氢能应用示范城市，加氢站的数量不断增加，为氢燃料电池货车提供了可靠的能源供应。总体来看，我国充电和加氢基础设施建设步伐不断加快，但是在完善充电网络布局等方面仍然存在较大的优化空间。

（二）运输结构持续优化，"公转铁""公转水"成效显著

我国在推动货运结构优化、实现"公转铁""公转水"方面取得显著成效，尤其是在大宗物资和中长途货物运输领域。在铁路方面，中欧班列 2023 年全年开行 1.7 万列、发送 190 万标箱，同比分别增长 6%、18%，在推动"一带一路"共建国家间的低碳物流合作中起到了重要作用。值得注意的是，在"公转铁"实施过程中，信息共享和资源整合很容易出现不够顺畅的情况，导致货物运输时间延长，影响整体物流效率。为此，河北省积极推动铁路专用线进码头、进园区、进厂矿，加快建立大宗货物绿色集疏港体系、"港口+内陆港"多式联运体系。通过协同调度，河北省 2023 年铁路货运量为 3.01 亿吨，铁路货运量占比由 2017 年的 7.5% 提高到 2023 年的 11.9%，公路货运量占比由 2017 年的 90.7% 下降到 2023 年的 85.9%，货物运输结构持续优化，综合运输效率明显提升。

在水运领域，长江经济带成为"公转水"改革的典型示范区，其 2023 年干线港口货物吞吐量约 38.8 亿吨，其中，煤炭、钢材、化工产品等大宗货物通过水路运输至沿海港口，再经铁路分拨至内陆城市。这一模式大大降低了公路的运输压力，同时通过减少货车燃油使用，降低了运输过程中产生的碳排放量。

（三）数字化技术赋能升级，助力公路货运绿色发展

随着大数据、人工智能和物联网等技术的广泛应用，越来越多的物流企业开始利用数字化平台进行管理，数字化平台成为推动绿色低碳发展的重要力量。据交通运输部网络货运信息交互系统统计，截至 2023 年 12 月底，全国共有 3069 家网络货运企业，接入社会运力 798.9 万辆车、驾驶员 647.6 万人。

数字化平台的大规模应用，可以帮助公路货运企业提高供应链透明度和效率，实现节能降碳。例如，福佑卡车率先将 AI 技术应用于整车运输交易市场，形成了智能定价、智能分单、智能服务三大系统。其中，智能定价系统解决运价波动大且不透明等问题，智能分单系统解决车辆空驶率较高等问题，智能服务系统解决订单跟踪难、服务标准缺失等问题。基于海量真实交易数据，以 AI+大数据技术为核心构建"福佑大脑"智能中台，保障了货运服务高质量，实现整车货运秒级定价，货运准时率在 95% 以上，并将车辆空驶率由行业均值 45% 大幅降至 6.6%，显著提升公路运输效率，降低了社会物流成本。与此同时，京东物流基于供应链碳足迹标准化计算平台，通过"供应链共享碳足迹"的减碳路径，将自身可共享的减碳量（如碳中和物流园、新能源物流运输碳足迹、包材减碳量等）分享给上下游企业，推动全供应链的脱碳闭环。

行业监测数据显示，网络货运平台可以通过高效匹配车货信息、缩短简化交易链条，使车辆利用效率提高约 50%，司机平均等货时间由过去的 2~3 天缩短至 8~10 小时，相较传统货运，交易成本也降低 6%~8%。尽管如此，当前公路货运企业的数字化程度参差不齐，更多应用场景集中于头部企业，相比之下，中小企业由于缺乏资金和技术支持，难以有效利用数字化工具。

二、2024 年公路货运绿色低碳发展情况

2024 年 7 月，中共中央和国务院发布了《中共中央 国务院关于加快经济社会发展全面绿色转型的意见》，特别提及优化交通运输结构、建设绿色交通基础设施和推广低碳交通运输工具。在此背景下，公路货运绿色低碳发展迎来新机遇。通过梳理，"绿色交通基础设施""节能降碳""清洁能源"等成为高频词汇，也为今后一段时间指导公路货运绿色低碳发展提供了方向。

（一）绿色交通基础设施：构建可持续的公路货运网络

首先，智慧交通技术对绿色交通基础设施建设起到了支撑作用。智慧交通管理通过信息技术、物联网和大数据分析等手段，实现对交通流量、车辆状态和货物运输过程的实时监控与管理。2024 年 7 月，工业和信息化部等五部门发布智能网联汽车"车路云一体化"应用试点城市名单，确定了 20 个城市（联合体）为首批"车路云一体化"试点城市。

其次，充电基础设施的布局是推动电动货车普及的重要保障。随着电动货车的数量逐渐增加，充电桩的建设和布局显得尤为重要。2024 年，各大城市和主要物流中心已开始加快充电设施的建设，确保电动货车在各个区域能够顺利充电。这种基础设施的规划不仅考虑了充电桩的数量和分布，还包括快速充电和多功能充电站的建设，以满足不同类型电动货车的需求。此外，结合新能源发电，如太阳能与风能，建设绿色充电站，将使充电过程更加环保，从而进一步降低电动货车的碳足迹。

最后，现有交通基础设施的节能降碳改造提升也在积极推进。对于老旧的公路、桥梁和运输站点，通过改造和升级，能够大幅提升其能效。例如，天津、内蒙古、浙江等省（区、市）开始采用环保型材料进行路面改造，以降低路面温度和减少热岛效应。同时，交通枢纽的能效管理系统的引入，实现了对能耗的监测和优化，通过 LED 照明和高效空调系统的应用，降低了能耗和碳排放。

（二）节能降碳：推动构建低碳高效的货运生态

一方面，碳排放核算的准确性和系统性不断增强，为行业节能降碳提供了有力的数据支持。2024 年 5 月 14 日，交通运输部综合规划司召开会议详细解读了《公路水路行业营运工具二氧化碳排放强度核算指南（试行）》。随着碳排放统计体系的完善，物流企业能够准确评估自身的碳排放水平。这一过程不仅帮助企业识别出减排的关键环节，还为其制定科学的节能计划提供了基础。通过系统化核算，企业能够明确哪些环节是能耗的主要来源，并针对性地进行改善。

另一方面，随着绿色低碳公路货运标准的发布，行业内开始普遍遵循统一的节能减排标准。例如，粤港澳三地优秀企业和行业协会共同参与起草的《绿色低碳道路货运企业要求及评价细则》团体标准于 2024 年 8 月 8 日起执行，该标准将指标范围从供应链上游的供应商采购一直延伸至下游的回收再利用，并且融入了低碳管理、信息化建设、社会合作等当前国际标准中重要的碳减排路径内容，形成了覆盖道路货运全生命周期的指标体系，填补了国内外绿色低碳货运标准的空白。

此外，绿色物流的兴起推动了节能降碳技术的广泛应用。例如，交通运输部发布《交通运输行业节能低碳技术推广目录（2024 年度）》中，包含了绍兴市交通碳达峰重货领域碳效码应用、甩挂物流数字化平台碳足迹技术应用等技术。企业通过引入上述技术，不仅提高了货运效率，还有效降低了碳排放。

（三）清洁能源：实现绿色转型的动力源泉

清洁能源的推广在公路货运行业正在成为一种趋势。电动货车的普及成为清洁能源应用的重要标志。随着电池技术的进步和充电基础设施的逐步完善，越来越多的物流企业选择更新车队，投入电动货车。电动货车以其零排放的特性，有效降低了运输过程中的环境影响。除了电动货车，生物燃油等替代能源的应用也在逐步扩展。这些燃料来源于可再生的生物质，不仅能减少温室气体排放，还能促进农业废弃物的再利用。为此，国家能源局发布了《国家能源局关于组织开展生物柴油推广应用试点示范的通知》。与此同时，氢燃料电池在重型货运中的应用逐渐引起关注。氢能的高能量密度使其在长途运输中具备明显的优势，尤其适合需要较大载重的场合。为此，2024 年 3 月，上海市人民政府办公厅印发《上海市加快建立产品碳足迹管理体系 打造绿色低碳供应链的行动方案》，鼓励和支持运输企业强化节能降碳运营管理，提升交通运输工具能效水平，探索应用绿色甲醇、生物燃油、氢、氨等绿色低碳燃料。

此外，清洁能源的推广促使物流企业和政府推动绿色能源管理。许多企业开始探索将太阳能、风能等可再生能源引入其运营中。例如，越来越多的公路货运企业在物流中心和仓储设施上安装了光伏发电系统，利用太阳能为其设施供电。从政府层面来看，自 2024 年年初以来，全国已有 13 个地区发布"光伏+高速公路"政策，支持 42 个光伏高速公路 EPC 中标项目，总装机容量达 1563MW，切实推动公路货运行业的绿色低碳转型。

第三节　公路货运绿色低碳发展趋势

一、运营创新：零排放货运生态圈加速构建

公路货运行业将向着构建零排放货运生态圈的方向不断创新。这一生态圈不仅涉及运输环节，还包括仓储、配送、供应链管理等各个方面，旨在通过系统性创新，降低整体碳排放，实现可持续发展。

首先，绿色运输工具的普及将成为未来发展的重要趋势。电动货车以其零排放和低噪声的特性，在城市配送和短途运输中具有明显优势。未来，随着电池技术的

不断突破和充电设施的完善，电动货车的续航能力和充电速度将大幅提升，从而使其在更广泛的场景中得到应用。此外，氢燃料电池货车凭借其长续航和快速加注的特点，适合长途运输。随着氢能基础设施的建设逐步完善，氢燃料电池货车有望成为长途运输的理想选择，推动零排放货运的实现。

其次，共享运输模式将成为未来发展的重要趋势。货运企业将利用共享平台整合资源，实现多方合作，提升车辆的利用率。共享运输的理念不仅能显著降低运输成本，还能有效减少城市道路上的车辆数量，从而降低交通拥堵和碳排放。通过信息技术的支持，货运公司可以在实时基础上匹配需求和资源，优化运输方案，使每一辆车的运输效率最大化。

最后，绿色供应链的建立将是实现零排放货运的重要保障。企业将更加注重供应链各环节的碳排放控制，通过与供应商、分销商的紧密合作，共同制定绿色标准和评估指标，推动整体供应链的绿色转型。企业可以通过引入绿色采购政策，选择环境友好的材料和产品，以减少碳排放。同时，通过整合各方资源，实施绿色物流方案，企业可以有效降低整个供应链的碳足迹。这种协作不仅能够提升企业的社会责任感，还能够增强其在市场中的竞争力。

二、技术赋能：数字化助力绿色低碳发展

随着数字技术的迅猛发展，公路货运行业将迎来全面数字化转型，为实现绿色低碳发展提供强有力的技术支持。

首先，大数据分析将在提高运输效率和降低碳排放方面发挥关键作用。企业可以通过数据分析平台，对运输过程中的各类数据进行实时监控，识别出能耗高、效率低的环节。通过对历史数据的深度挖掘，企业能够优化运输路线、改进车辆调度，甚至在合适的时机调整货物装载，以达到最优的运输方案。例如，企业可以利用数据分析来评估不同货物类型的运输方式，以选择更具环保效益的运输选项。此外，基于实时数据，企业能够进行动态调整，以应对突发情况，进一步提升运输的灵活性和效率。

其次，智能调度技术的应用将使运输管理更加高效和灵活。基于人工智能的调度系统将实现动态调度，根据实时交通情况和货物需求变化，智能安排车辆和路线。尤其在高峰期，智能调度能够实时调整路线，帮助运输企业避免交通堵塞，进一步优化运输效率。

最后，区块链技术将在增强运输透明度和信任度方面发挥重要作用。通过区块链技术，运输过程中的每一个环节都可以被记录和追踪，确保数据的真实性和不可篡改性。这种透明度不仅提升了货物运输的安全性，还能够促使各方遵循绿色标准，

提升整体供应链的效率。例如，货运企业可以通过区块链记录每个环节的碳排放数据，便于进行追踪和统计，从而制订更科学的减排计划。

三、设施支撑：基础设施改造提高补能效率

公路货运行业的绿色低碳发展离不开基础设施的现代化改造。随着电动货车和氢燃料电池货车的逐步普及，建设高效、智能的充电和加氢设施将成为支撑行业转型的重要基础。

首先，充电基础设施的建设将直接影响电动货车的普及率。未来，充电站不仅要考虑数量的增加，还需提升充电速度和智能化水平。例如，建立智能充电网络，能够根据电力需求和电价波动自动调节充电时间，提高充电效率，并为运输企业降低运营成本。此外，充电站的布局应当与城市交通网络的规划相结合，以便于货车司机方便快捷地进行充电，从而降低运营中的不便。

其次，氢燃料基础设施的布局同样不可或缺。推动氢燃料基础设施的布局，将为氢燃料电池货车的广泛应用奠定基础。例如，鼓励企业与地方政府合作，共同投资氢气加注站的建设，以形成区域性氢能供应网络。通过与新能源企业的合作，发展氢能的生产、储存和运输，将推动氢能在物流运输中的应用，进一步减少碳排放。

最后，在绿色交通基础设施建设中，标准化和安全性将是关键因素。此外，相关行业标准将不断完善，确保燃料在生产、储存、运输和加注过程中的安全性，为提高补能效率提供保障。基础设施的建设不仅要考虑其功能性，还需兼顾可持续性，确保其在使用过程中不会对环境造成二次污染。这些改造将为公路货运行业的绿色转型提供坚实的支撑。

参考文献

［1］周冰．诈骗、资金链断裂，货代公司魂断2024［EB/OL］.（2024-09-13）［2024-10-06］. https：//new. qq. com/rain/a/20240913A09TYJ00？suid＝&media_ id＝.

［2］成招荣．洞察2024：中国零担物流行业竞争格局及市场份额（附市场集中度、市场份额等）［EB/OL］.（2024-04-24）［2024-10-06］. https：//xw. qianzhan. com/analyst/detail/220/240424-bd8abd6a. html.

［3］郭晓通．张家口市首批氢燃料电池重卡投入运营［EB/OL］.（2023-09-15）［2024-10-06］. http：//www. he. xinhua. org/20230915/f35c0e92086d4dd9ae45cdbda220e-5de/c. html.

［4］隋秀勇．公路货运低碳转型的推力、阻力和解决力［J］.中国物流与采购，2024（4）：14-15.

［5］王政．截至2023年底我国累计建成充电基础设施859.6万台［EB/OL］．（2024-03-18）［2024-10-06］．https：//www.gov.cn/lianbo/bumen/202403/content_ 6939863.htm.

［6］王浩霁．我省一案例入选全国交通物流首批降本提质增效典型［EB/OL］．（2024-08-08）［2024-10-06］．https：//www.hebei.gov.cn/columns/d590ca83-0050-47ff-9353-669dbe8c58bb/202408/08/a3814ff1-5d77-444d-8ac6-cb27face6ed2.html.

［7］赵梦琪，李璐．2023年长江干线港口货物吞吐量再创历史新高［EB/OL］．（2023-12-27）［2024-10-06］．http：//www.hb.news.cn/20231227/d8ae8813eb2c4f14a94d5ef0abd690a1/c.html.

［8］夏丽丽．"双碳"背景下公路货运领域智慧发展路径探析［J］．中国储运，2022（4）：197-199.

［9］柳茵茵．福佑卡车以数字化革新推动公路货运绿色发展［EB/OL］．（2024-07-01）［2024-10-06］．http：//www.xinhuanet.com/enterprise/20240701/d2c2b41167f-c43d2ae583e85ab00f44c/c.html.

［10］康凤伟，于梦琦，周志成，等．公铁联运企业甩挂运输联盟平台的价值创造模型［J］．物流技术，2022，41（5）：33-38.

本文受国家自然科学基金青年项目（72402076）、教育部人文社科基金青年项目（24YJC630123）、山东省自然科学基金青年项目（ZR2024QG123）、泰山学者工程专项经费（tsqn202408212）资助。

（作者：济南大学商学院　山东大学经济研究院　梁艳杰　韦倩）

第八章　内河货运绿色低碳发展现状与趋势分析

第一节　内河货运发展现状和绿色低碳发展需求分析

内河货运是使用船舶通过航道运送货物的一种运输方式，具有运能大、占地省、能耗低、环境友好、枢纽功能强和边际成本低的比较优势。我国内河航运历史悠久，航道总里程居世界前列。2023 年，全国内河运输完成货运量 47.91 亿吨、货物周转量 20772.54 亿吨公里。内河航运作为交通运输体系的重要组成部分，在地区资源特别是大宗商品运输和贸易发展、推动地区经济繁荣等方面起着至关重要的作用。随着船舶大型化、航道等级提高、内河船舶数字化与绿色化发展，内河货运的优势将更加显著。

一、内河货运发展现状

（一）航道发展现状

截至 2023 年年底，我国内河航道通航里程 12.82 万公里，比上年年末增加 184 公里。等级航道通航里程 6.78 万公里，占内河航道通航里程的比重为 52.9%，其中，三级及以上航道通航里程 1.54 万公里、占内河航道通航里程的比重为 12.0%。与此同时，我国内河航道仍存在尚未解决的问题：一是高等级航道供给不足；二是高等级航道东中西部分布不均衡，干支衔接不畅；三是节点瓶颈、断航问题长期存在；四是长江、珠江等主要水系尚未连通，航道网络化程度不高，通达性差。

（二）港口发展现状

近年来，我国内河港口吞吐量持续增长，显示出强劲的发展势头。2023 年，全国内河运输完成货运量 47.91 亿吨。2023 年，长江水系、珠江水系、京杭运河内河港口完成货物吞吐量分别为 23.5 亿吨、5.5 亿吨、7.5 亿吨，分别较上年增长

15.9%、13.2%、9.6%。内河码头大型化、专业化和机械化水平显著提高，截至2023 年年末，内河港口生产用码头泊位 16433 个、增加 551 个；内河港口万吨级及以上泊位 469 个、增加 18 个。然而，随着我国经济结构和运输结构调整，一些关于港口利用岸线效率的问题（如部分内河港口岸线利用散乱、功能布局不合理）逐渐显现，从而影响了港口岸线的成片集约化开发，导致优质岸线承受供给压力。

（三）船舶发展现状

21 世纪以来，内河运输比较优势逐步得到全面显现，货船的载重吨逐步增加。我国内河货运船舶种类繁多，有普通货船、集装箱船、滚装船、载驳船、散货船、特种货船、油船、液化气体船、液体化学品船、兼用船等。集装箱船、散货船、油船、汽车滚装船、化学品船等专业化船舶得到了较快发展。我国内河船舶存在散货船运力过剩程度高、船舶技术进步缓慢、船舶总体建造质量不高、船舶标准化和系列化有待进一步发展等问题。

二、内河航运发展对环境的影响

内河航运对环境造成的不同程度污染主要有以下几个方面。

一是以燃油为能源的内河航运船会排放废水。这些排放物中可能含有机油、燃料残留物、船舶清洗剂等污染物。直接排放到水体中的污染物会对水质产生负面影响。

二是内河航运过程中产生的垃圾、废物可能被不当处理，直接排放到水体中。

三是内河航运船舶的燃烧排放物包括废气中的二氧化碳、颗粒物、甲烷和硫化物等污染物，会对水体和空气质量产生影响。特别是大量二氧化碳的排放不仅会造成全球气候变暖，还会影响生态系统。

四是内河航运场景下，船只可能发生燃油泄漏和事故，可能破坏生态环境，引发大气污染。

三、绿色低碳发展需求的背景和必要性

当前，气候变化不利影响日益显现，推动经济社会绿色低碳转型已成为国际社会普遍共识。作为服务内外经济双循环、促进经济全球化的重要桥梁和纽带，航运减碳受到国内外高度关注，推动船舶绿色、低碳、智能发展已成为新趋势。内河航运是水路运输体系的重要组成部分，具有运能大、成本低的绿色优势。推进内河航运绿色低碳发展，有利于进一步发挥国内航运的比较优势，为经济社会绿色低碳转型提供有效支撑。

一是内河航运业低碳发展是应对气候变化、实现绿色低碳转型的必然选择。目前，国内外航运业均面临着绿色转型的挑战：我国提出"双碳"目标，部署了交通运输绿色低碳行动；国际海事组织发布了《2023 年 IMO 船舶温室气体减排战略》，提出"国际航运温室气体排放应在接近 2050 年达到净零排放"的目标。推动内河航运绿色低碳发展，已经成为构建新发展格局的必然选择。

二是内河航运业低碳发展顺应绿色新趋势，呼应科技创新的时代要求。推进内河航运绿色低碳发展，将深刻推动船舶动力系统技术创新与能源存储装备技术创新，打造新型产业链供应链，壮大绿色能源和绿色船舶等战略性新兴产业，在新一轮国际产业变革中塑造竞争优势，以绿色发展的新成效不断激发科技创新。

三是内河航运业低碳发展是服务国家战略、实现高质量发展的重要抓手。推动内河航运低碳发展，将促进航运发展模式创新，吸引带动能源、制造等领域的更多要素向航运集聚，加快推动航运市场经营主体结构和运力结构调整，推动内河航运朝着高质量和高效率的方向变革，以更好地服务交通强国建设。

第二节　内河货运绿色低碳发展现状

2023 年，我国内河运输完成货运量达到 47.91 亿吨，货物周转量达 2.1 万亿吨公里；在港口生产方面，全国港口完成货物吞吐量 169.73 亿吨，其中，内河港口完成 61.39 亿吨。长江干线、西江航运干线、京杭运河等是我国内河航运的主要航道。这些航道具有通航里程长、通航条件好、运输能力大等特点，是连接我国东西部、南北部的重要水运通道。长江干线更是连续多年成为全球内河运输最繁忙、运量最大的黄金水道。长江航道重要的部分包括上游航道（宜宾—重庆段）、中游航道（重庆—武汉段）和下游航道（武汉—上海段）。其中，长江航道中贸易量最大的部分主要集中在下游航道。因此，我们以武汉—上海段为研究对象，以此分析内河货运绿色低碳发展现状。

一、长江航运发展现状

长江黄金水道是国内大循环主要通道和国内国际双循环战略要道，长江航运绿色发展对我国实现"双碳"目标具有重要的政治意义和经济效益。

从地理角度讲，长江沿岸是我国高度发达的综合性工业地带，依托便利的航运和丰富的水资源及相应产业，沿江汇集了以上海、南京、武汉、重庆四个特大城市为中心的城市密集区，发挥着辐射作用，有利于钢铁、石化、电力、汽车等产业的集聚，在推动区域经济增长、发挥环境效益的同时，还能促进流域经济布局和产业结构的优化，促进东中西部地区综合运输体系协调发展。

从政策角度讲，2014 年国务院发布了《关于依托黄金水道推动长江经济带发展的指导意见》，使长江航运的发展上升到国家战略的层面；2020 年，我国第一部流域法律《中华人民共和国长江保护法》出台，为加强长江流域生态环境保护和修复，促进资源合理高效利用提供了法律保障；2021 年发布《中共中央　国务院关于完整准确全面贯彻新发展理念做好碳达峰碳中和工作的意见》，将长江流域的绿色低碳发展提高到重要地位。

长江航运在运能和成本上具有绝对的经济优势。2021 年，长江干线货物通过量突破 35 亿吨（6.7 亿吨煤炭、1.1 亿吨石油和天然气、0.9 亿吨粮食），集装箱吞吐量 2300 万标箱，稳居世界第一。2022 年，长江干线港口完成货物吞吐量 35.9 亿吨、集装箱 2453 万标箱，同比分别增长 1.7%、7.7%。2023 年，长江干线港口货物吞吐量 38.8 亿吨，同比增长 8.1%，再创历史新高。2024 年 1 月至 7 月，长江干线港口完成货物吞吐量 22.6 亿吨，同比增长 4.3%；集装箱吞吐量 1522 万标箱，同比增长 3.4%。目前，长江口深水航道年均通航大型船舶超过 6 万艘次，年均产生的经济效益超过百亿元，货运量增加带动 GDP 年均增长超过千亿元。

二、长江航运业面临的主要问题

（一）船舶动力以化石燃料为主

长江上的运输船舶主要依赖柴油等作为动力燃料，而采用 LNG、纯电动等清洁能源的船舶占比不到运输船舶总量的 1%。当前，长江运输船舶的平均船龄约为 13 年，且大多数船舶在 2030 年之前不会达到强制报废的标准，因此在短期内难以通过更新运力来增加清洁能源动力船舶的比例。此外，即便是技术较为成熟的 LNG 燃料动力船，也面临着改造流程烦琐、改造成本高昂以及 LNG 加注站设施不健全等挑战。

（二）水路货运量增速快、"双碳"目标压力大

《国家综合立体交通网规划纲要》提出，预计 2021—2035 年全社会货运量年均增速为 2% 左右。长江经济带作为国家重大战略发展区域，随着运输结构调整深入推进，未来"公转水"力度将进一步加大，长江水路运输在 2035 年前仍是刚性增长需求，其排碳需求也将稳步提升，因而承担着"双碳"目标的大部分压力。

（三）相关技术推广难度大

长江航运实现绿色低碳发展的关键在于运输船舶的燃料动力替代，但关键技术亟待突破，且相关产业链还不够完善，推广应用基础条件还不具备。

（四）绿色发展转型慢

当前，长江港口的建设与发展主要由企业引领，而在港口设施及港口作业机械的节能环保技术革新方面，普遍面临着高昂的投资成本、昂贵的维护保养费用以及较低的经济效益等问题。同时，针对港口绿色发展的监管考核体系、评价指标等长期有效机制在相关管理部门中尚不完善，这导致企业自发推进绿色港口转型的动力不足。另外，长江港口作为综合交通枢纽的功能未能充分展现，多式联运的发展也尚不充分，这些因素都阻碍了运输结构转型升级的进程。

（五）数据监测基础弱

"双碳"目标的实现，依赖于相对精确的二氧化碳排放数据和能源消耗数据。然而，在内河船舶的能耗管理方面，目前缺乏必要的强制措施，导致并非所有经营实体都被纳入能耗统计体系中，特别是许多个体户所属的船舶能耗信息难以获取。即便是那些愿意配合进行能耗统计的企业和支持单位，也主要依赖人工填报数据，这导致了数据的不准确性以及统计的非规范性。另外，长江船舶的碳排放统计核算、监测分析工作尚属空白，核算的边界也尚未明确，因此需要进一步采取精细化管理措施来加以完善。

三、内河货运绿色低碳发展现状

对我国内河货运产生的大气污染物排放情况进行精准核算，是衡量内河货运绿色低碳发展的重要尺度。国际上，对船舶大气污染物排放的核算主要包括两类方法：基于燃油消耗的自上而下法和基于 AIS（船舶自动识别系统）数据的自下而上法。其中，基于 AIS 数据的核算方法也称引擎功率法，利用船舶 AIS 采集航速、航行时间、地理位置信息等实时航行数据，结合船舶档案数据对排放量进行估算，并可利用船舶的经纬度信息进行空间分布测算。亿海蓝沿用国际海事组织第三次温室气体（GHG）研究公布的自下而上法，在排放因子、假设条件、状态判定等层面进行模型修正，对全球 0.01°网格进行近实时船舶排放数据测算，得到船舶大气污染排放总量及空间分布、特定时间与特定航次船舶排放总量统计、特定港口或调研区域排放总量统计。

基于 AIS 数据和船舶档案，亿海蓝对 2022 年至 2024 年上半年的内河货运污染物排放情况进行了数据分析，不仅包括最为重要的二氧化碳排放量，还列举了颗粒物、硫化物、一氧化碳、甲烷等污染物的排放情况，其中，内河航道主要特指长江流域、京杭大运河和西江航运干线的空间地理范围，货运船舶类型为货船和油船。2022—

2023 年，我国内河流域二氧化碳排放量由 2022 年的 9538.6 万吨增长至 2023 年的 11027.9 万吨，同比上涨 15.6%，具体对比结果如图 1 所示。2023 年上半年和 2024 年上半年对比，我国内河流域二氧化碳的排放量由 2023 年上半年的 5065.8 万吨减少至 2024 年上半年的 5057.4 万吨，同比下降 0.2%，具体对比结果如图 2 所示。

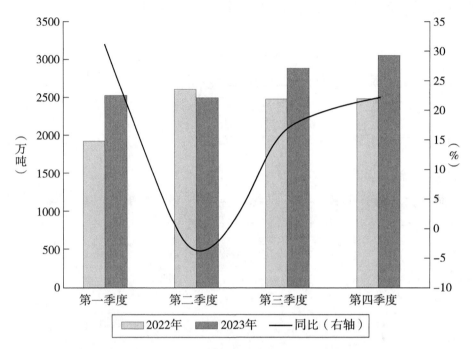

图 1　2022—2023 年内河流域二氧化碳排放量对比

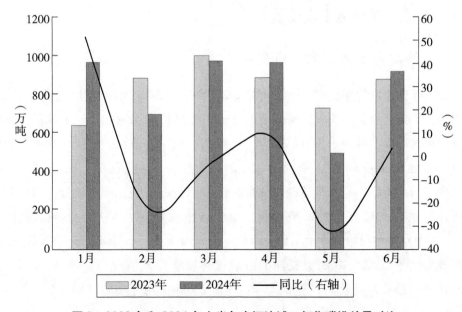

图 2　2023 年和 2024 年上半年内河流域二氧化碳排放量对比

就 2022—2024 年上半年我国内河流域其他污染物排放而言，整体趋势为 2023 年第四季度排放量较高，2024 年上半年污染物排放情况已呈下降趋势，具体对比结果如图 3 所示。2022 年，颗粒物、硫化物、一氧化碳和甲烷 4 种污染物排放总量为 29.0 万吨，2023 年排放总量为 33.5 万吨，同比上涨 15.5%；2024 年上半年四种污染物排放总量较 2022 年同期上涨 11.8%，较 2023 年同期上涨 1.0%。

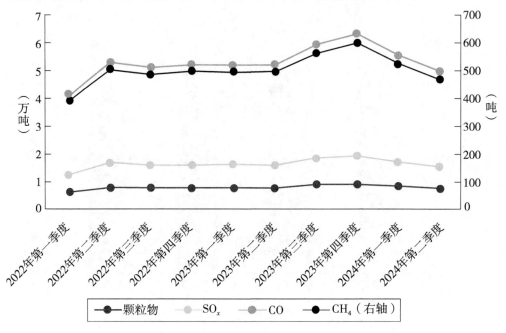

图 3　2022—2024 年上半年内河流域污染物排放情况

四、长江下游航道发展现状

（一）2023 年长江下游航道发展情况

基于 AIS 数据和船舶档案，亿海蓝对 2022 年和 2023 年长江下游航道货运污染物排放情况进行了数据分析，其中，长江下游航道主要指长江流域武汉至上海段的空间地理范围，包含武汉、黄石、九江、芜湖、马鞍山、南京、镇江、江阴、南通、上海在内的 10 个内河流域较大港口。针对 2022—2023 年长江下游航道二氧化碳排放量开展核算，结果显示，2023 年总二氧化碳排放量高于 2022 年总二氧化碳排放量，2022 年二氧化碳排放总量为 5385.6 万吨，2023 年二氧化碳排放总量为 6347.3 万吨，同比上涨 17.9%。四个季度中仅第二季度呈现负增长，降幅为 3.7%。具体对比如图 4 所示。

图 5 展示了 2022—2023 年长江下游航道污染物排放情况。相较 2022 年，2023 年全年污染物排放总量较高，从 2022 年的 16.2 万吨上涨至 2023 年的 19.1 万吨，涨幅 17.9%。

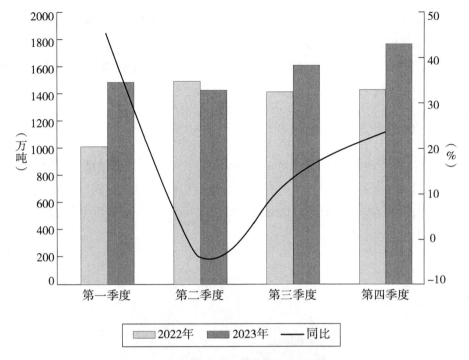

图 4　2022—2023 年长江下游航道二氧化碳排放量对比

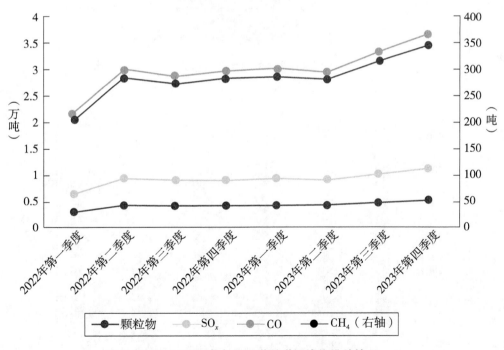

图 5　2022—2023 年长江下游航道污染物排放情况

对长江下游航道的十大港口武汉、黄石、九江、芜湖、马鞍山、南京、镇江、江阴、南通、上海的二氧化碳、颗粒物、硫化物、一氧化碳、甲烷排放量进行统计分析，计算出该十大港口的排放总量。图6显示了2023年长江下游航道十大港口总污染物排放占比，其中，上海和南通港总污染物排放量最高，达18%；镇江港次之，占比17%。

（二）2024年发展现状

2024年，我国内河航运触发的关键词是"绿色低碳""智慧""新能源船舶"等。在绿色低碳的发展趋势下，2024年上半年，长江下游航道的二氧化碳排放总量较上年同期有所减少，从2023年的2936.2万吨下降至2024年的2671.4万吨，降幅为9.0%，具体如图7所示。

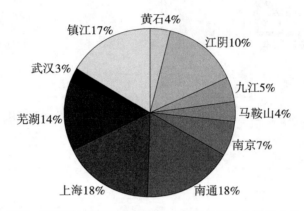

图6　2023年长江下游航道十大港口总污染物排放占比

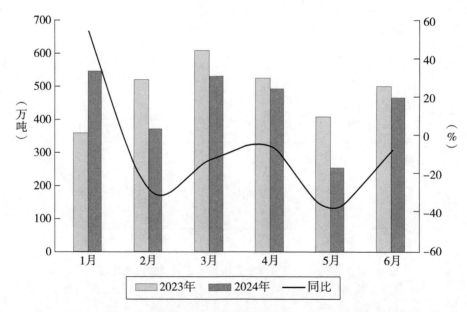

图7　2023年和2024年上半年长江下游航道二氧化碳排放量对比

　　图 8 展示了 2023—2024 年上半年长江下游航道其他主要污染物排放情况。在 2024 年 2 月和 5 月，其他 4 种污染物的排放量有显著下降。加总后的统计量显示，2023 年上半年长江下游航道污染物排放量为 8.8 万吨，2024 年上半年污染物排放量为 8.2 万吨。

　　2024 年长江下游航道十大港口总污染物排放占比如图 9 所示。可以清晰地看出，上海港的污染物排放量最高，高达 23%；南通港的污染物排放量居第二位，达 17%；其次是镇江港，排放量占比 16%。

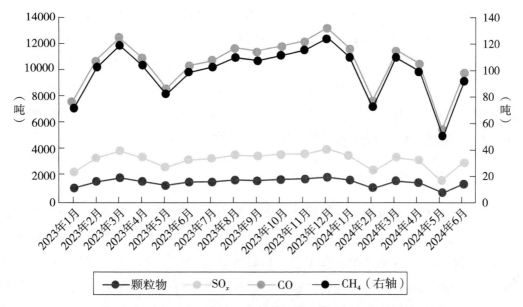

图 8　2023—2024 年上半年长江下游航道污染物排放情况

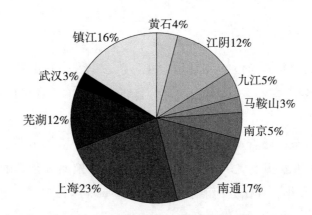

图 9　2024 年长江下游航道十大港口总污染物排放占比

第三节　内河货运绿色低碳发展趋势

一、内河船舶绿色低碳发展趋势

（一）内河船舶标准化

船舶标准化是指通过制定统一的船舶设计、建造和维护标准，可以规范船舶市场，提高船舶的技术水平和运行效率。标准化的船舶具有更好的适航性和安全性，有利于增加船闸单次承载数量，降低运输成本，提高运输效率。标准化还有助于推动船舶产业的转型升级和模块化制造，促进船舶制造业的健康发展。标准化船舶的尺度、性能等参数的统一，使其更容易协同化管理，促进船舶管理更加便捷和高效。船舶标准化可以优化船体结构，减少不必要的能耗和排放，更容易集成新能源和清洁能源技术，从而推动整个绿色航运体系的建设和发展。

（二）内河船舶智能化

通过应用现代信息技术和智能化设备，船舶可以实现远程监控、自主导航和智能调度等功能，提高船舶运行的自动化和智能化水平。智能化的船舶能够更好地适应复杂的航道环境和多变的运输需求，提高运输效率和服务质量。同时，智能化还有助于加强船舶运行的安全管理，减少事故发生的可能性。船舶智能化会助力绿色化，通过优化航行路线、智能能效管理，减少资源浪费；集成新能源技术以减少排放；加强产业链协同，推动绿色航运体系建设，共同促进船舶行业可持续发展。

（三）内河船舶绿色化

船舶绿色化的主要方向包括纯电动、混合动力以及燃料电池三大类。船舶绿色化不仅可以大幅减少排放和污染，降低对生态环境的影响，还可以提高船舶的能效，降低运行成本，增强市场竞争力。目前，多个省市相继出台了一系列关于电动船舶、岸电设施等补贴政策，随着动力电池、燃料电池系统价格的不断下降，我国电动船舶的渗透率正在逐步提升，尤其是在内河货船和港口拖船等领域的使用场景会更加清晰，预计到2030年，我国内河船舶电动化渗透率将达到10%，老旧船舶的替代速度将进一步加快。

因此，内河船舶标准化、智能化、绿色化是推动内河航运高质量发展的重要趋势。通过加强标准化建设、推广智能化应用和绿色技术，可以提高内河航运的运行效率和服务质量，降低能源消耗和环境污染，为内河航运的高质量可持续发展注入新的动力。

二、内河货运绿色低碳发展对策分析

（一）航运标准化

从航道、船舶、港口、通关管理四大要素领域对内河货运进行标准化管理。在航道标准化方面：推进航道设施网络一体化、航道公共服务标准化、航道与涉水行业协同化，健全航道运行监测等体系。在船舶标准化方面：推进船型标准化、船舶技术体系标准化、船舶运营市场规范化、船舶运力结构合理化。在港口标准化方面：推进港口布局合理化、港口运营一体化、港口设施现代化、港口服务品质化、港口管理规范化、港口发展协同化。在通关管理标准化方面：推进通关一体化、监管协同化、服务高效化。

（二）数据与科技助力

内河货运绿色低碳发展离不开科技和数据的助力。一是鼓励企业加强技术创新，推动绿色低碳技术的研发和应用。二是建立技术咨询机制，为内河航运企业提供技术支持和指导。三是加强与科研机构、大学和行业协会的合作，推动产学研合作，促进技术创新，并促进研究成果的产业化和推广应用。四是建立创新交流平台和产业联盟，促进内河航运企业之间的技术交流和合作。五是设立技术创新奖励机制，对绿色低碳技术创新取得显著成果的内河航运企业给予奖励和表彰。通过加强技术创新，内河航运企业可以推动行业技术水平的提升，实现绿色低碳发展的目标。技术创新不仅可以提高航运效率和竞争力，还能降低碳排放和环境污染，为内河航运行业的可持续发展作出重要贡献。

（三）推广清洁能源

加快淘汰老旧落后运力，大力推广电动船或 LNG 等低碳燃料动力船的应用；同时还要加大投入对新能源发动机等关键技术进行攻关，及早开展试点应用。2030 年以后，现役船舶的船龄普遍达到 15 年以上，绿色转型成本已显著降低，新能源和可再生能源技术也将实现突破。

清洁能源船舶应用从无到有、从试点探索到全面推广，取得了扎实效果，为实现全面绿色低碳转型打下坚实基础。目前，国内船舶已经开展探索应用的能源包括液化天然气、电力、甲醇、氢等。

（四）强化保障设施

提升支持保障系统绿色服务水平，加快转变支持保障力量运行方式；推进 LNG 加注站、污染物转运码头、危险化学品锚地等设施建设和常态化运行，统筹推动现有码头的岸电等环保设施升级改造和新建码头环保设施的建设使用。2030 年以后，根据氢、氨等新能源技术攻关进展，同步推进新能源产业链发展，完善港口服务设施，提高服务保障水平。

（五）大力加强监管

一是建立相关的环境法规和标准，明确内河航运行业的环境保护和碳排放要求。二是建立船舶排放和环境影响的监测体系，实时监测船舶废气、废水等污染物的排放情况。三是加大执法力度，对违规排放和环境污染行为进行严厉打击。完善执法机制，建立专门的环境监管部门，加强对内河航运企业和从业人员的监管，确保相关法规有效执行。四是加强内河航运从业人员的环保意识和培训，使其了解环境保护的重要性和相关法规。

参考文献

［1］朱学秀，曹伦，焦芳芳．加快内河航运高质量发展。有效降低全社会物流成本［J］．中国水运，2024（7）：24-26.

［2］刘书斌．国内航行船舶低（零）碳发展挑战及对策［EB/OL］.（2024-08-05）［2024-10-17］. https：//www.cinnet.cn/zh-hans/node/9337.

［3］梁凤岩．内河绿色航运和船舶防污染问题探讨［J］.中国航务周刊，2024（30）：48-50.

［4］吴鹏飞．智库视点丨船舶标准化、绿色化、智能化助力内河航运高质量发展［EB/OL］.（2024-04-16）［2024-10-17］. https：//www.develpress.com/? p=6530.

［5］胡裕，刘涛，欧阳帆，等．建设交通强国背景下内河航运标准化发展路径研究——以长江航运为例［J］.综合运输，2024，46（7）：30-35.

［6］卜聃，柯赟．关于内河航运绿色低碳发展建议［J］.中国水运，2022（5）：16-17.

［7］辛瑞瑞．关于内河航运绿色低碳发展建议［J］.中国航务周刊，2023（48）：67-69.

（作者：亿海蓝（北京）数据技术股份公司　刘帆）

第九章 远洋货运绿色低碳发展现状 与趋势分析

第一节 远洋货运发展现状和绿色低碳发展需求分析

一、远洋货运发展现状分析

（一）全球远洋货运市场的规模与增长趋势

远洋货运承担着世界海运贸易 90% 以上的运输量。海运贸易不断扩大，通过具有竞争力的货运成本为世界各地的消费者带来利益。根据联合国贸易与发展会议及克拉克森研究公司公布数据，近年来，全球海运贸易量持续增长。2021—2023 年，全球海运贸易量分别为 110 亿吨、120 亿吨和 124 亿吨。按照运输货物种类的不同，全球海运货种以干散货、油品和集装箱为主，其占全球船舶运力的比重分别约为 45%、30% 和 15%，因此海运行业运输与国际干散货、油品和集装箱贸易形势及相关船舶运力息息相关。历年全球海运贸易量如图 1 所示。

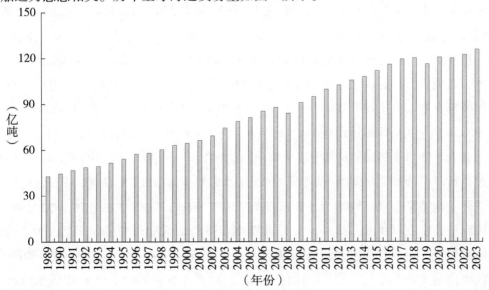

（年份）

图 1 历年全球海运贸易量

航运业作为全球贸易的关键支柱，尽管受到周期性经济衰退的影响，整体贸易量仍在增长。根据克拉克森研究数据，2023 年全球海运贸易量同比增长 3%，达 124 亿吨。受绿色转型的影响，LNG 运输船市场活跃，在非能源类中，汽车贸易自 2019 年以来增长 13%。从国际需求看，全球经济稳步回升，欧洲消费需求恢复，国际贸易和亚洲出口回暖。航运市场在挑战中需抓住机遇，不断前行。

（二）国内远洋货运的现状与竞争力分析

航运业作为支撑我国经济社会发展的基础性、战略性产业，是畅通国内国际双循环、构建新发展格局的重要保障，在建设中国式现代化中发挥着重要作用。同时，我国是全球最大货物贸易国和第二大经济体，全国约 95% 的外贸货物运输量依赖于海运。我国的海运航线和服务网络遍布世界主要国家和地区，在港口规模、船员数量、造船产量、海运船队规模等方面位于世界前列。截至 2022 年年底，我国海运船队运力规模达 3.7 亿载重吨，较 10 年前增长 1 倍，船队规模跃居世界第二，船队现代化水平显著提升，为保障国民经济和对外贸易发展发挥了重要作用。根据克拉克森研究公司的统计数据显示，以贸易吨为单位计算，我国目前的海运进出口贸易总量已经超过了全球海运贸易总量的 30%，这一数据凸显了我国在全球海运贸易中的重要地位。不仅如此，在 2023 年全球海运贸易增量中，我国海运贸易增量占据全球增量的 34%，呈现出强劲的增长状态。总的来说，我国远洋海运已经成为全球航运和物流业中的关键角色，为全球海运贸易发展发挥着不可忽视的作用。

中国在集装箱运输、干散货运输和油轮运输中均处于国际领先地位。同时中国的航运公司在全球拥有广泛的航线运输网络，覆盖了世界主要贸易航线，在亚洲、欧洲和北美之间的跨洋贸易中占据着重要位置。中国远洋海运集团（COSCO）作为中国最大的航运公司，截至 2023 年年底，经营船队综合运力达 1.16 亿载重吨/1417 艘。近年来，中国远洋海运集团的船队规模不断增长，在集装箱运输领域始终处于世界领先地位，同时在航运领域不断推进智能航运技术，响应国际海事组织（IMO）制定的环保要求，推动低碳、清洁能源船舶的研发和使用，以及绿色港口的自动化建设和运营，在全球海运市场和全球供应链中扮演着越发重要的角色。

在全球港口集装箱吞吐量和货物吞吐量排名前十的港口中，中国分别占七席和八席。2023 年上海港集装箱吞吐量 4915.8 万标箱，连续 14 年位居世界第一。上海港以外贸集装箱干线运输和内贸干线运输为主，拓展国际航线和物流服务网络，提高国际连通度和枢纽度。此外，上海港正逐步打造成为全球具有竞争力的清洁能源加注服务中心，引领全球航运业向更加绿色、低碳、可持续的方向发展。2023 年，宁波舟山港货物吞吐量完成 13.24 亿吨，同比增长 4.9%，连续 15 年位居全球第一，以其深水港和多功能性为特点，逐步增强国际竞争力。2023 年 10 月 10 日，《宁波舟山港总体规划（2035 年）》获批，新版总规预测，到 2035 年宁波舟山港货物总吞吐量达 18 亿吨，同时大力发展大宗商品资源全球配置能力。此外，中国港口对绿色航运的推进、政府政策的支持和灵活的市场处置应对能力，进一步增强了中国远洋货运在全球的竞争力。

（三）技术与基础设施的现代化进程

远洋货运现代化方向目前聚焦于智能化、绿色环保和数字化方面，同时通过自动化、自主航行、清洁能源技术、人工智能和物联网等技术，正逐步实现更高效、更环保的转型。

随着卫星定位技术和 5G 网络的成熟与应用，港口自动化技术不断创新和发展，实现了船舶停靠、装卸作业和物流管理等港口作业环节，极大地提升了作业效率，加速了港口的自动化进程。例如，中国广州港和深圳港等大型港口已经开始实施自动化码头项目，通过引入自动化岸桥、自动导引车（AGV）和自动化堆垛机等智能化设备，大幅提高了装卸效率和作业安全性。近年来，无人跨越车（ASC）在国际上多个港口得到应用，因其加装了激光雷达和毫米波雷达等感知元件，从而实现了无人驾驶功能，在新加坡港和鹿特丹港均有交付使用。

船舶智能航运是集信息通信、AI 和卫星遥感等多种高新技术于一体的现代航运新业态，包括智能船舶、智能航保、智能航运服务和监管等方面。船舶智能技术融合了传感器、5G、互联网、物联网、AI、北斗等多学科技术，通过自动感知并获取船舶自身、水域环境、物流和港口等方面的数据信息，基于大数据、计算机和自动控制等技术，实现船舶航行、管理、维保、货物运输等的自主决策、运行和安全航行。中国船级社（CCS）2015 年即制定并发布了首部《智能船舶规范》，并不断进行更新迭代，逐步完善了我国智慧航运领域的规范要求。2023 年我国第一艘智能型海洋科考船"珠海云"取得专业海试圆满成功。但与国外相比，目前中国智能船舶的发展仍然处于初级阶段。欧洲国家重点研发小型船舶的自主无人化技术体系，并逐步开展了船舶无人化和少人化操作实践。如 2021 年荷兰智能航运平台（Netherlands forum smart shipping，SMASH）发布了智能航运路线图，其中包括内河货船、内河渡船、近岸海船、远洋海船和无人船 5 种智能航运应用场景。日本邮船公司（MOL）在 2018 年进行了一次无人船的海上试航，该实验船配备了自主航行系统，能够在预设航线上自主航行，展示了在特定海域内的导航能力。

目前，全球船用清洁燃料主要包括 LNG（液化天然气）、LPG（液化石油气）、氢燃料、生物燃料和甲醇燃料等。近年来，LNG 动力船舶的认可度逐年增加，其订单量显著上升。同时，国际多个港口正在逐步完善 LNG 等清洁能源加注基础设施。截至 2022 年 3 月，全球在役及预备中的 LNG 动力船舶超过 1700 艘。随着氢燃料电池技术的不断成熟，以及更加安全和高效的液氢储存和运输技术研发，氢燃料动力船舶的相关试验航行也得到逐步推进。挪威作为氢动力船舶的先行者之一，正在开展氢动力渡轮的相关试点项目，如 Hydroville 项目。国际航运巨头马士基（Maersk）正在推行其船队绿色更新计划，并承诺只订购使用清洁燃料的船舶。国内船舶替代燃料技术逐步发展成熟，2022 年 6 月 28 日，由中国船舶集团旗下广船国际建造的全球首艘苏伊士型 LNG/燃油双燃料动力油船——15.8 万载重吨 LNG/燃油双燃料油船首制船在广州南沙交付。国内电动船舶在船舶类型、电池容量上跻身世界前列。同时，氨燃料船舶相关开发项目也陆续开始启动。中国船厂 2019 年推出了 18 万吨的氨燃料散货船设计，并于 2021 年与意大利船级社联合开发；江南造船在 2021 年推出了液化氨燃料中型船设计。航运物流的减排不仅包括运输过程中的燃料排放，也包括货物在港口装卸搬运过程中的碳排放。港口岸电技术的使用，使船舶在停靠港口时减少排放，中国的宁波舟山港和上海洋山港、美国洛杉矶港、瑞典哥德堡港均有投入使用。港口绿色集疏运体系的不断完善，解决了铁路、公路向港口衔接的难点，在提升了运输效率的同时，也加快了港口绿色化进程。如中国北部港湾港口集疏运体系较为完备，港口集疏运服务水平不断提升，形成的立体集疏运体系共同服务于港口货物的快速便捷集疏运。

二、国际远洋货运的绿色低碳发展需求

（一）国际政策与法规对低碳航运的驱动

随着全球航运业的发展，IMO 逐渐认识到温室气体排放对环境的影响，并将其纳入重要的议程中。2014—2024 年的十年期间，IMO 发布了一系列关于绿色航运的提议和行动计划，旨在减少船舶航运对气候的影响。IMO 于 2018 年通过温室气体减排初步战略，制定了航运业在 2008 年基准上至 2030 年碳排放强度降低 40%，至 2050 年温室气体年度总排放量降低 50% 的目标。这一战略标志着 IMO 对航运业减排的明确承诺，突出了航运在全球温室气体排放中的重要角色。2020 年，IMO 实施了全球低硫燃料标准，要求船舶使用硫含量不超过 0.5% 的燃料。在 2011 年，IMO 就提出了能源效率设计指数（EEDI）这一参数规定，旨在提高新建船舶的能源效率并减少温室气体排放。EEDI 通过设定船舶设计阶段的能效标准，鼓励船舶制造商采用更高效的技术和设计。2022 年，IMO 对 EEDI 的技术性修订，以确保其与最新技术进展和环保目标保持一致。2023 年 7 月，在海洋环境保护委员会（MEPC）第 80 届

会议上，通过了《2023 年船舶温室气体减排战略》（以下简称"2023IMO 战略"）。"2023IMO 战略"中指出到 2030 年，国际航运平均 CO_2 排放量与 2008 年相比至少减少 40%；同时增加对零或接近零温室气体排放技术、燃料和能源的使用，到 2030 年至少占国际航运所使用能源的 5%，力争达到 10%。这一战略的发布也进一步强化了对替代燃料的研发和推广，支持氢、氨等新型燃料的使用。

为了达到长期船舶减排的目标愿景，除 IMO 外的诸多国际组织与国家均发布相应的航运减排政策，欧美等国家向 IMO 提出了 2050 年国际航运业实现温室气体零排放的目标。欧盟委员会也在 2021 年针对气候目标提出一系列政策和立法提案（Fit for 55），承诺到 2030 年欧盟的温室气体排放量相比 1990 年减少 55% 以上。2021 年 10 月在北京召开的第二届联合国全球可持续交通大会上，联合国秘书长明确了实现零排放船舶的目标，并提出在 2050 年实现航运业的零排放。同年的 11 月，在英国格拉斯哥举办的联合国气候变化框架公约第二十六次缔约方大会（UNFCCC COP26）期间，包括澳大利亚、英国和美国等在内的 22 个国家基于"实现零排放联盟"研究报告构想签署了《克莱德班克宣言》并致力于推动"零排放航线"的实施。2022 年 11 月，欧洲议会、欧盟委员会和欧洲理事会就将海运业纳入欧盟碳排放交易体系（EU ETS）达成初步协议，制定《欧洲议会和理事会关于航运业使用可再生和低碳燃料及修订 2009/16/EC 指令的条例》，从而有效激励航运公司进一步减少船舶燃料排放，有力推动航运业向可再生和低碳清洁能源以及替代能源的过渡。

（二）全球航运公司低碳转型的举措与挑战

在气候变化问题日益凸显和能源问题日趋严峻的大背景下，IMO 等国际组织开始制定绿色航运相关协议和条约，与各个国家和地区达成全球环境治理共识，全球范围内开始形成碳减排的风潮，全球航运公司都开始逐步加入航运绿色技术的创新研究和开发中。

马士基早在 2018 年 4 月就公开宣布到 2050 年实现碳中和的目标，即其营运所产生的二氧化碳净排放量为零，并在 2022 年将碳中和目标提前到 2040 年。为了保证这一目标的可行性，马士基加速了对绿色航运技术的研发和不断创新，努力在 2030 年之前实现零碳船舶的商业化使用。同时，计划在 2030 年实现港口温室气体排放的绝对量减少约 70%。截至 2023 年年底，马士基在中韩船厂已经订造了总共 25 艘甲醇双燃料集装箱船。但目前技术受限，可再生甲醇产业链还不够成熟，导致其年产量较低。为了解决绿色甲醇燃料的不足，马士基与国际能源公司展开相关合作，在丹麦建立甲醇生产工厂。此外，在港口和码头的碳减排方面，马士基在印度德里部署了电动迷你送货车，实现了从码头到仓库的"最后一公里"的减排运输。

法国达飞国际海运（CMA CGM）公司在全球 150 个国家和地区设立了 650 家分

公司和办事机构，其中，在中国有 63 家。其航迹遍及全球 400 多个港口，服务网络横跨五洲四海。达飞海运作为航运脱碳的先驱者之一，在 2008—2022 年将船上运输的每个集装箱的碳排放强度降低了 50%。为了减少二氧化碳总排放量，集团不断优化船舶设计和推进系统，并提高海上和陆地运营及基础设施的能源效率。达飞海运设有三个船队中心，不断为船上船员提供改进的数据以优化航线，而 SMARTSHIP 项目将为 200 艘船舶提供尖端连接，以便到 2025 年可传输实时导航和燃油消耗数据。同时，达飞海运与马士基展开了诸多合作，如制定替代可持续绿色燃料的高标准，并帮助制定绿色甲烷和绿色甲醇大规模生产的框架；制定和维护绿色甲醇船舶安全和加油方面的运营标准；继续探索和联合研发净零排放解决方案的其他组成部分。

（三）国际物流供应链对绿色航运的期望

如今世界正处于百年未有之大变局，经济发展全球化也迈上了新的台阶，这些都进一步加速了国际物流供应链的重塑。航运作为国际物流供应链中必不可少的环节，相比其他运输方式，更适宜大宗货物的运输。在全球碳减排不断加速推进的背景下，国际物流供应链也开始自上而下地进入绿色转型过渡期。

一是加速推广清洁能源替代。高排放的化石燃料在将来逐步会被清洁能源所替代。鼓励航运公司、港口、能源公司、造船企业、研发公司、金融企业等形成行业联盟对 LNG、生物柴油、绿色甲醇、绿氨的应用路线等进行研究，积极针对产业链上下游进行布局，争取早日实现全链条的净零排放。同时，对氢、氨等新型清洁能源的生产技术进行不断创新和突破，扩大可再生清洁能源的产量。

二是实施港口绿色化。未来应加快港口岸电基础设施建设，通过减免服务费、优先靠泊等措施，提高码头靠港船舶岸电利用率；增设风力发电和太阳能发电设施，利用自然资源生产清洁能源，规划新建港区办公楼及仓库安装光伏发电设施，把握氢能产业发展的战略机遇，同时结合港口所在地自身优势，发挥氢能在港口能源转型中的重要作用；开展港口环境应急管理体系研究，优化和完善港口环境风险管控措施，在建设和运营过程中加强防范意识和管理，配备有效的应急设备，制定完善的应急预案，防治环境污染。

三是优化运营管理。利用数据分析，对航运路线进行不断优化和完善，减少不必要的燃料消耗和排放。通过实时监测气象、海洋条件等因素，选择更为高效的航线。通过集装箱的合理装载与整合，减少空载率，提升运载效率。采用智能管理系统，实时监控货物的运输状态和位置，以减少延误和空驶。鼓励上下游企业在供应链中共同推动绿色实践，减少整个物流链条的碳足迹。通过信息共享和协同运作，提升供应链的整体可持续性。

三、国内远洋货运的绿色低碳发展需求

（一）"双碳"目标下中国航运行业的转型压力

2020年，我国提出"碳达峰、碳中和"发展战略目标后，进一步加快了我国航运业绿色转型的节奏。2020年至今，我国各相关部委已经发布了一系列明确的指导意见，为航运业的绿色低碳发展提供了明确的政策支持（见表1）。2021年10月，交通运输部印发关于《绿色交通"十四五"发展规划》的通知，确定了关于减污降碳和用能结构的具体发展目标，预期到2025年营运船舶单位运输周转量二氧化碳（CO_2）排放较2020年下降3.5%，国际集装箱枢纽海港新能源清洁能源集卡占比达到60%。2022年8月，工业和信息化部等印发了《工业领域碳达峰实施方案》，强调大力发展绿色航运技术，加强LNG、氢燃料和氨燃料等清洁能源装备的研发与应用，推动老旧船舶绿色改造换新，促进新一代智能船舶示范应用。同年的11月，中国海事局发布《船舶能耗数据和碳强度管理办法》，系统全面地规定了船舶能耗数据和碳强度管理的要求，为航运绿色低碳发展提供制度性保障。

表1　　　　　　　　　　　我国航运低碳转型政策

政策	来源	时间	重点要求
《关于大力推进海运业高质量发展的指导意见》	交通运输部等七部门	2020年2月	优化船舶能源消费结构，加强船舶的污染防治和创新驱动能力
《内河航运发展纲要》	交通运输部	2020年6月	推广LNG节能环保船舶，发展纯电力、燃料电池等动力船舶，研究推进太阳能、风能、氢能等在行业的应用
《绿色交通"十四五"发展规划》	交通运输部	2021年10月	深入推进内河和远洋LNG动力船舶推广应用，推动内河沿海船舶LNG加注站建设。积极探索清洁能源动力船舶应用
《水运"十四五"发展规划》	交通运输部	2022年1月	建立清洁低碳的港口船舶能源体系，促进岸电设施的常规使用，并鼓励LNG、氢能等清洁能源船舶的研发与应用
《减污降碳协同增效实施方案》	生态环境部等七部门	2022年6月	加速淘汰老旧船舶，推广新能源、清洁能源动力船舶的应用，并加快港口供电设施建设，推动船舶靠港时使用岸电

政策	来源	时间	重点要求
《工业领域碳达峰实施方案》	工业和信息化部等三部门	2022 年 8 月	大力发展绿色智能船舶，加强船用清洁能源装备研发，推动内河、沿海老旧船舶更新改造，加快新一代绿色智能船舶研制及示范应用
《工业和信息化部 发展改革委 财政部 生态环境部 交通运输部关于加快内河船舶绿色智能发展的实施意见》	工业和信息化部等五部门	2022 年 9 月	提出到 2025 年，LNG、甲醇、氢燃料等绿色动力关键技术取得突破；到 2030 年，内河船舶绿色智能技术全面推广应用，配套产业生态更加完善，标准化、系列化绿色智能船型实现批量建造
《船舶能耗数据和碳强度管理办法》	中国海事局	2022 年 11 月	全面实施国际航运碳强度规则，包括 EEXI、CII 和 SEEMP
《推动大规模设备更新和消费品以旧换新行动方案》	国务院	2024 年 3 月	加快高耗能高排放老旧船舶的报废更新，大力支持新能源动力船舶的发展和应用，完善相关配套基础设施和标准规范
《船舶制造业绿色发展行动纲要（2024—2030 年)》	工业和信息化部等五部门	2023 年 12 月	到 2025 年，船舶制造业绿色发展体系初步构建，船用替代燃料和新能源技术应用与国际同步。到 2030 年，船舶制造业绿色发展体系基本建成，绿色船舶产品形成完整谱系供应能力

（二）中国港口与航运业绿色协同发展

港口作为航运物流和贸易的交通枢纽，日均船舶流量大，从而也就导致港口的碳排放量较大，具有良好的减排潜力。因此，推动港口的绿色低碳化转型对我国航运的绿色发展有着深远的意义。

一是完善配套基础设施。应推进港口新能源基础设施及配套产业发展，支持建设绿色甲醇、绿氨等与储运和加注相关的基础设施。在港口建设绿色基础设施，如雨水收集系统、废物处理设施和清洁能源供应站等，以支持绿色船舶的运营。港口岸电技术的不断创新与发展，有效地减少了港口相关的能耗排放。加大力度推进岸电技术相关设施建设和改造升级。根据港口所在地的自身优势，通过光伏发电和风力发电为港口基础设施供能。

二是健全绿色港口评价标准和体系。根据国际港口建设标准和国内实际情况，建立科学、系统的绿色港口建设标准，包括能源使用效率、碳排放、环境影响、资源回收利用等方面的指标。通过定量和定性相结合，组织建立绿色港口综合评价体系，进而推动绿色港口认证制度，鼓励港口通过第三方认证机构进行评估，获得绿色港口称号。认证结果应向社会公开，增强港口的透明度和公众信任。

三是政策激励。对港口绿色低碳技术的应用给予资金支持或税收减免，如清洁能源的使用，岸电技术的建设和改造，降低其运营成本，激发港口绿色发展的积极性。对符合绿色标准的港口和企业提供财政补贴，如清洁能源使用补贴、环保设施建设补贴等，激励其进行绿色改造和技术升级。

（三）国内航运企业低碳技术与战略实施进展

在我国"双碳"发展战略和《"十四五"现代综合交通运输体系发展规划》下，国内航运企业正在积极向绿色低碳方向转型，顺应绿色、低碳、智能航运发展新趋势，加快推进绿色智能化船舶技术革新和产业化进程，重点打造绿色航运样板工程和绿色航线，持续不断为航运业"零碳"未来提供助力。

中国远洋海运集团近年来积极展开低碳技术的研发和创新，贯彻绿色环保理念，大力推行清洁能源的使用，编制《中国远洋海运集团"碳达峰、碳中和"行动方案》，加快推进各重大项目，持续推动绿色低碳运营和可持续发展。2022 年，中远海运及其旗下公司持续推进绿色船队更新和改造计划，订造了 12 艘采用先进绿色甲醇双燃料技术的 24000 标准箱甲醇双燃料动力集装箱船，在 2024 年上半年又签署了 8 艘船舶甲醇双燃料动力改造合同，努力实现航运减排的终极目标。2022 年 8 月，中远海运能源与大船集团双方联合开发的应用碳捕捉系统的 VLCC 和苏伊士船型研发设计方案，分别获得了中国船级社（CCS）、挪威船级社（DNV）、美国船级社（ABS）的原则性认可，进一步推动了船舶绿色低碳技术的应用。2024 年 7 月，中远海控旗下中远海运集运向京东方颁发了首个基于 GSBN 区块链验证的 Hi-ECO 绿色航运证书，打造了绿色低碳转型的行业生态示范效应。在对于港口的绿色转型和升级上，中国远洋海运集团加大对岸电技术的推广力度，在港口作业场景中使用自动驾驶技术，纯电驱动无人驾驶集装车等技术；采用节能型建筑材料、产品和设备，加强对建筑物节能减排的管理；研发可变制冷剂流量空调系统，通过数字化改造升级，助力打造节能减排、低碳环保的绿色港口。

在清洁能源船舶的建造上，我国 LNG 船建造企业目前已经达到 5 家。我国已形成以沪东中华、大船重工、江南造船、招商海门和江苏扬子江船业为主的多个大型 LNG 运输船建造企业集群。中国船舶工业行业协会数据显示，2022 年，我国承接大型 LNG 运输船的全球订单份额超过 30%，创历史新高；2023 年 1 月至 7 月，我国承接大型 LNG 运输船 18 艘，占全球总量的 35%，市场份额进一步提升。这一成绩的取得，打破了少数国家建造商垄断全球大部分大型 LNG 运输船建造市场的格局，开启了这一领域全球充分竞争发展的新阶段。

第二节　远洋货运绿色低碳发展现状

一、2023 年远洋货运绿色低碳发展情况

（一）绿色船舶燃料替代

根据国际气体燃料船协会（SGMF）的统计，截至 2023 年 11 月，全球已有 426 艘采用 LNG 动力的船舶投入运营，另有 536 艘正在建造。中国的内河航运中也已建造了超过 400 艘 LNG 动力船。同时，LNG 加注设施正在迅速扩展，全球已有 114 个港口具备为船舶提供 LNG 燃料加注的能力。在技术层面，LNG 燃料舱、供气系统及发动机等相关技术逐渐成熟，现阶段的技术改进主要集中在减少甲烷泄漏、优化系统动态特性以及 LNG 低温高锰钢材料的应用，目标是实现技术优化和成本降低。从全生命周期的角度来看，与传统船用燃油相比，化石 LNG 能够减少约 25% 的排放，而生物质 LNG 的减排潜力则高达 66%。

就甲醇燃料而言，截至 2023 年 11 月，全球范围内甲醇动力船的新造订单已超过 220 艘，其中，集装箱船约占 150 艘，其余为散货船、油轮、海工船和汽车运输船等多种类型的船只。在配套设施方面，业界正在积极拓展甲醇发动机产品线，开发甲醇燃料供应系统，并规划甲醇加注港口。虽然灰色甲醇主要通过煤炭和天然气等传统能源生产，但基于可再生碳源、生物质和可再生电力的绿色甲醇供应仍较为有限。全球已规划了超过 80 个绿色甲醇生产项目，预计到 2027 年，如所有项目投产，全球绿色甲醇的年产能将达到 800 万吨。在全生命周期的温室气体排放框架下，绿色甲醇的减排潜力为 63%~99%，成为航运业中长期减排的重要替代燃料之一。

自 2000 年以来，全球已开展多项氢燃料动力试验船项目，探索氢燃料动力系统在船舶中的应用，重点关注其性能、安全性和环保表现。已有几艘氢燃料电池试验船投入示范运行，船东还订造了首批氨燃料动力散货船。在氨发动机方面，制造商近期推出了氨燃料的中速发动机，预计到 2025 年，低速机产品也将进入市场。

由于生物燃油具有即加即用的特性，可以迅速为运营中的船舶带来减排效益，因此在航运业中备受关注。当前具有较大应用潜力的生物燃油主要包括氢化植物油（HVO）和脂肪酸甲酯（FAME）。其中，HVO 因其成分和物理化学特性与传统船用柴油相似，可直接与现有的发动机和燃料供应系统无缝衔接；而 FAME 在应用时需对发动机、燃料系统及油舱进行适当调整。从全生命周期的角度来看，采用废弃油脂生产的 FAME 和 HVO 可减少 70% 至 85% 的排放，而使用棕榈油、大豆油等第一代

农作物生产的生物燃油则可能对粮食安全、生物多样性及土地利用产生负面影响，减排意义有限。

（二）船舶绿色能效措施

一是技术能效措施，主要通过在船舶设计建造中采用相应的优化技术，提高船舶能效水平，从而减少船舶的燃料消耗及排放。成熟度较高的技术能效措施，如型线优化、涂层减阻、节能附体等，在各型船舶上已有较广泛应用。目前，业界正在开展空气润滑、风力助航等减排潜力较高的技术措施的研发及应用。克拉克森研究统计，每年交付船舶中使用节能装置的占比也在不断攀升，2023 年接近 60%。船队及手持订单中至少已有 8850 艘船舶安装节能装置，其中，大部分为应用在螺旋桨及舵附近的船舶类型，结构相对简单。目前，更为复杂的新类型节能技术也开始应用在船舶上，其中，船队及手持订单中使用空气润滑系统的船舶达到 434 艘，使用风力助航的船舶达到 99 艘。另外，近些年刚刚兴起的挡风罩也已经被 57 艘船所采用。

二是营运能效措施，旨在从操作管理层面提高船舶营运过程中的能效水平，主要包括计划管理节能、操作优化节能、设备能效优化等类别。通过信息与智能技术的应用，营运能效措施正在得到不断迭代优化。

（三）船载碳捕集系统

船载碳捕集系统（OCCS）主要用于将船舶排放废气中的 CO_2 进行分离捕集。捕集的 CO_2 将运输到目的地加以资源化利用或注入海底/地层封存，防止其进入大气层，以实现船舶 CO_2 永久减排。此外，捕集的 CO_2 作为副产品还可能获得一定收益，冲抵部分船舶运营费用。OCCS 可以在相对较短的时间内实现显著的减排效果，适用于包括营运船和新造船在内的绝大多数船舶，但是加装 OCCS 将会带来载货空间损失、安装布置困难、增加船舶运行能耗等问题。对于舱容敏感度不高的矿砂船和甲板开敞空间较大的液货船来说，OCCS 可供选择的布置方案相对更多，但对于布置较为紧凑的散货船以及"寸箱寸金"的集装箱船，CO_2 储存舱的布置势必会受到严重限制。

OCCS 的相关法规、规范及 CO_2 转移、利用的岸基设施尚待完善，但因其较大的减排潜力，可灵活匹配减排目标及较好的经济性，逐步得到行业的关注，全球相关技术研发投入越来越多；另外，其与绿色甲醇制备行业耦合，可实现陆上与船上的碳循环利用，在实现净零排放的同时，还有利于解决可再生能源供应不足的问题。因此，OCCS 将是国际航运实现净零排放目标具有竞争力的技术路径之一。

（四）绿色航运走廊

2019 年联合国气候行动峰会上，60 多家航运相关的公司、机构共同成立了零排放联盟（GTZ），致力于 2030 年实现商业上可行的零排放船舶和燃料规模化应用。

2021 年 11 月，在《联合国气候变化框架公约》缔约方大会第 26 次会议期间，超过 20 个国家签署了《关于绿色航运走廊的克莱德班克宣言》，提出到 2025 年，在全球两个或多个港口间建立 6 条以上绿色航运走廊（简称航运走廊或走廊），并在 2030 年前不断扩大绿色航运走廊建设数量，助力全球航运业在 2050 年实现全面脱碳目标，这标志着"绿色航运走廊"概念正式提出。该宣言明确：签署国之间的港口、船公司、燃料供应商等航运产业链相关方开展合作，通过引进创新技术、采用新型燃料等手段，在特定航线上实现温室气体减排甚至零排放目标，该特定航线被认为是绿色航运走廊。

全球绿色航运走廊数量进一步扩大，助力在 2050 年实现航运业的全面脱碳。GTZ 与全球海事论坛（GMF）共同发布的《2023 年绿色航运走廊年度进展报告》显示，截至 2023 年年底，全球绿色航运走廊的数量由 2022 年年底的 21 条增长至 44 条。根据挪威船级社（DNV）的统计，截至 2024 年 2 月，全球绿色航运走廊项目的总数已达到 57 个。绿色航运走廊为所有价值链参与者提供了参与空间，为替代燃料供应商提供了确定性，支持了港口方对零碳排放燃料基础设施的必要投资。随着绿色航运走廊的深入布局实施，零排放航运技术/标准、基础设施和商业模式等快速成熟，甲醇、氨、氢等绿色替代燃料市场需求将进一步扩大。

从航运走廊的地区分布来看，欧洲仍然占据最大的份额，尤其在 2023 年欧洲的近海航运走廊数量增加了一倍；亚洲的航运走廊数量显著增加，2023 年宣布了多项跨太平洋航运走廊；南太平洋和南大西洋地区的航运走廊数量有所增加；南美洲和非洲也出现了新的航运走廊，但总体数量仍然较少。洛杉矶港拥有最多的通往亚洲的航运走廊，除去最早达成协议的上海—洛杉矶航运走廊，新增了洛杉矶—名古屋、洛杉矶—横滨、洛杉矶—广州等跨太平洋航运走廊协议。

随着航运走廊数量增加了一倍多，参与其中的利益相关者的数量也随之增加。参与航运走廊的 171 个利益相关者覆盖了整个海事价值链，但传统航运参与者——船东/运营商、港口、海事监管机构的参与程度仍然是较高的。全球十大集装箱航运公司中的 8 家、五大邮轮公司中的 3 家、十大散货航运公司中的 4 家以及二十大加油中心中的 9 家参与了航运走廊。而价值链中的燃料生产商、金融机构的参与度较低，仅有 7 条航运走廊有燃料生产商参与，3 条航运走廊有金融机构参与。目前，已有 15 条航运走廊设定了运营目标，明确了航运走廊何时"上线"零排放船舶和基础设施，目标是在 2024—2030 年开展初步行动。

（五）航运碳交易影响

欧盟从 2024 年起将航运业纳入 EU ETS 之后，在欧盟水域内港口挂靠船舶将需要为其产生的温室气体排放缴纳相应的碳配额，推高航运公司的运营成本。基于目前船舶运营情况以及欧盟碳配额价格，克拉克森研究估计 2026 年船舶需缴纳的欧盟碳配额将达到 82 亿美元。随着碳配额价格的上涨，以及监管机构的定价策略向全球化方向转变，未来船舶运营会受到一定影响。

二、2024 年远洋货运绿色低碳发展情况

（一）新能源船舶绿色低碳发展的加速

新能源船舶符合航运业减碳趋势，迎来发展机遇。新能源船舶较常规柴油机船舶在运营成本方面具有较大优势，并且能源转换效率高。同时，新能源船舶环保性能强，工作期间无大气污染物排放，也减少了燃油对水域造成污染的可能性。除此以外，新能源船舶在能源供应和航行策略上具有更高的灵活性和适应性，配置操控便捷、集成化与智能化更高的电气设备，更有利于实现"机驾合一"模式。这些优势不仅有助于提升船舶行业的竞争力，而且有助于推动航运行业的绿色发展和可持续发展。

中国新能源船舶渗透率有望加速提升。2024 年 7 月，国家发展改革委、财政部出台《关于加力支持大规模设备更新和消费品以旧换新的若干措施》，有望加速内河、沿海船舶设备更新；同时，对新能源船舶补贴增多。以杭州为例，2024 年杭州需完成 78 艘船龄在 15~30 年的内河老旧营运货船淘汰工作，该数量相比 2023 年增加了近一倍，内河+沿海船舶更新大势所趋，在此过程中，新能源船舶渗透率有望加速，现有主流新能源船舶类型如表 2 所示。

据交通运输部水运科学研究院梳理，截至 2024 年 6 月，我国已建、在建国内航行 LNG 动力船舶 600 余艘，纯电池动力船舶 440 余艘，氢燃料电池、甲醇和氨燃料动力船舶正处于加速试点应用阶段，船舶类型、吨级、航线等应用场景日益丰富。我国已建新能源、清洁能源船舶配套基础设施约 80 座，投入运营移动加注船 5 艘，其中，LNG 加注船 4 艘，甲醇加注船 1 艘。在交通运输部水运科学研究院牵头支撑下，上海港实现国内首次国际航行船舶保税 LNG 加注。截至 2024 年 10 月，实现了 125 艘次加注，总加注量达 73 万立方米。

表 2 现有主流新能源船舶类型

动力类型	优势	减碳效果	劣势	应用场景	主流应用船型
LNG	燃料来源广、供应足、价格低；安全性较高	减排 CO_2 20%~30%、NO_x 90%，并完全消除 SO_x 和 PM 排放	初期投资较高；制冷成本高；有少量温室气体排放	内河、近沿海、远洋	全吨位范围的散货船、集装箱船、LNG 运输船等多种船型，大型化为主流
LGP	燃料成本低；技术要求与基础设施建设简单	减排 SO_2 99%、PM 90%、CO_2 15%、NO_x 10%	缺乏货物灵活性；减排效果弱于其他替代燃料	内河、近沿海、远洋	液化气船舶
甲醇	易于储存、运输、利用；双燃料发动机改装难度小；毒性低	减排 CO_2 95%、NO_x 80%，并完全消除 SO_x 和 PM 排放	绿醇成本较高；设施较少，限制大规模应用；能量密度低，所需储存空间更大	内河、近沿海、远洋	化学品运输船、集装箱船、散货船和海上风电安装船
液氨	燃料储备丰富；具备大规模生产能力	无 CO_2、SO_x 排放，但有 NO_x 排放	成本高、易挥发；高毒性、高腐蚀性；能量密度低，所需储存空间更大	内河、近沿海、远洋	散货船、LPG 运输船、油轮等
氢动力	能量效率高；噪声低；较电动船补能快、续航里程长	清洁能源，排放物仅为水	经济性差，投资与运营成本高；发动机系统开发难度大	主要用于内河湖泊，中长期可能应用于沿海和远洋	以客船、渡船、内河货船、拖轮等类型为主
电动船	结构简单，传动效率高；运营成本较低；噪声低；智能化程度高	绿电情况下为零排放	存在续航和安全操作问题；建造成本与更换电池成本较高	内河、近沿海	以客船、渡船、内河货船、拖轮等类型为主

（二）智能航运技术及产业化的成熟

近年来，世界主要造船和航运国家纷纷加大了智能船舶研发与应用的投入力度。船舶自主航行作为智能船舶的显著特征，日益受到工业与海事企业的关注。IMO 在海上安全委员会第 98 届会议中首次提出海上自主水面船舶的概念，海上自主水面船舶（MASS）是指在不同程度上可以独立于人员干预运行的船舶。随后将海上自主水面船舶分为 4 个等级。第一等级为船员登船且自主航行系统为船长等船员提供决策支持；第二等级为船员登船且由系统实施远程监控；第三等级为系统操纵大部分船上设备，只有极少船员登船且由系统实施远程监控；第四等级为系统对所有情况进行认知、判断和控制的"完全无人自主航行"。

航运业在智能航线规划、自动驾驶技术和能效管理系统上的成熟应用，推动更大规模的节能减排。到 2025 年，技术与产业化总体上可以达到国际先进水平，智能航行法规基本完成，辅助驾驶技术实现规模化应用，遥控驾驶和有人在船的自主驾驶技术实现多样化应用；到 2035 年，技术与产业化总体上达到国际领先水平，充分智能化的航运新业态基本形成，沿海遥控驾驶、自主驾驶船舶占比超过 30%；到 2050 年，技术与产业化可以全面达到国际领先水平，形成高质量的智能航运体系，智能化网络化航运服务供给覆盖全球。

交通运输部将中远海运智能船舶发展应用列入交通强国建设试点工作。相关工作稳步推动并取得积极成效。在应用示范方面，智能系统列装船舶包括大连海事大学教学与实训两用船、1.4 万标箱和 1.6 万标箱系列集装箱船、7.7 万吨系列多用途船、700 标箱电池动力船等。在顶层设计方面，已完成 3 份标准的编制工作，正开展 5 份标准草案的编制工作。在功能开发方面，研制船舶避碰行为监测系统，已完成 17 套 2.0 设备的安装；开发远程智能工况监测功能，已开始装船测试。

（三）绿色港口智能化建设提速

2024 年，绿色港口的发展进一步促进全球远洋货运供应链的绿色化，岸电技术和绿色物流模式不断普及。山东港口以把打造"国际领先的智慧绿色港"，作为"五个国际领先"发展定位的首要任务，制定《智慧绿色港顶层设计方案》，规划绿色低碳港口"总蓝图"。山东港口以创新驱动生产业务变革，在全自动化码头建设方面，建成全球领先、亚洲首个真正意义上的全自动化集装箱码头和以"远控自动化岸桥+无人集卡+自动化轨道吊"为基本布局的自动化码头；在推动传统码头智能升级方面，全球首创干散货专业化码头控制技术，实现"全系统、全流程、全自动"。积极建设液化码头生产管理系统、视频智能监控系统、智能视频巡检系统，自主研发的全球首台自动化门机在渤海湾港正式投入干散货作业。此外，夯实信息基础设施建设，加强港口清洁能源应用，建设管理决策智慧大脑，升级港航服务生态圈层。全球最大集装箱船型的"现代南安普敦"轮靠泊天津港北疆港区智能化集装箱码头，码头以 209 自然箱/小时的作业速度再度刷新船舶所在航线的全球效率纪录。

（四）航运碳交易市场蓬勃发展

2023 年，EUA 现货和期货总成交量分别为 2409.7 万吨、75.15 亿吨，EUA 期货成交量占总成交量的比重高达 99%。EUA 现货全年最高结算价和最低结算价分别为 97.04 欧元/吨、66.33 欧元/吨，EUA 期货全年最高结算价和最低结算价分别为 100.29 欧元/吨、66.73 欧元，EUA 现货和期货价格走势全年基本保持一致。全国碳交易市场方面，2023 年，CEA 成交量 2.12 亿吨，年度成交额 144.44 亿元。受履约期影响，CEA 价格走势一般在下半年呈现量价齐升走势。在上海区域碳交易市场方面，2023 年，上海碳市场年成交量达到 223 万吨，占地方碳市场总成交量的比重为 3.2%，年度成交额 1.5 亿元，占地方碳市场总成交额的比重为 5.1%。其中，航运碳配额交易量为 77 万吨，成交金额约 5500 万元，涉及 31 家上海港航企业。

2024 年 1 月 22 日，全国温室气体自愿减排交易市场启动，碳市场的碳配额价格持续上涨（见图 2），3 月 28 日碳价达到 90 元/吨，在 4 月 24 日冲破百元大关。但进入 5 月后，碳配额出现了下降的趋势，进入 6 月后，下降趋势更加明显。根据统计数据，2024 年上半年全国碳市场的碳配额的开盘价、最高价、最低价和收盘价首先呈现一个波动上涨趋势，在 2024 年 4 月 29 日达到峰值后又开始波动下跌。在该时间段内，碳配额最低价为 69.67 元/吨，最高价为 104 元/吨。

（五）绿色金融助力航运企业绿色发展

作为资金密集型行业，航运业脱碳转型离不开资金的支持。根据世界经济研究显示，航运业脱碳所需的资本投资在 1 万亿—1.9 万亿美元。目前的航运绿色金融按

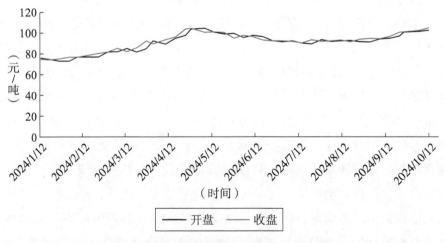

图 2　中国碳交易市场价格趋势（2024 年）

形式来说主要分为贷款和债券，而按用途来说可以分为绿色金融产品和可持续发展关联金融产品。航运行业的节能降碳、绿色发展离不开金融供给的支持，金融机构可借鉴先进经验，创新金融产品和投融资模式，助力航运可持续发展。

近年来，在以滨海新区为首的多地注册的金融租赁企业积极支持我国船舶工业转型发展，用足用好港产城融合发展等相关政策红利，积极开展绿色航运融资项目探索。多家金融租赁企业充分运用多元化的金融工具盘活资产，发挥租赁业融资融物"两融"功能，成为推动绿色航运金融稳步发展的重要路径。工银金融租赁有限公司在积极引导全球船东选择中国船厂订造船舶的过程中，优先选择对具备高技术、高附加值、绿色节能等特征的船型给予融资支持，进而推动我国船舶工业绿色化智能化发展。金融租赁企业加大力度支持环保型船舶建造与交付，加强绿色租赁产品创新，持续推动着新区航运金融加快绿色转型发展。

第三节　远洋货运绿色低碳发展趋势

一、清洁能源船舶的技术升级与应用普及

当下全球船队总规模已经超过 10 万艘，但是九成以上的船舶仍然使用传统化石燃料。根据国际海事组织的能源效率设计指数（EEDI）和能源效率指数（EEXI）的要求，截至 2022 年，仅有 21.7% 的船舶符合要求。船舶清洁能源主要有液化天然气（LNG）、绿色甲醇、氢燃料和氨燃料等。

LNG 在低温状态下是液态的，同时体积会大幅度减小，方便运输；LNG 在安全性、成本控制、加注便利性和环保性等方面都具有明显的优势。LNG 动力船从 21 世纪初开始发展，截至目前，关于 LNG 动力船的设计与建造均已形成较为完善的产业链，相关的配套设备和系统基本完善，如在全球范围内，LNG 加注设施逐年增长。我国围绕 LNG 为核心的相关技术不断发展与进步，甚至部分技术和核心装备已达到国际领先水平，形成了由上而下的天然气利用的完整产业链核心技术体系。例如，以中国海油集团为代表的国内能源企业经过不懈努力和探索研发，在天然气液化技术方面取得重大进展，达到了国际先进水平。

绿色甲醇是指其原料氢气和二氧化碳来源均为可再生，这样合成的甲醇即被认定为绿色甲醇。与 LNG 相比，绿色甲醇的碳排量更少，对整个航运业而言更具减排潜力。马士基作为世界航运巨头，是全球首家订购甲醇燃料船舶的航运公司，向中国和韩国造船企业共下达超过 20 艘甲醇燃料动力船舶。此外，为了解决甲醇产量不足的问题，马士基和能源公司合作，共同研发绿色甲醇合成技术。

氢燃料作为一种绿色、高效的二次能源，具有来源广泛、燃烧热值高、清洁无污染、利用形式多种多样等特点。面对能源安全、环境保护等压力，氢能有望在能源转型过程中扮演重要角色。我国作为世界第一制氢大国，2019 年全国氢气产量约 2000 万吨，以煤制氢为主，国内电解水制氢不足 1%，全球其他国家主要以天然气为原料制备氢。当前，氢能源的应用主要有：氢燃料电池、氢燃料内燃机。目前，大型船用氢内燃机技术仍存在较多问题，各项系统尚未完全成熟；而船用氢燃料电池技术已在船上进行应用。氢动力船舶通常用于湖泊、内河、近海等场景，以客船、渡船、内河货船、拖轮等类型为主；海上工程船、海上滚装船、超级游艇等大型氢动力船舶研制是当前的国际趋势，潜艇采用氢燃料电池动力系统同样具有良好前景。2023 年 10 月 11 日，国内首艘入级中国船级社氢燃料电池动力示范船"三峡氢舟 1"号，在湖北宜昌顺利完成首航。首航成功标志着氢燃料电池技术在内河船舶应用实现零的突破，对加快交通领域绿色低碳发展具有示范意义。发达国家已成功研制不同类型氢动力船舶并取得示范应用效果，如德国"Alsterwasser"游船、日本燃料电池渔船、法国"Energy Observer"游艇、美国"Water-Go-Round"渡船、韩国"Gold Green Hygen"氢动力旅游船等；后续将深化研究与应用，如挪威"Topeka"滚装船，意大利"ZEUS"试验船等。

世界对氨的研究已经长达百年之久，相比氢燃料而言，氨的年产量达 2 亿吨，其技术体系和储运基础设施完备。液氨已经在全球范围内开展远洋贸易，全球满足液氨装卸的港口超过 120 个，并由超过 40 艘船只定期进行国际运输。有研究报道，氨的能量密度更高，是液态氢的 1.5 倍，且不易引起燃烧和爆炸事故，安全性更高，更易于进行液化、储运。目前欧洲、日本、韩国、中国都已开展氨燃料船舶研发，各个国家的研发路径各具特点。欧洲主导了氨燃料发动机研发，曼恩和瓦锡兰都计划在今年推出氨燃料发动机，两家企业还参与了全球多个氨燃料船舶研发项目；日本高度重视氨燃料产业链布局，计划打造涵盖船舶建造、设备研制、燃料加注的全产业链；韩国较为注重标准规范制定，韩国船级社已启动相关研究；我国主要聚焦于船型研发，部分船型属于全球首创。全球首艘氨动力集装箱船将被命名为 Yara Eyde 号，由中国船舶集团旗下上海船舶研究设计院自主研发设计，并由青岛造船厂旗下青岛扬帆船舶制造有限公司承建。

二、碳捕捉与储存技术在航运业的潜在应用

碳捕捉与储存（CCUS）技术在航运业的应用潜力日益受到关注，尤其是在全球对碳中和目标的推动下。航运业是温室气体排放的主要来源之一，因此将 CCUS 技术应用于这一领域，能够显著减少其碳足迹。

在船舶运行过程中，燃料燃烧会产生大量的二氧化碳（CO_2）。通过碳捕捉技术，可以从船舶的排气系统中捕捉并去除 CO_2，避免其直接排放到大气中。碳捕捉设备可以安装在船舶的烟囱或废气处理装置中，将废气中的 CO_2 进行分离。捕获的 CO_2 可以通过化学转化、微生物转化等方式，转化为其他有价值的产品。例如，CO_2 可以用于生产合成燃料（如甲醇或氨），这些燃料可以进一步用于船舶本身的动力供应，形成一个闭环的能量循环系统。此外，捕获的 CO_2 还可以被用于制造塑料、建筑材料或食品工业中的气体供应。对于难以利用的 CO_2，可以通过地质储存技术将其永久储存在地下深处的储层中，防止其回到大气中。航运公司可以将捕获的 CO_2 运输到专门的地质储存站点，这些站点通常位于靠近港口的地质储层中。

未来，随着技术进步，碳捕捉设备有望实现更高的效率、更低的能耗和更小的体积，使其更适合在船舶上安装。此外，CCUS 技术可能与其他清洁能源解决方案（如氨、氢燃料）结合应用，形成混合动力系统，进一步减少碳排放。随着可再生能源和绿色燃料技术的发展，CCUS 技术可以与合成燃料生产技术结合，利用捕获的 CO_2 生产绿色燃料。这不仅可以减少碳排放，还能降低航运业对化石燃料的依赖。CCUS 技术有望与可再生能源如风能和太阳能协同工作，通过电解制氢和 CO_2 转化技术，生产航运用的绿色燃料。

IMO 等机构预计会出台更严格的碳排放限制，这将推动航运公司加快采用 CCUS 等减碳技术。与此同时，各国的碳税、碳交易和补贴政策也将对 CCUS 技术的经济性产生重要影响。随着 CCUS 的成本下降，更多的航运公司将有动力采用该技术，特别是在法规和市场的共同推动下。

CCUS 技术的发展将不仅局限于船舶本身，还可能扩展到港口。许多港口已经在探索碳中和或零排放的运营模式，港口设施可以为停靠的船舶提供碳捕捉和储存服务，将港口打造成碳管理中心。通过在港口部署大规模的 CCUS 基础设施，船舶可以将捕获的 CO_2 卸载到港口进行处理和储存。

三、绿色金融助推航运企业低碳转型

海运业是资金密集型行业，目前船舶融资、海运保险、资金结算、设备租赁等海运金融服务需求增多，但在传统交易过程中普遍存在供应商回款账期长、信用证支付费用昂贵、保险过程复杂且成本高昂等痛点。近几年，行业内领先企业开始与发票融资平台和保险公司等金融机构合作，通过为客户提供一系列定制解决方案、推出在线海运保险数字化产品等手段，将服务延伸至金融领域，满足客户个性化需求和客户体验，实现业务拓展。

　　绿色金融工具如绿色债券和碳交易市场，能够为航运企业的低碳转型提供有效的资金支持，助力其减少碳排放、提升能源效率、并推动可持续发展。

　　绿色债券作为一种专门用于资助环保项目的债务工具，发行方承诺将所筹集的资金用于特定的绿色项目或投资。由于绿色债券的需求量大，且发行方有环保目标，往往能以较低的利率获得融资。这有助于航运企业降低融资成本，提高绿色项目的可行性。这些项目通常包括可再生能源、节能技术、清洁交通和碳减排项目等。绿色债券的发行不仅能够为企业提供低成本的资金支持，还能够展示企业在可持续发展领域的承诺，增强其社会责任形象。

　　航运企业可以通过发行绿色债券，为其低碳转型项目筹集资金。例如，投资节能技术，通过发行绿色债券，航运企业可以筹集资金，投资于船舶能效管理系统、碳捕捉技术、风帆辅助动力等绿色技术，从而提升船舶能效，减少燃料消耗和碳排放。许多老旧船舶的燃料效率较低，排放较高。绿色债券可以为船舶更新计划提供资金，帮助企业投资建造或改造使用绿色燃料（如氨、氢或 LNG）的低排放船舶。航运企业还可以利用绿色债券资助低碳港口基础设施的建设，比如在港口引入电气化操作设备、安装岸电系统（船舶停靠时使用电网电力代替燃料），以减少停港期间的排放。

　　碳交易市场是一种基于市场机制的温室气体减排工具，旨在通过设定排放限额并允许企业之间交易排放配额来减少整体碳排放。企业如果超过其排放限额，需要购买其他企业的排放配额，未使用的配额可以在市场上出售。因此，企业会有经济动机通过减少排放来出售配额，或者通过投资于减排技术来避免高昂的碳排放成本。

　　IMO 以及欧盟等区域性机构正在逐步将航运纳入碳交易体系中。未来，航运企业可能需要根据碳排放量购买或出售碳排放配额。因此，碳交易市场对航运企业低碳转型具有双重推动作用。不过，随着碳市场的成熟和监管机制的完善，碳价格的稳定性将增强，为企业的长期规划提供支持。由于航运业是一个国际性行业，航行线路跨国界运行，不同国家和地区的碳排放法规和碳市场可能存在差异。因此，国际协调碳交易规则以及标准化机制对于航运业至关重要。

　　除了绿色债券和碳交易市场，航运企业还可以通过以下绿色金融工具获得资金支持。可持续发展挂钩贷款（SLL）是指贷款利率与企业的可持续发展目标挂钩的贷款。如果企业达到预定的可持续发展目标（如碳排放减少目标），贷款利率可能会降低。这类贷款为航运企业提供了显著的经济激励，鼓励其朝着低碳目标努力。例如，航运企业可以与银行签订协议，如果其碳排放水平持续下降，贷款利率将得到优惠，从而降低融资成本。绿色基金与 ESG 投资也是一种新型投资方式。许多机构投资者正在扩大其 ESG 投资组合，特别是与气候变化相关的绿色基金。这些投资者倾向于支持具有明确低碳转型计划的企业。航运公司可以通过积极推进低碳战略，吸引此类投资，并从绿色基金中获得资金。

四、低碳供应链的全球化与客户需求变化

随着全球环境问题的日益严峻，尤其是气候变化对各行业的深远影响，客户和消费者越来越重视企业在供应链中的环境影响。

近年来，全球客户对环境保护的意识不断提高，越来越多的跨国公司和消费者希望其供应链更加可持续和环保。这种意识变化直接影响其对物流服务的需求。国际环境法规如《巴黎协定》和《欧洲绿色协议》等，促使企业调整其供应链管理，以符合更严格的排放和环保标准。这些法规不仅影响到本土市场的需求，还会通过贸易链条传导至全球。品牌形象和市场竞争力的维护驱使公司选择绿色物流服务，这种压力从消费品到大宗商品的不同领域逐步扩展。尤其是那些有全球采购和销售网络的企业，它们会要求物流和供应链服务提供商减少碳足迹。

由于客户要求减少碳排放，远洋货运企业采用更加环保的技术，如节能型船只、使用液化天然气（LNG）等清洁能源，或通过改装船只以减少燃料消耗。同时为了回应客户对透明度的需求，越来越多的远洋货运企业开始提供碳排放报告，优化路线，利用数字技术监控和优化燃油使用。这不仅是应对客户需求的举措，也能提高企业的运营效率。此外，绿色认证（如 ISO 14001，LEED 等）成为国际客户选择物流伙伴的一个标准。这推动了航运企业通过第三方认证机构的审核，确保其供应链实践符合国际绿色标准。

参考文献

［1］黄煜玮．绿色转型趋势下干散货航运市场前景思考［J］.中国航务周刊，2024，（29）：45-47.

［2］雷雯捷．以高质量航运发展助力中国式现代化［J］.文教资料，2024（4）：57-59，64.

［3］韩鑫．我国船队规模跃居世界第二［N］.人民日报，2023-07-12（002）.

［4］彭传圣．我国航运绿色发展现状与趋势［J］.中国海事，2022（6）：19-23.

［5］陈飞，王达川，张民辉，等．上海港集装箱码头利用率分析及通过能力评估［J］.水运工程，2024（10）：33-36.

［6］赵楠，谢文卿，吴佳璋．集装箱港口自动化步入新高地［J］.中国航务周刊，2023（29）：35-37.

［7］ 张培，王乐，秦祥祥，等．荷兰智能航运 2030 发展愿景与关键挑战［J］．中国船检，2022（5）：51-56．

［8］ BALCOMBE P, BRIERLEY J, LEWIS C, et al. How to decarbonize international shipping: Options for fuels, technologies and policies［J］. Energy Conversion and Management, 2019, 182: 72-88.

［9］ 黄有方，魏明晖，王煜，等．"双碳"目标导向下我国绿色航运物流发展现状与趋势［J］．大连海事大学学报，2023，49（1）：1-16．

［10］ 陈伦伦，赵彦浩．欧盟绿色航运政策及其启示［J］．浙江海洋大学学报（人文科学版），2022，39（5）：15-23．

［11］ 范爱龙，严新平，李忠奎，等．我国航运业绿色低碳发展的需求、路径与展望［J］．船海工程，2024，53（4）：1-5，12．

［12］ 楼丹平，杨春华．LNG 船技术发展趋势［J］．船舶，2023，34（4）：19-27．

［13］ 刘磊．船舶清洁燃料现状及发展前景［J］．船舶物资与市场，2022，30（12）：7-10．

［14］ 杨一方，欧训民，刘建喆．绿色甲醇的技术进展与应用前景［J］．科技中国，2024（8）：60-66．

［15］ 涂环．清洁能源船用适应性综合分析［J］．中国船检，2022（1）：58-62．

［16］ 张晓平，王晓亮，魏志浩，等．氨燃料在航运业的应用前景分析［J］．山东化工，2024，53（7）：79-82，86．

（作者：复旦大学　张艳）

第十章　中国铁路货运绿色低碳发展
现状与趋势

近年来，随着全球气候变化和环境保护意识的不断增强，绿色低碳发展理念已成为全球共识。作为国民经济的重要支柱产业，铁路运输肩负着保障国家能源安全、促进经济发展和改善民生福祉的重要使命。中国铁路货运在积极践行绿色发展理念的同时，也面临着能源消耗高、污染排放大的挑战。为了推动铁路货运向绿色低碳转型，实现可持续发展，中国铁路正积极探索和应用先进技术和管理手段，不断优化运输组织、不断提高运输效率、降低能耗和排放，为构建绿色、高效、可持续的铁路运输体系贡献力量。

第一节　中国铁路货运绿色低碳发展现状

一、中国铁路货运能源结构向绿色低碳转型

中国铁路货运的能耗结构与机车类型息息相关，不同的机车类型在能源消耗方面存在显著差异。目前，我国铁路货运机车以内燃机车和电力机车为主。近年来，随着铁路电气化率的不断提升，电力机车在铁路货运中的应用占比逐渐增加，而内燃机车的应用占比则呈现下降趋势。

2014 年以来，我国铁路机车保有量整体呈现小幅增长态势。据国家统计局数据，我国铁路电气化率从 2010 年的 49.4% 增长至 2023 年的 75.2%，这意味着电力机车在铁路货运中的作用日益凸显。电力机车相较于内燃机车具有更高的能源利用效率，且排放更少污染物，这使铁路电气化的发展成为降低铁路能耗、减少环境污染的重要举措。2023 年，全国铁路机车拥有量为 2.24 万台，其中，内燃机车 0.78 万台，电力机车 1.46 万台。未来，随着我国铁路电气化率的进一步提升，电力机车将继续成为铁路货运的主力机车，为绿色铁路发展贡献力量。具体数据如图 1 所示。

2023 年全国铁路营业里程达到 15.9 万公里，其中，高速铁路营业里程达到 4.5 万公里。铁路复线率和电气化率对于铁路的绿色发展有着显著的影响，它们分别从

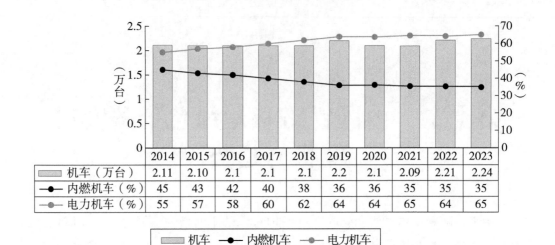

图 1　2014—2023 年我国铁路机车类型及占比

资料来源：2014—2023 年铁道统计公报。

运输效率和能源结构两个方面推动着铁路走向更清洁、更环保的发展道路。从 2014 年到 2023 年，中国铁路复线率和电气化率总体呈现上升的趋势。复线率从 2014 年的 50.9% 上升至 2023 年的 60.3%，这表明中国铁路网络的密度不断提升，能够承载更大量的货物运输，提高了运输效率。复线铁路能够双向通行，相比单线铁路大幅提升运输效率，有效减少列车运行时间，从而降低单位运输周转量能耗。运输效率的提高可间接降低运输成本，促进绿色低碳运输发展。复线铁路的建设，能够有效缓解单线铁路运输压力，提高铁路货运能力，满足经济发展对绿色低碳运输的需求。

铁路电气化率从 2014 年的 58% 上升至 2023 年的 75.2%，这表明中国铁路向着更加环保的方向发展，使用电力牵引的线路比例越来越高，减少了燃油机车带来的污染。总的来说，中国铁路复线率和电气化率的提升，既反映了中国铁路基础设施建设的快速发展，也体现了中国在推动绿色发展方面取得的显著成果。电气化铁路使用电力牵引，相比燃油机车，二氧化碳等温室气体排放显著减少，可降低对环境的污染。电力牵引的能源转换效率更高，能够有效提高能源利用率，减少能源消耗，促进节能减排。相比燃油机车，电力牵引的运营成本更低，有利于降低铁路货运整体成本，促进绿色低碳运输发展。具体数据如图 2 所示。

二、中国铁路货运节能减排成效显著

2023 年，国家铁路能源消耗总量达到 1752.7 万吨标准煤，较上年增长 15.2%，增幅为 231.5 万吨标准煤。尽管能源消耗总量有所增加，但单位运输工作量的综合能耗却实现了下降。具体来看，2023 年国家铁路单位运输工作量综合能耗为 3.81 吨标准煤/百万换算吨公里，比上年下降 3.3%，减少了 0.13 吨标准煤/百万换算吨公里；单位运输工作量主营综合能耗也呈现下降趋势，为 3.79 吨标准煤/百万换算吨公里，较上年下降 2.8%，减少了 0.11 吨标准煤/百万换算吨公里。2018—2023 年国家铁路单位运输工作量综合能耗、主营综合能耗如图 3 所示。

近几年，我国铁路主要污染物排放量下降幅度明显。2023 年国家铁路化学需氧量排放量 1466 吨，比上年增加 39 吨；二氧化硫排放量 652 吨，比上年减少 663 吨。总体来说，中国铁路在节能减排方面取得了显著的成效。2018—2023 年国家铁路化学需氧量排放量、二氧化硫排放量如图 4 所示。

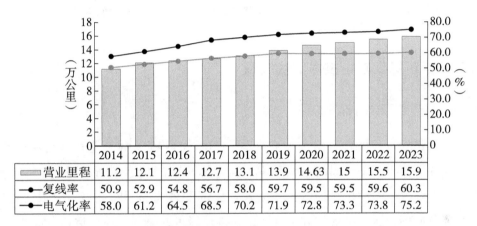

	2014	2015	2016	2017	2018	2019	2020	2021	2022	2023
营业里程	11.2	12.1	12.4	12.7	13.1	13.9	14.63	15	15.5	15.9
复线率	50.9	52.9	54.8	56.7	58.0	59.7	59.5	59.5	59.6	60.3
电气化率	58.0	61.2	64.5	68.5	70.2	71.9	72.8	73.3	73.8	75.2

图 2 2014—2023 年我国铁路营业里程、复线率、电气化率

资料来源：2014—2023 年铁道统计公报。

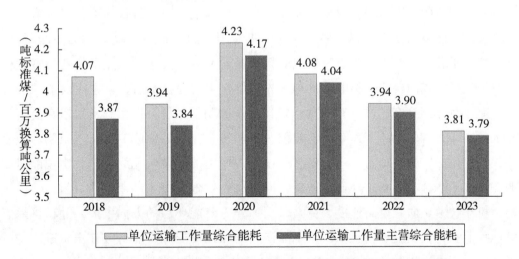

图 3 2018—2023 年国家铁路单位运输工作量综合能耗、主营综合能耗

资料来源：2023 年铁道统计公报。

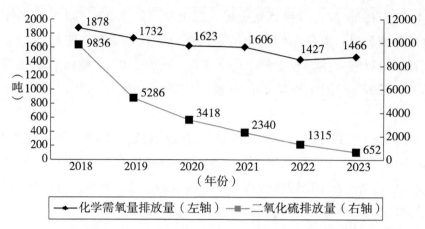

图4　2018—2023年国家铁路化学需氧量排放量、二氧化硫排放量
资料来源：2023年铁道统计公报。

三、铁路绿色减排技术加快应用

（一）节能降耗技术

中国铁路货运积极践行绿色发展理念，不断探索和应用先进的节能降耗技术，以降低能耗、减少污染、提高运输效率。从电力机车的技术革新，到重载运输能力的提升，再到再生制动技术的应用，以及智能调度系统的不断完善，中国铁路货运正朝着绿色低碳、智能高效的方向发展，为构建绿色铁路运输体系贡献力量。

从20世纪70年代开始，中国电力机车经历了从引进消化吸收，到自主研发，再到引领创新的发展历程，取得了显著成就。中国电力机车发展至今，已拥有世界上规模最大的电力机车车队，技术水平不断提升，自主研发和制造能力不断增强，在高速、重载、新能源、智能等领域取得了显著成果，为中国铁路的快速发展提供了有力支撑。我国自SS7型电力机车率先采用再生制动技术后，自主研发了"和谐号"系列动车组列车，并将其应用于货运列车的制动系统。再生制动技术在货运列车上的应用，有效提高了列车制动效能，并实现了能量的回收利用。再生制动技术不仅能提供必要的制动力，还能将制动过程中产生的能量转化为电能，实现能量回收，提高了能源利用率，降低了能耗，同时也有效地减少了环境污染。目前，中国电力机车技术正向着更高速度、更高牵引力、更节能环保的方向发展，并积极探索智能控制和无人驾驶等新技术，为中国铁路的绿色发展和产业升级作出贡献。全球最大牵引力电力机车"神24" CEA1A型电力机车如图5所示。

目前，中国在重载铁路运输领域取得了显著成就，建成了大秦线、朔黄线、瓦日线、浩吉线等多条重载运输专线，总里程约为5700公里。其中，大秦线和朔黄线已

图 5　"神 24" CEA1A 型电力机车

资料来源：百度百科网。

常态化开行 2 万吨重载列车（见图 6），年货运量位居世界前列。大秦线曾创造单条铁路年运量 4.51 亿吨的世界纪录，朔黄铁路年运量也突破 3.6 亿吨，彰显了中国重载铁路运输的规模优势和运营效率。近年来，中国重载铁路运输技术不断取得突破，完成了 30 吨轴重和 3 万吨编组的相关技术验证试验，为进一步提升重载铁路运输能力奠定了技术基础。同时，自动驾驶、新型可控列尾、移动闭塞等新技术的应用探索也正在积极开展，将为中国重载铁路运输的未来发展注入新的活力。中国重载铁路运输技术的持续发展，以及在运营效率和规模上的优势，将为中国经济发展提供强有力支撑。

中国铁路货运积极探索环保减排技术，致力于减少运输过程中的环境污染，构建绿色、和谐的运输体系。从废气处理技术、噪声控制技术到抑尘技术，中国铁路货运在环保减排方面不断取得进展。

中国铁路货运中，废气处理技术近年来取得了长足进步。燃煤机车排放的废气中含有大量烟尘、二氧化硫、氮氧化物等污染物，对环境造成较大污染。目前，铁路货运机车废气处理技术以脱硫、脱硝、除尘等技术为主，但应用范围有限，部分机车仍未配备相应的环保设备。相比于其他产业，铁路货运机车废气处理技术的研发投入相对不足，制约了技术进步和应用推广。

我国铁路对于噪声治理也在持续进行中，出台了《铁路机车车辆鸣笛噪声污染防治监督管理办法》等相关政策，但是铁路货运列车噪声主要来自车厢、货物和轨道等多个方面，治理难度较大。目前，铁路货运列车噪声治理主要采取隔音、吸音等传统降噪措施，但效果有限，特别是对于高频噪声，降噪效果不佳。铁路隔声屏障如图 7 所示。

图6　2万吨重载列车在朔黄铁路肃宁北站蓄势待发
资料来源：国家能源网。

图7　铁路隔声屏障
资料来源：河北广亿路桥工程有限公司官网。

中国铁路在煤炭运输抑尘方面取得了显著成果，通过自主创新、实践检验、探索发展，实现了抑尘全覆盖，并不断提升抑尘效果，为推进铁路绿色运输发展、改善铁路沿线环境、减少煤炭资源浪费作出了重要贡献。

（二）智能调度技术

中国铁路智能调度系统正处于快速发展阶段，从最初的传统调度模式逐步迈向智能化、数字化和网络化，取得了一系列突破性进展。为了提升铁路运输效率和决策科学性，中国铁路正在积极推进网络化调度系统建设，实现各部门信息共享和协同调度。通过构建铁路运输网络，将各线路、各车站连接在一起，实现联动调度。这将打破信息壁垒，使各部门能够实时掌握运输信息，协同调度运力资源，提高整体运力效率，优化运输组织。

四、中国铁路货运推行绿色运营模式

中国铁路货运在追求高效运输的同时，不断探索和推行绿色运营模式，以降低能耗、减少污染和提升运输效率为目标，构建绿色、低碳、可持续的货运体系。从优化运输组织到加强场站管理，中国铁路货运正朝着绿色发展的方向迈进。

（一）绿色运输组织

近年来，我国多式联运发展迅速，铁路与港航企业、铁路与物流市场之间合作不断深化，共同推动多式联运发展。国际通道也从过去单一的海运通道发展成为陆运通道和海运通道并举的多元化发展格局。中欧班列、中老铁路的开通和西部陆海新通道的高速发展，为多式联运提供了广阔的施展空间，推动了我国多式联运的快速发展。根据中国集装箱行业协会的统计数据，全国港口集装箱 2023 年铁水联运量累计完成超过 1170 万标准箱，同比增长 11.7%。

从集装化运输来看，我国铁路集装化运输发展势头强劲，取得了显著成效，在提高运输效率、降低运输成本、保障运输安全和促进绿色发展方面发挥着重要作用，为中国铁路货运的转型升级和高质量发展提供了有力支撑。2023 年铁路集装箱运量完成 7.91 亿吨，比上年增长 7.4%。

（二）绿色场站管理

铁路货运场站积极推广节能设施和技术，例如，采用 LED 节能照明、太阳能光伏发电、智能温控系统等，并通过优化场站布局、加强设备管理和推行绿色运输等措施，有效降低场站能源消耗。铁路货场雨棚棚顶光伏发电如图 8 所示。

图 8　铁路货场雨棚棚顶光伏发电

资料来源：山东财经网。

在废弃物管理方面，铁路场站对废弃物进行分类收集，实行垃圾分类管理，并建立完善的废弃物处理体系。积极探索废弃资源的循环利用，如对废旧金属、塑料等进行回收再利用，减少资源浪费。同时，严格执行环保标准，对场站产生的废水、废气进行有效处理，防止污染环境。

第二节　中国铁路货运绿色低碳发展趋势

一、推动铁路建设绿色化

（一）建设绿色铁路工程

随着绿色发展理念的深入推进，中国铁路建设正朝着绿色、低碳、可持续的方向发展。建设绿色铁路工程已成为未来铁路发展的重要趋势，无论是新建铁路工程还是既有铁路工程，都将更加注重环保理念，从源头减排，优化设计，提升效率，积极探索绿色改造方案。

对于新建铁路工程应严格遵循国土空间规划和生态保护要求，将环保理念融入铁路选线，优化铁路线路和枢纽设施布局，最大限度减少对生态环境的影响，并推进铁路与其他交通方式共用通道资源，提高土地利用效率；坚持绿色设计、绿色施工理念，从设计、建设、竣工、验收全过程加强管理，建立完善的能耗与碳排放计量监测、统计核算和考核评价体系，确保工程符合绿色低碳发展要求。

对于既有铁路工程应秉持绿色改造、低碳发展的理念，积极推进铁路场站、物流园区等设施的绿色化改造，推广应用可再生资源和可循环、再利用的建材，减少弃渣，降低能耗和排放；积极推进铁路火车轮渡码头和船舶岸电设施建设，推广使用绿色能源施工机械设备，努力实现铁路运输的绿色低碳发展。

（二）推进铁路电气化改造

新建、改建铁路项目应优先采用电气化标准建设，并有序推进既有铁路的电气化改造，为铁路运输提供更清洁、高效的动力。升级电力供应系统，确保电气化铁路用电的稳定供应，满足铁路运营的电力需求。推动电气化铁路供电系统电源侧接入技术绿色转型升级，积极探索推广"源、网、车、储"一体化新技术，以及自治式风光氢储绿色能源供电新模式，优化运用传统电气化制式，实现铁路供电的清洁化和多元化。

积极推动新能源在牵引变电所和牵引网的分布式接入，并推动再生制动能量自行吸收、同相供电、大规模储能等新一代低碳智慧技术在牵引供电系统中的应用，促进铁路电气化的升级换代和绿色低碳智慧转型。

二、推动运输装备低碳转型

（一）加快机车车辆更新换代

中国铁路货运正朝着更加节能环保的方向发展，机车车辆更新换代成为推动绿色运输的关键举措。未来，铁路将继续加快电力机车应用，推广新型节能环保动车组，并积极研发低排放内燃机车，探索新能源车辆应用，以实现运输方式的清洁化和低碳化。

加快机车更新换代，提升电力机车承运比重，推动超低和近零排放车辆规模化应用，扩大"复兴号"动车组等新型低能耗、低噪声移动装备的应用范围，逐步淘汰老旧高能耗车辆，实现铁路运输的清洁化。基于高效永磁牵引电机、直驱传动系统、高频牵引变流系统、动力电池集成应用等创新技术，研制并批量应用新一代电力机车，提升整车效率功率因数、综合能耗、外部噪声及检修周期等能效水平。

加大 CR450 科技创新工程关键核心技术攻关力度，开展列车减阻提效、噪声控制等关键技术研究，打造更加节能环保的新一代高速动车组技术平台。积极争取国家节能减排专项资金，推进机车车辆更新。具备条件的铁路物流基地内部车辆装备和场内作业机械等总体完成新能源、清洁能源动力更新替代。

（二）降低内燃机车排放水平

为了降低内燃机车排放水平，应积极推动内燃机车向新能源化转型，同时对现有内燃机车进行优化升级，并积极探索低碳新技术，提升铁路运输系统的能效。大力推进高耗能、高排放机车的新能源化替换，开展既有老旧内燃机车柴油机排放优化升级技术的研发。新造内燃机车将采用先进技术，确保柴油机排放和油耗指标达到国际领先水平，有效控制内燃机车碳排放。此外，还应积极开发储能、燃料电池、替代燃料等低碳新技术，进一步提升铁路运输系统的能效，促进铁路运输的绿色可持续发展。

三、优化调整运输结构

（一）提高铁路承运比重

提高铁路承运比重，是推动铁路运输绿色低碳发展的重要方向。中国铁路将持续提升运输能力，完善集疏运体系，优化运输组织，发展高效集约的绿色运输方式，并出台优惠政策，推动大宗货物和中长距离货物运输向铁路转移，不断提升铁路运输市场竞争力，最终实现铁路运输模式的转型升级。

提升铁路骨干通道运能，推进干线铁路能力紧张区段改造，提高中西部地区铁路网覆盖水平，增强铁路运输能力。完善铁路集疏运系统，推进既有铁路强网补链，加快完善浩吉、瓦日、唐包、朔黄、大秦等铁路煤运通道集疏运体系建设，提高晋陕蒙等煤炭主产区大型工矿企业煤炭和焦炭运输的铁路承运比重。

加快大型工矿企业、物流园区、储煤基地、粮食储备库等铁路专用线及联络线建设，加快中长距离和大宗货物运输"公转铁"，提升大宗货物清洁化、低碳化运输水平。各省（自治区、直辖市）抓紧落实公路煤炭运输环境污染治理工作，制定加强公路超载超限治理的实施措施，提升煤炭中长距离铁路运输占比。

发展重载直达、班列运输、冷链物流、集装箱多式联运和铁路快运等高效集约绿色运输方式，提升铁路运输效率和效益。出台优惠政策，优化铁路货运定价模式，提升铁路运输市场竞争力，激励货主企业和物流主体选择铁路运输。

（二）大力推进多式联运发展

多式联运是推动铁路货运绿色低碳发展的重要途径，也是提升物流效率、降低运输成本、减少环境污染的有效手段。中国铁路将以"公铁联运"和"铁水联运"为重点，持续优化多式联运体系建设，整合铁路货运枢纽和物流基地资源，完善多式联运规则标准和服务体系，推动多式联运高质量、高效率发展。

持续扩大铁水联运规模，推进大宗货物和集装箱铁水联运系统建设，以铁路与海运衔接为重点，推动建立与多式联运相适应的规则协调和互认机制。加快推进多式联运"一单制""一箱制"发展，研究制定多式联运信息共享和数据传输交换标准，推动铁路集装箱信息与船舶运输、港口作业等信息共享，加快铁路境外还箱点和回程运输组织体系建设，逐步探索铁路运输单证、联运单证实现物权凭证功能。

四、推进绿色运营与维护

（一）提高运输效率

提高运输效率是铁路货运绿色低碳发展的重要抓手。中国铁路将依托先进技术和管理手段，不断优化运输组织方案，提升列车运行效率和货物周转效率，打造绿色、高效、便捷的铁路货运体系。

制定合理高效的运输组织方案，精准实施"一日一图"，高效配置运力资源，提升路网通达性和整体运输能力。大力发展列车智能调度和编组技术，提高列车运行效率。

（二）加强绿色运维

支持机车车辆修程修制进一步规范化、科学化，逐步淘汰老旧高能耗的检修工装设备，更新使用低耗能检修维护设备机具。持续优化检修工艺，提升运营检修的数字化、智能化水平。推广智能巡、检、修技术和无人机、机器人等智能装备应用，提高检修效率和质量。推进工务轨道车、供电作业车、综合检测车、救援列车等运维车辆进行新能源动力更新改造，减少传统燃油车辆的碳排放。

采购环保型、低碳型设备和材料，推动绿色供应链建设，降低采购环节的碳排放。改进废弃物处理方式，开展废弃物分类回收和资源化利用。加大既有锅炉脱硫除尘设施升级改造力度。推动铁路货场等重点场所非道路移动机械绿色低碳试点应用。

五、建立长效发展机制

（一）积极参与碳市场建设

组织编制铁路领域碳排放核算方法，开展行业碳排放清单编制，挖掘行业各环节碳减排潜力。鼓励铁路系统企业积极参与碳排放核算，推动建立企业碳账户，开展碳减排场景识别。建立铁路系统数字化碳资产管理平台和行业碳排放数据库，编制和发布铁路系统低碳指数。推动绿色金融与铁路系统绿色低碳发展深度融合，出具绿色项目识别及量化标准，支撑金融机构利用绿色信贷、绿色债券等金融工具向铁路系统企业提供绿色金融服务。

（二）完善技术标准体系

中国铁路将通过鼓励技术创新、推广绿色技术装备、建立标准体系和评价体系等措施，不断提升铁路运输的绿色低碳水平。

鼓励铁路科研机构和企业进行低碳关键技术攻关，突破技术瓶颈，为绿色铁路建设提供技术支撑。鼓励铁路企业推广应用绿色低碳新技术、新材料、新工艺、新设备，提升铁路运输效率和节能减排水平。建立铁路系统绿色低碳技术、装备、产品目录清单，推广一批技术水平先进、经济效益良好、适用范围广阔的绿色低碳技术、装备和产品。

推动铁路绿色低碳标准建设，加强国家标准、团体标准、行业标准的协调发展，构建完善的铁路绿色发展标准体系。开展铁路领域碳排放核算、监测、计量和评估认证体系相关研究，完善绿色铁路、绿色客站评价体系，为绿色铁路发展提供科学依据和评价标准。

（三）加强国际交流合作

积极参与气候治理国际合作，与国际铁路联盟、国际铁路协会、国际铁路联合会、欧洲铁路共同体等国际铁路组织共同推动铁路绿色低碳发展。加大绿色技术合作力度，促进节能环保产品和服务的进出口，引进先进技术，提升铁路绿色发展水平。

建立国际铁路低碳化发展合作机制，组织开展国际会议、论坛，交流各国铁路系统低碳发展经验和做法，促进经验分享和技术交流。推动"一带一路"绿色铁路基础设施共建共享，共同打造绿色、低碳、可持续的铁路发展模式。

中国铁路货运绿色低碳发展取得了显著成效，但仍面临着诸多挑战。未来，中国铁路货运将继续坚持绿色发展理念，以构建绿色、高效、可持续的铁路运输体系为目标，不断提升运输能力、优化运输组织、降低能耗和排放，为推动中国经济绿色发展作出更大贡献。

参考文献

［1］赵明丽，马小龙．"双碳"目标下我国铁路绿色低碳发展对策［J］．中国铁路，2022（12）：88-93.

［2］伍赛特．铁路运输牵引动力技术发展现状及未来趋势展望［J］．机电产品开发与创新，2024，37（2）：222-226.

［3］王开云，阎鑫，陈清华，等．重载列车系统动力学研究进展［J］．应用力学学报，2023，40（5）：973-986.

［4］马海涛，黎白泠，潘乐，等．电气化铁路再生制动能量的产生与利用［J］．科技创新与应用，2018（1）：184-185.

［5］李军，赵世超，王斌，等．面向铁路运输生产全过程的智能综合调度系统方案研究［J］．铁道运输与经济，2023，45（1）：23-29.

［6］杨旭．铁路煤炭运输抑尘高质量发展策略研究［J］．铁道货运，2022，40（8）：15-21.

（作者：北京交通大学交通运输学院物流工程系　路恒玮　张晓东　王沛）

第十一章　航空货运绿色低碳发展现状与趋势分析

第一节　航空货运绿色低碳发展现状分析

航空物流业是采用航空运输等方式，实现物品"门到门"实体流动以及延伸服务的战略性产业体系，集成运输、仓储、配送、信息等多种服务功能，是现代产业体系的重要支撑。发展航空物流业，对促进形成强大国内市场、深度参与国际分工与合作、保障国际供应链稳定、服务国家重大战略实施和实现国家经济高质量发展具有重要意义。

2023 年，全行业完成货邮周转量 283.62 亿吨公里，比上年增长 11.6%。国内航线完成货邮周转量 70.47 亿吨公里，比上年增长 34.7%，其中，港澳台航线完成1.84 亿吨公里，比上年增长 6.4%；国际航线完成货邮周转量 213.15 亿吨公里，比上年增长 5.6%。年货邮吞吐量 1 万吨以上的运输机场 63 个，其中，北京、上海和广州三大城市机场货邮吞吐量占全部境内机场货邮吞吐量的 42.7%，比上年下降 0.6个百分点①。

如今，航空物流在全球经济中扮演着至关重要的角色，其快速、高效的特点使其成为国际贸易、电子商务和供应链管理的核心。然而，这一行业的快速发展也带来了显著的环境挑战，尤其是在碳排放方面。航空物流的高能耗特性使其成为温室气体排放的主要来源之一，迫切需要采取绿色低碳措施以缓解其对环境的影响。随着全球对气候变化问题的关注度不断提高，航空物流行业正面临着来自政府、企业和消费者的多重压力，要求其承担更多的环保责任。为应对这一挑战，行业内的参与者开始探索多种可持续发展的路径。

民航业约 99% 的碳排放来自航空飞行活动的航油消耗。减少航油消耗、积极推动航油脱碳是民航全面推进绿色低碳转型的主攻方向。发展可持续航空燃料是当前

---

① 源自 2023 年民航行业发展统计公报。

民航积极落实国家"双碳"战略部署、全面实现绿色转型的现实路径，也是未来民航增强发展后劲、赢得发展主动的战略手段。发展可持续航空燃料具有涉及领域广、产业链条长、高技术属性突出等特点，能够催生新产业、新模式、新动能，是民航延展产业链条、培育发展新质生产力的重要抓手。

党的十八大以来，在全行业共同努力下，民航节能减排工作还取得了其他一系列阶段性成果，为全面推进行业绿色转型提供了坚实基础和有利条件。截至目前，我国运输机队机龄保持在 9 年左右；机场场内新能源车辆占比超过 27%，大兴、天府等新建机场的占比接近 80%；大中型机场近机位飞机 APU 替代设备安装率、使用率稳定在 95% 以上；机场光伏项目年均发电量超过 6000 万千瓦时；国内航班和机场航站楼基本停止提供一次性不可降解塑料餐具；运输机队和运输机场的碳强度进一步降低，分别达到每吨公里 0.276 千克和每客 0.869 千克，在主要航空大国中处于前列。

第二节　航空货运绿色低碳发展需求分析

一、政策合规需求

国际航空业面临日益严格的减排管控要求。欧盟碳边境调节机制（CBAM）的实施直接影响航空货运成本结构，要求企业将碳成本纳入运营决策。国际航空业碳抵消与削减机制（CORSIA）下的碳抵消义务逐步扩大，企业需要建立精确的排放核算体系和碳资产管理能力。各国碳达峰、碳中和目标传导至航空领域，促使货运企业必须系统规划减排路径，将环境合规纳入核心战略。

二、市场竞争需求

全球制造业客户普遍将供应链碳足迹作为供应商评估的关键指标。国际大型企业明确要求物流服务商提供运输环节的碳排放数据，并将其与采购决策挂钩。航空货运企业需要建立标准化的碳足迹核算方法，通过第三方认证提升数据可信度。低碳服务产品的开发和碳中和运输方案的设计，正成为市场竞争的重要维度。

三、运营效率需求

传统的运力投放和航线规划方法难以适应低碳发展要求，需要建立以碳效率为导向的运营评价体系，将单位运输碳排放作为关键指标。货机的装载率优化、空箱调运效率提升等精细化管理举措，将直接影响碳排放强度。数字化工具在航路优化、地面操作效率提升等方面的应用，成为降低能耗的重要手段。

四、技术装备需求

新一代货机在燃油效率方面较现役机型有显著提升，但机队更新需要巨大投资。SAF 的推广应用涉及供应保障、价格机制、基础设施改造等多个环节，需要建立完整的技术方案。地面设备电动化改造面临充电设施布局、运营流程再造等实际挑战。智能化装卸系统、自动化仓储设备的应用，要求建立配套的能耗管理体系。

五、资源协同需求

机场、航空公司、货站等参与方在减排目标和实施路径上存在差异。需要建立统一的碳排放数据共享平台，实现全链条的碳足迹追踪。清洁能源基础设施的建设和使用需要多方投资和协调。行业减排标准的制定和实施需要建立有效的利益分配机制。

六、人才能力需求

环境管理、碳资产运营等新领域对专业人才的需求迫切。现有技术和操作人员需要系统的低碳技术培训，适应新设备和新流程。管理团队需要提升碳战略规划和实施能力。跨部门的协同机制建设要求培养复合型人才。

七、风险防控需求

碳定价机制的不确定性给企业经营带来挑战，需要企业建立动态的风险评估模型；极端天气对航空货运网络的影响加剧，要求企业提升应急响应能力；更严格的环境信息披露要求，需要企业建立完善的数据治理体系。

八、商业模式需求

传统的以运力销售为核心的业务模式需要转型升级。碳中和物流解决方案的开发需要创新的商业模式支撑。环境权益的货币化和交易机制建设为企业带来新的价值创造空间。客户对绿色物流服务的支付意愿需要通过商业模式创新来实现。

第三节　顺丰航空 2023 年绿色低碳发展现状

一、管理体系构建

（一）战略理念深化

顺丰航空以"双控"理念为核心，通过系统化管理方式同步控制能耗总量和能耗强度。这一理念渗透到航空运营的各个环节，从飞行计划制定到地面作业管理，构建了完整的节能减排体系。通过持续优化能源管理体系，公司将绿色发展理念转化为具体的行动方案和量化指标。

（二）组织架构设计

公司建立了两级管理架构体系。节能减排领导小组及管理委员会作为决策层，负责把控整体方向和战略规划，审核各项节能方案的可行性和效果评估。能源管理工作小组作为执行层，深入开展航油、车辆用能等多维度数据分析，制定细化的实施方案，并通过定期跟踪确保各项措施的落地实施。

（三）合规认证体系

顺丰航空建立了完善的外部认证和内部监管体系，通过生态环境部年度碳排放核查，确保排放数据的真实性和可靠性。ISO 50001能源管理体系认证的获取，标志着公司能源管理已达到国际标准水平。同时，通过定期开展环境内审，编制专项自查报告，形成了闭环的管理机制。

二、节能减排措施实施

（一）机队结构优化

顺丰航空通过科学的机队规划，逐步提升大型货机占比。在引进747、767等宽体机型时，重点考虑其载重比和燃油效率，确保在相同运力需求下实现更低的碳排放；通过对不同机型在各航线上的表现进行系统分析，持续优化机队结构，提升整体运营效率。

（二）精细化管理

航油管理监测系统实现了从计划到执行的全程数字化管理。系统通过实时数据采集和分析，对每个航班的燃油使用情况进行动态监控，并结合智能算法提供优化建议。同时，创新性地建立了航班落地剩油考核机制，将节能减排目标与飞行员和签派员的绩效考核相结合，形成了有效的激励机制。

（三）地面设备电动化转型

顺丰航空制定了清晰的地面设备电动化路线图，计划在2030年前实现场内车辆100%电动化。各大航空基地根据各自特点，采取分阶段、有序的电动化改造计划。

深圳总部以 55.8%的电动化率领先，为其他基地提供了宝贵经验，形成了可复制的转型模式。

三、环境污染防控

（一）废弃物全生命周期管理

顺丰航空建立了严格的废弃物分类处置体系，特别是对航空器维护过程中产生的废油类物质实施全程可追溯管理。从产生、收集、储存到最终处置的每个环节都制定了详细的操作规范，确保合规处置。

（二）噪声污染防治

顺丰航空采用系统化的噪声管控方案，包括优化飞行程序、改进起降策略等技术手段；通过科学规划航线和时刻，减少对噪声敏感区域的影响；建立了常态化的噪声监测网络，实时掌握噪声影响程度，及时调整管控措施。

第四节　顺丰航空 2024 年绿色低碳发展现状

2024 年，航空货运领域聚焦于绿色低碳发展的多个高频关键词，包括加速推进可持续航空燃料（SAF）的生物燃料应用与合成燃料技术突破，并优化供应链布局；实现航空碳足迹的精准核算与全链条量化追踪，完善碳资产管理体系；推动智慧航空物流的数智化升级与智能装备应用，构建一体化协同平台；加强绿色供应链管理，促进多方协同减碳，统一上下游标准，并完善低碳认证体系；实施机场碳中和行动，推进清洁能源替代、地面设备电动化及智慧能源管理升级；践行 ESG可持续战略，推动环境友好转型，提升社会责任与公司治理水平；创新多式联运方式，优化运输节点衔接，实现全程低碳运营；采用包装减碳技术，推广轻量环保材料，提升循环利用效率，并推动智能包装创新；优化航线网络，精准匹配运力，提升航线效率；以及加强数字化运营管理，实现实时监控预警，优化资源配置，持续提升运营效能。

在延续了顺丰航空 2023 年开展的各项绿色低碳项目工作以外，2024 年新增加了重点对于可持续航空燃料验证评估和试飞工作规划，抽调各相关部门业务骨干成立专项工作小组，以便于高效协同地、分阶段地完成既定目标。

SAF 适航验证四阶段实施进度如下（2024 年）。第一阶段（1—3 月）项目启动与规划阶段已完成。公司成立了由运行控制部牵头多部门协同的 SAF 专项工作组，建立了规范的定期进度通报机制。完成了 ASTM、CAAC 等国内外 SAF 相关技术标准研究，形成了完整的技术要求清单和验证指标体系。通过深入的技术交流和实地考察，完成了国内主要炼化企业的供应商资质评估，建立了初步合作意向。结合公司机队结构特点和航线网络布局，制订了分阶段、分区域的实施验证计划，完成了人力物力资源配置方案和年度预算规划。

第二阶段（4—6 月）技术准备阶段已完成。公司基于机型运营成熟度和航线覆盖范围，初步确定了首批验证机型和试验航线，并制定了细致的技术验证方案。组织完成了机务、运行、地面保障等一线人员的 SAF 专项技术培训和考核。建立了涵盖 SAF 接收、储存、运输、加注等全过程的标准操作规程和质量控制体系。开展了全面的风险评估工作，制定了分级分类的应急预案，通过实战演练验证了应急处置流程的有效性，形成了完整的安全保障体系。

第三阶段（7—9 月）适航验证阶段已完成。公司在主要试验机场开展了系统的地面验证工作，完成了 SAF 储存稳定性测试、不同掺混比例验证和地面设备适应性评估。与制造商建立了专项对接机制，完成了发动机性能匹配性分析和燃油系统兼容性评估。工程技术部门组织完成了机载设备适应性评估和系统集成测试，验证结果显示各系统匹配性良好。同时积极配合监管部门开展适航符合性检查，完成了包括技术文件、风险评估报告、应急预案在内的全部审核项目，为试飞验证阶段取得了必要的审批和授权。

第四阶段（10—12 月）试飞验证与评估阶段正在进行。公司在取得监管部门批准后，按照既定计划在特定航线开展验证飞行。工程技术部门通过数据系统实时监控发动机性能参数，全方位跟踪记录燃油系统运行状况和环保排放数据。同时，对已累积的地面验证和飞行数据进行系统分析，重点评估发动机性能、燃油效率、排放水平等关键指标。维修工程部正在推进维修技术文件的修订和质量管理体系的优化工作。采购部门积极与供应商商谈长期合作方案，建立稳定的供应保障机制。公司将在年底前完成验证总结，制定未来三年 SAF 应用发展规划，明确重点航线推广方案，为打造绿色航空运输体系奠定基础。

一、技术沉淀：老龄机队的平衡策略

作为国内客改货机队规模最大的全货运航空公司，顺丰航空将机队的安全运营与效能管理视为核心竞争力。通过构建"安全导向、效益驱动"的机队全生命周期管理体系，实现了老旧机队的高效运营和可持续发展。

在安全管理方面，公司建立了业内领先的老旧机型安全预警体系。通过高密度的结构检查计划、关键系统性能监控和发动机衰退趋势分析，建立了完整的机队健康评估数据库。同时开发了基于大数据的预测性维修模型，对机械疲劳、系统老化等高风险项目进行前瞻性管控，确保每架飞机都始终保持充足的安全裕度。

在效能提升方面，公司针对不同机龄档位的机型制定差异化运营策略。对于中期服役的机型，重点通过发动机性能优化、气动改装升级、载重精细管理等技术手段，持续提升燃油效率。对于后期服役机型，则基于安全边际、维修成本和营运效益建立科学的更新评估机制，实现机队结构的动态优化。通过数字化管理平台实时监控每架飞机的技术状态、能耗水平和经济性指标，建立了完整的效能评估和决策支持系统。

这种将安全管理与效能提升紧密结合的运营模式，不仅确保了老旧机队的可靠运营，也通过系统化的技术创新和管理创新，将机队老龄化的挑战转化为精细化运营的优势，形成了顺丰航空独特的竞争壁垒。实践证明，科学的老旧机队管理策略可以在保障安全的前提下，实现良好的经济效益和环保效益。

二、系统建设：航油消耗精细化管理

顺丰航空高度重视航空燃料管理系统的建设与优化，通过系统化、精细化的管理手段，在航空燃油节约方面取得显著成效。公司建立了完善的燃油管理体系，重点围绕航班飞行剖面优化、航路直飞策略、高度层管理以及落地剩油管理等核心环节开展工作。

在航班运行过程中，通过实时气象数据分析和航路规划，精准计算所需燃油量，有效避免过量加油造成的额外重量；通过优化起降阶段爬升和下降剖面，选择最优巡航高度，减少不必要的高度层改变，实现航路直飞，显著降低燃油消耗。特别是在落地剩油管理方面，公司建立了完善的激励机制，通过月度评选表彰落地省油控制最优的飞行员和签派员，发布节油排名"丰油榜"，有效调动了一线人员参与节油工作的积极性，推动节油工作走向精细化、规范化。燃油管理系统的有效运行给公司带来了显著的经济效益和环境效益，不仅大幅降低了运营成本，也为企业的碳减排工作作出重要贡献。公司通过持续完善空地协同机制，优化航线网络布局，提升航班运行效率，使燃油管理工作更加精细化、科学化。未来，顺丰航空将持续推进燃油管理系统的优化升级，通过引入大数据分析，建立更精准的燃油消耗预测模型，加强与空管部门合作推进航路优化，进一步提升燃油使用效率。这种系统化、精细化的燃油管理模式，已成为顺丰航空核心竞争力的重要组成部分，为公司的可持续发展提供了有力支撑。

第五节　航空货运绿色低碳发展趋势

一、可持续航空燃料（SAF）的发展趋势与应用前景

随着全球航空业减排要求日益迫切，SAF 将成为未来航空燃料的重要发展方向。在原料供应方面，生物质途径将依托废弃植物油、餐饮废油和农林废弃物等非粮原料构建供应链体系，有效规避粮食安全问题。预计到 2030 年，全球 SAF 年产能为 1000 万吨左右，可满足 3%～5% 的航空燃料需求。

从技术特性来看，SAF 的全生命周期减碳效益目前可达 50%～80%，未来还有提升空间。由于其分子结构与传统航油高度相似，可实现现有航空基础设施的无缝衔接，这一优势将有助于其市场推广。预计未来 5 年内，SAF 与传统航油的掺混比例将稳步提升至 30%～50%，部分示范航线可能实现更高比例使用。

在成本方面，随着生产工艺优化和规模效应显现，预计 SAF 成本将逐步下降。到 2025 年，其成本有望降至传统航油的 3 倍左右，2030 年可能进一步降至 2～2.5 倍。各国政府将继续完善支持政策，通过使用配额、税收优惠、生产补贴等措施，推动 SAF 产业良性发展。

航空公司作为最终用户，预计在未来 3～5 年将逐步开展 SAF 应用。通过建立战略合作关系，在重点航线开展试点示范，积累实践经验。同时，利用 SAF 运营数据，持续优化使用策略，为更大规模应用奠定基础。这些务实探索将为航空业可持续发展提供重要参考，推动行业稳步实现减排目标。

二、新型高性能飞机的技术演进与发展前景

航空制造业正在经历新一轮技术革新，未来 5～10 年，新型高性能飞机将在多个领域实现重要突破。在材料应用方面，碳纤维复合材料和新型铝锂合金的使用比例预计将从目前的 50% 提升至 65%～70%，有望实现飞机结构重量减轻 10%～15%。机体设计将更多采用仿生学原理，结合新一代计算流体动力学技术，预计可降低 7%～10% 的空气阻力。

动力系统创新将是重要突破点。新一代发动机通过优化燃烧室设计、提升涵道比、应用新型耐高温材料等技术，预计到 2025 年燃油效率将提升 8%～12%，2030 年有望达到 15% 以上。同时，部分支线机型可能率先采用混合动力系统，进一步降低燃油消耗。

智能化系统将实现全面升级。新一代飞行管理系统（FMS）将具备更强大的实

时优化能力，可根据气象、空域等多维数据，动态调整飞行计划，预计可节省 3%~5% 的燃油消耗。数字化维护系统将建立更完善的预测性维护体系，通过人工智能算法分析发动机性能数据，提前发现潜在问题。电子飞行包（EFB）将与地面系统深度融合，为航班运行提供更全面的决策支持。

这些技术创新将逐步在新交付飞机上实现应用，预计到 2030 年，全球民航机队中新一代高性能飞机的比例将达到 30%~40%。通过新老机型的合理搭配，航空公司可以在保证可靠性的前提下，稳步提升机队整体效率，推动行业绿色发展。

三、航司日常运营层面

飞行计划优化的发展趋势与技术演进情况如下所示。

飞行计划优化将在未来 3~5 年实现更智能化的升级。二次放行策略预计通过大数据分析和人工智能算法的应用，构建更精准的决策模型。该模型将整合历史数据、实时天气、空域状态和燃油价格等多维信息，预计可使远程航线的应急燃油携带量优化空间提升至 3%~5%，在保证安全裕度的同时提升商载能力。

未来的飞行计划系统将实现端到端的智能优化。通过建立多目标优化模型，在时间成本、燃油消耗和准点率之间寻找最优平衡点。预计到 2027 年，成本指数管理将实现自动化调整，根据不同航段特征和实时运行环境，动态优化巡航速度，有望实现 2%~3% 的综合成本降低。

这些优化技术将与新一代飞行管理系统深度融合，逐步建立起数据驱动的智能化飞行计划体系。通过地空数据实时交互，预计可为航空公司带来 5%~7% 的运行效率提升，推动精细化运营水平的持续提升。

（一）维护保养管理

发动机作为飞机最核心的动力系统，其性能直接影响燃油效率。科学的维护计划，包括定期清洗、性能监控和预防性维护，可以使发动机始终保持在最佳工作状态。机体表面的维护同样重要，及时修补和清洁可以显著减少空气阻力。发动机性能监控系统则能帮助我们建立性能基线，预测维护需求，提前发现和解决效率衰减问题。这些工作虽然投入较大，但从长远来看可以带来显著的燃油节省。

（二）跨部门协同与燃油管理体系深化

航空公司正在构建更系统化的燃油管理体系，形成由高管团队直接领导的节能减排委员会、专职燃油管理中心和部门工作小组构成的多层级管理架构。新一代燃油管理平台整合了运行控制、飞行、机务等核心部门的专业力量，实现了从数据采集、分析到决策支持的全流程管理。该平台不仅能够追踪每个航班的燃油使用情况，还可以通过智能算法识别优化机会，为管理决策提供数据支撑。

在制度建设层面，公司建立了完善的考核激励机制，将节油指标纳入部门和个人的绩效评价体系，通过建立多维度的评价标准和差异化的激励方案，有效调动了各层级人员的积极性。同时，建立了系统的培训发展体系，定期组织专业知识培训和经验交流活动，推广先进的节油理念和最佳实践。经验分享机制的建立，促进了各部门间的知识传递和创新思维的碰撞。

为强化协同效应，公司建立了常态化的跨部门协调机制，定期召开燃油管理工作会议，及时解决执行过程中的问题。通过项目制管理模式，整合各部门资源，提升工作效率。同时，加强与设备供应商、行业机构的合作，积极参与行业标准制定，拓展优化空间。这种系统化的管理模式不仅提升了燃油效率，还增强了组织的整体运营能力，为公司的可持续发展奠定了坚实基础。未来，随着管理体系的不断完善和技术水平的持续提升，燃油管理工作将在推动航空业绿色发展中发挥更重要的作用。

四、航空业碳管理创新与发展路径

航空公司正在构建全方位的碳排放管理体系，通过精准的碳足迹核算系统实现排放数据的实时监测和分析。这一系统不仅覆盖航班运行产生的直接排放源，还包括了地面运营、维修保养等间接排放源。通过建立统一的数据平台，各业务环节的碳排放数据得到系统化管理，为减排决策提供可靠依据。

在碳资产管理方面，航空公司开始将碳配额作为重要战略资源进行管理。通过建立专业的碳资产管理团队，制定科学的碳配额使用和交易策略，在保障业务发展的同时，降低履约成本。积极参与碳交易市场，通过配额交易和碳信用项目，既满足合规要求，又创造经济价值。同时，通过与金融机构合作，开发创新型碳金融产品，拓展融资渠道。

碳补偿项目的开展正成为航空公司践行社会责任的重要方式。通过支持森林保护、可再生能源开发等项目，抵消自身无法立即减少的碳排放。一些航空公司还推出了面向旅客的自愿碳补偿计划，让乘客参与减排行动。这些项目不仅带来环境效益，还提升了企业形象，获得了利益相关方的认可。

展望未来，航空公司将进一步深化碳管理创新。通过引入区块链等新技术，提升碳数据的可信度和交易效率。建立碳中和路线图，设定阶段性减排目标，推动低碳技术应用。同时，加强与产业链上下游的合作，共同探索减排新模式。随着全球气候政策的深化，系统化的碳管理能力将成为航空公司的核心竞争优势，推动行业向更可持续的方向发展。

　　通过持续完善碳管理体系，航空业正在用创新的方式应对气候变化挑战。这不仅是履行环境责任的需要，更是提升企业竞争力和实现可持续发展的战略选择。随着减排技术的进步和管理水平的提升，航空业将为全球气候治理贡献更大力量。

（作者：顺丰航空有限公司　崔秦）

第十二章 运输结构调整优化发展现状及趋势

运输结构调整优化是实现"双碳"目标、推进交通运输绿色发展的关键所在，更是推动我国物流业降本增效的重要举措。当前，运输结构调整优化不断推进，顶层设计不断完善，基础设施建设持续迈进，运输组织模式持续优化，运输服务网络不断延伸，取得了重要进展。

第一节 推动运输结构调整优化的意义

"公转铁"是降低社会物流成本、助力"双碳"目标实现的重要举措，也是经济社会高质量发展的重要体现。

一、运输结构调整优化是降低物流成本的有效途径

近年来，通过各方努力，我国物流降本成效显著，社会物流总费用与GDP的比率稳步下降，从2012年的18.04%下降到2023年14.4%，降低了3.64个百分点，如图1所示。通过强化"公转铁""公转水"的运输结构调整，能够充分发挥铁路和水路运输的大运量、低能耗优势。不同运输方式从运输能耗进行对比，铁路运输每吨公里的能耗仅为公路的1/7，水路运输的能耗则更低。从运输成本进行对比，我国公路运输成本为0.2~0.4元/吨公里，铁路运输成本约为0.15元/吨公里。每提高铁路货运量1个百分点，可带动物流成本降低0.2~0.5个百分点。此外，多式联运是运输结构调整优化的重要举措，据测算，我国多式联运占全社会货运量的比重每提高1个百分点，可降低物流总费用约0.9个百分点，节约的社会物流成本可达千亿元。

二、运输结构调整优化是实现"双碳"目标的重要举措

根据国际能源署（IEA）数据，2021年中国碳排放总量约为106.5亿吨，同比增长5.9%，其中，交通运输领域约占9.1%，如图2所示。根据中研普华产业研究

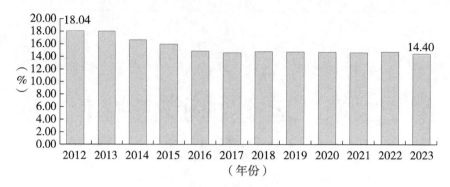

图 1　2012—2023 年我国社会物流总费用与 GDP 的比率
资料来源：中国物流与采购联合会、中国统计年鉴。

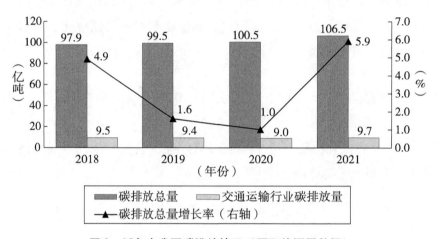

图 2　近年来我国碳排放情况（国际能源署数据）

院数据，目前公路运输是交通领域碳排放的重点，碳排放量占交通领域碳排放总量的 87%；水路运输和民航运输排放量占比相近，为 6% 左右；铁路运输碳排放量占比最低，不到 1%，铁路运输的绿色环保优势明显。可见推进运输结构调整优化、提高铁路货运量占比，将有效降低二氧化碳排放量，助力 "双碳" 目标实现。

第二节　运输结构调整优化的发展现状

一、国家政策持续发力

近年来，国家层面出台了多份政策文件，持续加强运输结构调整优化的引导支持力度。2018 年 7 月，国务院办公厅印发《打赢蓝天保卫战三年行动计划》。该计划提出要积极调整运输结构，推动绿色交通体系的发展。通过优化货运结构，大幅提高铁路货运比例，积极推广海铁联运，全面发展多式联运。同时，加快车船结构的升级，广泛推广使用新能源汽车，进一步提升交通运输的绿色化和可持续发展水平。

2018 年 10 月，国务院办公厅印发《推进运输结构调整三年行动计划（2018—2020 年）》。该计划明确提出，2018—2020 年，全国货物运输结构将得到显著优化。对于铁路和水路运输，将充分发挥其运量大、适宜长距离运输的优势，进一步提升大宗货物运输的比重。在各大港口方面，计划大幅提升港口铁路集疏运能力及集装箱多式联运的运输量。在重点区域的运输结构调整中，京津冀及其周边地区被定位为全国的示范区域，力求在这一领域取得突破性进展。这标志着我国运输结构调整进入一个全新的阶段。

2022 年 1 月，国务院办公厅印发《推进多式联运发展优化调整运输结构工作方案（2021—2025 年）》。该方案提出，到 2025 年，多式联运的发展水平将显著提升，基本形成以铁路和水路为主的大宗货物及集装箱中长距离运输的格局。重点区域的运输结构将得到明显优化，要求京津冀及周边地区、长三角地区、粤港澳大湾区等沿海主要港口通过疏港廊道与新能源汽车运输大宗货物的比例达到 80%。同时，晋陕蒙煤炭主产区的焦炭和煤炭铁路运输占比将提升至 90%。这标志着我国在深化运输结构调整方面进入了又一重要阶段。

2022 年 12 月，国务院办公厅印发《"十四五"现代物流发展规划》。该规划指出，加快培育现代物流转型升级新动能，推动物流提质增效降本，推进结构性降成本。要加快推进铁路进港、连园、接厂，有序推进大宗货物中长距离运输"公转铁"，统筹江海直达、江海联运发展，稳步推进货物运输"公转水"。加快推进多式联运发展建设，完善集装箱公铁联运衔接设施，鼓励发展集拼集运、模块化运输、"散改集"等组织模式，完善公铁联运服务模式，降低公铁联运全流程物流成本。推进铁水联运枢纽建设，加强港口铁路集疏运能力，优化作业流程，从而降低铁水联运物流成本。同时，要加快完善铁路、港口的油气管网，提高管道运输比例。在信息服务方面，要提高信息共享能力，加强铁路、港口实现信息互联、共享，推进铁水联运业务单证电子化。

二、运输结构持续优化

2023 年，我国公路、铁路、水路货运量分别完成 403.4 亿吨、50.4 亿吨、93.7 亿吨，占全社会货运量的比重分别为 72.41%、9.04%、16.82%，公路货运量占全社会比重较 2016 年降低了 3.76%，铁路、水路货运量占全社会比重较 2016 年分别提高了 1.44%、2.27%，如图 3 所示。从货物周转量来看，2023 年公路、铁路、水路分别完成 7.4 万亿吨公里、3.65 万亿吨公里、13.0 万亿吨公里，公路货物周转量占全社会比重较 2016 年下降了 2.88%，铁路、水路货物周转量占全社会比重较 2016 年分别提高了 1.97%、0.29%，如图 4 所示。调整运输结构初见成效。

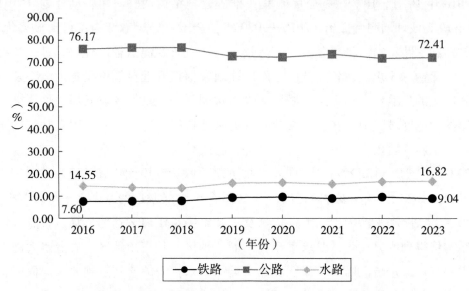

图 3　2016—2023 年我国公路、铁路、水路货运量占比情况
资料来源：中国统计年鉴。

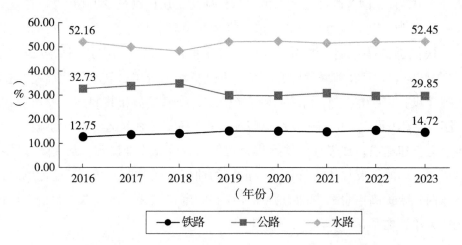

图 4　2016—2023 年我国公路、铁路、水路货物周转量占比情况
资料来源：中国统计年鉴。

三、多式联运持续推进

（一）多式联运规模不断扩大

2023 年，我国集装箱铁水联运量累计完成超过 1170 万标箱，同比增长 11.7%。

其中，沿海港口集装箱铁水联运量完成约 1100 万标箱，长江、珠江等内河港口铁水联运量完成约 72 万标箱。

2023 年，我国铁路集装箱发送量达到 3323 万标箱，同比增长 5.1%，如图 5 所示。铁路集装箱发送货物 7.3 亿吨，同比增长 7.4%，占铁路货运总量的 14.5%，装车数量在铁路总装车数量中的占比达到 25.5%。其中，铁路敞顶箱发送量 4.74 亿吨，同比增长 6.9%。

2023 年，中欧（中亚）班列共计开行 17523 列（见图 6）、发送 190.2 万标箱，同比分别增长 6%、18%。"十三五"以来中欧班列开行数量年均增长 47%。中老跨境班列开行 4550 列，发送箱量 17.3 万标箱；发送货量 440 万吨，同比增长 92%。中

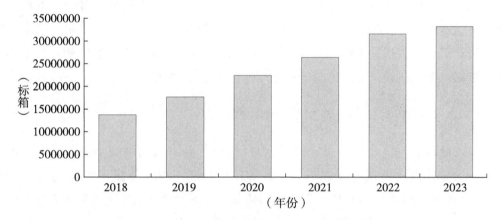

图 5　2018—2023 年我国铁路集装箱发送量

资料来源：国铁集团。

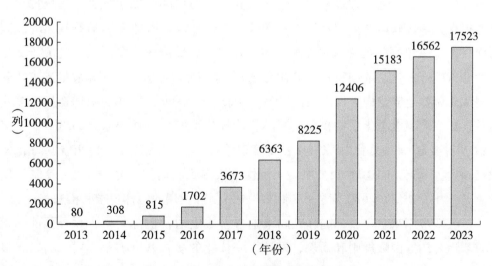

图 6　2013—2023 年中欧班列开行列数

资料来源：网络公开数据。

越跨境班列开行超过 130 列。RCEP 生效后的 2022—2023 年，中越班列共开行 382 列，同比生效前的 2020—2021 年，增长 70%。

（二）多式联运示范工程成效显著

自 2017 年起，国家多式联运示范工程稳步推进，已建立 116 条示范线路，涵盖公铁联运、铁水联运、国际铁路联运等多领域，为形成覆盖全国的 125 个国家物流枢纽打下了坚实基础。这一枢纽体系不仅优化了运输网络布局，还显著提升了各类运输方式的协同效率。据统计，2022 年示范工程完成集装箱多式联运量约 720 万标箱，与公路运输相比，降低物流成本超过 100 亿元。这一显著成效得益于多式联运在衔接各类运输方式时，充分发挥了其比较优势，减少了中转环节和等待时间，从而提升了运输效率。2023 年，全国已有 28 个省份及新疆生产建设兵团开通示范线路，带动了上下游超过 1000 家企业参与多式联运相关工作，申请验收的示范工程实际投资超过 200 亿元，为国内国际双循环提供了重要支撑。

（三）"一单制""一箱制"持续推进

多式联运"一单制""一箱制"是综合运输服务发展的高级形态，是"物畅其流"的集中体现。早在"十二五""十三五"时期，我国就提出发展货运"一单制"、客运"一票制"等目标，但受当时体制机制不健全、各方式发展不充分、信息技术应用水平不高等客观条件限制，未取得实质性进展。

进入"十四五"时期，我国综合运输服务进入高质量发展的新阶段，大部制改革持续深化、各种运输方式发展已经比较充分、衔接融合加快推进、信息技术水平日益提高，多式联运"一单制""一箱制"已经具备了落地实施的有利条件。国家层面关于"一单制"的部署也更加具体，要求也更加清晰，在《国务院关于支持自由贸易试验区深化改革创新若干措施的通知》《国务院办公厅关于印发推进多式联运发展优化调整运输结构工作方案（2021—2025 年）的通知》中，对加快推进多式联运单证标准化、电子化、物权化、国际化均提出了明确工作要求。2023 年，《交通运输部 商务部 海关总署 国家金融监督管理总局 国家铁路局 中国民用航空局 国家邮政局 中国国家铁路集团有限公司关于加快推进多式联运"一单制""一箱制"发展的意见》中，进一步明确了"一单制""一箱制"发展的总体要求和推进路径。

从实践应用来看，成都国际铁路港通过多维度对标国际货协、联合国国际货物多式联运公约等国际规则和惯例，设计了一体化的多式联运提单样式，构建起多式联运"提单"及配套规则体系，实现货物一单流转。为完善境内外控货体系，成都国际铁路港在境外端设立海外仓，境内端重构进口货物交付流程，明确多式联运提单唯一取货凭证功能，并建设"智慧陆港"，实现货物运输轨迹可追踪，强化"一单到底"全程物流监管。

此外，成都、重庆、山东等地探索中欧班列"一单制"提单融资功能。全程采用"公路—铁路—公路"的多式联运方式，应用成都国际铁路港开具的多式联运提单、CIFA 提单等，完善相关作业标准、责任条款和管理办法。在跨方式、跨部门、跨边境的运输中，托运人与承运人只需一份 CIFA 提单，即相当于签订了全程运输协议，实现"一次委托、一次收费、一单到底"，赋予提单物权属性，发挥金融功能，可以与金融机构合作，以提单质押的方式实现融资，将"一单制"与"供应链金融""运贸一体化"等多种业务模式融合。

（四）技术装备持续升级

近年来，多式联运快速换装设备发展迅速，应用范围不断扩大。

集装箱自动导引车（AGV）是指具备自动导航功能并主要用于搬运标准或特定型号集装箱的车辆。集装箱自动导引车一直是自动化集装箱码头使用最多的水平运输设备，我国厦门远海、青岛新前湾和上海洋山四期 3 个全自动化集装箱码头采用的就是磁钉导航的集装箱自动导引车，如图 7 所示。

集装箱跨运车（SC）是集短距离水平运输、集装箱堆码和集卡装卸于一体的机械设备。2018 年，上海振华重工与上海西井科技共同开发出了世界上第一台自动驾

图 7 洋山港码头作业的集装箱自动导引车

资料来源：https://www.sohu.com/a/209578241_391452。

驶集装箱跨运车，如图 8 所示。该车具有以下特点：一是使用自主研发的人工智能芯片和智能决策算法作为"大脑"，自主做出减速、刹车或绕行等突发状况的各种决策，提供最优运行路线，从而满足港口封闭区域内水平运输的需求；二是使用无磁钉的导航定位方式，利用摄像头和毫米波雷达等传感器作为"眼睛"，实现自主探测集装箱，并对其进行厘米级精度的转箱、跨箱和放箱；三是采用了符合欧四排放标准的混合动力源，并且可以随时升级到要求更严格的欧五排放标准，柴油机的功率从 350kW 减小到了 150kW，单机每小时的平均油耗仅为 10 升，实现了低排放、低噪声、低能耗，大大提高了燃油经济性；四是与传统集装箱跨运车相比，该车装卸区域的作业面积扩大了四倍，很大程度上提高了集装箱作业的效率。

图 8　自动驾驶集装箱跨运车

资料来源：https：//www.sohu.com/a/274136833_ 468661。

　　无人集卡，一般将集装箱自动导引车和自动驾驶集装箱跨运车之外的其他各种水平运输车辆统称为无人集卡。根据结构大致可以分为两类：一是将由牵引车和挂车两部分组成的车辆定义为智能集装箱拖挂车（ICT），如图 9 所示；二是将外形类似 AGV、采用非磁钉方式定位导航的水平运输车辆定义为集装箱智能导引车（IGV）。最近这几年，随着我国无人集卡技术不断成熟，无人集卡凭借其单车成本更低、港口改造更容易、维护更简单等优势，大有替代 AGV 成为自动化码头首选的趋势。我国新建和改造的自动化集装箱码头水平运输设备全部选用了非磁钉导航的无人集卡，如广州港南沙四期集装箱码头、天津港北疆港区 C 段集装箱码头、日照港改造自动化集装箱码头、苏州港太仓港区四期集装箱码头等。

　　集装箱加解锁工序是海上运输不可或缺的环节。传统的集装箱加解锁工序中，装、拆锁具通常由人工完成，最少需要两个工人同时作业。根据测算，如果两名专业

图9　智能集装箱拖挂车

资料来源：雷峰网。

工人在集装箱两侧同时进行拆装锁作业，拆1个40英尺集装箱的4个箱锁，大概需要55秒的时间。在码头生产争分夺秒的背景下，人工加解锁的效率已经无法满足需求；除了效率问题，人工加解锁还存在一定的安全风险，在码头的作业中存在着人机交互的场景，进行加解锁的工作人员处于裸露状态，有一定的安全风险隐患。因此，集装箱加解锁流程无人化是全自动化码头的建设中必须要突破的一个重要技术节点。2020年10月17日，天津港在新一代无人自动化集装箱码头实践应用上迈出突破性一步，首次正式亮相的集装箱地面智能解锁站引起业内外不少关注，如图10所示。该集装箱地面智能解锁站由天津港与宁波伟隆合作研制，创新应用激光扫描系统、六轴自动机器人等技术，实现车辆自动定位、箱体扫描、锁型选择、机器人加解锁的全自动化作业，能够解决60种以上箱锁的自动化拆装，从自动定位、箱体扫描、锁型判断到自动加解锁全流程时间约为24秒。其中，采用3D视觉识别与定位装置，识别速度从6秒缩减到了3秒，识别率达95%以上，提升效率10%以上，进一步推动了码头的全自动无人化。

第三节　影响运输结构调整优化的问题

一、公路运能过剩

当前，我国公路货运市场呈现车辆过剩、货源不足的供需失衡状态，物流企业倾向于选择"降价拉货"，以保证基本收入。根据中物联2022年货车司机从业状况调查报告，70.39%的货车司机反映2022年运价相比上年总体降低，其中，61.93%的货运司机认为原因在于公路货运车辆过剩，60.39%的货车司机认为原因是货源不

图10　天津港集装箱地面智能解锁站

资料来源：国际在线网。

足，40%左右的货车司机反映存在货主、企业和中介压价问题。在这种低价无序竞争中，不仅公路运输企业、卡车司机利益受损，也降低了铁路在价格方面的比较优势，使我国货运市场价格失衡，影响了"公转铁""公转水"进程，不利于全国物流统一大市场的建设和发展。

二、铁路物流服务质量不高

铁路物流服务在班列准时性、稳定性、快速性等方面尚与客户需求有所差距，影响了运输结构调整优化的进程。受满轴满长限制、组货能力较弱等因素影响，铁路班列开行时间不稳定；受通道能力阶段性紧张影响，班列停开现象时有发生。此外，铁路长期采用基于运能限制的内部生产型运输组织方式，难以适应客户快捷化的物流需求。

三、行业监管与支持力度不足

一方面，宣传认识不足。运输结构调整优化不是单纯将公路货源转移到铁路或水路上，而是在中长距离货物运输过程中，实现公铁水运输的合理分工，共同完成"门到门"货物运输。调整运输结构不是部分重点地区的特定任务，而是全社会优化调整运输结构、降低物流成本、建设美丽中国的共同目标。

另一方面，政策拉动力不足。我国目前缺少相关扶持政策，仅靠企业主观能动性，难以在短期内实现"公转铁""公转水"。对比国外，欧盟对 300 公里以上的公路运输征收中长距离环保税，用于补贴铁路建设和经营亏损，补贴总额达到铁路建设投资额的 20% 左右。德国通过提高公路燃油税标准、不允许司机超劳等措施，来限制公路运输。荷兰安特卫普港对铁路集疏港给予 1.5385 欧元/吨的定额补贴，运距超过 50 公里时，每公里增加 0.00978 欧元/吨。美国新泽西港务局对铁路运输企业补贴"缓解拥堵费"和"空气质量改进费"。

四、标准衔接程度亟待提升

标准不一致阻碍了多种运输方式融合发展，影响了运输结构调整优化的进程。以货车偏载为例，公路未有明确的技术指标规范货运车辆偏载要求，而铁路为保证行车安全，对偏载规定严格。通过调研，客户反映由于不熟悉铁路偏载要求，常出现偏载情况，铁路会要求客户将货物拉回重装，从而增加了短驳成本与装卸成本。

第四节 运输结构调整优化的趋势

一、市场竞争环境将更加公平有序

运输结构调整优化应加强公路货运车辆超限超载治理及超标排放治理。落实治理车辆超限超载及超标排放联合执法常态化制度，持续加大违法整治力度。不断优化完善国省干线公路超限检测站点布局。以物流园区、物流基地为抓手，强化货物装载源头监管，引导其安装使用称重量方设备和视频监控设备，禁止超限超载车辆出场（站）上路行驶。利用信息化手段加强车辆超限超载检测和柴油货车排放抽测，加快推进"非现场执法"。修改《中华人民共和国道路交通安全法》中关于货车超载的惩罚力度，提高货车司机安全意识。

持续加强信用治超。严格落实公路治超"黑名单"制度，对严重违法超限超载运输当事人实施联合惩戒。

深入推进非法改装、高污染车辆淘汰治理。健全货车非法改装多部门联合监管工作机制，依法查处非法改装货运车辆出厂上路现象。对危险货物运输罐车、超长低平板半挂车、超大集装箱半挂车进行治理。

二、政策引导与支持力度将进一步加大

持续推动运输结构优化调整，应将优化调整运输结构作为降低社会物流成本、建设美丽中国的主攻方向，一以贯之、持续推进。深入推广"公转铁""公转水"，

确立公铁水在中长距离货物运输中合理分工、合作共赢的基本共识。

强化奖补激励引导。充分发挥中央、地方财政职能作用，通过奖补激励引导，大力推进"公转铁"，设立"公转铁"专项扶持资金。

支持铁路基础设施加快建设。实施铁路专用线进码头进企业进园区工程，深入推进铁路专用线进码头，全面推进大型工矿企业、物流园区新建或改扩建铁路专用线，进一步强化与铁路干线路网衔接。实施铁路货运场站转型升级工程，建设高标准仓储设施，完善货场周边配套道路建设，提高公铁衔接效率。

三、铁路货运市场化改革将持续推进

加快运输组织变革。由内部生产型向外部营销型转变，根据客户的运输需求编制运输计划，使运输计划服从于市场，运输生产服务于社会需求。对运输生产和物流服务实行一体化组织、全过程管控，全面兑现服务承诺。

加快产品体系变革。以准时、便捷为目标，按照客车化开行模式，编制快运班列车站到车站的全程运行时刻；严格执行按图行车，落实取送车时间标准，建立覆盖快运班列始发终到、途中运行等环节的正晚点和货物入线前停留时限超时的分析、监督、考核机制。

加快价格体系变革。构建市场化的铁路物流服务价格体系，优化铁路运输价格体系，完善灵活的运价市场化浮动规则，加强货运杂费清算管理。

加快经营体系变革。推进铁路用地分层确权工作，制定和完善铁路用地的政策法规，及时完善权属，依法实施保护。对既有铁路场站综合开发用地给予政策支持。在多式联运、场站运营等领域开展路内外合资合作。

四、构建公铁合作共赢生态圈

组建跨区域的公铁合作联盟。"公转铁"下，铁路通过客车化开行、点对点班列，承担干线中长距离运输，公路采取新能源汽车承担两端短途接驳运输和区域配送服务，双方建立健全互认互信的公铁联运业务组织流程、运输安全管理等制度标准。主动与制造、贸易、金融机构对接，共同开发货源、共同创新物流金融产品，营造行业健康发展的良好生态。

搭建跨方式的物流综合平台。搭建铁路、公路共用信息平台，实现托运人通过一个平台、一次填报、一次委托、一次结算、一次保险，即可享受全程物流服务。以数字化赋能公铁业务合作，通过运单电子化、数据共享化等打破"信息孤岛"，精准对接供、需、运等需求，服务托运人、承运人等市场主体，满足货主进程追踪需求，解决铁路数据不透明、公路运输找货难等问题。

参考文献

［1］我国物流成本下降的三个主要途径［EB/OL］.（2024-08-26）［2025-01-12］.https：//mp.weixin.qq.com/s/0jFDJ6FlZBE9ES3-m9RQLw.

［2］吴澳燕.交通运输行业约2030年碳达峰 交通节能减排行业市场前景分析［EB/OL］.（2023-08-15）［2025-01-10］.https：//www.chinairn.com/news/20230815/092140326.shtml.

［3］李牧原.把握我国多式联运发展新趋势新机遇［EB/OL］.（2024-04-03）［2025-01-05］.https：//mp.weixin.qq.com/s/_ZU9umtXyKvMjruGl0wG0g.

［4］张德文.自动化集装箱码头水平运输设备的发展与分类标准建议［J］.中国港口，2021（3）：14-17.

［5］杨柳.当集装箱遇上智能加解锁［EB/OL］.（2021-06-25）［2025-01-09］.https：//www.zgsyb.com/news.html？aid=595025.

（作者：北京交通大学交通运输学院物流工程系　苏廷乐　张晓东　王沛）

第十三章　物流园区绿色低碳发展现状与趋势分析

　　绿色发展是全球发展的大势所趋，既是我国推进高质量发展的内在要求，也是产业、园区和集团转型发展的战略方向。党的二十大报告指出，高质量发展是全面建设社会主义现代化国家的首要任务，建设现代化产业体系，要坚持把发展经济的着力点放在实体经济上。2024年2月，习近平总书记主持召开中央财经委员会第四次会议时强调，"物流是实体经济的'筋络'，联接生产和消费、内贸和外贸，必须有效降低全社会物流成本，增强产业核心竞争力，提高经济运行效率。"

　　物流业作为支撑国民经济发展的基础性、战略性、先导性产业，推动物流业高质量发展对于提升区域经济和国民经济综合竞争力具有重要作用。物流园区作为产业链上下游企业的空间集聚地，是物流业务的集中发展区域，集成了多种运输方式和物流设施，也是物流行业碳排放的主要来源。在全球化的供应链中，物流园区不仅是货物流转的枢纽，更是实现绿色转型的关键战场，其运营的每一个环节都直接影响环境的负荷、社会的福祉以及治理的效率。因此，物流园区应贯彻落实习近平生态文明思想，主动融入绿色化发展大局，将绿色发展理念融入园区规划、建设和运营的全过程。通过优化园区空间布局、提升建筑节能标准、推广绿色交通和物流方式，物流园区能够成为生态文明建设的示范区。通过科技创新和模式创新，推动绿色低碳技术的研发和应用。例如，通过建设智慧能源管理系统、部署分布式能源系统、推广新能源运输工具，物流园区能够提高能源使用效率，减少碳排放。同时，物流园区通过实施绿色建筑标准、提升绿化覆盖率、采用雨水收集和循环利用系统等措施，能够提高园区的生态环境质量，有利于打造绿色低碳园区。此外，通过整合上下游资源，发展绿色低碳全产业链，物流园区能够为美丽中国建设贡献智慧和力量。

第一节　物流园区发展现状和绿色低碳发展需求分析

　　在全球气候治理的大背景下，中国正逐渐成为引领全球环境治理的重要力量，实现由全球环境治理参与者到引领者的重大转变。中国的物流园区作为连接国内外供应链的关键节点，在推动绿色低碳发展方面扮演着至关重要的角色。随着中国经济的快速发展和"双碳"目标的提出，物流园区的绿色转型不仅是响应国家战略的需要，也是中国履行大国责任、推动全球可持续发展的重要体现。

普洛斯多年来深耕中国市场，服务中国新经济基础设施发展，并提供产业服务，依托对全国 400 多个物流园区运营管理的深度洞察，基于国际和国内广泛认可的 ESG 标准和评级体系，再结合物流园区的运营特性，认为物流园区运营存在八大管理要素：人、车、设施、能源、环境、空间、设备、货（见图 1）。

这些要素构成了绿色物流园区建设的基础框架，每一环节都是推动园区向可持续发展转型的关键节点。然而在当前，这些要素普遍面临着严峻的绿色和低碳发展转型挑战，亟须通过创新和改进提升来实现转型。表 1 至表 7 说明了目前的具体挑战。

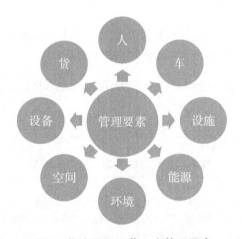

图 1　物流园区运营八大管理要素

表 1　　　　　　　　　　　　　　人：人才管理新挑战与人才短缺

挑战	描述
ESG 意识与实践之间的落差	虽然企业管理层对可持续运营的认识逐渐增强，且部分先进企业已着手构建 ESG 管理架构，但在将 ESG 理念从高层战略转化为现场运营实践的过程中，经验尚显不足
ESG 管理标准的缺失与滞后	物流园区在制定和执行 ESG 相关标准方面存在不足，这导致了标准与时代发展需求之间的脱节，难以满足当前及未来员工的期望和市场的变化
知识传承与技能积累的难题	物流园区一线员工的高流动率导致了 ESG 实践经验的流失。 新员工频繁更替，使企业面临重复培训的高成本和效率低下的问题。 此外，物流园区数字化转型过程中的网络信息安全和个人隐私保护问题也对人员管理提出了新的挑战

续　表

挑战	描述
安全意识与技能提升的需求	物流园区的工作环境中，员工受伤的比例较高，提升园区安全性、增强员工安全意识和技能具有紧迫性。 技能要求的快速迭代，叠加员工高流动率，要求企业具备持续的、及时更新的员工培训体系

表 2　车：成本挑战、基础设施尚未完善

挑战	描述
新能源车辆推广与成本挑战	尽管企业意识到绿色车辆管理对 ESG 表现至关重要，但在实际操作中，新能源车辆的推广受到成本和基础设施尚未完善的双重挑战。 此外，物流园区内若缺乏对车辆路线的前瞻性规划，则会导致空载和绕路现象频发，增加了不必要的碳排放
节能减排意识与实践的差距	企业普遍缺乏车辆/车队 ESG 主题培训和指导，使员工难以在运输安全和路线规划方面达到 ESG 标准的要求
车辆使用安全与操作规范亟待完善	车辆使用过程中面临车辆折旧带来的高排放和安全隐患问题。 由于缺乏有效监督和指导，员工往往未能充分遵守 ESG 相关规范，同时在节能减排的实际操作技能上也存在不足

表 3　货：环保包装缺失与流通效率瓶颈

挑战	描述
环保包装与循环利用普遍缺失	虽然管理层已认识到货物管理对物流企业 ESG 表现的影响，但目前在货物打包阶段，仍普遍存在包装材料的浪费和使用非环保包材的现象。 物流园区内鲜少设置废弃物的循环回收点，这些问题制约了物流园区 ESG 表现的提升
员工环保意识与操作技能不足	员工在货物管理过程中通常缺乏必要的循环利用和环保意识。 由于缺乏明确的操作指南和评价体系，员工在实施 ESG 措施时，往往难以把握关键要点
仓储、分拣和运输效率有待加强	物流园区场景内自动化水平有待提升，一线员工在日常工作中通常直接参与货物的搬运、装载和储存，仓储、分拣和运输效率不高

表 4　设施、设备：能耗管理与设备更新的双重挑战及安全难题

挑战	描述
现有设施、设备需统筹推进更新改造	非节能设施的广泛使用和老旧设备的更新滞后，以及新能源基础设施的缺乏，成为制约物流园区 ESG 表现的关键因素

挑战	描述
员工节能操作与安全维护能力不足	一线员工在日常工作中直接接触各类设施设备，面临高能耗和潜在安全风险的双重挑战（如机械伤害）。 尽管数字化系统有助于提升生产安全性，员工在操作和维护节能及环保设施方面的专业能力仍有待加强
员工节能实践与培训激励的不足	员工在使用设备时虽具备节能意识，但缺乏充分培训和有效激励措施，导致在实际操作中难以充分贯彻 ESG 原则

表 5　　　　　　　　　　　空间：空间管理策略亟须更新

挑战	描述
空间规划与环境风险的平衡	空间规划需全面融入 ESG 考量，以实现更可持续的物流环境。例如，在推动立体化仓储和货架发展的同时，必须更加重视空间规划对人员健康与舒适性、生物多样性的影响
员工空间使用与管理能力待提升	一线员工直接面对空间利用效率和环境风险的挑战。员工在日常工作中对空间的需求不仅局限于舒适性和便捷性，还需要扩展至对生物多样性和环境保护的关注
管理方法需更新	在当前物流仓储环境中，自动化分拣线的普及导致能耗显著增加，同时仓库内的流动人员数量也随之上升。鉴于此，现有的空间管理策略已不再适应规模化设施设备的运营需求，迫切需要进行更新和优化，以提高空间利用效率，并确保设施设备的高效运作

表 6　　　　　　　　　　　能源：绿色转型与成本及稳定的平衡

挑战	描述
化石能源依赖与多样化供应的挑战	物流园区普遍存在以煤炭为主的能源结构和低效的能源消费模式，这不仅导致能源使用量大、效率不高，而且加剧了环保压力。 同时，园区需应对能源基础设施建设和升级的复杂性，确保多种能源品种的供应可靠性和经济性，满足租户对清洁、高效能源服务的迫切需求
绿色转型的成本压力与投资缺口	在推进能源管理的绿色转型过程中，物流园区面临着较大的成本压力和投资缺口。 尽管提高能源使用效率对于减少化石能源消耗至关重要，但新能源基础设施的建设与升级需要大量投资，且投资回报周期较长
电网性能的新需求与稳定性保障	随着园区对多样化能源品种的需求增加，电网性能面临新的需求和挑战。园区内能源负荷的多样性和时空异质性，要求供能系统具有更高的可靠性和稳定性
员工节能意识与绿色转型的参与度不高	由于缺乏有效激励、培训和监督，一线员工在节约能源、提升能源效率和新能源推广方面的参与度和积极性有限

表 7	环境：政策合规与利益相关方期望的双重压力
挑战	描述
政策遵从与相关方期望的双重压力	物流园区管理层在环境管理方面承受着国家环保政策转型的压力，必须迅速适应日益严格的环境法规和标准。 同时，投资者、客户、供应商及其他相关方对园区的 ESG 表现提出了更高的要求，期望园区能够展现出更强的环境责任和透明度。 这要求管理层不仅要满足合规性，还要超越标准，主动采取行动以提升环境绩效
员工环保意识与实践能力的综合提升	一线员工在日常工作中直接面对环境保护和环境管理体系尚未完善的问题，而他们的环保实践能力受限于缺乏系统培训和监督，具体的操作指南和评价体系也可能缺失，导致其难以将 ESG 原则有效转化为日常操作

第二节　物流园区绿色低碳发展现状——普洛斯绿色低碳运营理念

普洛斯资产运营服务（ASP）是普洛斯旗下的基础设施资产管理服务平台，围绕园区场景，实践"科技运营"理念，提供全生命周期资产管理服务，包括园区规划设计、建设工程、招商租赁、运营管理、综合设施设备管理、库内产品及增值服务等。

普洛斯 ASP 在园区运营方面积累了丰富的经验，并建立了成熟的物流园区绿色运营管理体系。该体系通过绿色规划、绿色建工、零碳运营、循环升级 4 个环节，与业主和客户协作，实现资产可持续发展。以客户为中心，普洛斯 ASP 还提供绿色建筑及运营认证、气候变化风险评估及管理、ESG 管理系统建设、ESG 信息披露、碳排放核算等增值服务，聚焦 ESG 价值提升。目前，普洛斯 ASP 在中国服务 3000 多家客户，已向物流、商超等多个行业客户输出 ESG 及绿色运营服务。

普洛斯资产运营服务 ESG 团队深度研究外部政策要求与趋势，立足行业发展阶段，结合普洛斯自身现状，并融入管理经验，总结出物流园区 ESG& 绿色运营解决方案。

本方案以五大模块为框架，回应八大管理要素的现阶段 ESG 管理痛难点，响应内外部生态价值链的期望和要求，致力于打造物流园区的绿色运营标准模式（见表 8）。

表8 现阶段 ESG 管理痛难点及普洛斯 ASP 解决方案

物流园区运营八大管理要素	现阶段 ESG 管理痛难点	普洛斯 ASP 解决方案
人	ESG 意识与实践之间的落差	ESG 工具操作应用
	ESG 管理标准的缺失与滞后	ESG 工具属性开发
	知识传承与技能积累的难题	ESG 工具操作应用
	安全意识与技能提升的需求	ESG 工具操作应用
车	新能源车辆推广与成本挑战	生态价值链 ESG 管理
		推动新质生产力加快发展
		制定企业 ESG 战略管理体系
	节能减排意识与实践的差距	ESG 工具操作应用
	车辆使用安全与操作规范亟待完善	ESG 工具属性开发
货	环保包装与循环利用普遍缺失	生态价值链 ESG 管理
	仓储、分拣和运输效率有待加强	制定企业 ESG 战略管理体系
	员工环保意识与操作技能不足	ESG 工具操作应用
设施、设备	现有设施、设备需统筹推进更新改造	推动新质生产力加快发展
		生态价值链 ESG 管理
		构筑企业 ESG 护城河
	员工节能操作与安全维护能力不足	ESG 工具操作应用
	员工节能实践与培训激励的不足	ESG 工具操作应用
空间	空间规划与环境风险的平衡	推动新质生产力加快发展
		ESG 工具属性开发
	员工空间使用与管理能力待提升	ESG 工具操作应用
能源	化石能源依赖与多样化供应的挑战	推动新质生产力加快发展
		ESG 工具操作应用
	绿色转型的成本压力与投资缺口	推动新质生产力加快发展
		制定企业 ESG 战略管理体系
		构筑企业 ESG 护城河
	电网性能的新需求与稳定性保障	ESG 工具操作应用
	员工节能意识与绿色转型的参与度不高	ESG 工具操作应用
环境	政策遵从与相关方期望的双重压力	推动新质生产力加快发展
		制定企业 ESG 战略管理体系
		构筑企业 ESG 护城河

一、推动新质生产力加快发展

新质生产力是由技术革命性突破、生产要素创新性配置、产业深度转型升级而催生的先进生产力，一方面引领发展战略性新兴产业，另一方面积极培育未来产业。物流园区作为新兴产业和未来产业孵化与发展的重要基地，不仅是经济发展的新引擎，更是实现高质量可持续发展的关键领域。为了响应国家政策的号召，把握高质量发展的机遇，物流园区必须采取积极措施，推动节能减排降碳的实践，以促进绿色、高效、智能物流服务的实现。

表9　　　　　　　　　　　园区绿色发展举措

举措	描述
布局新能源发电设施	降低碳足迹：通过安装太阳能光伏板、新能源充电桩等清洁能源设备，提升园区能源用量中清洁能源的占比，减少对传统化石燃料的依赖，从而降低园区的碳排放。 进一步优化园区内能源结构：通过采用分布式能源系统和智能微电网，实现能源精细化管理，进一步提高能源利用效率
技术创新	通过整合物联网、大数据分析、人工智能等前沿技术，优化运营流程，提高物流效率，提升物流服务的智能化水平，降低运营成本
提升服务质量	在绿色、高效、智能的基础上，提供定制化、个性化的物流仓储解决方案，满足客户的多元化需求，增强客户满意度，提升园区市场竞争力

二、制定企业 ESG 战略管理体系

企业在面对日益严峻的全球气候变化挑战时，应将 ESG 因素融入其核心战略决策中，并构建全面的 ESG 战略管理体系。在实施过程中，物流企业还需确保 ESG 战略与其业务目标和运营实践紧密结合，从而在公司范围内推动绿色、高效、智能的物流产业服务。这不仅是对当前全球趋势的响应，更是企业实现长期可持续发展的关键步骤。ESG 战略管理体系如图 2 所示。

三、ESG 工具属性开发与操作应用

ESG 对企业而言，不仅是一套价值观和行为准则，它还构成了企业风险管理、市场机遇识别和投资决策支持的多维工具集。

因此，物流企业应充分挖掘与发挥 ESG 在风险管理和战略机遇识别方面的工具属性，开发涵盖 ESG 数据管理、能源消耗监控、碳排放跟踪管理、废弃物管理、供

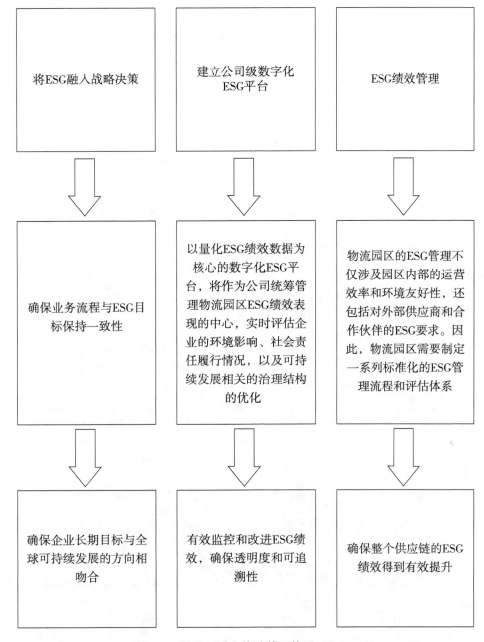

图 2　ESG 战略管理体系

应商责任管理等关键领域的体系化、定制化 ESG 工具，以满足园区特定的运营需求，量化环境与社会风险，评估其对业务的影响，提升自身的可持续发展能力，获得市场竞争优势，实现长期价值的增长。

值得关注的是，在工具的开发与应用过程中，物流企业应建立有效的激励机制和全面的人员培训，提升员工对 ESG 实践的认识和参与度，从而确保执行层的行动路径与决策层的战略部署保持一致。

此外，物流园区的 ESG 工具应与其数字化转型紧密结合，充分利用物联网、大数据分析和人工智能等技术，提高工具的智能化水平，实现实时监控和自动化报告，从而提升管理效率和决策质量。

四、生态价值链 ESG 管理

物流园区企业在推动绿色低碳实践时，需将 ESG 的考量和管理贯穿于生态价值链的每一个环节，从项目评估到设计改造、采购、施工，再到运营及资产再开发，确保每个阶段都能够实现绿色控制。生态价值链 ESG 管理如图 3 所示。

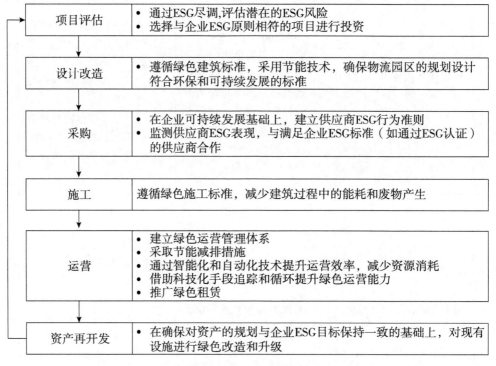

图 3　生态价值链 ESG 管理

五、构筑企业 ESG 护城河

在全球气候变化和可持续发展的大背景下，物流园区企业应前瞻性地进行 ESG 投资及实践布局，提升园区内能源的自给自足能力，促进园区内能源结构的绿色转型，构筑强大的企业 ESG 护城河，通过绿色基础设施建设和运营，提升园区的环境友好性，实现经济效益与社会效益的双赢。

前瞻性 ESG 投资及实践布局示例如下。

（1）利用物流园区屋顶资源铺设太阳能光伏板，有效利用太阳能，减少对传统化石能源的依赖，同时降低能源成本。

（2）推广就地消纳机制，如微电网系统，可以实现能源的本地生产和消费，减少能源在传输过程中的损耗。

（3）园区内配备新能源充电设施，如电动汽车充电站，以鼓励和支持使用新能源运输工具。这不仅有助于减少运输过程中的温室气体排放，还能提高物流效率和服务质量。

第三节　物流园区绿色低碳发展趋势——普洛斯绿色低碳卓越实践

一、普洛斯 ASP 绿色运营管理体系

普洛斯资产运营服务 ESG 团队与运营管理团队共同采取融合国际标准与最佳实践的复合型方法，形成了一套全面的物流园区绿色运营管理体系。首先，以 ISO 9001 质量管理体系、ISO 14001 环境管理体系和 ISO 45001 职业健康安全管理体系为基础，确立全面且协调一致的管理框架。其次，在普洛斯全球 ESG 治理架构和 ESG 战略政策框架的基础上，参考了主流 ESG 评价标准，并聚焦物流不动产行业赛道，充分对标英国建筑研究院（BRE）的 BREEAM 认证、美国绿色建筑委员会（USGBC）的 LEED 认证等国际绿色运营管理体系，以进一步强化园区在环境友好性和可持续性方面的要求。最后，叠加运营管理实践，最终形成了绿色运营管理体系。

此外，普洛斯资产运营服务 ESG 团队还将数字化转型与 ESG 战略相融合，设立了三层科技化 ESG 管理架构（见图 4、表 10），利用中台、物联网、人工智能（AI）等新兴技术，赋能一揽子智慧化的资产 ESG 管理工具，克服传统物流资产 ESG 管理的痛点和难点，提升 ESG 实操能力。

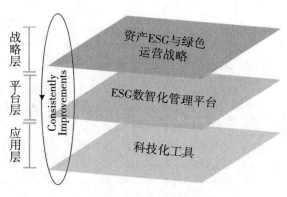

图 4　科技化 ESG 管理架构

表 10   科技化 ESG 管理架构具体内容

层次	层次名称	层次描述
战略层	资产 ESG 与绿色运营战略	普洛斯资产运营服务 ESG 团队规划了资产 ESG 与绿色运营战略，旨在搭建一个全面的物流园区绿色运营管理体系。该体系通过标准化资产 ESG 管理规范，确保园区运营的每个环节都能够遵循绿色、环保的原则
平台层	ESG 数智化管理平台	在数字化转型的浪潮中，普洛斯资产运营服务 ESG 团队与智慧化团队合作，利用先进的信息技术，在自主开发的资产管理系统中内嵌 ESG 数智化管理平台，集成物联网、AI 等技术，实现对园区能源消耗、碳排放、废弃物管理、能效评估等关键绩效指标的实时监控和智能分析，实现从全国、区域到具体资产的绿色绩效追踪。 同时，通过数据分析为管理决策提供支持，确保绿色运营目标的达成
应用层	科技化工具	普洛斯资产运营服务 ESG 团队与智慧化团队合作开发了一系列工具来确保 ESG 管理措施的有效执行。这些工具利用物联网技术监控园区内的关键设施设备，确保环境影响最小化

二、绿色低碳运营成果斐然

普洛斯资产运营服务 ESG 团队自 2022 年年底启动了"1+14+1+N"绿色运营规模化认证计划，针对管理运营的普洛斯以及其他业主的园区，批量化地用统一标准开展绿色运营认证，推动园区绿色运营的标准化和规模化，致力于促进整个物流行业的可持续发展。（见表 11）

表 11   "1+14+1+N"绿色运营规模化认证计划

	举措	描述
1	LEED O+M 铂金级认证项目	选定普洛斯上海宝山园区作为试点园区，打造 LEED O+M 铂金级认证项目。LEED 认证是全球公认的绿色建筑认证体系，铂金级为最高等级。通过这一项目，普洛斯 ASP 不仅提升了园区的 ESG& 绿色运营标准，也增强了管理的精密度，为行业树立了绿色运营的标杆

续　表

	举措	描述
14	BREEAM In-Use 认证项目群	在中国不同气候带的 14 个园区推行 BREEAM In-Use 认证。BREEAM 是国际公认的可持续建筑评估方法。这些认证项目群的落地，不仅丰富了普洛斯 ASP 的绿色运营管理体系，也提高了管理的颗粒度，确保了不同气候条件下的园区均能达到高效能源利用和环境管理
1	外部资产的绿色运营管理体系试运转	普洛斯 ASP 将成熟的绿色运营管理体系嫁接到由普洛斯 ASP 运营管理的外部资产甘肃公航旅园区中进行试运转，强化管理体系的可复制性，并验证其在不同类型资产中的适用性和有效性
N	推动绿色运营认证的标准化和规模化	在成功试点的基础上，普洛斯 ASP 全面拓展管理模式，批量化地用统一标准开展绿色运营认证。这不仅推动园区绿色运营的标准化，也实现了规模化，为物流园区行业的绿色转型提供了强有力的支撑

截至 2024 年 6 月 30 日，普洛斯在全球范围内共有 480 多个绿色建筑和节能认证，其中，中国目前仅有的三个获得了 BREEAM In-Use 最高级别"杰出级"（Outstanding）认证的物流基础设施项目均由普洛斯 ASP 运营管理，由普洛斯资产运营服务 ESG 团队自主完成申报，绿色运营成效显著。

三、数字化 ESG 绩效管理

在数字经济大发展的背景下，不断突破的物联网、大数据、云计算、区块链等数据底盘技术也帮助物流供应链行业打通链条、实现协同，加速了行业的智能化演进与模式革新。以园区为载体，以新一代信息技术为手段，以智能化应用系统平台为支撑，普洛斯 ASP 将人、车、货、物等全面感知、数字连接并深度融合，聚焦科技化运营、品质化服务、数字化物流，整合园区资源，驱动各方生态力量为智慧园区建设服务，实现绿色高效、业务增值、链式效益、协同生态，最终达成可持续发展。

普洛斯资产运营服务 ESG 团队自研 ESG 绩效数据管理系统，践行资产科技化绿色运营管理。该系统集成了物联网、AI 等技术，实现对园区能源消耗、碳排放、水资源使用、废弃物管理、能效评估等关键绩效指标的实时监测和智能分析。

数字化与 ESG 的结合转型，帮助公司在成本控制和服务质量上取得了显著进步。在评估该系统收集并输出的 ESG 绩效数据后，普洛斯 ASP 反向优化运营管理规则与流程，进一步提升园区的绿色运营效能。自 2024 年 1 月上线以来，该系统已率先在 300 多个园区应用，管理 ESG 绩效数据超过 25 万条，并联通普洛斯海纳碳管理平台，为后续减碳策略及措施的制定提供数据支持。后续，该系统将推广至更多由普洛斯 ASP 运营管理的其他园区。

四、物流园区绿色运营典型案例分享

（一）携手商超客户实现绿色照明升级

普洛斯 ASP 在充分考虑园区内一家国内商超类客户的实际能源使用情况后，通过创新的能源管理合同（EMC）模式，为其提供了无须前期投入的节能照明升级服务。这一模式允许客户在无须支付前期费用的情况下，通过后续节省的能源成本来分期支付项目成本。项目实施后，预计三年内可为客户节约电费达 16 万元，同时每年减少约 115 吨的碳排放量。

该项目不仅提升了客户的经济效益，降低了运营成本，还显著推动了节能减排，提升了客户的环境绩效，增强了客户满意度。

基于首次合作的愉快经历，双方决定进一步深化合作关系，共同开展冷库节能改造项目。普洛斯 ASP 将继续利用其在物流生产作业方面的专业优势，帮助客户全方位实现节能减排和绿色运营，推动客户在可持续发展道路上迈出更加坚实的步伐。

（二）携手医药客户优化空间利用率，推动经济效益与 ESG 价值双赢

在医药行业，高效、精准的物流和仓储管理对于保障药品质量和及时配送至关重要。普洛斯 ASP 为一家领先的医药行业客户提供了一套创新的空间高效利用解决方案，旨在通过与客户携手优化储存设计和作业流程，提升客户的空间利用率和整体物流效率。

首先，普洛斯 ASP 通过引入集约化的多层货架系统，升级客户的仓库布局，最大化储存容量，还通过提高垂直空间的利用率，减少了仓库的占地面积。

其次，普洛斯 ASP 协助客户实施了智能自动化流水分拣线，利用先进的自动化技术和智能算法，实现了药品的高效、精准分拣。这一自动化系统的部署，显著提升了物流生产作业的效率，同时也降低了能耗和运营成本。

通过这些措施，普洛斯 ASP 不仅帮助客户提升了运营效率，还体现了公司对 ESG 价值的承诺。在环境层面，通过空间优化减少了对土地的需求，降低了能源消耗；在社会层面，通过提高作业效率和安全性，增强了员工的工作满意度；在治理层面，通过智能化系统的应用，提升了管理的透明度和效率。

（三）ESG 及碳管理服务支持国有大型综合物流上市企业

该企业是一家面向国内和国际的仓储物流服务平台，业务涵盖智慧仓储、智慧

运输、大宗商品供应链、消费品物流等领域。结合期货交易所示范物流基地标准，普洛斯 ASP 为其上海辖区内八个园区提供包括科技运营咨询、碳资产与 ESG 规划、零碳与智慧平台及可视化建设等综合服务，进一步助力客户国企数字化转型、"双碳"目标的有效落地，促进相关组织管理能级的提升。

未来，物流园区的发展将更加注重智能化和绿色化。物联网、大数据、人工智能等先进技术的广泛应用，预计将提升园区的运营效率和管理水平。与此同时，随着环保意识的不断增强，物流园区也将更倾向于使用绿色建筑材料，并优化能源消耗，旨在降低碳排放，推进可持续发展战略。此外，物流园区的功能布局也将进行拓展，向上下游的供应链延伸，并提供一系列增值服务，包括但不限于供应链金融服务、跨境电商服务等，以此来满足客户多样化的需求。

（作者：普洛斯资产运营服务 ESG　刘春良　李天杨
普洛斯资产运营服务 ASP 市场　徐丽）

第十四章 物流枢纽绿色低碳发展现状与趋势分析

第一节 物流枢纽/园区发展现状和绿色发展需求洞察

一、国家"双碳"战略下的物流枢纽/园区政策环境

目前，全球正积极响应《巴黎协定》目标，开展园区零碳发展路径探索。在气候变化的压力下，绿色低碳园区成为建设绿色产业、低碳城市、发展低碳经济的重要载体。

"3060"目标下，中国制定了一系列"双碳"政策措施，以"1+N"政策为总揽各行业、各维度节能降碳行动的基石。"1+N"政策，是指由《中共中央 国务院关于完整准确全面贯彻新发展理念做好碳达峰碳中和工作的意见》和一系列配套政策组成的政策体系。目的是促进经济和社会的全面绿色转型，建立清洁、低碳、安全、高效的能源体系，加快形成节约资源和保护环境的产业结构、生产方式、生活方式和空间格局，以推动经济和社会的可持续发展。

国家"双碳"战略为物流枢纽/园区转型提供引领，是实现"双碳"目标的重要纲领。建筑绿色化、能源清洁化、能源高效化、资源循环化、管理智慧化、投资绿色化的发展方向，为物流枢纽探索具有自身特色的零碳转型路径，科学落实"双碳"目标提供了指导。中国碳达峰碳中和"1+N"政策体系示意如图1所示。

二、产业绿色升级下的绿色物流及基础设施需求

在全球"双碳"背景下，绿色可持续理念在区域、产业中的发展需求持续深化，产业的绿色低碳转型亟须具有绿色功能基础的新型物流设施，为产业绿色转型提供良好底座。这一需求叠加我国"双碳"政策，对交通运输领域的可持续发展提出了新的命题，因此物流基础设施也不得不采取行动。

从行业角度来看，物流枢纽/园区承担着区域交通物流产业集聚和运转的重要功

图 1　中国碳达峰碳中和 "1+N" 政策体系示意

能，物流枢纽/园区的零碳化发展，将为区域或更大范围内的产业运转，提供低碳基础设施支撑，对交通物流业的绿色发展具有重大的支撑价值。

物流枢纽/园区具有 "物流+产业" 的双增量价值，是推动多方低碳发展的重要空间载体。物流枢纽/园区从管理、服务和运营三个维度出发，立足枢纽 "双碳" 管理，以运营服务为抓手，为枢纽企业提供 "能源+双碳" 的综合服务能力，挖掘企业节能减排潜力，助力绿色产业集群发展。

综合来看，以零碳、绿色、可持续为建设目标的物流枢纽/园区更符合时代发展的导向，将创造崭新的商业模式并产生增值效益，为产业的绿色低碳建设和企业的高质量发展提供具有绿色价值的物流基础设施。

三、绿色低碳发展下物流枢纽/园区的可持续运营

近年来，随着 "双碳" 目标的提出，物流产业朝着智慧化、零碳化方向高质量发展，物流及供应链企业对于园区绿色运营的要求越来越明确。在物流行业 ESG "脱实向虚" 的大背景下，"绿色减碳" 对于很多物流及供应链企业来说，已成为增强市场竞争力的重要措施。物流枢纽/园区绿色可持续发展背景与价值如图 2 所示。

物流枢纽/园区作为物流行业的集中地，通常集中了多种运输方式和物流设施，运营方式直接影响着环境的可持续性。通过在物流枢纽/园区推广绿色建筑、应用清洁能源、优化能源结构，采用电动化的运载工具，可以使物流枢纽/园区内的企业共享绿色物流技术和实践带来的低碳价值，在整个运输链内产生显著的环境效益。

物流枢纽/园区作为典型的能源消耗和碳排放大户，其绿色可持续运营对推动物流产业绿色低碳发展具有重要意义。物流枢纽/园区发挥运营和管理角色，可以引导入驻企业实施统一的绿色标准和减排举措，推动区域内物流产业的绿色低碳转型。同时，物流枢纽/园区更容易获得政策和资金支持，通过引入政策补贴、税收优惠等

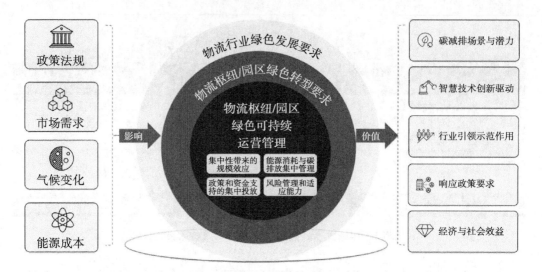

图 2　物流枢纽/园区绿色可持续发展背景与价值

资料来源：普洛斯《物流行业：园区 ESG 及绿色运营白皮书》。

政府激励措施，推动自身绿色技术和项目投资建设，积极探索绿色金融和碳交易试点，从而吸引更多的投资用于绿色发展项目。

　　通过绿色可持续运营能力的建设，物流枢纽/园区不仅能展示绿色转型的可行性和经济效益，还能通过示范效应推动行业的绿色发展。通过绿色低碳实践，物流枢纽/园区可以提高对极端气候的应对能力，保障供应链物流活动的稳定性和连续性，在维护国家经济安全和供应链稳定方面发挥着重要作用。

第二节　物流枢纽/园区绿色低碳发展现状与实践

一、物流枢纽/园区的绿色低碳挑战与痛点

　　快速增长的物流行业规模和市场需求，不断增加供应链的温室气体排放，加剧了能源安全与空气污染等挑战。物流枢纽/园区是供应链物流体系内资源消耗量庞大的环节。作为物流业务集聚发展的核心单元，物流枢纽/园区的绿色低碳转型承担着物流行业绿色转型和可持续发展的重任。目前，国内物流枢纽/园区绿色低碳转型仍面临多重挑战。

（一）物流枢纽/园区碳排放测算标准仍需提高

　　物流枢纽/园区的碳排放现状评估是开展绿色低碳行动的重要前提，物流枢纽/园区的碳排放测算摸底需要在物理边界、管理边界、经济活动边界、物质或能量流的边界建立清晰和统一的标准，从而准确评估排放现状和特征。

（二）物流枢纽/园区低碳转型的机制设计较为复杂

物流枢纽/园区通常集中了多种运输方式和物流设施，包括仓储、配送、运输和物流信息服务等，由于是物流活动的集中地，物流运营碳减排是绿色低碳的重要环节。同时，物流枢纽/园区还需考虑建筑全生命周期和能源结构的低碳转型。物流枢纽/园区作为多方利益相关方的集合体，且不同物流枢纽/园区在定位、资源禀赋、产业结构上都存在差异，使低碳转型的机制设计更加复杂。

（三）整体数字化水平较低，增加了碳排放监测和管理难度

我国物流枢纽/园区数量多，信息化和数字化水平相对较低，在科技创新和科学管理方面仍然存在差距，减排空间巨大的同时存在较大的碳排放管理挑战。数字化的碳管理平台能够对物流枢纽/园区内碳排放情况进行监测，用于制定减排策略。

（四）物流枢纽/园区低碳转型需要健全的资金保障和金融支撑

物流枢纽/园区的零碳转型具有探索性，需要有较强的能力承担基础设施建设、技术投入和后续运营风险，对绿色市场投资者的要求较高，需要更完善的绿色金融体系作为支撑。

在"碳中和"目标下，物流枢纽/园区在建设运营的全生命周期中将面临环保性、安全性和经济性三者无法兼顾的悖论。一方面，能源、建筑和物流领先技术的应用需要面临技术成熟度和安全稳定性的挑战。另一方面，能源转型需要前期基础投入和后期维护，绿色建筑的打造也面临建筑成本的提升，基础设施的升级势必带来成本的提升。综合来看，物流枢纽/园区在绿色升级的过程中，需要更加注重设计、建设和运营的全生命周期减碳，管理碳排放核算全流程、顺应外部监管要求、构建内部碳管理体系，增强数字化能力建设，并为物流枢纽/园区上下游企业构建低碳服务生态。

二、物流枢纽/园区的低碳场景与发展价值

物流枢纽/园区的低碳化建设，是指在物流枢纽/园的规划、建设与运营的全生命周期内，多方主体协同，通过低碳技术应用、绿色项目打造、数智运营管理和绿色低碳投资等手段，从低碳、近零碳向零碳物流枢纽/园区逐步发展，实现物流枢纽/园区内温室气体排放与清除的动态平衡。物流枢纽/园区主要减碳场景如图3所示。

（1）"能源转型与能效提升"是实现物流枢纽/园区低碳转型的关键举措，是绿色可持续运营的基础支撑。物流枢纽/园区通过部署可再生能源来实现能源供给转型，建设配套的综合能源（包括储能、充电桩等）服务、能源综合管控（微电网

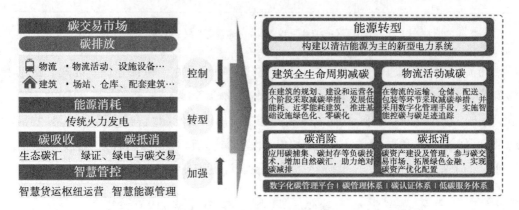

图 3　物流枢纽/园区主要减碳场景

等），可以从整体上优化物流枢纽/园区的能源结构、有效提高能源利用效率和经济性（见图 4）。能效优化则覆盖日常运营活动的能耗量化管控，并且采用具有节能性的数字化、自动化控制及机械等产品，降低仓储、装卸、分拣、运输、配送等环节的能耗水平。

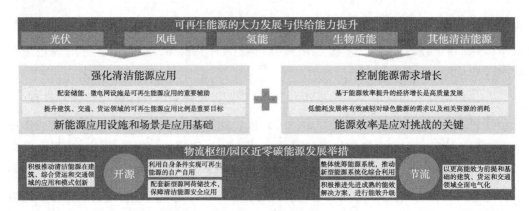

图 4　可再生能源的大力发展与供给能力提升

电力清洁化：实现电力清洁化的主要途径包括外购绿电、投资集中式新能源电站、购买绿证、建设分布式新能源等。

新能源物流车辆：电动物流车、氢燃料电池物流车可以有效降低物流枢纽/园区的碳排放水平，实现低碳运营。

（2）"建筑全生命周期"减碳是物流枢纽/园区绿色低碳发展的重要基础，重点关注建筑运营阶段的低碳化建设。物流枢纽/园区内的建筑是影响单位能耗强度、碳排放总量和碳排放强度的重要主体。物流枢纽/园区主要碳排放驱动因素预估如图 5 所示。

建筑全生命周期，指的是建筑物从取得原材料，经生产、使用直至废弃的整个

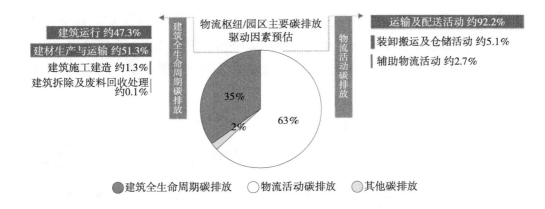

图 5 物流枢纽/园区主要碳排放驱动因素预估

注：实际碳排放结果以碳盘查为主。

过程。在建筑全生命周期中，包括运营碳和隐含碳。

运营碳，指的是建筑在运营过程中为供电、照明、供暖、制冷等产生的碳排放。运营碳排放可以随着建筑节能改造而减少，是目前物流枢纽/园区建筑节能减排的重要突破口，可以从清洁能源利用、建筑能源管理和建筑智能升级三个方面实现节能增效。

隐含碳，包括建筑在施工、拆除过程中产生的碳排放，以及建筑材料在制造、运输、组装、更换等过程中产生的碳排放。隐含碳排放属于物流枢纽/园区的范围3的排放范围，主要从建筑设计、建材选择、低碳技术运用三方面落实低碳节能理念。

（3）"绿色物流"是物流枢纽/园区零碳发展的必要手段，是低碳价值的传递载体。物流行业的生产用能集中在物流枢纽/园区内，物流车辆也在以物流枢纽/园区为中心的物流网络开展运输作业。物流枢纽/园区在绿色物流建设方面，需要从构建绿色物流基础设施和推动绿色物流生态的视角出发，充分利用物流资源、应用物流技术，覆盖运输、储存、包装、装卸、搬运、流通加工、配送、信息处理等各项物流活动，从而降低物流活动对环境的影响。

物流枢纽/园区应从节能减碳和效率升级的角度出发，根据自身不同的基础设施类型和资源集聚整合能力，围绕运输、仓储和运营环节进行不同的绿色物流低碳举措的组合和实践。

（4）"数字化"是实现物流枢纽/园区"双碳"全景和全生命周期管理的重要管理平台。物流枢纽/园区通过搭建"双碳"数字化管理平台，可以实时监测物流枢纽/园区能源消耗情况，有效执行能源绩效管理。物流枢纽/园区还可以通过平台监测各功能分区的碳排放情况，管理碳减排项目和年度碳减排目标，辅助碳减排策略的制定和碳目标的调整。

在建立完善碳排放分析数据的基础上，物流枢纽/园区可以依托碳中和全景展示大屏，使碳管理更加数智化，驱动更高效的碳资源配置和管理，实现物流枢纽/园区能源、能效与碳排放的一体化管控。罗戈研究的物流园区双碳数字化框架如图6所示。

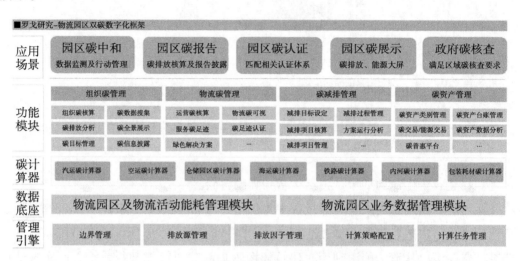

图6　罗戈研究的物流园区双碳数字化框架

三、全生命周期下的物流园区/枢纽"双碳"行动

物流枢纽/园区的低碳转型是复杂的系统性工程，需要在物流枢纽/园区规划、招商、建设、运营、服务等全生命周期融入"绿色低碳"理念。将"双碳"行动贯穿全生命周期，通过零碳技术应用、零碳项目打造、数智运营管理和绿色低碳投资等手段，从低碳、近零碳向零碳物流园区逐步发展，实现园区内温室气体排放与清除的动态平衡。物流枢纽/园区全生命周期"双碳"行动路径如图7所示。

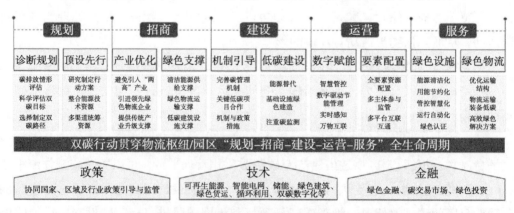

图7　物流枢纽/园区全生命周期"双碳"行动路径

（一）规划阶段

通过顶层设计、全面摸排、实施方案等，明确零碳物流园区/枢纽的建设目标与实施的全部流程、方案。

（1）诊断规划：针对现有物流枢纽/园区的功能结构，构建碳核算模型，进行全面的碳数据汇总，确定物流枢纽/园区"双碳"目标和路线图。

（2）顶设先行：坚持绿色、低碳、可持续发展的原则，研究制定物流枢纽/园区的碳排放碳达峰行动方案，遵循从低碳、近零碳向零碳物流枢纽/园区逐步发展的路径，完善"双碳"发展顶层设计。

（二）招商阶段

通过产业优化，促进物流枢纽/园区内物流产业的绿色集群化发展，并通过绿色物流基础设施建设，推动和引导优质物流企业低碳转型。

（1）产业优化：优化物流枢纽/园区内的产业结构，结合实际情况制定产业优化方案，在招商过程中，建立物流枢纽/园区企业的"正面清单"，对入驻企业进行分类管理，逐步提升入驻企业的绿色低碳水平，增强招商的准确性，推动物流枢纽/园区绿色物流产业的集群化和生态化发展。

（2）绿色支撑：绿色物流产业的集群化发展离不开绿色物流基础设施的有效支撑，清洁能源供给、运输结构优化是物流企业实现低碳转型的重要基础。

（三）建设阶段

通过对现有建筑进行零碳改造与新建建筑的绿色建筑方案，实现建设阶段的零碳化，同时为运营阶段降低能源消耗奠定基础。

（1）机制引导：通过建立相关组织机制，创新碳排放激励机制等，完善物流枢纽/园区低碳管理机制，并积极探索建立物流枢纽/园区低碳建设的长效机制与政策措施，为实现节能减排、低碳发展提供制度保障。强化与物流枢纽/园区内企业的关键低碳项目合作，推动一系列绿色低碳示范物流项目的合作落地。鼓励物流枢纽/园区内企业积极践行碳减排举措，提供配套的低碳基础设施支撑，基于自身低碳资源整合，推动物流枢纽/园区内企业积极参与碳市场交易。

（2）低碳建设：加强低碳基础设施建设，对物流枢纽/园区的用水、用电、用气等基础设施建设实施低碳化、智能化改造。

（四）运营阶段

发挥数字化技术的监测和辅助决策价值，强化多维度要素支撑，以绿色运营管理促进可持续发展。

（1）数字赋能：通过智慧物流枢纽/园区体系，整合碳管理板块，建设"双碳"数字化管理平台。利用大数据、云计算、边缘计算和物联网等技术对采集数据进行聚类、清洗和分析，建立企业范围内的资源-能源平衡模型，并设定评价指标体系，结合统计分析、动态优化、预测预警、反馈控制等功能，实现企业能源信息化集中控制、设备节能精细化管理和能源系统化管理，降低设备运行成本，提升能源利用效率。

（2）要素配置：强化要素支撑，对接配置相关土地、机制、金融、技术、人力、数据等资源要素，建设分层次、多角度的监管体系，实现多元化、信息化监测模式。

（五）服务阶段

发挥数字化技术的监测和辅助决策价值，强化多维度要素支撑，以绿色运营管理促进可持续发展。

（1）绿色设施：物流枢纽/园区通过能源供给转型、绿色建筑升级、数字智慧建设等多维度低碳化发展，面向物流枢纽/园区内企业提供绿色低碳的物流基础设施服务。

（2）绿色物流：依托物流枢纽/园区的运输结构优化、物流运输装备低碳化应用，协同企业共建绿色物流标杆项目和绿色物流解决方案，面向上下游企业输出绿色、智慧、低碳的物流服务。

第三节　广州东部公铁联运枢纽"双碳"策略与行动体系

一、国家物流枢纽战略定位与产业布局

广州东部公铁联运枢纽是纳入国家"十四五"规划102项重大工程、国家《"十四五"现代综合交通运输体系发展规划》《"十四五"现代流通体系建设规划》等重大战略规划的重点建设项目，作为综合货运枢纽场站，列入国家综合交通枢纽建设重点工程，是广州深入推进国家综合货运枢纽补链强链的重点支撑项目。该项目承载着广州生产服务型国家物流枢纽的重要功能，拟打造为粤港澳大湾区战略性核心物流支点、国际班列集结中心示范工程、科技创新和生产制造业供应链组织中心、落实"一带一路"倡议和对接RCEP的核心平台。

根据战略定位和产业布局，广州东部公铁联运枢纽划分为五大片区，分别为商务仓储中心、铁路上盖跨境中心、冷链物流基地、超大型高标仓群、能源

中心，五个片区之间通过专用公路、隧道、高架无缝连接，织就一张高效便捷的内部交通网络，广州交投集团于 2022 年正式启动广州东部公铁联运枢纽工程建设。

目前，枢纽冷链中心一区项目已经进入全面建设阶段，预计 2025 年分期交付使用，项目建成后将作为整个东部公铁联运枢纽项目的重要功能建筑，打造成为国家级骨干冷链物流枢纽基地。电商转运中心一期项目将为头部跨境电商企业提供集货分拣、多式联运、国际班列等供应链服务，同时基于跨境电商全球交付中心基础服务，培育"跨境电商+外综服"新模式，牵头打造外综服平台，为跨境电商平台提供物流、通关、退税、金融、外汇等全方位服务，助力广州深入推进国家综合货运枢纽补链强链工作。

二、枢纽"双碳"发展愿景与行动体系

广州东部公铁联运枢纽积极践行国家"双碳"战略，围绕综合货运枢纽属性在绿色低碳布局方面进行统筹规划，将绿色低碳理念融入枢纽的中长期发展规划，探索科学合理、切实可行的绿色低碳行动方案，并规划了实施路径和战略举措。广州东部公铁联运枢纽"双碳"发展总体策略如图 8 所示。

根据战略定位和产业布局，枢纽立足在区域综合货运基础设施的优势基础上，从绿色生态、绿色产业集群、产业及社会绿色价值方面构建发展目标体系，提出了"打造枢纽国际可持续竞争力，构建领先绿色综合货运产业生态"的绿色发展愿景，并形成了广州东部公铁联运枢纽"双碳"行动体系。

广州东部公铁联运枢纽的"双碳"行动体系，从绿色智慧能源体系、绿色基础

图 8　广州东部公铁联运枢纽"双碳"发展总体策略

设施体系、绿色综合货运体系、绿色"双碳"管理体系、绿色经济生态平台和"双碳"数字化枢纽等方面全面规划，形成了围绕枢纽全生命周期的能源、建筑、物流、服务、数字化等不同维度的行动体系和方案，构建具有竞争力的绿色物流基础设施和绿色低碳枢纽经济生态。广州东部公铁联运枢纽零碳智慧能源目标体系如图9所示。

广州东部公铁联运枢纽从"开源"和"节流"两个维度，以基础设施和场景促进清洁能源应用，以能源效率提升控制枢纽能源需求增长。枢纽规划布局能源中心，探索氢能"制储加用"一体化模式在枢纽综合货运领域的融合应用；结合枢纽物流基础设施的条件特点，探索以光伏为主的清洁能源"源网荷储"在枢纽内的安全应用，积极推动清洁能源在建筑、综合货运和交通领域的应用和模式创新。枢纽整体建筑近零碳实施路径如图10所示。

广州东部公铁联运枢纽推动"通道+枢纽+产业"联动发展，发挥多式联运结构性减碳优势，更好地推进枢纽及周边地区产业的绿色升级。枢纽强化区域中枢功能，关注产业供应链和综合货运企业的绿色可持续发展需求，以新型高标仓等绿色基础

图9　广州东部公铁联运枢纽零碳智慧能源目标体系

枢纽整体建筑近零碳实施路径				
低碳建筑			近零碳建筑	零碳建筑
0　10%　20%　30%　40%	50%　60%	70%　80%　90%		100%减碳
源头减碳	回收利用	能源替代	节能提效	负碳技术
在建筑施工阶段前，通过低碳技术从源头降低商业建筑整体碳排放，具体表现在低碳规划设计、应用高性能结构及低碳建材	对建筑全生命周期内所产生的垃圾(建材生产垃圾、建筑垃圾、回收垃圾)进行分拣回收，生产再生骨料进行二次利用	以光伏、风能、地热能、氢能实现电力替代，从源头上减少建筑运行过程中的碳排放	运用智能技术手段赋能传统建筑自控系统，应用新型智慧建筑运营管理平台实现通信、办公、建筑自动化，在建筑运行阶段实现节能提效	建筑全生命周期实现碳中和的难度极大，负碳技术成为"兜底"技术。当前，负碳技术成本处于高位，碳中和应用需伴随成本的降低

图10　枢纽整体建筑近零碳实施路径

设施为基础，以多式联运推进绿色综合货运体系建设，以数智化、绿色循环推动枢纽仓储和运营环节的绿色化升级，积极推动与领先物流企业共建绿色低碳物流示范项目。广州东部公铁联运枢纽绿色综合货运体系如图11所示。

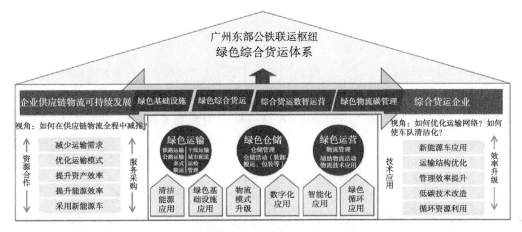

图11 广州东部公铁联运枢纽绿色综合货运体系

广州东部公铁联运枢纽融入可持续发展理念，积极探索低碳经济下具有物流枢纽特色的"碳减排—碳管理—碳增值"的枢纽低碳经济模式。广州东部公铁联运枢纽绿色经济生态平台如图12所示。

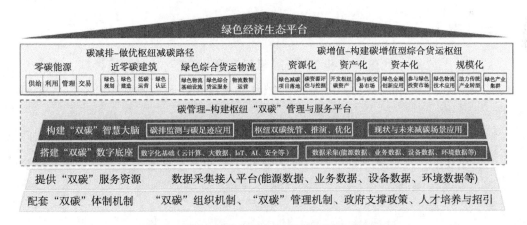

图12 广州东部公铁联运枢纽绿色经济生态平台

当前，共建绿色低碳物流体系已经成为全球供应链未来发展的行业共识。广州东部公铁联运枢纽正在积极把握绿色物流所蕴含的发展机遇，以服务区域产业绿色升级为己任，以交通运输碳达峰碳中和为导向，积极探索和吸引各类绿色综合货运要素集聚，携手合作伙伴共同打造绿色低碳综合货运物流体系。

第四节　物流枢纽/园区绿色低碳发展趋势

一、"双碳"目标下加速可持续运营探索

物流枢纽/园区运营向可持续发展转型。在全球气候变化和资源枯竭的背景下，企业需要以对环境负责的方式运营，可持续性成为供应链的一个重要方面。物流枢纽/园区是否具有可持续性，成为影响物流枢纽/园区自身、区域融合和行业发展的重要因素。因此，物流枢纽/园区的可持续发展能力影响着物流行业和关联产业的可持续发展水平。

二、低碳示范效应下加速低碳技术应用

在低碳经济转型初期，国家鼓励围绕碳达峰碳中和"1+N"政策体系确定目标任务，以能源、工业、建筑、交通等领域为重点，布局建设一批示范项目，引领和推动先进适用绿色低碳技术成果转化应用。在政策引导下，我国绿色物流发展迅速，企业加快布局低碳物流枢纽/园区，涌现出一批领先的绿色低碳物流枢纽/园区示范样本。样本的示范效应，将更有利于低碳技术在物流园区/枢纽低碳转型中的应用，引导物流行业积极探索绿色低碳转型路径和解决方案。

三、数字化全面赋能下加速零碳智慧升级

数字化手段贯穿低碳物流枢纽/园区建设和运营的全过程。云计算、移动互联网、大数据、区块链、5G等数字技术的融合发展，正在改变物流枢纽/园区的管理、运行、服务模式，促进绿色低碳转型。

（作者：广州市综合交通枢纽有限公司　罗戈　（深圳）供应链管理有限公司 贺建志　吴利金　韩璐莎　黎梓朗　杨波）

第十五章 绿色转型视角下的物流载具和包装发展现状与趋势探究

第一节 物流载具和包装发展现状与绿色低碳发展需求分析

一、国内物流载具和包装发展现状

近年来，随着中国的物流业蓬勃发展，对物流载具和包装的需求量急剧增加，其中，一次性使用的物流载具和包装占比一直居高不下，造成资源消耗和环境污染问题日益严峻。

据统计，每年仅用于电子商务的包装材料，包括纸箱、塑料袋、胶带等，已超过400万吨，其中大部分为一次性使用材料，巨大的资源消耗对环境造成了巨大的破坏影响，严重影响国民经济绿色可持续发展的长远规划目标。

为了应对当前日益严重的环保问题，实现绿色可持续发展的目标，政府陆续出台了《绿色包装评价方法与准则》《关于加快建立绿色生产和消费法规政策体系的意见》《国家发展改革委生态环境部关于进一步加强塑料污染治理的意见》《国务院办公厅关于进一步加强商品过度包装治理的通知》等政策。与此同时，各省市为响应国家的循环经济发展规划要求，相继出台了推动环保包装材料应用的指导意见，指导物流企业及制造企业采用可降解、可循环利用的包装材料，从源头减少包装废弃物的产生。

环保包装技术与创新应用是解决物流包装材料可持续发展的关键手段，通过环保材料开发、智能包装技术、包装循环利用等技术，减少包装材料的使用量，提高包装材料的利用率，实现包装减量化。

在环保包装技术与创新应用方面，中集运载科技有限公司通过推广循环包装的使用，以共享服务模式降低客户包装成本，为客户提供更专业、更低碳，值得信赖的物流包装解决方案，坚持注重环保、可循环和低碳的经营服务理念，不仅减少污染和资源浪费，更为绿色物流包装产业带来新的商业机会和增长点。

案例研究：中集载具的智慧绿色循环共享包装实践

中集运载科技有限公司作为全球领先的循环载具综合解决方案提供商，致力于用循环包装替代一次性包装，助力客户减少碳排放，实现碳中和。经过 25 年的行业深耕，公司产品线覆盖超过 2000 种产品，拥有 300 多项核心技术专利，服务项目案例超过 3 万个。公司推出的环保解决方案可涵盖循环载具的全生命周期，从设计制造到租赁运营，再到一站式综合解决方案的提供，均注重环保、可回收和可持续性，为多个行业带来显著环保效益和经济效益，如在化工行业，中集载具创新环保解决方案，使用循环金属折叠箱和循环金属锥形桶，与实现同样装载功能的传统钢桶相比，租赁运营 1 个锥形桶产品或者 1 个折叠箱产品，可减少 95% 的碳排放；此外，中集载具还将物联网、大数据分析、移动互联网结合，在云计算和人工智能技术的加持下，构建以资产管理为基础的物联网云平台。在周转箱上添加传感器和数据采集装置，可实现对周转箱的实时监控和管理，提高物流效率和安全性，打造智慧、绿色、共享的供应链体系，可为客户供应链总成本降低 20%~80%；货物周转效率提升 20%~125%；较传统包装模式，减少碳排放 17%~95%。智慧绿色循环共享包装实践为物流包装行业提供了高效、安全、低成本、智能、绿色环保的新发展方式。

二、国际物流载具和包装发展现状

在全球范围内，物流载具和包装的发展趋向绿色化、信息化和多样化。随着互联网和物联网的普及与联动，国际物流越来越注重环保和可持续发展，绿色低碳发展已成为国际社会共同关注的焦点。国际主要物流企业纷纷采取各种措施，如节能减排、绿色包装、可再生能源的使用等，以减少对环境的影响。尤其是在欧美发达国家，政府部门出台法令要求不断推进绿色包装的普及，已形成了完善的法律法规体系。2024 年全球物流包装市场规模及地区占比分析如图 1 所示。

（一）欧洲的环保包装发展

2024 年 3 月 11 日，欧洲议会和理事会就改革规则达成了可持续包装和循环经济协议的临时协议，旨在提高包装的可持续性和安全性，促进循环经济。该协议明确了将在 2030 年 1 月 1 日起禁止部分一次性塑料的使用，设定了可重复使用包装的使用目标为到 2030 年达 10%，并要求所有包装都是可回收的，并通过二级立法规定了具体标准。绿色包装的发展在欧洲市场上一直具有领先优势。早在 2004

图 1　2024 年全球物流包装市场规模及地区占比分析

资料来源：贝哲斯咨询。

年，欧盟就出台了《包装和包装废弃物指令》，规定成员国必须确保到 2025 年，至少 70%的包装废弃物能够被回收利用。此外，德国、英国、法国等国也在法律层面强制要求企业使用环保包装材料。2022 年 1 月，法国正式实施了新的物流包装法规，对所有在法国市场销售的产品包装提出了更为严格和明确的环保要求，所有产品包装都必须符合新的环保标准。同时，奥地利、西班牙、瑞典等欧盟其他成员国，也相继出台包装的法规。通过法规的行政方式，推动了绿色包装的可持续性、安全性、可循环、信息化的规范发展。未来，政策制定方向将从产品设计、材料的选择、可重复使用性、消费模式、回收和循环再生等全链条的角度通盘考虑。

（二）北美物流包装的绿色转型

2024 年全球快速消费品包装市场规模达 4430 亿美元，北美地区市场占比达 28.5%。北美地区市场以美国为主体，具有全球物流行业最为发达和复杂的物流网络。在低碳环保的全球化进程中，美国政府制定"能源政策法案"和"能源独立和安全法案"等系列法案，为绿色物流包装的发展提供了法律和制度保障，支持和推动了绿色环保包装领域的快速发展。其中，美国加利福尼亚州是环保包装的先锋，该州不仅禁止使用一次性塑料袋，还强制要求超市、零售商提供可降解或可重复使用的包装袋，并设立了"环保包装基金"，支持本地企业研发和推广绿色包装材料。数据显示，自 2020 年以来，加利福尼亚州市场中一次性塑料袋的使用量减少了近 80%，显著降低了塑料污染。全球电子商务跨国企业亚马逊通过使用产品原包装进行配送，减少了额外的包装材料使用，并推广使用可回收材料。

（三）国际组织与标准化推动

随着全球绿色低碳转型步伐加快，越来越多的国家将发展绿色贸易作为推动经济转型、提高低碳领域国际竞争力和话语权的重要抓手，以环境产品为代表的绿色贸易在国际贸易发展中发挥着重要作用。国际标准化组织（ISO）和联合国环境规划署等国际机构，共同牵头推动绿色包装的全球合作。与此同时，国际包装行业协会也在推广绿色包装标准，推动各国在包装废弃物管理上的合作。

三、物流包装绿色低碳发展的紧迫性与必要性

（一）气候变化与碳排放压力

全球气候变化已成为 21 世纪严峻的环境挑战之一。物流包装作为供应链中的关键环节，其碳排放量不容小觑。根据国际能源署（IEA）的数据，全球包装行业每年的碳排放量约为 300 亿吨，占全球总排放量的 8%。在当前的背景下，如何减少包装材料的使用，降低碳排放量，已成为各国政府和企业亟待解决的难题。物流包装绿色低碳发展是实现可持续发展的重要途径，通过绿色制造、绿色物流和绿色消费等方式减少能源消耗和温室气体排放，助力实现绿色低碳发展目标。

（二）资源紧缺与循环经济需求

随着全球资源的日益紧缺，经济可持续发展已成为全球各国未来的主要发展理念，促使循环经济理念成为物流包装行业发展的重要方向。物流包装的传统包装材料主要依赖于大量不可再生资源，如石油、木材等。通过推广可循环、可再生的包装材料应用，可以减少对资源的消耗，还能降低企业的运营成本，提升资源利用效率。

（三）政策指引与市场驱动

在政策法规层面，越来越多的国家开始实施严格的环保法规，要求企业在包装材料的使用上符合环保标准。在经济可持续发展的大背景下，中国发布了《新时代的中国绿色发展》白皮书和《中共中央关于进一步全面深化改革 推进中国式现代化的决定》，表明了国家对于坚持绿色发展的支持。在市场需求方面，由于绿色低碳生活方式的倡导，越来越多的人优先选择绿色产品。根据麦肯锡的调研数据，2023 年，全球约 70% 的消费者愿意为环保包装支付更高的价格，这一趋势为绿色包装的推广提供了广阔的市场空间。

（四）社会责任与企业可持续发展

随着企业社会责任（CSR）理念的普及，越来越多的企业开始将绿色低碳发展纳入其战略规划中。物流行业作为供应链的重要组成部分，必须在绿色包装和低碳物流方面承担更多的责任。企业开展绿色低碳发展战略，将更有利于推动全球业务的发展，不仅可以减少对环境的影响，还能提升品牌形象，进一步增强市场竞争力。

第二节 物流载具和包装绿色低碳发展现状

一、2023年物流载具和包装绿色低碳发展情况

2023年，全球物流载具和包装的绿色低碳发展呈现出快速发展的态势，尤其是在国家政策推动和行业技术创新的双重作用下，物流包装行业整体表现出明显的绿色转型趋势。

（一）政策推动与市场响应

2023年，主要经济体的国家政府持续加强对物流载具和包装行业的环保监管。近年来，我国出台多项政策鼓励发展绿色环保、可循环使用的包装，促进了包装产业转型发展。如《邮件快件绿色包装规范》《市场监管总局 发展改革委 科技部 工业和信息化部 生态环境部 住房城乡建设部 商务部 邮政局关于加强快递绿色包装标准化工作的指导意见》等多个管理制度和行业规范，推动了我国快递包装绿色化的法规制度建设进入快车道。由于绿色低碳消费理念得到广泛认可，消费市场上对包装物环保性要求的日益提高，助推企业加大绿色包装技术和产品的研发投入。截至2023年10月，欧盟发布了在绿色包装和循环经济领域的相关政策，如《可持续产品生态设计法规》和《新循环经济行动计划》，要求成员国进一步提高包装材料的回收利用率，倡导应用可重复使用的包装载具。

（二）企业实践与技术应用

在各级政府的政策推动下，各大物流企业纷纷响应，积极推进绿色包装和环保载具的使用。2023年，各大电商平台推出了"无塑快递"项目，全面推广可降解快递袋和可循环使用的环保包装箱。据统计，项目全面实施一年，可减少超过3000吨的一次性塑料使用量，取得了显著的环保效益；中集载具向全球市场投入循环共享

使用的金属折叠箱累计达 100 万套，服务化工、汽车、食品等行业，助力物流包装行业实现"双碳"目标。

（三）消费者意识与市场变化

随着绿色低碳理念的普及，消费者对环保包装的接受度显著提高。2023 年的市场调研显示，超过 70%的消费者表示愿意选择使用环保包装的产品，这一趋势推动了市场对绿色包装材料的需求。此外，越来越多的企业开始将绿色包装作为提升品牌价值的重要手段，通过采用环保包装材料，提升市场竞争力。

二、2024 年物流载具和包装绿色低碳发展情况

（一）政策预测与实施计划

展望 2024 年，在绿色低碳和"双碳"目标的带动下，为推进物流绿色低碳转型，国家将制定系列政策、指标规范和监督物流及包装管理办法，推进绿色包装、运输结构调整、智能硬件设备应用、数据化管理平台建设等举措。针对当前包装材料的不规范问题，预计国家将出台更加严格的包装材料环保标准，进一步提高对物流包装材料的环保要求。在全球范围，一直以来欧盟地区对物流载具和包装行业保持着较强的监管力度，预计在 2024 年各成员国将达成共识，并通过一系列新法规，进一步限制不可再生资源在包装中的使用比例。北美地区，早在 2020 年 6 月，在环保组织压力下，美国联邦政府采购就拟封杀一次性塑料用品，在 2023 年 4 月由美国环境保护署（EPA）联合拜登政府发布《防止塑料污染国家战略》草案，逐步淘汰一次性塑料包装的使用。

（二）技术趋势与创新方案

在技术层面，2024 年将是智能包装技术和新材料研发的关键年份。随着物联网技术的发展，智能包装系统将被广泛应用于物流行业，企业将通过智能标签、传感器等手段，实现对包装物品的全程监控和管理。此外，新型环保材料如生物基塑料、纳米复合材料、先进复合材料等将在 2024 年得到更广泛的应用，这些材料具备更高的性能和更低的碳足迹，能够有效减少物流包装对环境的影响。绿色包装产品方案具有更高的通用性、信息化、环境友好、回收利用等特性。

（三）绿色包装材料应用的数据预测与市场分析

根据中国包装联合会的预测，2024 年中国绿色包装材料的需求量将达到 500 万

吨，同比增长 15%。其中，生物基材料和可再生包装材料的需求量预计将增长 20%，可降解材料的需求量预计将增长 25%。这一数据表明，未来绿色包装材料将成为物流行业的主要发展方向。

案例研究：中集运载科技有限公司绿色包装应用和平台管理实施计划

2024 年，中集运载科技有限公司计划全面推广新开发的"智慧运营平台"管理系统。该系统实现了数字化运营，在此基础上进一步搭建物联网、大数据平台，实现了对循环载具的实时定位跟踪，以及大数据分析，同时能够自动识别包装箱的定位、材质和状态，还能根据箱体的使用情况智能推荐最佳回收方案。这一系统的推广预计将使公司的包装材料回收率提升 30%，包装使用效率提升 20% 以上，并显著减少包装废弃物和能源消耗对环境的影响。

第三节 物流载具和包装绿色低碳发展趋势

一、未来 5 年的行业发展趋势

（一）材料创新与新技术应用

随着科技的进步，更多新型环保材料将被研发并应用于物流包装行业。如生物基材料、纳米材料等将成为包装的市场主流，逐步替代传统的塑料包装和一次性包装。这些新材料不仅具备更好的环保性能，还能在一定程度上降低企业的成本。

（二）智能化管理与数字化转型

智能化技术将在未来 5 年进一步得到普及，物流和制造企业将广泛采用智能包装系统，以提高包装的使用效率和回收率。通过大数据和区块链技术，企业能够实时监控包装材料的流通和使用情况，从而最大限度地减少浪费。预计到 2028 年，超过 60% 的物流企业将采用智能包装管理系统。

（三）法规趋严与国际标准化

未来 5 年，各国政府将出台更为严格的环保法规，强制要求企业采用绿色包装材料，并加强对非环保包装材料的监管和处罚力度，主要经济体进一步加强绿色包装的监管联合行动。这将促使企业加快绿色低碳转型的步伐。同时，国际标准化组织（ISO）将在绿色包装领域制定一系列全球通用的标准，推动全球物流包装行业的标准化和一体化发展。

（四）国际合作与市场推广

随着国际贸易往来的日益频繁，物流包装产业日趋国际化。为保证正常的跨国贸易发展，各国在绿色包装领域展开更加紧密的合作。国际组织和跨国公司将在环保标准制定、技术共享和市场推广方面展开深度合作，推动全球物流包装行业的可持续发展。

二、长期发展趋势

从长期来看，物流载具和包装行业将全面实现绿色低碳转型。预计到 2030 年，全球物流包装的碳排放量将减少 50% 以上，绿色包装材料的市场份额将超过 70%。

（一）循环经济模式与资源可持续利用

循环经济模式将在物流包装行业中得到广泛应用。未来，全球包装材料逐步向多功能性、易回收利用的方向发展。同时，企业将更多地采用可重复使用的包装载具，并建立完善的回收和再利用体系，最大限度地减少资源消耗和环境污染。循环经济模式的推广将显著提升企业的资源利用效率，并有助于实现碳中和目标。

（二）零碳目标与环保技术创新

随着全球对气候变化问题的关注度不断提高，物流包装行业将逐步向零碳目标迈进。零碳循环产业的发展是实现可持续发展战略的关键。循环包装行业作为其重要组成部分，通过采用低碳材料、提高能源效率和推广智能化管理系统，努力实现碳中和。

（三）全球标准化与国际竞争力提升

全球物流包装行业将逐步实现标准化，尤其是在环保材料、包装循环重复设计的应用和管理方面。国际标准化组织（ISO）及国际物流包装合作组织将制定一系列全球通用的环保包装标准，推动全球市场的一体化发展。标准化的推广不仅有助于提升企业的国际竞争力，还将促进全球物流行业的可持续发展。

（四）技术革新与行业引领

从长远来看，绿色、环保、智能是大势所趋，随着科技的不断进步，物流包装行业将迎来一系列技术革新。绿色新材料、纳米技术、人工智能、物联网等将被广泛应用于包装材料的研发和管理中，推动物流包装行业的绿色低碳转型。

（作者：中集运载科技有限公司　黄松　刘晓旭　庄建林　陈锦龙　庄杨柳）

第三部分　综合篇

第十六章　逆向物流发展现状
与趋势分析

　　近年来，随着电子商务的迅猛发展，逆向物流的重要性日益凸显。首先，基于电商平台的快速发展、直播电商的迅速崛起，我国的快递业务量持续增长，2024年上半年邮政行业寄递业务量累计完成894.2亿件，同比增长20.5%，由此带来的快递包装垃圾增量不容忽视。其次，快递包装涵盖纸箱、胶带、气泡膜、发泡塑料、塑料袋等多个品类，再加上过度包装现象存在，加深了上述问题的严重性。再次，电商平台退货率猛增。市场中行业平均退货率在15%~20%，直播电商甚至一度高达60%，其带来的逆向物流体量不断增大。最后，随着外卖行业日益普遍，大量的包装垃圾也随之产生，给环境带来了污染。因此，亟须研究电子商务环境下的逆向物流，深度剖析如何对各种包装垃圾实现有效的循环再利用。

　　逆向物流是指产品或服务从客户端返回到生产者或回收者的物流过程，涉及退货、维修、再制造和废弃物处理等活动。在《国务院关于加快建立健全绿色低碳循环发展经济体系的指导意见》中，提到要"引导生产企业建立逆向物流回收体系"，以加强再生资源的回收利用。国家"十四五"规划也提出，"推行生产企业'逆向回收'等模式，建立健全线上线下融合、流向可控的资源回收体系"，以推动构建资源循环利用体系。基于此，知名的生产企业、物流企业都开始布局逆向物流业务板块。施乐公司基于面向再利用、再制造和再循环设计的逆向物流管理，取得了良好的社会效益和经济效益。苹果公司研发 Daisy、Dave 和 Taz 机器人，在材料回收自动化方面不断精进。京东推出"青流计划"，旨在推动物流包装的回收和循环利用。

第一节　逆向物流发展现状

一、政策环境

（一）国家标准

中国现行的逆向物流相关国家标准涵盖了再生资源回收网络、服务、绿色供应链管理等多个关键领域，目标是提高逆向物流的服务质量和管理水平，推动资源的高效回收利用和环境保护（见表1）。《再生资源回收利用网络规范》确保了回收网络的高效运作，《再生资源回收体系建设规范》全面规范了回收站点和分拣中心的建设与管理。《再生资源产业园区分类与基本规范》为产业园区提供了规划和建设指导。《再生资源回收站点等级评价》和《再生资源绿色回收体系评价准则》分别规定了回收站点的等级评价体系和绿色回收体系的评价标准。《电子商务逆向物流通用服务规范》针对电商领域的逆向物流服务提出了要求，而《逆向物流服务评价指标》为服务评价提供了具体的指标和计算方法。《绿色制造 制造企业绿色供应链管理逆向物流》则专注于推动制造企业的绿色供应链建设。这些标准共同形成了一个全面的逆向物流规范体系，旨在提升行业的效率和安全性，促进资源循环利用，并支持绿色供应链的发展，响应国家对绿色物流和循环经济的政策导向。

表1　　　　　　　　　　　现行的逆向物流相关国家标准

标准名称	标准编号	实施日期
再生资源回收利用网络规范	GH/T 1093—2014	2014-12-01
非危液态化工产品逆向物流通用服务规范	GB/T 34404—2017	2018-05-01
再生资源回收体系建设规范	GB/T 37515—2019	2019-05-10
再生资源产业园区分类与基本规范	GH/T 1249—2019	2019-10-01
再生资源回收站点等级评价	GH/T 1295—2020	2020-09-01
再生资源绿色回收体系评价准则	GH/T 1381—2022	2023-01-01
电子商务逆向物流通用服务规范	GB/T 43290—2023	2023-11-27
逆向物流服务良好行为规范	GB/T 42928—2023	2023-08-06
逆向物流服务评价指标	GB/T 42501—2023	2023-03-17
绿色制造 制造企业绿色供应链管理逆向物流	GB/T 43145—2023	2024-01-01

（二）法律法规

近年来，中国政府高度重视逆向物流发展，将其作为推动循环经济发展、促进资源节约和环境保护的重要举措。从政策演变来看，中国逆向物流政策经历了从基础性立法到行业规范，再到产业升级和融合发展，最终实现绿色转型的过程。

1. 初期探索阶段（2008—2018 年）

这一阶段主要以立法为基础，明确了逆向物流的概念和重要性，并初步建立了相关制度框架。2008 年颁布的《中华人民共和国循环经济促进法》首次将循环经济纳入国家法律体系，并明确了资源的循环利用和废弃物的回收再利用是循环经济的重要内容，为逆向物流的发展提供了法律依据。2017 年实施的《生活垃圾分类制度实施方案》则强制要求生活垃圾分类，明确了主体责任，为逆向物流的开展提供了制度保障。此外，2017 年发布的《禁止洋垃圾入境推进固体废物进口管理制度改革实施方案》等政策，也进一步强调了资源的循环利用和废弃物的回收再利用，推动了逆向物流的发展。

2. 加速发展阶段（2019—2023 年）

这一阶段政策重点转向推动逆向物流体系的完善和产业升级。2019 年发布的《新能源汽车动力蓄电池回收服务网点建设和运营指南》和 2020 年实施的《报废机动车回收管理办法实施细则》分别针对新能源汽车动力蓄电池和报废机动车的回收利用进行了规范，明确了回收服务网点建设、作业流程、安全环保要求等内容，促进了相关产业的健康发展。同时，2020 年颁布的《关于完善废旧家电回收处理体系推动家电更新消费的实施方案》和 2021 年发布的《国家发展改革委 工业和信息化部 生态环境部关于鼓励家电生产企业开展回收目标责任制行动的通知》则聚焦于家电行业，提出了完善回收处理体系、促进家电更新消费、组织开展典型推广、加大监管执法力度的重点任务，推动了废旧家电的回收处理和循环利用。

3. 深化融合阶段（2024 年至今）

这一阶段政策重点转向推动逆向物流与其他产业融合发展，构建完善的废弃物循环利用体系。2024 年发布的《国务院办公厅关于加快构建废弃物循环利用体系的意见》明确提出要构建覆盖各领域、各环节的废弃物循环利用体系，发展资源循环利用产业，健全激励约束机制，并提出了到 2025 年初步建成废弃物循环利用体系的具体目标。此外，2024 年发布的《2024—2025 年节能降碳行动方案》等政策也强调了废旧产品设备循环利用和快递包装绿色转型，进一步推动了逆向物流的深入发展。

中国逆向物流政策主要分为以下几个类别：一是基础性政策，如《中华人民共和国循环经济促进法》《中华人民共和国固体废物污染环境防治法》等，为逆向物流发展提供了法律依据和制度保障。二是行业政策，如《废弃电器电子产品回收处理管理条例》《报废机动车回收管理办法实施细则》等，针对特定行业制定了逆向物流管理制度，推动行业绿色发展。三是产业政策，如《国家发展改革委等部门关于加快废旧物资循环利用体系建设的指导意见》《"十四五"循环经济发展规划》等，旨在推动逆向物流产业升级和融合发展，构建完善的废弃物循环利用体系。四是绿色转型政策，如《关于加快推进快递包装绿色转型的意见》《"十四五"现代物流发展规划》等，强调逆向物流在推动绿色转型中的作用，促进资源循环利用和可持续发展（见表2）。

表2 我国逆向物流相关政策梳理

相关政策	发布时间
中华人民共和国循环经济促进法	2008-08
生活垃圾分类制度实施方案	2017-03
禁止洋垃圾入境推进固体废物进口管理制度改革实施方案	2017-07
国务院办公厅关于印发"无废城市"建设试点工作方案的通知	2019-01
中华人民共和国固体废物污染环境防治法	2020-04
国务院关于加快建立健全绿色低碳循环发展经济体系的指导意见	2021-02
中华人民共和国国民经济和社会发展第十四个五年规划和2035年远景目标纲要	2021-03
"十四五"循环经济发展规划	2021-07
国家发展改革委等部门关于加快废旧物资循环利用体系建设的指导意见	2022-01
关于支持建设现代商贸流通体系试点城市的通知	2024-04
国务院办公厅关于加快构建废弃物循环利用体系的意见	2024-02
2024—2025年节能降碳行动方案	2024-05
物流业	
"十四五"现代物流发展规划	2022-12
关于加快推进快递包装绿色转型的意见	2020-12
快递暂行条例	2018-03
机动车	
新能源汽车动力蓄电池回收服务网点建设和运营指南	2019-10
报废机动车回收管理办法实施细则	2020-07
汽车零部件再制造规范管理暂行办法	2021-04
商务部等七部门关于加强报废机动车回收监督管理工作的通知	2024-10
塑料制品	
商务部办公厅关于进一步加强商务领域塑料污染治理工作的通知	2020-08
商务领域一次性塑料制品使用、回收报告办法（试行）	2020-11

相关政策	发布时间
家电行业	
废弃电器电子产品回收处理管理条例	2009-02
关于完善废旧家电回收处理体系推动家电更新消费的实施方案	2020-05
国家发展改革委 工业和信息化部 生态环境部关于鼓励家电生产企业开展回收目标责任制行动的通知	2021-08
健全废旧家电家具等再生资源回收体系典型建设工作指南	2024-01
商务部等9部门关于健全废旧家电家具等再生资源回收体系的通知	2024-01
商务部办公厅 财政部办公厅关于完善再生资源回收体系 支持家电等耐用消费品以旧换新的通知	2024-05
大规模设备	
国家发展改革委办公厅关于做好推进有效投资重要项目中废旧设备规范回收利用工作的通知	2022-12
国家发展改革委等部门关于统筹节能降碳和回收利用 加快重点领域产品设备更新改造的指导意见	2023-02
推动大规模设备更新和消费品以旧换新行动方案	2024-03
其余行业	
农药包装废弃物回收处理管理办法	2020-08
国家发展改革委等部门关于促进退役风电、光伏设备循环利用的指导意见	2023-07
关于加快推进废旧纺织品循环利用的实施意见	2022-03

（三）生产者责任延伸制度

首先，在推行生产者责任延伸制度方面，提出了政策框架和指导文件。2017年，国务院办公厅发布《生产者责任延伸制度推行方案》，明确了生产者责任延伸制度的总体要求、基本原则、工作目标和责任范围，把生产者对其产品承担的资源环境责任从生产环节延伸到产品设计、流通消费、回收利用、废物处置等全生命周期。将生产者责任延伸的范围界定为开展生态设计、使用再生原料、规范回收利用和加强信息公开四个方面，率先对电器电子、汽车、铅蓄电池和包装物等产品实施生产者责任延伸制度，并明确了各类产品的工作重点。一是电器电子产品，要在坚持现有处理基金制度的基础上，制定生产者责任延伸制度的评价标准，支持生产企业建立废弃产品的新型回收体系，发挥基金的激励约束作用；二是汽车产品，制定生产者责任延伸政策指引，鼓励生产企业利用售后服务网络与符合条件的拆解企业、再制造企业合作建立逆向回收利用体系，建立电动汽车动力电池回收利用体系；三是对铅酸蓄电池、饮料纸基复合包装等产业集中度较高、循环利用产业链比较完整的特定品种，在国家层面制定、分解落实回收利用目标，建立并完善统计、核查、评价、监督和目标调节等制度，支持生产企业、回收企业和再生企业建立基于市场化的回收利用联盟。

其次，开展试点项目。2015 年，工业和信息化部、财政部、商务部、科技部发布了《电器电子产品生产者责任延伸试点工作方案》，以电器电子产品生产者为主体，以废旧产品回收和资源化利用为重点，按照产品全生命周期管理理念，探索适合不同电器电子产品特点的生产者责任延伸制度实施方式，完善相关标准规范体系，为建立完善生产者责任延伸制度奠定基础。2021 年，工业和信息化部、科技部、财政部和商务部联合发布《汽车产品生产者责任延伸试点实施方案》，旨在探索建立适合中国国情的，易推广、可复制的汽车产品生产者责任延伸实施模式，提升资源综合利用水平。试点产品为在中国境内销售使用的汽车产品，试点内容包括建立回收体系、开展资源综合利用、实施绿色供应链管理和加强信息公开四个内容。

（四）再生资源逆向物流行业标准

再生资源逆向物流行业标准，涵盖了回收站点、中转站、分拣中心以及信息管理体系等各个环节，旨在规范回收流程、提高回收效率、促进资源循环利用和环境保护。《再生资源回收站点建设管理规范》主要规定了再生资源回收站点的性质、功能、设立原则、建设标准和经营管理要求。《再生资源回收站点交易行为规范》进一步规范了回收站点在交易过程中的行为，包括基本原则、资质要求、回收行为、计量、交易及结算要求等内容。《区域性大型再生资源回收利用基地建设管理规范》则将视角扩展到区域性大型再生资源回收利用基地的建设和管理，规定了基地的性质、功能、设立原则和建设标准。《再生资源绿色分拣中心建设管理规范》对分拣中心的环保要求进行了全面提升，包括废水处理、降噪、废气排放、防尘、危险废物和一般工业固废的管理等。现行的逆向物流相关行业标准如表 3 所示。

表 3　　　　　　　　　　现行的逆向物流相关行业标准

标准名称	标准编号	实施日期
再生资源回收站点建设管理规范	SB/T 10719—2012	2012-11-01
区域性大型再生资源回收利用基地建设管理规范	SB/T 10850—2012	2013-07-01
再生资源回收站点交易行为规范	SB/T 11111—2014	2015-03-01
再生资源绿色分拣中心建设管理规范	SB/T 10720—2021	2021-05-01

二、行业实践

中国在逆向物流领域的行业实践涵盖了多个关键领域，包括电子电器行业的产品回收计划，如华为、小米等品牌推出的旧手机回收服务；汽车行业的零部件回收和再制造，如上汽、比亚迪等企业开展的旧车回收和零部件再利用项目；零售业的退货管理，如京东、天猫等电商平台提供的无忧退货服务；服装行业的旧衣回收和再利用，如 H&M 和优衣库的旧衣回收计划；包装行业的废弃物回收，如废旧塑料瓶和纸箱的循环再利用。此外，中国还积极推动农业废弃物的资源化利用，建筑废料的回收处理，以及制药行业的药品回收和安全处置。这些实践不仅促进了资源的循环利用，还有助于减少环境污染，推动了中国经济的绿色转型。逆向物流包括退货逆向物流和回收逆向物流。

（一）退货逆向物流

在电子商务环境下，退货逆向物流是指将不符合客户订单要求的产品退还给供应商的过程，这一过程在多个行业中得到了广泛应用和实践。

在电商平台中，京东通过建立高效的逆向物流体系来处理退货，包括建设逆向处置中心、前置仓、检测中心和维修中心，以提升退货商品的周转效率和转良率。具体流程包括：①退货商品的回收储存：京东物流为客户提供全渠道退货商品的回收储存服务，帮助商家实现退货商品的集约管理；②逆向验收与质检分类：在退货商品到达仓库后，京东物流会对这些商品进行逆向验收和质检分类，以确定商品的状态和处理方式；③不良品维修与瑕疵品定级：对于存在质量问题的商品，京东物流会进行维修或定级处理，以便后续的再利用或二手销售；④分流向处置：根据商品的不同状态，京东物流会将退货商品分流到不同的处理渠道，包括直接退货、维修再售、二手销售等。在效率提升方面，京东物流通过引入 RFID 技术显著提升了货物的出仓和入仓效率。例如，在大件商品的入库手续中，RFID 技术的应用使出库效率增长了 150%。此外，京东物流还通过就近集货、质检加工等方式，进一步提高了退货商品的处理速度和周转效率。

在零售行业，沃尔玛通过设立退货配送中心来集中处理返品业务，大大提高了返品流通效率并降低了成本。类似地，英国的 Tesco 也设立了专门的逆向物流中心来管理连锁超市的返品及包装物回收和处理工作。在服装逆向物流方面，云丰公司进行了全检翻理服务，将退货分类处理，并通过特卖、折扣等方式进一步处理退货商品，以减少损失。在电子产品领域，诺基亚西门子通信公司采用逆向物流外包模式，选择第三方逆向物流提供商来处理退货。在医药行业，广州白云山医药集团股份有限公司与支付宝等多家企业合作，尝试利用移动终端和物联网技术建立科学有效的过期药品回收机制，目前处于探索阶段。这些行业通过不同的逆向物流实践，不仅提高了退货处理的效率，还减少了成本和资源浪费，推动了可持续发展。

（二）回收逆向物流

回收逆向物流在多个行业中展现出多样化的实践。在电子电器行业，逆向物流被广泛应用于产品的回收、拆卸和再制造。施乐公司通过其资产再循环管理项目，将旧机器零部件再制造，提高收益并降低成本。苹果公司提供产品回收和循环利用计划，对用户折抵设备进行再利用或回收。海尔构建家电循环利用闭环体系，实现循环新材料的高值化应用。在汽车行业，通过回收旧车零部件进行再制造，延长产品生命周期。卡特彼勒的再制造过程能将产品恢复到与新部件相同的性能标准，不仅延长了产品的使用寿命，还通过使用更少的新材料，减少了废物和温室气体排放，也最小化了对原材料的需求。在纺织品行业，服装品牌如 H&M、Patagonia 等，实施了旧衣回收计划，鼓励消费者将不再穿着的衣物退回，然后通过逆向物流渠道进行分类、清洗、再利用或转化为新的纤维，减少对环境的影响。此外，在包装行业，京东物流推出了"青流计划"，旨在减少包装材料的使用，提高包装的可回收性。这些实践不仅促进了资源的有效循环，还有助于减少环境污染，体现了循环经济的核心理念。

三、技术支持

（一）人工智能技术

人工智能技术可用于预测退货率和优化库存管理。例如，人工智能和机器学习技术能够通过分析历史数据和市场活动来预测退货模式。这些算法可以识别哪些产品最有可能被退回，并帮助企业提前做好准备，从而减少不必要的运输和仓储成本。在客户服务中，利用自然语言处理技术，AI 聊天机器人可以提供自动化的客户服务，处理退货查询和退货请求，提高客户满意度。在质量检测中，通过计算机视觉技术检测退货商品的损坏程度，自动分类为可再销售、可回收或需报废商品，提高退货商品处理的效率和准确性。通过大数据分析和机器学习算法，企业可以更精准地预测市场需求，从而保持最佳的库存水平，避免过剩或缺货的情况。此外，人工智能还可以模拟和优化逆向物流网络，确定最佳的回收点、分拣中心和处理设施的位置，以减少运输成本和时间。

（二）RFID 技术

RFID 技术通过无线电波或微波能量进行非接触双向通信，可实现标签存储信息的识别和数据交换，从而提高逆向物流中的效率。例如，RFID 可以快速识别退货商品，自动记录退货信息，提高退货处理的速度和准确性。在产品回收过程中，RFID 可以追踪产品的流向，确保产品被正确地分类和处理。这对于需要严格遵守回收规定的行业（如电子废物和危险材料）尤为重要。在库存管理中，RFID 可以实时更新库存信息。在质量控制中，RFID 可以用于检测退货商品的质量和状况，快速识别损坏或不符合标准的商品。在维修和翻新过程中，RFID 可以记录维修历史和部件更换情况，确保产品质量和性能符合标准；在数据收集和分析中，RFID 可以收集大量的逆向物流数据，包括退货原因、产品状况、处理时间等，为企业决策提供数据支持，帮助企业优化逆向物流流程。

（三）区块链技术

区块链技术可以解决逆向物流信息系统中的高度不确定性和运作复杂性的问题。首先，区块链可以提供一个不可篡改的记录，记录产品从生产到消费再到回收的每一个环节，增加供应链的透明度，让消费者和监管机构能够追踪产品的真实来源和历史；还可提供回收和再利用活动的证明，比如证明某个产品已经被回收并转化为新的材料或产品，增加消费者对循环经济实践的信任。其次，在高价值废旧产品的逆向物流中，区块链可以用来验证产品的真伪，确保回收和再销售的商品是合法且真实的。再次，区块链可以连接供应链中的各个参与者，包括制造商、分销商、零售商和回收商，实现信息的实时共享，优化逆向物流的协同工作。最后，区块链的不可篡改性可以减少退货欺诈行为，比如防止同一件商品被多次退货，或者防止退回的商品被非法替换。对于需要遵守复杂回收法规的产品，如电子废物和电池，区块链还可跟踪产品的回收和处理过程，确保企业遵守相关法规。

（四）物联网技术

物联网（IoT）技术通过连接各种传感器、设备和系统，为逆向物流提供了实时数据和智能分析，优化了逆向物流的多个环节。首先，物联网设备可以追踪产品在逆向物流过程中的实时位置和状态，提供货物流动的透明度，帮助企业及时处理问题。其次，在仓库中，物联网技术可以自动识别和记录退货商品，并与机器视觉和人工智能技术结合，实现智能分拣。再次，在城市生活垃圾处理中，应用物联网技术可以提高垃圾分类处理的效率和回收率。最后，物联网技术还能用于智能包装，监测产品在逆向物流过程中的环境。

（五）逆向物流装备

1. 自动化分拣设备

逆向物流领域应用的自动化分拣设备，涉及废旧纺织品自动化分拣、废塑料自动化分拣、废旧手机的智能化分拣等领域。废旧纺织品自动化分拣设备的技术原理主要基于近红外光谱（NIR）技术和人工智能（AI），特别是卷积神经网络（CNN）。这些技术能够识别纺织品中的纤维种类和含量，从而实现高效、准确分拣。具体来说，近红外光谱技术可以快速扫描纺织品，通过分析其光谱特征来确定纤维类型和含量，而卷积神经网络则用于处理和分析这些数据，以实现自动识别和分类。

废旧塑料瓶的颜色识别和自动分拣系统，主要利用计算机视觉技术，通过图像传感器获取物体图像，然后利用计算机对图像信息进行分析，根据分析结果做出相应动作。芬兰 specim 公司的中波红外高光谱相机 specim fx50，专门用于识别和分类黑色塑料，解决了传统近红外相机无法胜任的问题。此外，AI 驱动的软塑料机器人，使用人工智能和计算机视觉技术来学习如何识别不同形式的回收废弃物，并有效进行分类，以保持软塑料回收的纯度。

苹果公司的 Daisy 机器人，在其电子产品回收中扮演着至关重要的角色。1 个 Daisy 机器人每年可以回收多达 120 万部 iPhone。Daisy 机器人共有四个不同的模块来分隔 iPhone 部件及其不同的材料：模块一负责移除显示器，模块二将电池与设备分开，模块三从手机上卸下螺丝，模块四将所有组件和部件放在传送带上。

2. 智能仓储系统

废旧产品的智能仓储系统通过集成先进的信息技术、物联网、自动化设备和智能算法，优化了废旧产品的收集、储存、分类和处理流程。中铝瑞闽股份有限公司通过科远智慧的助力，打造了废料智能立体仓库。该项目实现了智能废料仓储物流管理系统与 MES 系统的数据互联互通，建立了废料管理数据平台，实现了废料数据信息化、废料排产智能化和熔铸配料自动化等。中冶赛迪和欧冶链金合作，在国内最大的金属再生资源加工基地——宝武欧冶链金再生资源有限公司慈湖江边中心基地，打造了国内首个废钢智能工厂。该工厂通过仓库的动态划分和自动分配，全面提升仓库利用率；应用行车无人驾驶系统，基于工业 AI，融合智能调度、机器视觉、数字孪生等核心技术，打造了全天候、全流程、全场景的智能应用系统，以保障库区安全、高效、无人化运转。

第二节　逆向物流发展趋势

一、智能化与数字化

随着科技的不断进步，逆向物流正逐步迈向智能化与数字化时代。人工智能技术的应用，如智能分拣、智能路由和智能决策，正在提升逆向物流的效率和精准度。物联网技术的介入，通过 RFID、传感器和区块链等技术，实现了商品信息的实时跟踪和安全管理。数字化平台的构建，集成了订单管理、库存管理、运输管理和财务结算等功能，优化了逆向物流流程。数据分析的应用，揭示了退货原因和商品类型等关键信息，助力企业优化产品设计和服务。数字孪生技术的应用，模拟了逆向物流系统，为优化和预测提供了有力支持。这些智能化与数字化趋势，不仅提高了逆向物流的效率和质量，降低了成本，还促进了资源的循环利用和环境保护。

二、平台化

咸鱼、转转、拍拍等二手闲置物品交易平台的发展，在为人们提供了交易闲置物品渠道的同时，也延长了产品的使用周期，推动了逆向物流的发展。另外，随着"互联网+回收"商业模式的快速发展，以爱回收为代表的回收平台通过整合回收、检测、再加工、销售等逆向供应链资源，形成规模效应，也实现了不同主体之间的业务资源共享。在退货逆向物流中，京东通过自建物流体系来开展逆向物流，配备专业的检测与维修工程师团队，以提升逆向物流的效率和效益。菜鸟推出了"菜鸟裹裹"项目，整合多家快递公司的资源，为消费者提供便捷的退换货服务。

三、第五利润源与主动式逆向物流管理

第五利润源是指企业或组织通过积极主动的逆向物流管理和全生命周期供应链管理，系统整合全供应链上利益相关者的实物流、信息流、资金流，高效运用逆向供应链上的重要环节和要素，采取再销售、再利用、再循环和再制造等方式获得额外利润。同时，通过大数据分析，识别和监控企业及组织风险，持续改进，提升核心竞争力，确保可持续发展。而主动式逆向物流管理则是以降低企业产品风险、提高单位产品利润率为核心，采取主动积极的逆向物流方式，追溯退货产品在其全生命周期过程中的显性或隐性问题，如质量缺陷、设计错漏、产品过期、产品换季滞后、慢流库存积压等，通过有效地计划、组织、运行、控制，改善优化企业的供应链管理（包括采购与库存管理）、质量管理、研发管理、售后服务、生产管理和产品市场

定位，从而达到树立企业品牌形象、提升客户忠诚度、促进客户重复购买、降低服务成本、强化核心竞争力的共同目标。主动式逆向物流管理与传统物流的5R原则不同，一般应当遵循"PPT-SIR"原则，即预测（Predict）、预防（Precaution）、跟踪（Track）、快速（Speed）、识别（Identify）、矫正（Recovery）。

四、绿色化

随着环保意识的增强，逆向物流行业也越来越注重绿色化发展。如果废旧产品在回收、储存、运输、处理过程中不符合国家有关环境保护和环境卫生管理的规定，可能会对环境造成污染。例如，废弃电器电子产品中含有的有害物质如铅、汞、镉等，如果处理不当，会对土壤和水源造成污染。因此，在废弃产品的收集过程中，回收网点需满足"便于交售"原则，存放时避免带来扬散、流失、渗漏等二次污染。在清洗和分拣环节，需按照环保要求处理废水及固体废弃物，避免造成环境污染。在再制造、循环利用过程中可能产生大量的废弃物，如废旧金属、塑料、电子废物等，如果处理不当，可能会对环境造成污染。此外，循环再利用过程中可能会产生废水、废气等污染物，需要确保污染物实现达标排放。因此，逆向物流相关企业应具备相应的污染防治设施和能力，并满足相关废物处理等环保要求。

五、社会化

逆向物流行业正在向更加社会化的方向发展，这意味着更多的企业、组织和个人将参与逆向物流的各个环节，共同推动行业的进步。首先，公众参与度提升。随着环保意识的增强，公众参与逆向物流的积极性提高。在许多国家，企业和公众参与回收物流的积极性较高，形成了社会化的回收联盟。其次，政府的支持与政策推动。政府通过完善相关法律法规、出台支持政策并改革管理体制，鼓励企业和社会资本共同参与逆向物流的发展，并通过资金支持和政策优惠，促进逆向物流企业成长。最后，第三方逆向物流企业的兴起。随着逆向物流市场的实际和潜在需求扩大，越来越多的第三方物流企业开始提供专业的逆向物流服务。这些服务包括产品回收、退货处理、维修和再制造等，形成了一个专业化的市场。

六、闭环供应链

随着全球对环保和可持续发展的重视，各国政府纷纷出台相关政策和法规，要求企业承担产品全生命周期的责任。例如，欧盟的废弃电子设备回收法规要求生产企业负责回收和处理废弃产品。这些政策促使企业更加重视逆向物流，以实现闭环供应链管理。闭环供应链需要正向物流和逆向物流的有机整合。逆向物流系统需要对回收物品进行集中检测、分级，并将其与正向物流系统协调运作，这种协调机制有助于提高供应链的整体效率和环境友好性。首先，在闭环供应链的运作中，再生材料在其回收过程中易受到某种程度的污染，导致其在生产实践中无法替代原生材料。其次，回收产品的数量和时间难以预测，这也使供应链的计划和协调难以实现。最后，闭环供应链涉及产品全生命周期，信息源分散且随机性强，导致难以追踪和管理，这也影响了供应链上下游的协同效率。

参考文献

［1］邵子琪，陈欣，卢晓璇，等．逆向物流政策的二维框架量化研究［J］．物流技术，2023，42（11）：23-34.

［2］退货商品何去何从？一文解锁京东物流逆向供应链［EB/OL］．（2022-09-14）［2023-12-23］．https：//www.jdl.com/news/2415/content00809？type＝0.

［3］赵凯．零售连锁企业逆向物流价值研究——基于低碳经济视角［J］．现代经济探讨，2010（6）：81-85.

［4］曹允春，林浩楠．区块链视角下过期药品逆向供应链构建研究［J］．中国药房，2019，30（24）：3342-3349.

［5］周铭．基于计算机视觉的废旧塑料瓶颜色识别和自动分拣系统［D］．华中科技大学，2014.

［6］混合废塑料、黑色废塑料，最新分选技术来了：高光谱成像技术（HSI）［EB/OL］．（2022-02-14）［2023-12-27］．https：//www.china-vision.org/cases-detail/203286.html.

［7］AI驱动分拣软塑料机器人问世 可帮助解决塑料垃圾危机［EB/OL］．（2021-06-11）［2023-12-27］.http：//www.i56box.com/？p＝44128.

［8］郝皓，王治国，林慧丹，等．第五利润源：我国逆向物流的商业价值及模式［J］．物流技术，2017，36（8）：47-50.

［9］郝皓，黄敏，李培鸿，等．基于产品风险控制的主动式逆向物流运作模型RLOM［J］．物流技术，2015，34（9）：9-11，23.

注：本文系国家社会科学基金项目"区块链背景下新能源汽车动力电池回收生态系统构建及治理研究"（项目号：20BGL200）成果之一。

（作者：上海第二工业大学　尉芳芳　郝皓）

第十七章 物流业绿色金融（碳金融）发展现状与趋势分析

第一节 绿色金融（碳金融）发展现状和需求分析

一、国内绿色金融发展现状

中国绿色金融的发展受到政策的强力推动，金融机构纷纷推出绿色债券、绿色贷款等产品，并积极参与碳交易市场。自 2021 年起，中国加强了绿色金融改革创新试验区的建设，地方政府通过政策激励，推动绿色金融与区域经济的协调发展。2023 年发布的报告指出，绿色金融科技、碳资产管理等领域的前景广阔，绿色普惠金融逐步成为新兴重点领域。为响应"双碳"目标，中国高度重视金融在绿色低碳转型中的作用，建立了多层次的绿色金融市场体系，绿色贷款和债券余额均位居世界前列。得益于"顶层"政府政策和"底层"地方举措（如碳交易市场和绿色金融试验区），中国绿色产业在过去十年中发展迅速。截至 2023 年 6 月底，21 家主要银行的绿色信贷余额达到 25 万亿元，同比增长 38.5%，占所有贷款余额的 10%。在绿色债券领域，2023 年上半年发行额达 3000 亿元，占全球总量的 16.8%，位居世界第二；2022 年全年绿色债券发行总额超过 7500 亿元，同比增长 64%。此外，绿色基金市场也日益活跃，已有超过 500 只绿色基金，总规模超过 2.5 万亿元，覆盖环保、清洁能源等多个绿色产业。这些数据充分显示了中国绿色金融的快速扩张及其在推动低碳转型中的重要作用。

二、国际绿色金融发展趋势

在国际上，绿色金融的需求持续增长，特别是欧盟等地区提出的碳边境调节机制（CBAM）等政策推动了低碳技术和产业的全球投资。国际金融机构开始增加绿色金融产品，如绿色债券和可持续投资基金，推动全球碳排放减少与经济增长的平衡。

为实现可持续发展目标（SDGs），国际上对绿色金融越发重视，全球绿色金融近年来迅猛发展，绿色债券市场在 2023 年年底的累计发行量已突破 2 万亿美元，2022 年单年发行量达 6200 亿美元，较 2021 年增长 20%，其中，欧盟主导了近一半的市场份额。与此同时，全球可持续金融总额（包括绿色债券、社会责任债券等）在 2023 年达到 1.7 万亿美元，推动力主要来自发达国家对低碳基础设施的投资。碳市场也在稳步扩展，2023 年全球碳交易市场规模接近 900 亿美元，欧盟碳交易体系占据 80% 的市场份额，碳价自 2020 年起大幅上涨，从 25 欧元/吨增长到 2023 年的 90 欧元/吨。这一市场变化也推动了绿色技术的投资，2023 年全球在清洁能源和绿色技术方面的投资总额达 1.1 万亿美元，涵盖电动汽车、太阳能、风能和氢能等关键领域。这些趋势共同促进了全球绿色金融的扩张与创新，为应对气候变化提供了强有力的资金支持。

三、绿色金融需求分析

随着全球气候变化加剧，企业对绿色融资的需求越加迫切。特别是在碳密集型行业，企业需要通过绿色金融支持进行技术改造和创新，以应对碳减排压力。未来，碳资产管理和碳市场的完善将成为碳金融需求增长的主要推动力。全球绿色金融需求正在快速增长，主要由应对气候变化、推动可持续发展及实现碳中和目标的迫切需求所驱动。在中国，绿色金融的需求呈现高速增长态势。例如，中国绿色债券市场在 2022 年发行量已超过 3000 亿元，未来预计绿色投资总需求将达到数十万亿元，集中于低碳基础设施和能源转型领域。国际上，绿色债券市场同样迅猛发展，未来数万亿美元的投资将用于全球范围内的低碳转型，涵盖能源、交通等关键领域。总体来看，绿色金融的需求不仅体现在国内市场的快速扩展，也反映出全球应对气候挑战的资金需求不断加大。

第二节　物流业绿色金融（碳金融）发展现状

一、2023 年物流业绿色金融（碳金融）发展情况

2023 年，物流业的绿色金融（尤其是碳金融）在支持行业绿色转型方面取得了显著进展，并通过多个渠道助力行业实现低碳发展。

绿色债券和碳金融工具被广泛用于资助物流行业的低碳基础设施升级，包括电动物流车、清洁能源使用和仓储设施的绿色改造。以绿色债券为例，物流企业通过发行绿色债券，为电动化车辆的采购和仓储设施的绿色改造提供了重要资金支持。

比如，顺丰控股在 2023 年发行了 30 亿元的绿色债券，用于购置新能源物流车和建设绿色仓储，新增了约 5000 辆电动物流车，预计每年减少碳排放 15 万吨，同时对多个物流中心进行了节能改造，显著提升了能效。此外，电动物流车的推广是绿色金融支持的重要领域。数据显示，2023 年全国新增约 20 万辆新能源物流车，其中 75% 的资金来自绿色贷款和融资租赁等绿色金融工具。

物流行业的数字化和智能化与绿色金融结合，如智能调度、减少空驶率、优化运输路线，提升了能源效率。这些升级项目的资金需求由绿色金融支持。随着物联网、人工智能、大数据等技术的广泛应用，物流企业借助数字化手段提升了全流程的透明度和碳排放监控能力，从而更加高效地参与碳金融工具的使用与碳交易市场。数据监控与智能管理系统为碳金融项目的精准投向提供了可靠支撑，帮助企业实现绿色转型的同时优化了资金使用效率。实际案例显示，顺丰控股通过智能化物流平台的建设，将仓储、运输和配送环节的能耗和碳排放数据实时纳入监控，进而利用这些数据精准进行碳排放权交易和碳信用抵消。顺丰的智能仓储系统升级后，通过物联网监控系统提升了能效管理，每年减少约 20% 的能源消耗。这些数据的积累帮助顺丰参与了全国碳排放交易市场，通过出售碳信用，获得了约 7000 万元的额外收益。与此同时，顺丰还借助大数据分析优化配送路径，智能调度电动物流车队，减少无效运输环节，年碳排放减少约 30%。2023 年，京东全面启用智能仓储设施，并结合区块链技术在整个供应链中记录碳排放数据。智能仓储系统通过自动化设备优化能耗，并借助人工智能进行能源管理与调度，显著提升了绿色仓储的运作效率。通过这些技术手段，京东大幅减少了仓储设施的能耗，并进一步利用区块链技术将碳足迹信息与碳交易市场对接，实现了碳排放配额的实时交易。2023 年，京东物流通过碳交易获得了超过 5000 万元的收入，这些资金用于进一步扩展其电动物流车队。数字化技术还促进了绿色金融工具在物流行业的创新应用。以菜鸟网络为例，2023 年菜鸟通过引入 AI 算法，对整个供应链的碳排放进行了全流程智能追踪和分析。同时，菜鸟借助区块链技术保证了碳排放数据的透明和可靠性，进一步推动了其绿色金融工具的应用。

从政策推动和试点项目来看，多个国家和地区推出绿色金融政策，支持物流行业的可持续发展。例如，中国的绿色金融改革创新试点推动了绿色物流项目的实施，促进企业通过碳交易市场降低碳足迹。政策驱动与金融支持紧密结合，推动了物流业绿色金融的发展。国家发展改革委和生态环境部联合发布的《关于构建绿色金融体系的指导意见》明确提出，要进一步拓展碳金融市场的交易品种，支持企业通过碳期货、碳期权等工具进行碳资产管理和风险对冲，同时鼓励金融机构开发创新型绿色债券和基金产品，为物流企业提供多样化的融资选择。2023 年，物流业共获得超过 200 亿元的绿色贷款，主要用于电动化车辆采购、绿色仓储改造以及碳管理系统的建设。这些政策与资金支持相辅相成，加速了行业绿色转型的进程。碳排放交易市场的活跃也为物流企业提供了优化成本和参与碳交易的机会。2023 年，物流业碳交易量达到 500 万吨，交易额近 10 亿元。在仓储设施的改造方面，2023 年约 30%的物流仓储设施进行了绿色升级，采用了可再生能源和智能化能源管理系统。顺丰国际物流园区在绿色金融贷款的支持下，通过安装太阳能光伏发电系统，年发电量达到 10 万千瓦时，可再生能源使用比例达到 60%，降低了运营成本和碳排放。

二、2024 年物流业绿色金融（碳金融）发展情况

供应链金融与国际贸易正逐步成为推动物流业绿色金融发展的重要支柱。供应链金融通过绿色贷款、绿色债券等多样化的金融工具，帮助物流企业和上下游合作伙伴实现低碳技术改造与可持续发展，促进整个供应链的碳减排和绿色转型。而国际贸易的碳减排要求及碳边境调节机制等政策压力，迫使物流企业在全球市场竞争中加快采用绿色金融工具，参与碳排放权交易、碳信用购买与碳抵消项目，优化资产配置与风险管理。

在国际贸易层面，绿色物流政策推动出口企业提升其环境绩效，并在国际市场中增强竞争力。例如，绿色物流对中国出口企业的碳足迹管理提出更高要求，使其能够在碳边境调节机制等国际规则下保持市场竞争力。国际贸易中，企业通过绿色金融方案获得资金支持，实现从低碳生产到绿色运输的全流程优化，确保供应链与贸易活动的可持续性。

国际海事组织（IMO）提出的碳减排要求对全球海运行业施加了更严格的环境规范，逐步形成了贸易壁垒，促使物流业加速绿色转型。在这些要求的推动下，碳金融和绿色金融在物流业特别是海运物流领域的应用变得至关重要。

许多国际航运公司通过发行绿色债券和利用碳金融工具进行船舶的低碳改造，以符合 IMO 的减排要求。例如，马士基通过绿色金融融资，投资了多艘采用氨气和甲醇等清洁能源的低碳船舶，并在船队中部署碳捕获与储存技术。马士基在 2023 年发行了价值约 50 亿美元的绿色债券，这些资金主要用于支持新型绿色船舶的采购和相关技术的研发。通过这些努力，马士基每年减少了约 150 万吨的碳排放，显著提高了其在国际贸易中的竞争力，避免了因未能达到碳减排标准而受到的关税或市场准入限制。

碳金融的参与不仅限于大规模的国际航运公司。许多中小型物流公司也开始利用绿色贷款和碳交易机制，以应对国际海事组织带来的贸易壁垒压力。以中国的中远海运为例，该公司在 2023 年通过绿色贷款融资了约 20 亿元，用于改造其部分老

旧船队，使其符合最新的碳排放标准。通过这些资金的支持，中远海运不仅更新了船舶的动力系统，还在一些船只上安装了能效管理系统，显著减少了燃油消耗和碳排放。具体数据显示，中远海运改造后的船舶碳排放降低了约20%，大幅提升了企业在国际市场中的合规能力和竞争优势。

此外，全球碳交易市场的日趋完善促使许多海运公司积极参与碳信用交易，尤其是在国际航线中碳排放较高的企业，通过购买碳信用来缓解减排压力。例如，法国的达飞海运集团（CMA CGM）在2023年通过碳交易市场购买了约300万吨的碳信用，用于抵消其全球航运网络中的部分碳排放。这一举措不仅让达飞海运能够维持市场准入，还通过碳信用交易优化了其运营成本，避免了可能因碳减排不达标而面临的国际贸易壁垒。

政策层面的推动也促使各国金融机构加大对绿色海运项目的支持力度。欧洲各国特别是德国、丹麦等航运强国，开始通过政府补贴、低息贷款等措施为国内航运企业的绿色升级提供资金支持。这些国家的航运公司利用绿色金融工具不仅提升了船队的环保性能，还通过投资氢燃料、电动船舶等新技术，为长期符合国际海事组织的碳减排要求奠定了基础。

总的来说，国际海事组织的碳减排要求构成了国际物流业的一道新贸易壁垒，促使物流企业加速采用绿色金融和碳金融工具，进行低碳转型和技术升级。通过绿色债券、绿色贷款和碳交易机制，企业得以优化船队、升级基础设施，从而减少碳排放，增强其在全球市场中的竞争力，避免了可能的经济损失和市场限制。这些实际案例和数据表明，绿色金融在物流行业应对国际碳减排要求中的重要性日益突出，推动了全球物流行业的绿色可持续发展。

在供应链金融方面，绿色物流项目正依赖绿色贷款、绿色债券等金融工具，推动产业链上下游的绿色升级。例如，上海已成为供应链金融示范区，2024年第一季度的供应链金融业务余额达到4710.65亿元，同比增长14.72%，通过金融赋能助力物流与制造业低碳化转型。这种供应链金融不仅支持冷链物流、智能化运输，还优化了绿色仓储系统的建设。供应链绿色金融在物流业的碳减排与可持续发展中发挥了关键作用，尤其是在推动整个供应链的绿色转型方面表现突出。物流企业通过绿色金融工具优化供应链，促进上下游企业采用低碳技术，降低碳排放并提高资源利用效率。供应链中的各个环节，包括运输、仓储、包装和配送，均通过绿色金融的支持加速向环保方向转型，形成了一个闭环的绿色经济体系。

首先，物流企业在绿色金融的推动下，逐步引入碳管理系统和大数据分析技术，实现全供应链的碳足迹监控与优化。2024年顺丰通过供应链绿色金融项目获得了约50亿元的绿色贷款，主要用于建设智能仓储设施和电动物流车队。顺丰不仅在自身运营中减少了碳排放，还通过与供应商、客户合作，共同制定低碳标准，预计整个供应链的碳排放减少了15%。这种供应链绿色金融的运作模式使各环节的参与方能够有效分担绿色改造的成本，提升了整个链条的碳减排效率。

此外，绿色金融的支持还加快了物流行业新能源车辆和绿色仓储的普及。根据中国物流与采购联合会的数据，2024年全国物流企业共采购了30万辆新能源物流车，其中80%的采购资金来自绿色贷款和碳金融工具。这些新能源车辆主要用于"最后一公里"配送，有效减少了城市配送环节的碳排放。同时，许多物流企业也开始通过绿色债券融资对仓储设施进行节能改造。以京东物流为例，京东通过发行绿色债券，对全国多个物流中心进行了太阳能发电系统的安装和能效管理系统的升级。通过这些绿色仓储设施的建设，京东供应链的整体碳排放减少了20%，每年节省了数千万元的能源费用。供应链绿色金融还促使物流企业与供应商、制造商之间建立更加紧密的合作关系，共同推进绿色采购与低碳生产。2024年菜鸟通过与上游制造商合作，在供应链中导入碳排放认证系统，并通过绿色贷款和碳交易机制激励供应商进行绿色改造。具体表现为，菜鸟的供应链伙伴获得了15亿元的绿色融资，用于改造工厂和生产设施，使其碳排放符合最新的绿色标准。这一举措不仅帮助供应商降低了碳排放，还提升了供应链的整体运营效率，预计将供应链碳排放总量减少10%，进一步推动了物流业的绿色升级。

通过供应链金融与国际贸易的双重推动，物流业能够有效整合资源，加速实现绿色转型，并为可持续发展奠定坚实基础。供应链金融为物流企业及其上下游提供了绿色资金支持，推动企业进行技术升级、节能减排，并降低运营成本。国际贸易中的碳减排要求与政策压力，进一步促使企业采用碳金融工具，增强其在全球市场中的竞争力与合规性。这种内外协同作用，不仅帮助物流业实现了碳排放目标，还提升了其绿色运营能力，确保了行业在未来全球绿色经济中的可持续发展。

第三节　物流业绿色金融（碳金融）发展趋势

一、政策引导的绿色金融创新

各国政府和国际组织陆续出台相关政策，以推动物流业的绿色转型。其中，中国通过绿色金融改革创新试点，推动企业使用绿色金融工具。中国的碳金融市场在政策引导和市场创新的双轮驱动下快速发展，推动低碳转型和"双碳"目标的实现。政策层面，中国通过绿色贷款、碳减排支持工具等结构性货币政策，引导资金流向绿色产业和长江经济带等重点领域。碳金融创新集中于转型金融、绿色债券以及生态价值实现，进一步增强了金融市场服务碳中和的能力。物流业碳金融的发展在政策引导的绿色金融创新中得到了显著推进。政府通过政策性引导和金融工具，如绿色债券、绿色贷款和碳交易市场，为物流企业提供资金支持，推动它们投资于低碳技术和节能设备。例如，智慧城市项目中的物流企业在政策激励下广泛采用智能电网和能效监控系统，以降低能耗和碳排放。此外，中国人民银行等机构正不断完善绿色金融标准体系，支持物流企业参与碳交易，实现碳减排配额的市场化运作。南京江宁经济技术开发区便是政策引导与碳金融结合的典型案例，企业在当地政策支持下，通过碳金融工具推动物流绿色转型并提升市场竞争力。这一过程中，金融工具创新与顶层政策设计的结合，促使碳金融市场不断深化，逐步形成具有中国特色的绿色金融体系。

二、碳排放监管的强化

随着碳排放监管的逐步强化，中国的碳金融体系也不断完善，助力绿色低碳转型。在碳市场建设方面，全国碳市场自 2021 年启动以来运行稳定，通过持续优化配额分配机制与强化数据管理，实现市场规模逐步壮大。2023 年，中国进一步推进碳市场扩容，并完善核查体系，确保交易的透明与合规。此外，金融机构也通过绿色信贷、绿色债券和碳减排支持工具，配合监管政策落实，建立更严格的碳排放统计和监控体系。这种金融与监管协同的模式推动了碳金融市场从试验探索向规范化、法治化方向发展，使其成为支撑生态文明建设和产业转型的关键工具。例如，部分物流公司已在政策鼓励下采用新能源车队和建设低碳仓储系统，以减少碳足迹并符合国家碳达峰目标。在南京江宁经济技术开发区试点中，政府出台了多项政策帮助物流企业获取绿色贷款并通过碳交易平台出售多余的碳配额，从而获得资金支持。此外，中国人民银行还不断优化绿色金融标准，使金融机构能够更有效支持物流业的低碳转型。

三、绿色债券与贷款的广泛应用

物流企业在升级低碳基础设施、购买电动运输工具、建设绿色仓储设施等方面，越来越多地利用绿色债券和贷款。随着绿色债券与绿色贷款的广泛应用，物流行业的碳金融发展逐渐加速，助力其实现低碳转型。中国金融机构积极通过绿色贷款支持物流企业在运输电气化、节能设施改造和新能源技术应用等方面的投入。例如，部分物流公司通过发行绿色债券筹资引进电动货车、太阳能充电设施以及智能能耗管理系统，以优化运输效率和减少对化石能源的依赖。同时，中国金融机构为符合绿色标准的物流项目提供绿色贷款，通过低利率和融资激励政策帮助企业加速向绿色供应链模式转型。

四、智能化和数字化驱动的节能增效

物流业在碳金融的支持下，正通过智能化和数字化技术实现节能增效，推动绿色转型。智慧城市建设和智能物流基础设施的完善为企业优化供应链管理和提高运输效率提供了有力支撑。绿色金融工具，如绿色贷款和碳金融产品，鼓励企业在物流网络中采用数字化技术，包括智能电网系统和能耗监测平台，以进一步降低碳排放。例如，菜鸟网络通过物联网技术实现仓储设备的实时监控和能源消耗管理，大幅减少电力消耗和碳排放。此外，政府政策也在推动智能化设备和平台在物流业的普及，帮助企业实现碳排放的精准管理。未来，物流业的绿色金融将更深入地嵌入供应链管理中。企业将通过碳足迹管理、绿色采购、低碳运输等方式，利用绿色金融优化其供应链，形成从原材料采购到产品交付的全链条低碳体系。

参考文献

［1］郝皓，黄敏，李培鸿，等．基于产品风险控制的主动式逆向物流运作模型 RLOM［J］.物流技术，2015，34（9）：9-11，23.

［2］FANG X, KHALAF O I, GUANGLEI W, et al. Exploring impact of green finance and natural resources on eco-efficiency: case of China［J］. Scientific Reports, 2024, 14（1）.

［3］LI J, GU X, HAN T, et al. Leveraging green finance and technological innovations for sustainable urban development: A comparative study of Chinese mega-cities［J］. Heliyon, 2024, 10（5）.

（作者：深圳观复碳中和技术研究院，中国矿业大学（北京）能源与矿业工程学院可持续发展与能源政策研究中心　杨夕　谢小玉）

第十八章 绿色物流标准发展现状 与趋势分析

第一节 绿色低碳标准发展现状和需求分析

一、政策与战略支持

我国政府高度重视绿色低碳标准的建设。例如，《国务院关于加快建立健全绿色低碳循环发展经济体系的指导意见》强调了绿色标准体系顶层设计和系统规划的重要性。同时，《国家标准化发展纲要》也明确提出要建立健全碳达峰碳中和标准，实施碳达峰碳中和标准化提升工程。这些政策为绿色低碳标准的发展提供了有力支撑。

二、技术与创新驱动

社会鼓励和支持技术创新是推动绿色低碳标准制定的重要动力，通过科研单位与企业的合作，加强绿色低碳技术的基础研究和创新应用，为标准的制定提供科学依据和技术支撑。特别是在高耗能、高排放领域，需要建立以能效为导向的激励约束机制，推广先进高效产品设备，加快淘汰落后低效设备。

三、国际合作与互认

随着全球化的深入发展，国际合作在绿色低碳标准领域变得尤为重要。中国需要积极参与国际能效、低碳等标准的研制与修订，推动与国际先进标准的接轨和互认。这不仅有助于提升我国在全球环境治理中的影响力，还能促进国内产业的升级和转型。

第二节 绿色物流标准发展现状

一、2023 年绿色物流标准发展情况

（一）政策推动与标准制定有力

随着全球气候变化和我国"双碳"目标的推进，物流业作为能源密集型行业，

其碳排放问题日益受到关注。我国物流业碳排放占全国碳排放总量的 9% 左右，因此，加快建立物流领域碳排放、碳足迹核算标准成为当务之急。这些标准的制定将支撑物流领域的碳核算工作，为行业绿色低碳发展提供重要依据。中物联绿色物流分会及行业产、学、研、检、用各界专家在政策指引下纷纷立项和发布多项标准，例如，主责 2022 年国标委下达碳达峰碳中和国家标准专项计划中国家标准《物流行业能源管理体系实施指南》（20220828—T—469）、国家标准《物流企业能源计量器具配备和管理要求》（20220834—T—469）在 2023 年完成了标准报批稿和标准征求意见稿；发布了《逆向物流服务评价指标》（GB/T 42501—2023）、《电子商务逆向物流通用服务规范》（GB/T 43290—2023）、《绿色制造 制造企业绿色供应链管理 逆向物流》（GB/T 43145—2023）、《逆向物流服务良好行为规范》（GB/T 42928—2023），行业标准《物流企业绿色物流评估指标》（WB/T 1134—2023）《物流企业温室气体排放核算与报告要求》（WB/T 1135—2023）；成功立项了国家标准《基于项目的温室气体减排量评估技术规范 动力电池梯次利用》（项目计划号：20232571—T—469）、行业标准《新能源汽车废旧动力蓄电池 物流追溯信息管理系统建设要求》（项目计划号 303—2023—005）和《新能源汽车废旧动力蓄电池 物流追溯信息管理系统数据元》（项目计划号 303—2023—004）。

（二）技术创新与应用基础扎实

绿色物流标准的编制离不开新技术和新模式的运用。当前，物流企业正积极研究和应用智能化设备及数字化信息技术，以实现全流程的低碳化、绿色化。例如，日日顺供应链通过构建智慧仓群、运用运输管理系统、推广纯电动货车等措施，持续推动供应链全链路的减碳降碳。此外，中国物流与采购联合会也强调要支持物流行业绿色技术研发和产品创新，大力发展清洁能源技术装备，促进数字化、智能化技术应用。

（三）国际合作与互认工作探索

在绿色物流领域，国际合作与互认也是重要的发展方向。中国物流与采购联合会推出的《物流行业公共碳排计算器》就是一个很好的例子。该计算器适用于物流组织、物流订单、绿色低碳项目三个层级的温室气体排放计算，有助于推动国际国内碳排放互认，进而推进物流业绿色低碳和高质量发展。

二、2024 年绿色物流标准发展情况

（一）绿色物流标准国际化得到重大突破

作为 ISO/TC 344 创新物流技术委员会国内技术对口单位，中国物流与采购联合会正在组织编制 ISO 技术报告《绿色物流活动应用案例》（项目编号：ISO/AWI TR 25326）。该项目由鞍山钢铁集团有限公司提出，经 ISO/TC 344 创新物流技术委员会第一次全体会议决议批准于 2024 年立项，是绿色物流标准国际化的首次突破。中国物流与采购联合会组织提案单位按会议中收集的各国意见和建议对草案进行了完善，经国家标准化管理委员会标准创新管理司审批后向 ISO/TC344 提交文件。该项目提供了来自 14 个国家的 19 个组织在运输、储存、装卸、搬运、包装、流通加工、配送、信息处理等业务场景的绿色物流服务案例。目前，该项目正在向 ISO/TC344 成员国征求意见。

2024 年 6 月，国际公认的测试、检验和认证机构 SGS（通标标准）依据 GLEC V3.0、ISO 14083：2023 等物流领域国际碳排放核算标准，对顺丰自主研发的全链路物流碳足迹管理系统——"丰和可持续发展平台"的物流运输全链路温室气体排放量的量化范围界定、排放源识别、活动数据录入、参数设定、量化方法等方面，分别展开了全面评估与核查，最终评估该平台的温室气体量化功能符合 GLEC V3.0 及 ISO 14083：2023 的相关要求。

2024 年 9 月，京东物流获得必维集团依据 ISO 14068 颁发的碳中和证书，这也是全球首个快递即时配送物流服务的碳中和证书。过去 2 年，京东物流持续为某全球知名科技企业提供在中国的即时配送服务，并基于此进行供应链碳足迹追踪，通过数据分析精准实施减碳技术，已成为该企业在中国的首个自主贡献订单全生命周期碳中和服务的物流运输供应商。此外，京东物流还承诺实现从 2023 年至 2050 年净零排放目标，协助该企业成功实现了即时零售创新商业模式下的"碳排放脱钩"。

2024 年 7 月，中车资阳公司获得国际权威认证机构依据 ISO 14067：2018 颁发的新能源机车（内电）碳足迹证书，这是我国新能源机车（内电）领域获得的首张碳足迹证书。这也意味着"资阳造"新能源机车（内电）从钢材到完成 30 年服役期后被回收再利用，全生命周期碳排放符合绿色、低碳发展要求，是一款落实国家"双碳"目标的新型环保机车。该机车通过轻量化设计、绿色电力使用及高效能生产技术的引入，有效降低了碳排放量，提升了整体能效水平。数据显示，"内燃发动机+动力电池"机车可实现氮氧化物减排 45%、碳氢化合物减排 73%、一氧化碳减排 83%。

（二）绿色产品选型标准推动行业低碳发展

2024 年 7 月，中物联牵头起草的《绿色产品评价 物流周转箱》（GB/T 43802—2024）正式实施，该标准的实施标志着我国物流行业在绿色化标准方面迈出了重要步伐，将有效促进物流周转箱的标准化和绿色化，有助于降低物流成本，提高经济运行效率，减少生产企业在设计和制造过程中的资源浪费。同时，标准化的周转箱也使物流操作更加高效，减少了货物破损率，提升了整体物流服务质量。

2024 年 8 月，国家标准化管理委员会印发了《国家标准化管理委员会关于下达 2024 年第六批推荐性国家标准计划及相关标准外文版计划的通知》，批准了《绿色产品评价 托盘》（计划号：20242773—T—602）国家标准制定计划。该标准由全国物流标准化技术委员会（SAC/TC269）提出，全国物流标准化技术委员会托盘分技术委员会（TC269/SC2）为执行单位，中国物流与采购联合会为牵头起草单位。同期制定该标准外文版：Green product assessment—Pallets（外文版计划号：W20244693）。该标准旨在助力国家建立统一的绿色产品体系，推动扩大绿色产品供给，并鼓励企业生产和使用绿色托盘产品。该标准的制定落实了《国家标准化发展纲要》中关于建立绿色产品分类和评价标准的要求，以及党中央、国务院和相关政府机构关于健全托盘绿色产品标准、开展绿色产品认证的任务部署。基于全生命周期理念，对标国际先进水平，该标准将促进我国托盘产品在质量、生态环境、健康安全、节能低碳等方面的升级，从而提升产品市场竞争力。此外，该标准为托盘生产企业设定了生产过程和技术要求的标杆，助力企业摆脱粗放式生产管理模式，提高资源利用效率，推动企业以绿色低碳和全生命周期理念进行产品设计与生产，减少产品碳足迹。

（三）物流行业能源管理相关标准提升物流企业能效及竞争力

2024 年 5 月，国家标准《物流行业能源管理体系实施指南》（GB/T 44054—2024）正式发布，该标准的实施将帮助物流企业提高能源利用效率、树立良好社会责任形象、克服技术性贸易壁垒、培养能源管理人才、促进标准化工作，并有助于提升物流行业的整体竞争力和社会影响力。在提高能效方面，通过建立和实施能源管理体系，物流企业能够全面系统地策划、实施、检查和改进各项能源管理活动，使能源管理手段形成一个有机整体，从而以最佳的效果获得期望的节能效果。

2024 年 5 月，国家标准《物流企业能源计量器具配备和管理要求》（20220834—T—469）正式完成了送审和报批，未来该标准的发布和实施对于提高物流企业的能源管理效率、推动绿色低碳发展、增强国际竞争力、填补行业空白、促进技术创新、提升企业形象和社会责任感等方面都具有重要的意义。在提高能源管理效率方面，该标准通过明确物流企业在能源计量器具配备和管理方面的具体要求，帮助企业更加精准地掌握能源消耗情况，从而优化能源使用结构，提高能源利用效率。在推动绿色低碳发展方面，该标准的实施将促使物流企业加强能源计量器具的配备和管理，进而推动物流行业向绿色、低碳方向发展。

（四）物流行业碳管理相关标准部署凸显绿色价值

2024 年 7 月，行业标准《物流企业碳排放管理体系实施指南》（303—2022—003）通过专家审查，进入报批环节。未来，该标准的发布和实施，对于推动物流行业绿色低碳发展、助力国家"双碳"目标实现、促进物流行业转型升级、增强企业社会责任感以及推动国际合作与交流等方面都具有重要的意义。

2024 年 6 月，行业标准《物流订单温室气体排放的量化和报告》启动编制。该标准有利于促进技术创新与效率提升，帮助企业发现物流活动中的碳排放热点和改进空间，从而推动技术创新和管理优化，提高物流效率，降低碳排放强度。

2024 年 8 月，国家标准《基于项目的温室气体减排量评估技术规范 动力电池梯次利用》（项目计划编号：20232571—T—469）已完成全国征求意见，即将进入送审阶段。该标准的编制对于促进资源循环利用、指导行业发展、支持政策制定等方面具有重要意义。在促进资源循环利用方面，该标准为动力电池梯次利用项目提供了明确的温室气体减排量评估方法，有助于推动电池资源的合理循环和高效利用。在指导行业发展方面，该标准的制定为动力电池梯次利用行业提供了统一的操作指南和技术要求，有助于规范行业发展，提升整体技术水平。在支持政策制定方面，该标准能为政府提供科学的数据支持，帮助制定更为有效的环境保护和资源管理政策。

（五）物流行业数字化绿色化融合标准促进行业转型升级

2024 年 3 月，国家标准《物流企业碳排放数据的数字化管理指南》启动编制。该标准旨在为物流及供应链企业提供碳排放数据的数字化管理标准指导，推动物流及供应链行业数字化、绿色化发展，为"双碳"目标的实现提供重要技术基础。

2024 年 6 月，行业标准《物流企业环境、社会和公司治理（ESG）评价指南》启动编制。该标准是一套用于评估物流企业在 ESG 方面表现的标准和流程，为物流行业提供一套全面、科学的评价标准和方法，有助于推动物流行业的可持续发展和企业社会责任的提升。

第三节　绿色物流标准发展趋势

一、聚焦价值创造、培育绿色生产力

绿色生产力是以绿色技术创新为引领，以构建绿色低碳循环发展经济体系为目标，摆脱了传统的高耗能、高污染、高排放的经济增长方式，具有科技含量高、资源消耗低、环境污染少等特征，符合人与自然和谐共生发展理念的先进生产力。绿色发展是高质量发展的底色，新质生产力本身就是绿色生产力，必须加快发展方式绿色转型，助力碳达峰碳中和。

二、强化国际交流、扩大产业影响力

绿色物流标准的发展路径是"技术专利化、专利标准化、标准国际化"。新质生产力的重要特征就是数字化和绿色化。绿色物流将发展着力点放在科技创新上，以数字化、网络化、智能化、绿色化、融合化为基本特征，带动新经济增长点不断涌现。因此，应通过国际合作，引进先进的绿色物流技术，积极参与和牵头国际绿色物流标准的制定，扩大产业影响力。

三、使能精益管理、提升企业竞争力

绿色物流标准赋能精益管理，可以帮助企业在降低成本、提高效率、提高产品质量、增强企业形象等方面取得优势，从而提升企业竞争力。在提高资源利用效率方面，绿色物流标准鼓励企业采用环保材料和节能设备，减少能源消耗和废弃物产生，这有助于降低企业的运营成本，提升企业竞争力。在优化供应链管理方面，绿色物流标准要求企业在供应链中实现绿色化，包括采购、生产、运输、仓储等环节，通过优化供应链管理，企业可以降低库存成本，提高物流效率。在提高产品质量方面，绿色物流标准要求企业在生产过程中减少对环境的污染，提高产品的环保性能，这将有助于提高产品质量，满足消费者对绿色、环保产品的需求。在增强企业形象方面，遵循绿色物流标准的企业，通常会在社会责任和环保方面表现出较高的水平，这有助于提升企业的社会形象和品牌价值，从而吸引更多的消费者和合作伙伴。在符合法规要求方面，随着环保法规的日益严格，企业需要遵循绿色物流标准，以避免因违反法规而产生的罚款和声誉损失。

（作者：鞍山钢铁集团有限公司　侯海云）

第十九章　现代物流绿色化与数字化协同发展现状与趋势分析

第一节　现代物流绿色化与数字化协同发展背景

一、环保意识推动绿色物流发展

（一）ESG 理念的普及为绿色物流发展提供有力支持

随着环境污染的不断加剧，全球对可持续发展的重视达到了前所未有的高度。物流业作为经济活动的重要支撑，其对环境的影响不可忽视。随着 ESG 理念的普及，物流企业开始积极采取措施。以京东为例，京东物流积极践行 ESG 理念。在绿色仓储方面，京东建成国内首个"碳中和"物流园区，并完成 17 座亚洲一号智能产业园区的光伏发电系统布局，多个分拣中心、大件仓、物流园区也铺设了屋顶光伏，2023 年总装机容量达到 114.48 兆瓦。在绿色运输环节，截至 2023 年年末，京东物流干线及终端运输环节共计投入新能源车超过 8000 辆，平均每年可减少碳排放超过 3.5 万吨二氧化碳当量，还在京津冀地区率先投入首批数十辆氢能源重卡物流车。在绿色包装领域，2023 年京东物流通过绿色包装实现碳减排近 7 万吨，且自发布行业内首个原厂直发包装认证标准以来，持续携手上下游合作伙伴推行原发包装的环保包装模式，2023 年原厂直发包装帮助减少二次包装使用量超过 8 亿个。

（二）消费者对环保产品和绿色服务的需求不断增长

随着消费者的环保意识不断增强，其对环保产品和绿色服务的需求不断增长。根据德勤中国研究中心的调研数据显示，消费者对于绿色产品的意愿强烈，一半以上的消费者愿意选择绿色产品，而且这一比例正在逐年上升。截至 2023 年，愿意为绿色产品支付溢价的消费者占比已接近翻一番，增速可观。这推动了物流业的绿色转型，以满足消费者的期望。在这种背景下，物流企业更加注重社会责任，积极参与环保公益活动，提高企业的社会形象。例如，一些企业与环保组织合作，开展垃圾分类宣传活动，提高公众的环保意识。同时，企业还通过提供绿色物流服务，如绿色配送、绿色仓储等，满足消费者对环保的需求。

（三）国际环保协议与标准对物流业的绿色化提出更高要求

国际环保协议与标准对物流业的绿色化提出了更高的要求，物流企业不得不加快绿色化步伐。如《联合国气候变化框架公约》《巴黎协定》等国际协议促使各国纷纷制定严格的减排目标。以欧洲为例，欧盟制定了一系列严格的环保法规，要求物流企业降低碳排放、减少废弃物产生等。一些欧洲物流企业积极响应，采用新能源车辆、优化运输路线等措施。例如，欧洲物流巨头基华物流投入大量资金购买电动卡车和混合动力货车，目前其新能源车辆占比已达到30%。

二、数字技术飞速发展

（一）数字技术促进物流信息实时监控、共享

物联网、大数据、人工智能等技术在物流中的广泛应用，使物流企业能够实现对物流过程的全面感知和实时监控。根据中研普华产业院研究报告显示，2024年上半年，中国新型基础设施建设的投资同比增长了16.2%。其中，5G、数据中心等领域的投资增长了13.1%，工业互联网和智慧交通的投资增长了34.1%。国家新一代人工智能创新发展试验区已经达到17个。我国建成了全球规模最大、技术领先、性能优越的数字基础设施，整体水平实现跨越式提升，为我国数字物流的发展奠定了坚实的基础。通过物联网技术，物流企业可以将各类物流设备、运输工具和货物进行连接，实现信息的实时传输和共享。例如，在货物运输过程中，通过安装在运输车辆上的传感器，可以实时监测车辆的位置、速度、油耗等信息，为物流企业优化运输路线、提高运输效率提供数据支持。大数据技术则可以对海量的物流数据进行分析和挖掘，帮助物流企业更好地了解市场需求、优化库存管理、预测物流流量等。人工智能技术在物流领域的应用也越来越广泛，如智能仓储、智能配送等，大大提高了物流作业的自动化和智能化水平，2023年中国智能物流装备市场规模达到1003.9亿元，近五年年均复合增长率达24.35%，进一步提升了我国物流作业效率。

（二）数字技术推动物流平台的建设和发展

各种物流信息平台、电商平台的出现，打破了传统物流的信息壁垒，实现了物流资源的优化配置和高效整合。例如，一些综合性的物流信息平台可以将货主、物

流企业、运输车辆等各方资源进行整合，通过平台的智能匹配和调度，实现物流运输的高效协同。电商平台的发展也为物流企业带来了巨大的机遇和挑战，截至 2024 年 6 月，全国网络货运企业增至 3286 家，运单数同比增长 52.8%，增速较 2023 年提高 1 倍。物流企业需要借助数字技术不断提升自身的服务水平和运营效率，以满足电商业务快速增长的需求。

（三）数字技术为现代物流的绿色化发展提供新的途径和方法

2024 年，我国《政府工作报告》中指出要大力发展绿色低碳经济，推进产业结构、能源结构、交通运输结构、城乡建设发展绿色转型，推动废弃物循环利用产业发展，促进节能降碳先进技术研发应用，加快形成绿色低碳供应链。在物流绿色化发展进程中，一方面，数字技术可以帮助物流企业实现节能减排。例如，智能交通系统可以优化运输路线，减少车辆的空驶率和拥堵时间，降低油耗和排放。智能仓储系统可以实现对仓库内温度、湿度等环境参数的自动调节，降低能源消耗。另一方面，数字技术可以促进绿色物流的创新和发展。例如，区块链技术可以实现物流信息的可追溯性和透明性，确保绿色物流的真实性和可靠性。新能源技术与数字技术的结合，可以实现对新能源运输工具的智能管理和优化调度，提高新能源的利用效率。

三、市场需求与产业升级

（一）消费者对物流效率、服务质量和环保性能的要求不断提高

随着电子商务的蓬勃发展和消费者生活节奏的加快，消费者对物流效率的要求日益提升。同时，消费者对服务质量也提出了更高要求，包括订单追踪的实时性、客服响应的迅速性以及售后服务的完善性。此外，环保意识的增强使消费者对物流的环保性能越发关注，绿色包装、低碳运输等成为新的消费趋势。

（二）物流企业需要通过绿色化与数字化协同发展来满足市场需求

面对消费者对物流效率、服务质量和环保性能的多重需求，物流企业纷纷探索绿色化与数字化协同发展的路径。以菜鸟网络为例，该公司通过自主研发的智能物流系统，实现了物流全链条的数字化管理，从订单处理到配送完成，每一个环节都实现了信息的实时共享和智能调度，大大提高了物流效率。同时，菜鸟网络还积极推广绿色包装和回收计划，据统计，自实施绿色包装计划以来，已累计减少塑料包装使用量超过 10 亿个，有效降低了环境污染。

（三）产业升级和供应链优化要求物流业实现绿色化与数字化深度融合

在全球经济一体化和产业升级的大背景下，物流业作为连接生产和消费的关键环节，其绿色化与数字化的深度融合成为必然趋势。实现绿色化与数字化的深度融合可以提升物流企业的核心竞争力和市场地位。通过提供绿色、智能、高效的物流服务，物流企业可以赢得更多客户的信任和支持，从而在激烈的市场竞争中脱颖而出。以汽车行业为例，随着新能源汽车的普及和智能网联技术的发展，汽车供应链对物流的依赖程度更高，对物流的绿色化和数字化要求也更加严格。特斯拉通过引入智能物流管理系统，实现了零部件供应的精准预测和快速响应，同时采用电动运输车辆和绿色包装材料，显著降低了物流过程中的碳排放，从而实现转型升级和企业高质量发展。

第二节　现代物流绿色化与数字化协同发展现状

一、绿色化与数字化协同效应初显

在国家"双碳"目标的宏观指引下，物流行业积极响应，绿色化与数字化的协同效应逐渐显现。这一协同效应不仅体现在物流企业的日常运营中，更在技术创新、管理优化等多个层面展现出强大的生命力。在运输路线的优化方面，物流企业利用数字化手段，如 GIS（地理信息系统）、GPS（全球定位系统）以及大数据分析，实现了对运输路线的精准规划。通过实时分析交通状况、车辆位置、货物需求等信息，物流企业能够动态调整运输计划，有效减少空驶率，降低能耗和碳排放。例如，中国外运作为中国领先的综合物流服务商，积极响应国家"双碳"目标，通过数字化转型推动能源结构的全面绿色转型。公司引入了先进的物流管理系统，通过大数据分析、智能调度等手段，优化运输路线，提高车辆使用效率，显著降低了空驶率。同时，中国外运还加大了对清洁装备的投资力度，如电动叉车、新能源货车等，提高了清洁装备的应用比例。在仓储管理方面，数字化技术的应用同样显著提升了物流企业运作效率与绿色水平。通过引入自动化仓储系统、智能分拣机器人等高科技设备，物流企业能够实现对货物的快速、准确处理，减少人工操作带来的时间浪费和能源消耗。同时，电子单据、无纸化办公等数字化工具的普及，也极大地减少了物流过程中的纸张消耗，降低了资源浪费和环境污染。例如，顺丰速运引入自动分拣系统、无人仓储系统等自动化设备，大大减少了人工操作，降低了能源消耗和排放。此外，中通快递投入大量资金建设智能物流中心，通过引入自动化分拣系统和智能调度系统，实现了作业流程的优化和资源的高效利用。

二、绿色化与数字化发展创新模式不断涌现

随着全球环保意识的提升和技术的飞速进步，现代物流行业面临着资源效率和环境保护的双重挑战。在此背景下，如何平衡运营效率与可持续发展成为物流企业关注的焦点。为应对这一需求，现代物流行业逐渐涌现出智能绿色供应链管理、绿色共享经济平台以及可持续智能仓储三种创新模式，助力物流行业实现绿色转型与智能化升级。

一是智能绿色供应链管理模式。目前，许多物流企业正在积极采用智能绿色供应链管理模式，通过集成物联网、大数据等先进技术，进行实时数据采集和分析，优化库存管理、运输路线和仓储布局，实现供应链全过程的透明化、智能化。例如，京东物流已构建了一套完整的智能绿色供应链体系，通过数据分析优化运输路线，减少空驶和无效运输，同时大力推广电子面单和环保包装材料，大幅降低了运营过程中的碳排放。

二是绿色共享经济平台模式。随着共享经济理念的普及，绿色共享经济平台在物流行业中得到了广泛应用。这类平台允许企业和个人共享闲置的物流资源，如运输工具、仓储空间等，从而减少资源浪费。当前，许多城市和企业都在积极探索和应用这一模式。菜鸟网络旗下的"菜鸟裹裹"就是一个典型的例子，它通过智能匹配算法，将用户的寄件需求与可用的运力资源高效对接，不仅提高了运输资源的利用率，还减少了因重复运输造成的环境污染。

三是可持续智能仓储模式。近年来，越来越多的物流企业开始投资建设可持续智能仓储系统，这种系统不仅能够通过机器人拣选、自动分拣线等方式提高作业效率，还能通过绿色能源和节水技术降低能耗。例如，顺丰速运在其多个物流中心部署了可持续智能仓储设施，采用了太阳能发电和雨水回收利用技术，既保障了高效运作，又实现了节能减排。

三、跨界融合与生态构建

现代物流行业的跨界融合与生态构建正在加速发展，物流企业不再仅仅提供传统的运输和仓储服务，而是通过与金融、科技、制造等其他行业的深度融合，构建起一个更加综合的物流生态系统。

在跨界融合方面，菜鸟网络与多家制造企业合作，引入物联网技术和智能算法，推动现代物流的数字化转型。在金融领域，菜鸟网络与蚂蚁金服合作，准确评估中小

企业的信用状况和融资需求，为中小企业提供个性化的供应链金融解决方案。而在科技领域，菜鸟网络则与阿里云联手，利用大数据和云计算技术优化物流流程，通过实时监控和分析物流数据，及时发现和解决物流过程中的问题，提高物流效率和服务质量。

与此同时，生态构建层面也在不断深化。物流企业不再孤立运作，而是形成一个以共享和协作为核心的生态网络，各个参与者在其中发挥各自的优势，进行协同创新。例如，菜鸟网络通过整合各方资源，使物流服务商、制造企业和金融机构能够在开放平台中共享数据、技术和市场资源，形成互利共赢的生态关系。此外，菜鸟网络还通过建立绿色物流标准和共享平台，进一步促进整个行业的可持续发展。这种跨界融合与生态构建为现代物流行业带来了更多的发展机遇和创新空间。

第三节　现代物流绿色化与数字化协同发展的现存问题与挑战

在现代物流绿色化与数字化协同发展的进程中，尽管已取得显著成效，但仍面临诸多问题与挑战，不仅制约了当前的发展速度，也对未来的可持续发展构成了潜在威胁。

一、技术体系不健全与标准规范不统一

一方面，技术体系的不健全是当前物流绿色化与数字化协同发展的主要瓶颈之一。尽管大数据、云计算、物联网、人工智能等技术在物流领域的应用日益广泛，但各技术之间尚未形成完整、高效的集成体系，导致"数据孤岛"现象严重，难以实现信息的全面共享与高效利用。此外，不同企业、不同平台之间的技术兼容性差，增加了技术整合的难度和成本。

另一方面，标准规范的不统一也是制约因素之一。物流绿色化与数字化的发展需要统一的技术标准和操作规范作为支撑，以确保各环节的无缝对接和高效协同。然而，目前国内外在绿色物流、数字化物流方面的标准体系尚不完善，不同国家和地区之间的标准差异较大，给跨国物流和国际合作带来了障碍。此外，行业内部也缺乏统一的标准来指导绿色包装、节能减排、智能调度等具体实践，影响了整体发展效果。

二、经济下行，物流成本与收益难以平衡

近年来，在经济增长放缓、经济下行压力加剧的宏观背景下，物流市场需求疲软，业务量下滑，直接导致物流企业面临成本上升与收益减少的双重压力。一方面，物流运营所需的固定成本如人力、仓储、运输等费用并未因业务量减少而相应降低，

反而可能因规模效应减弱而相对增加。另一方面，绿色化与数字化转型作为提升竞争力的关键途径，其高额的初期投入与短期内难以量化的收益回报，加剧了物流企业的财务负担。同时，随着市场需求的减少，物流企业之间的竞争越发激烈，价格战等行为造成利润空间进一步压缩。这种成本与收益之间的不平衡状态，严重制约了物流企业的健康发展。据统计，2023年近30%的物流企业全年亏损，平均收入利润率在3%低位徘徊。这一数据不仅反映了当前物流业的严峻形势，也凸显了物流企业在经济下行压力下所面临的巨大挑战。

三、跨领域复合型人才短缺

现代物流绿色化与数字化协同发展需要具备跨学科知识的复合型人才作为支撑。这类人才不仅需要掌握物流管理的基本知识和供应链优化、库存管理等传统技能，还需要精通大数据挖掘与分析、云计算平台的构建与运维、物联网技术的集成与应用，以及人工智能算法在物流预测、路径规划等领域的创新实践。然而，目前市场上这类人才相对稀缺，难以满足物流业快速发展的需求。此外，物流业的人才流失问题也较为突出。权威数据显示，物流业工作强度大、工作环境复杂、职业发展空间有限等因素，导致部分优秀人才选择离开物流业。据统计，物流业人员的流失率普遍在15%~25%，这进一步加剧了人才短缺的问题。因此，如何吸引和培养跨领域复合型人才已成为现代物流绿色化与数字化协同发展过程中需要重点解决的问题之一。

第四节　现代物流绿色化与数字化协同发展趋势

一、技术创新加速协同发展

（一）物联网赋能全流程智能监控

物联网技术在物流业的应用日益普及，物流企业开始逐步通过智能传感器实现对运输车辆、仓储设施、货物等环节的实时监控。智能车队管理系统利用物联网技术优化运输路线、减少燃油消耗。智能仓储管理系统通过实时监控库存和环境条件，提升资源利用效率和降低能耗。未来，物流企业将更多地采用可回收、可降解的环保包装材料，并通过数字化手段跟踪包装的使用和回收情况，推动循环经济的发展。

（二）区块链增强数据透明度

区块链技术为物流业带来了数据安全保障，未来在碳足迹管理方面将发挥关键作用。通过区块链，物流企业能够记录并追踪货物在运输过程中的碳排放，提供可信的碳足迹报告，促进绿色物流发展。此外，智能合约技术的普及和应用可以使物流操作流程自动化，减少人为干预和资源浪费。

（三）人工智能与大数据助力精准调度和绿色管理

人工智能技术的进一步普及使物流企业能够实现智能调度，减少车辆空驶率和燃油消耗，从而降低碳排放。另外，企业利用大数据进行精准需求预测，优化资源配置，减少库存积压和运输浪费，从而提升整体运营效率。仓储管理也正向智能化发展，人工智能与大数据的结合使企业能够动态调整货物位置，有效降低能耗和空间浪费。

（四）数字化运营管理助力绿色化发展

数字化运营管理在推动物流企业及其供应链上下游协同绿色发展中发挥着关键作用。随着数字化技术的广泛应用，业财一体化、无纸化办公、无纸化循环取货等创新系统正成为物流企业及其供应链合作伙伴共同建设的重点。这些系统通过打通数据壁垒，实现供应链各环节的高效协同，优化资源配置，降低能耗和碳排放，促进可持续发展。

二、政策引导与标准制定促进协同发展

（一）政府相关政策推动协同发展

政策制定者日益重视物流业绿色化和数字化的协同发展。例如，中国的区域协调发展战略及欧盟的横向合作倡议推动物流企业与制造、零售、科技等行业的深度合作，实现信息互联、资源共享和绿色技术联合开发。未来，政府将进一步鼓励区域内的物流企业通过公共平台共享设施、技术和数据，进一步减少资源浪费，提高产业协同效率。

（二）行业标准化进程加速

随着物流业规范化、标准化发展加速，数据交换和接口标准的制定日益受到重视。企业之间通过制定统一的物流标准，确保信息的互通性与透明度。例如，GS1标准的推广为全球范围内的商品追踪与管理提供了基础。标准化的实施不仅有助于提升行业整体效率，还推动了绿色物流实践的落地，使企业能够在环保方面达成共识，促进可持续发展目标的实现。

三、生态协同推动物流绿色化与数字化协同发展

（一）绿色化供应链管理成为主流

生态协同的一个重要表现是物流企业对供应链的全链条绿色化管理。未来，物流企业不仅要优化业务流程，还要推动供应链上下游企业共同践行绿色化理念。通过数字化平台，企业能够在供应链的每一个环节上实施绿色管理，从原材料采购到终端配送，全面减少资源浪费和碳排放。这种绿色化管理趋势促使供应链中的所有参与方，包括制造商、分销商、零售商和物流服务提供商，协同合作，共同降低对环境的影响。这意味着，物流企业将在未来更加注重与供应链上下游企业的环保合作，通过标准化和透明化的数据平台，确保各个环节的绿色化目标得以实现。

（二）共享经济加速物流生态系统建设

企业之间的合作将超越传统的供应商和客户关系，向生态系统的构建发展。企业将通过共享经济模式，联合开发新的物流解决方案，如共享仓储、共享运输资源等。这种生态合作不仅提高了资源利用率，还促进了绿色物流的实现。例如，一些物流企业已开始与技术公司合作，利用共享平台实现高效的运输资源配置，从而降低碳排放。此外，在同一城市或区域内，不同企业的订单可以通过共享平台进行整合，减少配送次数和车辆数量，减少碳排放。

（三）跨行业协作推动全链条绿色化

物流业的绿色化与数字化转型需要跨行业的协同合作。未来，物流企业将与制造、零售、科技等不同行业建立更加紧密的合作关系，形成跨行业的合作网络。这种合作将有助于整合各行业的资源与优势，共同推动可持续发展目标的实现。

第五节　现代物流绿色化与数字化协同发展建议

一、加强技术研发与创新

为了推动现代物流绿色化与数字化协同发展，首要任务是激励企业加大在绿色化与数字化技术上的研发投入。政府应设立专项研发基金，重点扶持物流企业在绿色化与数字化领域的研发项目，并辅以税收优惠与补贴政策，从而降低企业研发成

本，激发其创新潜能。同时，鼓励企业与国际先进企业开展技术合作与交流，引进并吸收国外先进技术与管理经验，提升我国物流业的整体技术水平。此外，政府、行业协会、高校及科研机构应携手搭建合作平台，通过定期交流、项目对接等活动，促进信息互通与资源共享，加速技术创新与产业应用的深度融合。针对物流业绿色化与数字化协同发展的关键技术瓶颈与共性难题，应组织产学研三方协同攻关，集中资源力量，加速技术成果转化与应用，共同推动物流业的绿色化、数字化进程。

二、完善政策与标准体系

现代物流绿色化与数字化协同发展的顺利推进离不开政策与标准体系的指导。对此，政府首先应当制定清晰的绿色化与数字化发展任务、目标与路径，为物流企业提供明确的发展方向和政策指引。同时，政府还应对行业内不符合转型要求的企业与项目实施约束性政策，加快行业转型步伐。其次，政府应当加快行业标准的制定与完善，为技术融合提供指导。对此，可以组织行业专家、企业代表等共同参与物流标准体系的顶层设计和系统规划，确保标准的科学性、合理性和可操作性。同时，在标准制定完毕后，要加强标准的宣传和推广工作，提高行业对标准的认知度和接受度，确保标准体系实施落地。

三、加大人才培养和引进力度

人才是推动现代物流绿色化与数字化协同发展的核心要素。为此，需强化绿色化与数字化技术人才培养，包括在高等教育中增设或加强相关课程，对从业人员实施技能提升培训，并构建科学的评价与激励机制，以培养跨学科复合型人才，适应行业需求。同时，政府与企业应实施积极灵活的引进策略，为高端及紧缺人才提供如住房补贴、教育优惠、税收减免等福利，吸引国内外精英投身物流绿色化与数字化建设。此外，还可以建立海外人才工作站及合作平台，拓宽引才渠道。

四、推动产业链协同，降低物流成本

在推动现代物流绿色化与数字化协同发展的过程中，强化物流产业链上下游企业间的合作与交流至关重要。对此，应致力于构建协同合作机制，形成紧密的供应链关系，通过信息共享、资源共用等手段优化物流流程，削减冗余与浪费，从而降低物流成本，提升物流效率。同时，为深化产业链协同效果，需构建绿色数字化生态体系，依托数字技术搭建物流服务信息平台，实现产业链上下游企业的紧密联结与资源共享，形成优势互补的良性循环，进而优化物流资源配置，加速物流业的绿色化与数字化转型，最终实现经济效益与环境效益的双重提升。

注：本文系国家社科基金重大项目"物流业制造业深度融合创新发展的政策与路径研究"（项目号：22&ZD139）阶段性成果。

（作者：天津大学管理与经济学学部　刘伟华　王宏鑫　李哲
王钰杰　王琦　王玥）

第二十章　绿色物流人才发展现状与趋势分析

绿色物流作为推动我国物流业可持续发展的核心策略，其人才支撑至关重要。随着环保意识的增强和物流业的转型升级，绿色物流人才将面临更广阔的发展机遇，促进物流业向绿色化、智能化、高效化方向迈进。

第一节　2023—2024 年我国绿色物流人才发展整体现状

一、绿色物流人才结构现状

我国绿色物流人才结构呈现多元化和专业化的特点，主要分为三大类。一是绿色物流基层技术人才，即从事绿色运输、绿色仓储、绿色包装等一线业务的专业人员，他们具备实际操作技能，熟悉新能源车辆操作、绿色包装材料应用及物流活动过程中的节能减排措施。二是绿色物流技术研发人才，即从事绿色物流技术创新与研发的专业人员，他们致力于绿色包装技术、智能物流系统、新能源运输工具等领域的科技突破。三是绿色物流运营管理人才，他们从事绿色物流运营的管理工作，是绿色物流战略的制定者与执行者，能够引领企业向绿色化转型，实现企业的可持续发展。

二、绿色物流人才分布现状

（一）地域分布

我国绿色物流人才主要集中在长三角、珠三角和京津冀地区。这些地区因其完善的基础设施和政策支持，成为吸引绿色物流人才的核心区域。上海、深圳和北京等城市通过推广低碳运输和绿色仓储，积极推动绿色物流的发展。这些区域的高校和科研机构也在不断加大对绿色物流的研究投入，培养出大量具备创新能力的人才。与此同时，中西部地区虽然在绿色物流人才的吸引和培养上起步稍晚，但正逐步加强相关领域的投入，通过设立专项基金和吸引企业投资，积极提升专业人才储备。

（二）行业分布

在行业分布方面，绿色物流人才主要集中在大型物流企业、快递公司和供应链管理企业中。例如，中国远洋海运集团有限公司、中国外运股份有限公司、顺丰速运（集团）有限公司、京东物流集团、马士基（中国）航运有限公司以及普洛斯投资（上海）有限公司等大型中外企业，均在绿色转型过程中迫切需要具备专业知识和实际操作能力的人才，以推动企业实现可持续发展目标。尤其是在快递行业，随着电商的快速发展，绿色包装和碳排放控制等问题成为行业关注的焦点，相关人才需求大幅增加。

此外，政府部门和研究机构也成为绿色物流人才的重要去向，这些单位不仅负责制定相关政策和标准，还从事前沿技术的研究与开发，为行业提供智力支持和创新动力。

三、绿色物流人才需求现状

2024 年，绿色物流人才的需求正经历着前所未有的快速增长，这一显著趋势的背后，是全球企业对可持续发展战略的深刻认知与积极实施的共同结果。面对全球气候变化带来的严峻挑战，政府不断强化环保法规，旨在削减温室气体排放、促进资源循环利用及保护生态环境，这对企业的生产运营提出了更高要求，并促使企业必须将环境保护作为长期战略的核心。同时，消费者对绿色、环保产品的偏好日益增强，倾向于选择那些在生产、包装、运输等各环节均展现环保理念的产品和服务，这一消费趋势的转变加速了企业向绿色化、低碳化转型的步伐，进而催生了对绿色物流人才的迫切需求。尤其是在电商、快递及制造业等物流活动密集、碳排放量较高的行业中，企业既要降低碳排放，又要提升运营效率，面临双重挑战。电商与快递业因业务量激增，对物流效率要求极高，同时不断探索减少包装材料、优化配送路线以节能降耗；而制造业则需在保证产品质量与生产效率的同时，推进生产过程的绿色化、智能化升级。这些目标的实现，亟须具备环境管理、供应链优化及绿色技术应用能力的专业人才。因此，能有效实施绿色物流战略、助力企业实现可持续发展目标的人才，已成为市场上的稀缺资源，人才供给远不能满足企业需求，人才短缺问题越发凸显。

第二节　2023—2024 年我国绿色物流人才培养策略与实践

一、2023 年绿色物流人才培养情况

（一）政府

2023 年 12 月，国家发展改革委等部门印发《深入推进快递包装绿色转型行动方案》，要求加强从业人员培训，落实快递包装和操作规范相关管理制度，将快递包装标准化、循环化、减量化、无害化。

2023 年 12 月，贵州省邮政管理局举办了 2023 年全省邮政业生态环保电视电话专题培训班。会上，贵州省邮政管理局对《快递绿色包装使用评价规范》等环保法规及政策进行了宣贯解读，总结了 2022 年度行业生态环保评价工作，并强调了 2023 年度相关要求。

2023 年 7 月，武汉市人民政府印发《武汉市加快推进物流业高质量发展的若干政策措施》，提出要鼓励市域内高等院校、中等职业学校开设物流相关专业，联合企业设立物流实训基地；推动物流领域优秀人才纳入"武汉英才"计划培育支持专项，对入选人才给予 6 万元资金资助；加强物流快递专业技术人员高级职称评审工作，加强物流行业职业教育培训，并定期开展物流行业职业技能大赛。

2023 年 3 月，泸州市邮政管理局开展了邮政业绿色发展培训工作，50 余人参加。培训重点学习了邮政快递业绿色发展相关法律法规，明确提出了到 2025 年年底，全市范围内邮政快递网点禁止使用不可降解的塑料包装袋等具体要求。

此外，2023 年，内蒙古自治区、吉林市、烟台市、内江市、毕节市、遂宁市以及安顺市等邮政管理局也积极行动起来，针对邮政企业开展了生态环保培训工作，旨在推动邮政业向更加绿色化的方向发展。以上举措不仅有助于物流行业的绿色发展，还对绿色物流人才的培养起到了积极的推动作用。

（二）行业协会

2023 年 12 月，中国物流与采购联合会与浙江省交通运输厅主办的第一届绿色物流与供应链发展大会在杭州成功举办，吸引了全国各地 800 多名行业精英、专家学者及商界领袖的积极参与。此次大会不仅汇聚了"双碳"领域的专家学者、高校教师、权威机构及物流企业等多方力量，还通过主题演讲与对话形式，深入探讨了绿色物流领域"双碳"人才培养的现状与未来，为推动物流行业"双碳"人才技能的提升及行业的绿色低碳转型提供了宝贵的资源。

2023 年 11 月，由山东省物流与采购协会主办，淄博市物流产业发展中心及齐鲁云商数字科技股份有限公司共同承办的绿色低碳物流创新发展大会暨山东省物流与采购协会绿色低碳物流分会成立会议在淄博市成功举办。此次大会以"绿色物流'靓'齐鲁，低碳迭代创未来"为主题，作为山东省首次聚焦绿色低碳物流产业发展的专题会议，它不仅为行业内的专家学者、企业代表搭建了深入交流与分享经验的平台，还明确了山东省在绿色低碳物流领域的发展方向，为推动物流行业的转型升级和高质量发展注入了新的活力与动力。

物流行业的相关协会通过组织一系列会议，重点讨论绿色物流、"双碳"人才培养及绿色低碳物流的创新发展，为绿色物流领域的人才培养提供了关键的平台和支持，推动了绿色物流人才的培养。

（三）院校

在课程建设方面，2023 年，辽宁科技大学金玉然教授带领团队开发了"绿色物流虚拟仿真实验"课程。该课程融合了线上线下混合教学、翻转教学等多种方法，运用情景模拟、任务驱动等教学模式，涵盖了绿色物流的核心设备认知，如太阳能路灯、生物降解塑料袋、循环包装袋等，极大地激发了学生的学习兴趣和动力。

在实验室建设方面，2023 年，重庆交通大学经济与管理学院智能物流网络重庆市重点实验室迎来重要变革，携手重庆长安民生物流股份有限公司及重庆城市管理职业学院，正式更名为绿色物流智能技术重庆市重点实验室。此次更名标志着实验室研究焦点向绿色、可持续方向深化，彰显了重庆交通大学在推动绿色物流发展和绿色物流人才培养上的坚定决心与卓越贡献。该实验室聚焦于绿色物流领域的智能优化技术，致力于通过科研创新提升物流网络的效率与环保性。依托 32 名高水平研究人员团队，实验室不仅在学术研究上屡创佳绩，更在绿色物流人才培养上发挥着关键作用。

在国际合作方面，2023 年，长安大学特别选拔了 12 名师生，参与"双碳背景下低碳物流与绿色供应链管理创新型人才培养项目"。该项目旨在赴韩国汉阳大学、韩国仁荷大学以及意大利米兰理工大学进行学习交流和科研合作。这些人才将在未来的物流行业中发挥重要作用，推动行业的绿色转型和可持续发展。

高校能够从多方面推动绿色物流人才培养：一方面，创新性的虚拟仿真实训教学课程被开发，有效提升了学生对绿色物流核心设备的认知和学习兴趣；另一方面，重点实验室的升级和国际合作项目的开展，不仅深化了绿色物流的智能优化技术研究，还培养了一批具备国际视野的绿色物流专业人才。

（四）企业

2023 年 6 月，全球智慧物流峰会在菜鸟智能物流控股有限公司总部成功举办。

此次峰会不仅包含了精彩的主论坛，还同步开设了国内物流、国际快递、国际供应链、欧亚物流、物流科技、ESG（环境、社会和公司治理，强调绿色与应急）等七大分论坛，并通过线上直播的形式，向全球观众呈现了物流行业的智慧与绿色发展成果。该峰会不仅促进了物流领域的深入交流与合作，也为绿色物流人才的培养提供了宝贵的资源与平台。2023 年 10—11 月，中烟商务物流公司主办、职工进修学院承办的行业精益物流培训班在中国烟草总公司成功举办，分为三期。培训内容涵盖了绿色物流工作的实践探索。综上所述，企业可以依据自身的内部需求来组织绿色物流的培训活动，对于一些大型企业而言，更有能力通过举办大型会议的方式来有效促进绿色物流人才的培养。

（五）相关赛事

物流领域的相关赛事为学生搭建了一个将理论知识融入实践操作的宝贵平台。2023 年，全国范围内相继举办了多项物流领域的赛事，包括全国大学生物流设计大赛、"云丰杯"全国绿色供应链与逆向物流设计大赛以及全国高校商业精英挑战赛物流与供应链赛道等。这些竞赛在规则制定上均明确体现了对绿色物流发展的高度重视，不仅积极倡导参赛队伍围绕节能减排、环保高效的核心理念，深入探索并开发能够有效降低物流能耗与排放的绿色化设备与解决方案，而且为参赛学生提供了宝贵的实践平台，有效促进了绿色物流人才的培养与发展。

（六）相关书籍

多本绿色物流相关书籍的相继出版（如表1所示），为培养兼具绿色意识、创新能力及实践经验的物流人才提供了极为丰富的学习资源，有力地推动了物流行业向绿色低碳方向的转型与发展。

表1　　　　　　　　　　　　绿色物流相关书籍

书名	出版年份	主编	书籍封面
《绿色物流：理论与实验》	2023 年	金玉然，范广辉，赵洁玉	

续　表

书名	出版年份	主编	书籍封面
《铁路货物运输与绿色物流》	2023 年	李建国	
《海上丝绸之路经济带绿色物流效率研究》	2023 年	陈宾	

二、2024 年绿色物流人才培养情况

（一）政府

2024 年，多地政府通过组织绿色物流培训班和专项技能培训，有效提升了物流行业从业人员的绿色物流意识和专业技能。同时，资助了绿色物流课程与实习计划，进一步加大了绿色物流人才的培养力度。

2024 年 8 月，河北省邮政管理局组织了 2024 年河北省及雄安新区邮政快递业绿色低碳发展培训班。培训紧密围绕全国邮政业绿色低碳发展的指导思想，系统学习了生态文明理念，详细解读了相关政策与行动计划，并深入探讨了全省及雄安新区邮政快递业绿色低碳发展的策略与措施。通过实地参观雄安新区的绿色发展项目，包括市民服务中心、商务服务中心，并接触无人车接驳、驻楼机器人、绿色配送等实际应用案例，为邮政快递业绿色人才的培养提供了宝贵的实践经验与理论知识。

2024 年 1 月，香港特别行政区政府推出了"智慧及绿色物流专业培训计划"，该计划依托"海运及空运人才培训基金"，旨在资助物流业组织及培训教育机构，举办与智慧和绿色物流相关的本地培训课程。此举意在支持物流企业培养专业人才，鼓励在职人员更新知识，促进物流行业向绿色和智慧方向转型升级。

2024 年 3 月，深圳市盐田区人力资源局正式发布通知，宣布将举办 2023—2024 年度物流行业技能提升专项培训。此次培训面向盐田区物流企业的管理层及全体员工，旨在通过跨境电商与国际物流、供应链管理、国际货代业务与市场、物流系统分析与设计、绿色供应链以及国际集装箱海上货运市场与竞争等一系列精心设计的课题，为绿色物流领域培育高素质的专业人才。

2024 年 6 月，中卫市邮政管理局举办邮政快递业生态环保培训，宣贯了快递包装物质限量、循环包装使用指南及碳排放交易管理条例，倡导企业采购环保用品，使用达标包装，推进包装标准化、减量化、循环化、无害化。要求企业落实环保责任，加强内部管理，提升员工环保意识与操作技能。

此外，广西壮族自治区、海口市、黔西南布依族苗族自治州、迪庆藏族自治州、宣城市等地区的邮政管理局也相继举办了快递行业绿色低碳发展工作培训班，加强了绿色物流人才的培养。

（二）行业协会

2024 年 11 月，中国物流与采购联合会成功在全国范围内组织并举办了物流管理与供应链运营 1+X 职业技能等级证书的统一考试，此次考试涵盖了绿色物流领域的知识内容，旨在培养行业所需的高质量绿色物流人才。该考试覆盖了全国 25 个省份的 65 所知名院校，吸引了超过 3000 名怀揣梦想与激情的考生积极参与。

（三）企业

2024 年 3 月，通标标准技术服务有限公司与中国外运股份有限公司合作，启动了"双碳"人才进阶培养项目。经过近半年的系统培训与实践，该项目成功为中国外运及其子公司培育了一支专业的碳盘查团队，并显著增强了其在低碳管理方面的能力。培训内容不仅深入解析了理论知识，还结合企业实际，在仓库、园区等现场进行温室气体盘查实操，确保学员全面掌握碳排放知识。此项目不仅提升了参训人员的专业技能，还深化了对绿色物流理念的理解与应用，为绿色物流领域的人才建设和行业发展增添了新动力。

2024 年 9 月，迅捷物流公司举办了一场安全环保培训。培训覆盖了公司本部及子公司的干部职工、安全管理人员。培训内容中，除了强调"安全第一、预防为主、综合治理"的安全方针外，还特别加入了环保知识的普及。

2024 年 4 月，云南省德宏傣族景颇族自治州烟草专卖局（公司）为加强人才队伍建设，提升物流队伍素质，举办了烟草物流师技能等级认定前置培训。培训特邀全省烟草商业系统首届物流管理岗位技能竞赛冠军授课并分享经验，同时邀请行业专家、高校师资，围绕物流基础、安全管理、绿色园区建设等主题深入讲解。

（四）院校

在培养基地建设方面，2024年11月，上海海事大学、上海海事局、上海国际港务（集团）股份有限公司及交通运输部水运科学研究院在上海海事大学港湾校区共同启动了2024年绿色航运人才培养项目。该项目旨在通过资源共享、优势互补，解决当前使用气体或其他低闪点燃料船舶船员高级培训合格证的换证难题，并创新性地建立新能源、清洁能源船舶船员培训、见习、发证一体化模式，以培养具备绿色理念和技术的高素质船员，为绿色航运乃至绿色物流领域输送专业人才。

在课程建设方面，2024年，辽宁科技大学金玉然教授开发了"绿色物流虚拟仿真实验"课程的国际版本并广泛传播，促进了全球普及与应用，并为各国学者、研究人员搭建了交流平台。在此平台上，参与者能深入交流绿色物流新理念、技术及应用，分享研究成果与实践经验，共同推动知识创新与技术进步。国际交流有助于培养具有国际视野的绿色物流人才，促进全球绿色物流协同发展，为构建更绿色、可持续的物流体系贡献力量。

在前沿讲座方面，2024年5月，北京物资学院物流学院举办了"物流鸿蒙"系列专业讲座第5讲，主题为"京津冀绿色物流体系建设"。该讲座由刘艳老师主讲，旨在提升研究生对绿色物流的理解。刘艳老师分析了京津冀绿色物流的发展现状和成就，强调了绿色政策、交通一体化和多式联运的成效，同时指出了发展中的主要问题，如区域不均衡、基础设施不足和技术创新滞后。她还提出了未来发展的对策，如推广可循环快递箱。此次讲座增强了学生对绿色物流的认知，为绿色物流人才的培养提供了重要支持。

（五）相关竞赛

除以往举办的全国大学生物流设计大赛、"云丰杯"全国绿色供应链与逆向物流设计大赛及全国高校商业精英挑战赛物流与供应链赛道等赛事外，2024年国家邮政局还举办了快递产业创新大赛。该竞赛聚焦包装绿色治理、绿色运输工具、绿色基础设施及智能技术应用等领域，推动行业绿色低碳发展，也为绿色物流人才培养提供了一个重要平台。

三、绿色物流人才价值创造及面临的困境

绿色物流人才作为行业转型升级的核心驱动力，不仅在技术创新与应用方面发挥着引领作用，还通过制定并执行环保政策与标准，确保了物流活动的绿色化与规范化。

他们通过深入研究市场需求、供应链管理及环境影响评估，促进了物流资源的优化配置与循环利用，有效减少了能源消耗与废弃物排放，为物流行业实现经济效益与环境效益的双重提升奠定了坚实基础。此外，绿色物流人才还承担着培养行业新生力量、传播绿色理念的重任，通过教育与培训，不断提升整个物流行业的环保意识与可持续发展能力，为构建绿色、低碳、循环的现代物流体系作出了重要贡献。

当前，绿色物流人才发展面临两大困境：一是企业期望的具备碳核查交易、低碳运营、绿色业务操作、大数据应用等多能力人才与实际现状差距显著；二是市场上绿色物流人才供应不足，难以满足行业需求。其背后原因较为复杂。首先，教育体系存在明显不足，据详细统计，目前在高校物流专业的众多课程中，绿色物流相关课程占比较低，且内容的深度和系统性还有很大提升空间。其次，行业认知度普遍不高，尽管绿色物流的重要性日益凸显，但仍有大量企业对绿色物流的认识存在不足。再次，人才培养成本居高不下，培养一名专业的绿色物流人才需要投入大量的时间和资源。最后，企业面临人才流失问题，由于绿色物流在部分地区的发展还不够成熟，薪酬待遇和职业发展空间相对有限，高流失率给行业的持续发展带来了巨大挑战。

第三节　2024 年绿色物流人才发展趋势

一、更具环保意识与责任感

在全球对可持续发展议题日益重视的当下，绿色物流人才将展现出更强的环保意识与责任感。他们不仅是绿色物流策略的执行者与创新的推动者，更是环保理念的积极传播者。这些人才精通于运用先进的物流管理系统来减少包装浪费、优化运输路线以降低碳排放，并致力于探索和推广更多可持续的物流解决方案，如使用可再生能源驱动的运输工具、实施循环经济模式下的物资回收与再利用等。他们将具有更强的环保意识，能够主动识别并纠正物流作业中的非绿色行为，积极倡导低碳生活和工作方式，并鼓励团队成员共同参与到环保行动中来，形成良好的环保氛围。同时，他们还将承担着提升整个物流行业绿色发展水平的重任，通过参与行业交流、与政府及非政府组织合作等方式，共同推动绿色物流政策的制定与实施，为构建绿色、低碳的物流体系贡献力量。

二、更具技术适应能力

在未来，绿色物流领域的专业人才将深度整合物联网、人工智能以及区块链技术，以显著提升物流效率并降低环境影响。他们将利用物联网技术实时追踪和监控运输过程，有效减少燃料消耗和排放。同时，借助人工智能的预测能力，他们可以提前调整库存水平，优化库存管理，避免资源浪费。

三、更具跨领域合作能力

未来的绿色物流领域将高度重视跨学科合作。绿色物流人才将与环保、工程、商业等领域的专家紧密携手，他们将整合各领域的知识和技能，不仅在设计物流方案时与环保专家合作开发更环保的运输方式，还与信息技术专家共同打造智能管理系统，同时，这些人才将以创新思维积极探索新技术、新方法以及业务模式的改进，如共享经济、城市微物流等，以应对市场需求和环境挑战，帮助企业在竞争中保持优势，实现更高的环保目标。

四、更具国际视野

未来的绿色物流人才将拥有广泛的国际视野，深刻理解全球供应链的复杂性和多样性，能够灵活应对不同国家和地区的环境法规、市场需求及文化差异，制定相应的绿色物流策略，通过与国际组织、行业协会及国际专家合作，引进先进技术和管理经验，从而帮助企业有效应对全球性挑战。

五、更具综合规划与资源整合能力

未来的绿色物流人才将展现出强大的综合规划与资源整合能力，他们擅长从全局视角审视物流体系，将可持续发展理念融入物流规划之中。绿色物流人才能够综合考虑环境影响、成本效益、市场需求等多方面因素，制定既高效又环保的物流策略。同时，绿色物流人才还具备出色的项目管理能力，能够确保物流项目按时、按质、按量完成，同时符合环保要求，推动物流行业向更加绿色、可持续的方向发展。

（作者：辽宁科技大学　金玉然）

第四部分 区域篇

第二十一章 北京市绿色物流发展现状与趋势分析

第一节 北京市绿色低碳发展现状与需求分析

一、北京市绿色低碳发展现状

近年来，北京市政府持续加大对绿色低碳发展的支持力度，通过推广清洁能源，北京市的煤炭消费量逐年递减，天然气和可再生能源的使用比例稳步提升，生态环境质量持续改善，多项指标达到或优于国家标准。此外，北京市还大力推进公共交通系统建设，鼓励市民优先选择公共交通工具，降低私家车使用频率，从而减少交通领域的碳排放量，通过推广新能源汽车、建设绿色建筑、提高能源利用效率等措施，取得了显著成效。例如，在交通领域，电动公交车的比例逐年上升，有效减少了尾气排放；城市绿化率也得到了显著提升，为市民提供了更多绿色空间。同时，在建筑领域，北京市推广绿色建筑标准，鼓励新建建筑采用节能材料和技术，提高建筑能效。

在绿色金融方面，通过政策引导和金融支持，推动了建筑绿色发展。例如，人民银行北京市分行推出了"京绿融""京绿通"等货币政策工具，鼓励金融机构将信贷资源高效配置到绿色建筑领域。截至2024年9月末，这些政策已为相关企业提供超300亿元的低成本政策资金，支持了多个绿色低碳项目。在绿色技术应用方面，北京市积极推动绿色低碳先进技术的研发与应用。例如，先进压缩空气储能技术、低成本大规模铁铬液流电池长时储能技术、无骨架天然气滤芯结构、无SF6环保高压金属封闭式开关技术等。作为中国领先的电子商务平台，京东物流的碳足迹监测、报告、核查与跟踪（MRV-T）数字化减碳技术成功入选北京市绿色低碳先进技术推荐目录。此外，北京市还举办了"创客北京2024"专项赛，聚焦退役新能源装备资源化利用和无害化处置，推动绿色环保领域的新产品和技术创新。通过实施《北京市新增产业的禁止和限制目录》，北京市严格开展固定资产投资项目节能审查，累计淘汰退出了大量不符合首都功能的一般制造业和污染企业，工业能耗和碳排放量持续下降。

"十四五"以来，北京全面推进低碳试点工作，在全市范围内开展了先进低碳技术、低碳领跑者、气候友好型区域、气候投融资工具等四类试点，建设了一批多层次、多类型的低碳试点示范项目。截至目前，已有 26 个项目先后获评北京市先进低碳技术试点，初步测算年减碳量可达 51 万余吨，低碳城市试点建设成效走在全国前列。当前，北京市已形成了以地方性法规和政府规章为基础的碳交易政策法规体系，通过设定重点排放单位排放控制目标并逐年收紧，激发排放单位自主减排动力。此外，北京市还推出了低碳出行碳普惠行动，鼓励市民参与低碳出行。通过一系列政策措施的实施，北京市在绿色低碳发展方面取得了显著成就，并且仍在不断探索推动经济社会可持续发展的新路径。

二、北京市绿色低碳需求分析

近年来，北京市通过实施一系列节能减排措施，在推动绿色低碳发展方面取得了显著进展，碳排放强度逐年下降。绿色低碳发展是一个长期努力和实践的过程，随着绿色交通、绿色建筑等领域的不断发展，北京市在绿色产业发展、绿色基础设施建设、绿色技术创新等方面仍需进一步发力，加大在绿色交通、绿色建筑等领域的投入，以满足日益增长的绿色低碳需求。

（一）产业结构持续优化

在退出低质低效生产制造环节的具体实施过程中，部分低效产业仍然存在，退出机制和执行力度尚需加强，高精尖产业的比重增长速度较慢，产业结构调整的步伐需要进一步加快；许多企业仍处于转型的初级阶段，智能制造的整体水平仍有较大提升空间，资源能源利用效率也未达到预期目标。在技术和创新挑战方面，技术创新不足，在新能源、新材料等领域，仍需加大研发投入，提升自主创新能力，以应对国际竞争和技术封锁。在资金和政策支持方面，绿色低碳项目的初期资金投入较大，需要政府、企业和社会资本的共同支持，建立多元化的资金保障机制。此外，如何在不同区域间平衡绿色低碳发展、避免资源过度集中、促进区域协调发展，也是一个重要挑战。

（二）能源结构面临转型升级

北京市在风能、太阳能等方面的使用力度仍显不足，对传统化石能源的依赖尚未完全消除，需进一步推动能源结构的低碳转型；对氢能、地热能等新能源技术研发和应用的鼓励和支持力度仍需提高，要提升能源利用效率。尽管北京市已经在推广绿色制造和实施绿色制造工程方面做出了一定的努力，并且在一定程度上推动了工业绿色低碳转型，但在实际操作中仍存在一些不足之处。例如，绿色低碳技术改造的普及程度还不够广泛，许多企业尚未完全采用这些技术来替代传统的高耗能生产方式。此外，资源回收利用率仍有待提高，废弃物排放量仍然较高，未能有效实现资源的最大化利用。

（三）交通状况亟须改善

随着道路车辆密度增加以及市民出行习惯的变化，交通拥堵状况加剧。截至2023年11月底，北京全市机动车保有量已达 754.8 万辆，公共交通出行比例由31.9%降至26%，同时私家车出行比例略有上升，市民更加倾向于使用私家车出行，增加了道路拥堵的压力。同时，城市发展导致的交通需求增长使得现有交通基础设施面临更大压力，城市规划与交通融合不足，城市规划未能充分考虑交通需求，导致职住分离现象严重，增加了通勤距离，北京全市平均通勤距离 11.7 公里，为全国最长。尽管政府采取了多项措施，但公共交通相对于私家车仍缺乏足够的吸引力，利用信息技术优化交通管理，使用大数据、云计算等现代信息技术来提升交通管理效率的举措仍需完善。

第二节　北京市绿色物流发展现状

2023 年，北京市出台了一系列政策，鼓励物流企业采用新能源车辆，提高物流效率，减少碳排放。同时，北京市还加大了对物流基础设施的投入，建设了一批绿色物流园区，为物流企业提供了更加环保的运营环境。2024 年，北京市绿色物流发展势头不减，新能源物流车辆的普及率进一步提高，物流企业的绿色转型步伐加快。

一、2023 年北京市绿色物流发展情况

北京市发布了多项政策，旨在推动物流业向绿色、低碳方向转型。例如，北京市邮政管理局出台了《北京邮政快递业 2023 年绿色低碳发展工作要点》，明确了在北京市实施"9228"工程的目标，即实现电商快件不再二次包装比例稳定在 90%以上，深入推进过度包装和塑料污染两项治理，推动可循环快递包装规模化应用和快递包装集中回收两项试点取得成效。北京市还积极推广绿色运输，推进基础设施绿色运营，并开展常态化执法监督等，以推动物流业的绿色化发展。北京市市场监管局发布的《快递绿色包装使用与评价规范》等地方标准，为快递包装的绿色化提供了指

导。同时，北京市也在探索绿色物流技术的应用，如智能网联新能源汽车产业的发展，推动了自动驾驶技术在物流领域的应用。

在城市建设方面，根据《北京市 2023 年国民经济和社会发展统计公报》资料显示，北京市 2023 年年末全市公路里程 22433.2 公里，比上年年末增加 70.4 公里。其中，高速公路里程 1211.1 公里，增加 14.8 公里。年末城市道路里程 6256 公里，比上年年末增加 47 公里。北京市全年货运量 25754.9 万吨，比上年增长 7.2%；货物周转量 910.4 亿吨公里，增长 3.3%。全年客运量 49765.1 万人，增长 82.1%；旅客周转量 1884.9 亿人公里，增长约 2.3 倍（见表 1、表 2 和表 3）。

表 1　　　　　　　　北京市 2023 年交通运输数据

指标	本年度末数值	较上年度变化
公路里程（公里）	22433.2	+70.4
其中：高速公路里程（公里）	1211.1	+14.8
城市道路里程（公里）	6256	+47
公共汽电车		
运营线路数（条）	1285	−6
运营线路长度（公里）	29738.5	−435.4
运营车辆数（辆）	23385	−80
客运总量（亿人次）	20.9	+20.9%
轨道交通		
运营线路数（条）	27	0
运营线路长度（公里）	836	+38.7
运营车辆数（辆）	7512	+238
客运总量（亿人次）	34.5	+52.6%

表 2　　　　　　2023 年北京市各种运输方式完成货运量及货物周转量

指标	单位	绝对数	比上年增长（%）
货运量	万吨	25754.9	7.2
铁路发送量	万吨	303.5	−13.7
公路发送量	万吨	19399.3	4.6
民航发送量	万吨	134.6	5.2
管道发送量	万吨	5917.5	18.2
货物周转量	亿吨公里	910.4	3.3
货物周转量（铁路）	亿吨公里	255.5	−6.9
货物周转量（公路）	亿吨公里	256.9	14.0
货物周转量（民航）	亿吨公里	64.5	−3.5
货物周转量（管道）	亿吨公里	333.4	6.0

表3 2023年北京市各种运输方式完成客运量及旅客周转量

指标	单位	绝对数	比上年增长（%）
客运量	万人	49765.1	82.1
铁路发送量	万人	15055.4	285.4
公路发送量	万人	25720.1	26.0
民航发送量	万人	8989.6	199.8
旅客周转量	亿人公里	1884.9	229.2
旅客周转量（铁路）	亿人公里	163.2	274.5
旅客周转量（公路）	亿人公里	73.5	66.1
旅客周转量（民航）	亿人公里	1648.2	240.1

围绕多式联运，2023年平谷区持续深化京津"双城"两港联动，推动陆港海港联动发展，强化京平综合物流枢纽与天津港的功能联动、信息联动、运营联动，常态化开行海铁联运"五定班列"，加强口岸铁路、海关、边检作业衔接，努力将京平综合物流枢纽打造成为北京的"出海口、无水港"。助推首都现代物流"远进远出、大进大出、快进快出"大通道建设，融入"一带一路"发展大格局。同时，2023年3月，京平公转铁综合物流枢纽产业园（二期）A地块项目启动建设，预计2026年完工，项目建成后将成为北京乃至全国规模最大、投资最多、设计理念最超前以及最贴近未来科技的智慧化物流园区。

在绿色仓储方面，使用节能设备和优化仓储管理，成为绿色物流的重要组成部分。为减少物流过程中的废弃物，绿色包装材料的使用越来越受到重视。北京市邮政快递业推广使用了电子面单、可降解胶带、宽度减少25%的"瘦身胶带"等绿色包装解决方案。多家快递企业，如京东、顺丰等推出了可循环使用的快递包装，如"青流箱"和"π-box"，以减少一次性包装的使用，提升包装的循环利用率。在新能源物流车使用方面，北京市出台了一系列政策支持新能源物流车的发展。例如，《北京市"十四五"时期交通发展建设规划》明确要求"十四五"期间，办理货车通行证的4.5吨以下物流配送车辆（不含危险品运输车辆、冷链运输车辆）100%为新能源汽车。此外，北京市还加快实施新能源物流配送车辆优先通行政策，适时研究新的通行管理措施。目前在北京的城市主城区内，运输车辆已经基本实现了全电动车的覆盖。

通过对2023年北京市在绿色物流领域的发展方向和支持政策进行词频分析（见图1），能够更直观地看到北京市在推动物流行业的绿色转型和可持续发展方面做出的努力。

图1 2023年北京市绿色物流发展高频词

二、2024年北京市绿色物流发展情况

2024年，北京市绿色物流发展持续加速，政策引导与市场机制相结合，推动行业向低碳环保转型。北京市在物流园区建设和用地方面给予了支持，如北京首发绿色物流有限公司竞得工业用地，用于建设绿色物流园区，旨在通过优化物流网络减少碳排放。此外，北京市还加强了与国内外同行的交流合作，引进先进的绿色物流理念和技术，提升整体服务水平。同时，北京市生态环境局实施了企业和项目的绿色绩效评价工作，进一步推动了物流行业的绿色化发展。在技术创新方面，智能物流系统和数据分析技术被广泛应用于优化路线规划，减少空驶率和燃料消耗。随着电子商务的繁荣和消费者对可持续性的日益重视，北京市的绿色物流不仅关注经济效益，更注重环境效益和社会责任，成为物流行业转型升级的重要推动力量。

北京市各区都积极投身绿色物流的发展。例如，2024年8月16日，北京市首条无人机配送航线在八达岭长城景区投入运行，这成为北京市延庆区绿色低碳美丽园区新场景成果在景区创新无人机应用的生动实践。大兴区利用京南物流基地铁路专用线，结合氢燃料电池汽车规模化应用，形成绿色运输链。充分发挥大兴机场线运力作用，实现航空快件空轨联运，提升运输集约化水平。作为北京市政府批准的扩大内需重大项目、"十四五"交通运输部新基建北京市唯一的智慧枢纽重点工程，位于亦庄新城的北京东南高速公路智慧物流港项目（一期）主体结构已全面封顶，项目定位于以冷链物流为核心的现代化复合型高端物流综合体，计划在2024年9月底建成投产。平谷首发城市保供智慧供应链基地项目于2024年8月取得北京市发展改革委立项批复。项目以保障首都城市运行为基础、以提高居民生活品质为核心、以城市配送为主要形式，发挥城市基本服务保障功能，打造"大型综合物流园区（物流基地）+物流中心+配送中心+末端网点"的城市物流节点网络体系。昌平南口物流基地和房山窦店物流基地目前正在规划建设中，其中昌平南口物流基地位于昌平区南口地区，预计将承担起北京西北方向的物流服务；房山窦店物流基地位于房山区，将服务于北京西南方向的物流需求。

2024年上半年，国内新能源物流车市场增长势头强劲，整体销量达到19.3万辆，同比增长110.2%。作为新能源汽车推广的先锋城市之一，北京的新能源物流车市场预计也呈现出良好的增长态势。2024年，北京市继续加强对新能源物流车的支持，包括开展城市绿色货运配送示范工程创建、新能源汽车下乡活动，以及进一步放开路权、对新能源物流车制定运营补贴、停车优惠收费、上牌、年审优先等政策。同时，北京市的充电基础设施进一步完善，为新能源物流车的补能带来了便利，这也促进了新能源物流车的使用和发展。

通过对2024年北京市在绿色物流领域的发展方向和支持政策进行词频分析（见图2），能够更直观地看到北京市在推动绿色物流行业的发展和物流行业转型升级方面做出的努力。

图2　2024年北京市绿色物流发展高频词

第三节　北京市绿色物流发展趋势

一、智能化绿色化日益凸显

随着5G、物联网、人工智能、大数据等现代技术的不断发展，提升物流自动化、智能化、集约化水平成为降本增效的重要举措，数智化技术的使用有助于流通供应链上下游企业打通信息流、物流，促进实现物流标准化一贯化衔接、信息协同化共享，提高流通供应链协同运作效率和水平。随着技术的进步和政策的推动，预计新能源物流车辆的普及率将进一步提升，更多的物流企业将采用这类车辆进行货物运输。

二、运输结构持续优化

发展多式联运，推进公路、铁路间的深度融合，加强企业、货场、物流枢纽等节点同货运铁路间的交通衔接，能够提高物流运输的效率和环保性。进一步加强港口资源整合，对大宗货物"散改集"，中长距离运输时主要采用铁路、水路运输，短距离运输时优先采用封闭式皮带廊道或新能源车船。优化多式联运组织模式和操作流程，统一铁路货场、物流园区等联运枢纽的建设运营标准，提升货物运转效率与各环节行动协同，形成高效、便捷的多式联运网络。

三、包装绿色转型升级

物流包装标准化是物流一体化的基础，需要政府与企业的共同配合，政府从中协调，各个企业积极参与，提高物流标准化水平。通过树立标杆企业，发挥引领示范作用，带动各大企业响应标准化建设。推动包装绿色转型升级，不断完善绿色包装循环体系。循环物流体系对于包装的要求不仅要绿色，还要减量化。通过改进包装材料、严格控制包装重量与材质，从源头解决物流包装造成的碳排放，将重点放在预防废物产生而不是产生后治理。同时，注重包装材料的再生利用和资源化，制成使用能源较少的新产品。通过政府行为产生的外部效应强化物流企业绿色转型的外驱动力，对于配合"绿色"行动的相关企业可以实行奖励。

四、绿色物流技术持续创新

物流业的绿色发展对技术创新需求迫切。推动绿色技术研发与应用，如采用电动车辆、智能物流系统和清洁能源等绿色技术，能够提高运输工具的能效和环保性能，降低物流活动对环境的影响。要提高绿色低碳技术的创新能力，需要加大对新能源、新型材料的推广应用，从源头降低物流成本，提高物流企业经营效益。同时，越来越多的数字化技术融合到实际物流场景中，助力全流程提质增效和低碳减排。通过推广大数据、物联网、云计算、人工智能等数字化信息技术在绿色物流领域的深度应用，提高物流效率，实现对物流各个环节成本的有效控制。

第四节　2023—2024 年北京市绿色物流政策和标准梳理

一、2023—2024 年北京市绿色物流政策梳理

2023—2024 年，北京市因地制宜地陆续出台了一系列绿色物流政策（见表 4），

表4　2023—2024年北京市绿色物流主要政策梳理

年份	序号	发文主体	政策名称	主要相关内容
2023	1	北京市人民政府	北京市人民政府关于印发《2023年市政府工作报告重点任务清单》的通知	81. 统筹推进6个物流基地和4个农产品一级综合批发市场规划建设，启动房山窦店货物流基地土地一级开发，推动新发地等农产品批发市场提高精细化管理水平，完善冷链物流配送体系，加快推进快递基础设施规划和建设。 121. 实施首都国际机场周边地区提质更新再造第一国门三年行动计划，推行电子单证，推动天竺综保区二期南北联络道建设，支持发展国际冷链物流，国际应急物流等特色业务。 252. 严密做好各类应急物资储备和供应体系建设，推动建立全市统一的应急物资储备、管理、调度、指挥平台，规划建设城郊大仓基地，畅通重要物资调运通道，确保应急状况下及时就近调运生活物资
	2	北京市发展和改革委	北京市发展和改革委员会等11部门关于北京市推动先进制造业和现代服务业深度融合发展的实施意见	促进现代物流和制造业高效融合。引导大型流通企业向供应链集成服务商转型，提升专业化、一体化的供应链管理服务。支持物流企业与制造企业共建供应链条，培育一批具有全球竞争力的物流供应创新示范企业。提升物流系统智能化、自动化水平，推广应用物流机器人、智能仓储、自动分拣等新型提高物流信息平台运力整合能力，推广应用物流技术装备。加强"双枢纽"机场与制造业园区协同，支持航空货运高效保障先进制造业上下游物流需求
	3	中共北京市委、北京市人民政府	中共北京市委 北京市人民政府关于贯彻落实《质量强国建设纲要》的意见	厚植绿色发展质量根基。紧紧围绕首都实现碳达峰、碳中和目标，实施低碳产品标准标识制度，全面推行绿色设计、绿色制造、绿色建造、绿色建设。开展重点行业和重点产品资源效率对标提升行动，实施一批绿色化技术改造项目，加快低碳零负碳关键核心技术攻关。加强碳排放相关计量测试技术研究和应用。开展碳达峰、碳中和标准化提升工程，建立完善建筑、供热、交通等重点行业和重点领域能耗能效领跑者，打造能效领跑者。优化绿色资源循环利用标准，推进垃圾分类使用绿色商品和再生资源回收"两网融合"。建立绿色产品消费促进制度，鼓励消费者购买使用绿色商品、倡导使用绿色可循环包装物，建设绿色消费城市

续表

年份	序号	发文主体	政策名称	主要相关内容
2023	4	北京市商务局	北京市商务局关于申报2023年度促进商贸物流发展项目的通知	支持服务城市运行保障的商贸物流转型升级，鼓励共同配送、统一配送、集中配送、多式联运等模式和技术创新应用。支持商贸流通领域冷链物流装备与技术升级，发展全程冷链物流服务，鼓励冷链配送模式多元化创新发展
	5	北京市商务局	北京市商务局关于申报2024年度促进商贸物流发展项目的通知	支持服务城市运行保障的商贸物流转型升级，鼓励共同配送、统一配送、集中配送、多式联运等模式创新发展。推进商贸流通领域冷链物流装备与技术升级，支持绿色物流技术和模式应用
	6	中共北京市委	中共北京市委贯彻《中共中央关于进一步全面深化改革、推进中国式现代化的决定》的实施意见	完善流通体制，加快发展物联网，健全一体衔接的流通规则和标准。深化能源管理体制改革，建设全国统一电力市场，优化油气管网运行调度机制，降低全社会物流成本。
2024	7	北京市人民政府	北京市人民政府关于印发《2024年市政府工作报告重点任务清单》的通知	深化绿色低碳交通体系建设，加快推进大宗货物"公转铁"，逐步推广地铁运输快递试点，提高大宗货物绿色运输比例
	8	中共北京市委、北京市人民政府	中共北京市委 北京市人民政府关于全面建设美丽北京加快推进人与自然和谐共生的现代化的实施意见	推动重点领域绿色低碳发展。优化能源结构，严控化石能源利用规模，加快发展新能源和可再生能源，提高能源供给低碳化和能源消费电气化水平；加快构建新型电力系统，有序扩大外调绿电规模，完善以绿色低碳为导向的产业准入和调整退出制度，推进新增产业绿色低碳发展。压减在京石化和水泥产能，建设绿色工厂、绿色园区和绿色供应链，实施清洁生产工程，加快现有产业转型升级。优化交通运输结构，完善新能源汽车强产业，增设施，促消费，推动公共、社会领域等"油换绿"支持政策，加快充换电、加氢站等设施建设，优化现行车辆"油换绿"一揽子

续　表

年份	序号	发文主体	政策名称	主要相关内容
	8	中共北京市委、北京市人民政府	中共北京市委 北京市人民政府关于全面建设美丽北京加快推进人与自然和谐共生的现代化的实施意见	换电。"油换氢"。大力推进建筑绿色发展，重点推进超低能耗建筑，民用机场、物流园区等绿色车队。推动铁路场站、民用机场、物流园区等绿色化改造，推动光伏建筑一体化等建筑绿色化转型，推广光伏建筑一体化等建筑节能技术应用。到2027年，天然气消费量稳中有降，汽柴油消费持续下降，可再生能源消费占比达到20%左右；到2035年，天然气和汽柴油消费量大幅下降，可再生能源消费占比达到35%
2024	9	北京市海淀区人民政府	北京市海淀区人民政府关于印发《北京市海淀区碳达峰实施方案》的通知	构建循环型低碳型产业体系：加强循环经济产业体系建设，促进资源、能源高效利用，进一步推行重点产品绿色设计。不断强化重点行业清洁生产，推动重点企业自愿开展清洁生产审核，实施循环经济提升计划。进一步推进园区循环化发展，鼓励园区设施共建共享，废物综合利用、能量梯级利用、水资源循环利用和污染物集中处理处置。依托海淀区再生资源预处理中心建设，推动再生资源规范化回收利用。在建筑领域，推动节约型工地建设和建筑垃圾减量，推进建筑废弃物资源循环利用综合处置利用规范项目建设，持续优化建筑垃圾资源化利用设施布局。在物流运输领域，持续推动快递包装绿色治理，推行简约包装、可循环包装等，探索包装循环化利用新模式，简约使用、分类回收、循环利用，持续用和无害化处置全过程管理模式。大力发展绿色低碳循环农业，在农业领域，减少化学化肥和农药使用，强化废弃农膜和农药包装废弃物回收处置，鼓励开展全生物降解地膜试点应用
	10	北京市商务局	北京市商务局关于鼓励推进快递包装绿色转型的通知	一是发挥电商平台企业引领作用。电商平台企业要完善自营业务的包装减量化规则，并制定包装减量化目标任务；与平台内大型品牌电商企业协同发力，在食品、日用品等重点消费品中选择一批销量靠前的适当品类，推广电商快递原装直发，产地直采、聚单直发等模式，积极应用满足快递物流配送需求的商品在寄递环节的二次包装；严格执行一次性塑料制品使用、回收报告制度，向电商企业发出倡议，号召更多电商企业推广原装直发、推动电商领域内品牌电商企业绿色转型

续　表

年份	序号	发文主体	政策名称	主要相关内容
2024	10	北京市商务局	北京市商务局关于鼓励推进快递包装绿色转型的通知	二是推动包装绿色转型升级。品牌电商企业应不销售过度包装商品，同时建立包装产品合格供应商制度，逐步扩大合格供应商包装产品采购和使用比例，推动包装生产企业开展包装减量化设计。电商平台企业要推广可循环快递包装，在部分种类的订单生成页面为消费者提供可循环快递包装选项；在同城生鲜配送等场景中推广应用可循环可折叠式配送包装

以促进物流行业的绿色转型。通过梳理发现，这些政策侧重点有所不同，涵盖了新能源车辆的推广、物流设施的绿色改造、物流运营的环保要求等多个方面。例如，政府为购买新能源物流车辆的企业提供补贴，鼓励企业减少化石燃料的使用；同时，对物流园区的建设提出了绿色节能要求，推动物流园区实现能源的高效利用。这些政策的实施，为北京市绿色物流的发展提供了有力的政策支持和保障。

二、2023—2024 年北京市绿色物流主要标准梳理

2023—2024 年，北京市在绿色物流标准化体系建设方面进行了多项重要工作和规划（见表5），通过标准化引领和支撑物流行业的高质量发展，促进绿色低碳技术的应用，助力实现物流行业的绿色转型和可持续发展。未来北京市在绿色物流标准化体系建设方面将更加注重政策支持、标准完善、科技创新、多方合作以及公众参与，以推动绿色物流的高质量发展。

表5　　　　　　　　2023—2024 年北京市绿色物流主要标准梳理

年份	序号	发布单位或类别	名称
2023	1	中国—行业标准—物资	物流企业绿色物流评估指标
	2	中国—行业标准—物资	物流企业温室气体排放核算与报告要求
	3	中国—行业标准—物资	电动汽车动力蓄电池物流服务规范
	4	中国—行业标准—物资	新能源汽车废旧动力蓄电池　物流追溯信息管理要求
	5	北京市地方标准	绿色城市轨道交通车站评价标准
2024	6	北京市地方标准	餐饮外卖流通绿色包装评价要求
	7	北京市地方标准	绿色公路评价指南

（作者：北京物资学院，北京物流与供应链管理协会　刘艳　林有来
黄少阳　张颖　王小雨　张文佑　陈云云　胡潘）

第二十二章　江苏省绿色物流发展现状与趋势分析

第一节　江苏省绿色低碳发展现状与需求分析

一、国家碳达峰碳中和目标

实现碳达峰碳中和，是以习近平同志为核心的党中央统筹国内国际两个大局作出的重大战略决策，是立足新发展阶段、贯彻新发展理念、构建新发展格局、推动高质量发展的内在要求。习近平总书记高度重视碳达峰碳中和的工作，多次作出重要指示批示，并在国内外重大场合发表重要讲话，为碳达峰碳中和工作指明了前进方向，在习近平总书记亲自谋划、亲自部署、亲自推动下，国家提出了"二氧化碳排放力争于2030年前达到峰值，努力争取2060年前实现碳中和"的目标。这一目标是中国对全球应对气候变化承诺的重要体现，也是推动国内经济结构转型和可持续发展的关键举措。

二、江苏省绿色低碳循环发展政策

江苏省认真贯彻习近平生态文明思想和总书记关于碳达峰碳中和的重要论述，全面落实中央"双碳"方针政策决策和省委部署，统筹谋划、整体部署、分类施策、系统推进，着力做好碳达峰碳中和各项工作。

江苏省作为经济大省，积极响应国家号召，省委、省政府根据中央统一部署，从江苏省实际出发，出台了一系列政策以推动绿色低碳发展。2022年1月，江苏省相继出台《关于推动高质量发展做好碳达峰碳中和工作的实施意见》《省政府关于加快建立健全绿色低碳循环发展经济体系的实施意见》等文件，明确了全省"双碳"工作的指导思想、基本原则、主要目标、重点任务、保障措施等，"双碳"政策的基本框架初步形成。明确了到2025年、2030年和2060年的阶段性目标，包括产业结构、能源结构、交通运输结构和用地结构的优化，以及绿色产业比重的提升。

2022 年，江苏省出台《江苏省"十四五"可再生能源发展专项规划》《江苏省"十四五"新型储能发展实施方案》；2023 年，又发布《江苏省工业领域及重点行业碳达峰实施方案》《江苏省新型电力装备绿色低碳创新发展实施方案》《江苏省海上光伏开发建设实施方案（2023—2027 年）》《江苏省沿海地区新型储能项目发展实施方案（2023—2027 年）》《江苏沿海地区新型电力系统实施方案（2023—2027年）》《江苏省电力中长期交易规则（2023 版）》《江苏省绿色低碳先进技术示范工程实施方案》；2024 年，出台《省发展改革委关于加快电网侧新型储能项目并网顶峰工作的通知》《江苏省产品碳足迹管理体系建设实施意见》《江苏省碳达峰碳中和试点建设方案》《江苏省（近）零碳产业园建设指南（暂行）》《江苏省氢能产业发展中长期规划（2024—2035 年）》《关于规范我省陆上风电发展的通知》《关于高质量做好全省分布式光伏接网消纳的通知》。

三、基本发展情况

（一）江苏积极推动产业转型升级

江苏省对高耗能高排放项目实施源头严防、过程严管、后果严惩，建立清单化管理机制，加强能耗和生态环境准入管理，严格控制新建项目，对标实施节能降碳技术改造，坚决遏制"两高"项目盲目发展。绿色制造体系建设不断推进，将生产制造过程绿色化摆在重要位置，强化产品全生命周期绿色管理。以钢铁、石化、化工、建材等行业为重点，以低碳技术创新及应用为支撑，通过实施节能降碳示范工程，打造一批拥有核心技术的碳达峰先进企业，带动全行业提升低碳管理水平。截至 2023 年年底，累计创建国家级绿色工厂 349 家、绿色工业园区 33 家、绿色供应链管理企业 66 家，认定省级绿色工厂 1011 家，省级绿色工业园区 19 家，累计有 33 家企业入选工业产品绿色设计示范企业名单。培育发展节能环保、资源循环利用、清洁能源等绿色低碳产业，积极发展新一代信息技术、新材料、新能源汽车等战略性新兴产业，加快布局集成电路、生物医药、人工智能等前沿领域。数字经济核心产业发展较快，大数据、人工智能、区块链等产业势头良好，产业规模逐步壮大。

（二）江苏引导非化石能源消费

压减非电行业用煤，统筹抓好煤炭清洁高效利用，有序推进煤炭消费比重下降。促进天然气合理消费，加强沿海 LNG 项目建设，如中石油如东 LNG 项目、国信如东 LNG 项目和广汇能源吕四 LNG 分销站项目，目前如东阳光岛已成为国内最大海上 LNG 能源岛，年 LNG 接卸量为 700 万吨。积极发展非化石能源，2022 年全省非化石能源占比约 13.5%。出台《江苏省"十四五"可再生能源发展专项规划》，推动可再生能源成为能源增量贡献主体。2020 年至今，江苏省可再生能源发电装机年均增长率超过 20%、突破 8000 万千瓦。积极组织海上风电资源竞争性配置，认真做好屋顶分布式光伏开发试点工作，推进生物质发电项目建设，探索其他非化石能源应用途径。截至 2023 年年底，全省风力发电装机 2286 万千瓦，其中陆上风电装机 1103 万千瓦，占比近五成；海上风电装机规模连续多年领跑全国，为全省能源电力保供作出重要贡献。总的来看，全省控制化石能源消费取得新成效，能源结构不断"调绿"。

（三）江苏加快运输结构调整

近年来，江苏交通以"联网、补网、强链"为重点，以基础设施改建、扩建为主攻方向，努力提升综合交通网络效能。2023 年，京沪高速新沂至江都段改扩建、连宿高速沭阳至宿豫段建成通车、沪宁沿江高铁开通运营，全省高铁里程超过 2500 公里。既有铁路线路扩能和电气化改造力度不断加大，集疏港铁路建设加快。大宗货物运输"公转铁""公转水"取得新进展，2023 年，全省水路、铁路货运量累计 12.6 亿吨，同比增长 6.5%，水路货运量占比高出全国平均水平约 22 个百分点，水路和铁路货运量占比超过四成；分别完成集装箱多式联运量、内河集装箱运量 232 万标箱、145.5 万标箱，同比增长 15.2%、19.9%，年均增速均超过 30%。铁水联运量一路上扬。依托沿海、沿江、陆桥、沿京沪通道四大交通走廊，推进多式联运发展，深入推进多式联运"一单制"，实现"一次托运、一张单证、一次结算、一单到底"的全程运输。在智慧交通方面也取得了进展，如在江苏苏州举行的第 29 届智能交通世界大会，展示了江苏数字交通的新动能。积极推进新能源车船应用，提高运输工具能源利用效率。鼓励新增和更新的公交、出租、轻型物流配送车辆使用新能源或清洁能源汽车，公共交通领域车辆电动化水平不断提高。内河航运开展纯电动船舶应用。严格执行营运车辆燃料限值和 CO_2 排放限值标准，源头监管不断加强。

（四）江苏加快技术创新与应用

自 2021 年以来，江苏省双碳科技专项累计立项 193 项，省资助经费总额累计达 17.1 亿元。优选了一批绿色低碳先进技术示范工程，建立了江苏省绿色低碳先进技术项目储备库，包括田湾核电站蒸汽供能项目（连云港）、100MWh 重力储能示范项目（南通）、苏州虚拟综合智慧零碳电厂项目（苏州）、高参数化液氢储运装备项目（南京）、100 万吨/年废弃油脂转化生物质能源示范项目（一期工程）（连云港），入选国家第一批绿色低碳先进技术示范项目清单。技术成果不断涌现，江苏绿色低碳产业有效发明专利量 5.63 万件，占全国绿色低碳产业有效发明专利量的 12.05%。目前，已有一大批企业创新成果进入实践运用领域，造福绿色低碳生活。包括江苏中天科技股份有限公司研发的"可再生氢碳减排示范区项目"；江苏绿碳科技纳米科技有限公司研发出世界首套火电厂二氧化碳捕集及转化为碳纳米管系统；南钢集团建设最先进的带式焙烧球团，能耗降低 30%，减少碳排放 6.5 万吨，并通过持续探索低碳钢铁的工艺路径和技术方案，跟踪研究传统"碳冶金"向新型"氢冶金"转型技术途径。

（五）江苏持续完善市场机制

江苏积极贯彻落实国家绿色标准，支持省内企事业单位参与国际、国家和行业标准的制修订，完善绿色发展地方标准。严格执行国家节能环保、清洁生产、清洁能源等领域的统计调查制度和标准。全省设立了超过 100 个环境监测站点，实现了对主要污染源的实时监控。加快建立产品碳足迹管理体系，提升产业绿色低碳竞争力。全省碳排放总量连续三年实现下降，2023 年较 2020 年下降了 5%。推动企业开展节能、节水、再制造等绿色认证，培育了一批专业绿色认证机构。推广绿色认证工作，打造了一批绿色认证示范企业。这些示范区在推动地方绿色低碳发展方面起到了良好的示范作用。积极探索和完善绿色交易市场机制，截至 2023 年，全省用能权交易量达到 100 万吨标准煤，交易额超过 5 亿元。全省纳入全国碳市场的企业数量达到 200 家，碳排放权交易量达到 500 万吨。全省水权交易量达到 5 亿立方米，有效促进了水资源的节约和保护。全省排污权交易量达到 10 万吨，交易额超过 1 亿元。注重价格机制创新，在差别电价、峰谷电价、水价、环保电价、绿色产品价格等方面做出积极探索，有效促进了资源节约和环境保护。

未来，江苏将继续坚定不移按照中央方针政策和省委部署，从全局战略高度以系统化理念扎实推进"双碳"工作。将中央精神与省情特色有机结合起来，加快形成节约资源和保护环境的产业结构、生产方式、生活方式、空间格局，走生态优先、绿色低碳的高质量发展道路，为全省如期实现碳达峰碳中和目标提供支撑，为全国碳达峰碳中和作出贡献。

第二节　江苏省绿色物流发展现状

一、2023 年江苏省绿色物流发展情况

江苏省作为中国经济发达的省份之一，其绿色物流市场在 2023 年呈现出显著的

增长趋势。2023 年全省社会物流总额达到 39.74 万亿元，占全国比重约 11.3%，同比增长 6.3%。这一数据反映出江苏省物流行业的庞大规模和对绿色物流的迫切需求。

江苏省在 2023 年对绿色物流的发展给予了显著的政策支持与引导，以促进物流行业向绿色低碳转型。在《江苏省交通运输领域绿色低碳发展实施方案》中，明确提出了到 2025 年和 2030 年的阶段性目标，包括新能源和清洁能源动力交通工具的比例，以及营运交通工具碳排放强度的下降目标。这些政策旨在推动全省交通运输绿色低碳转型，为实现全省碳达峰碳中和目标提供有力支撑。

政策还包括推动交通工具装备低碳转型、构建绿色高效货运体系、积极引导城市绿色低碳出行等六项重点任务。例如，到 2025 年，城区常住人口 100 万以上城市绿色出行比例达到 70%，全省城市轨道交通运营里程约 1000 公里。此外，政策还鼓励创建近零碳交通示范项目，如近零碳港口、服务区和枢纽场站等。

为了保障政策的落地实施，江苏省加强了统筹组织，强化了部门联动，并细化分解了任务指标，落实了责任主体。同时，还强化了智力支持，积极争取高端专家人才对交通运输碳达峰碳中和工作的支持和指导。

江苏省在绿色物流的行业规范与标准方面也取得了进展。例如，江苏省工业和信息化厅、江苏省发展改革委、江苏省生态环境厅共同研究制定了《江苏省工业领域及重点行业碳达峰实施方案》，旨在推动工业领域的绿色低碳转型。

（一）绿色物流实践进展

2023 年，江苏省大力推广新能源车辆以促进绿色物流的发展。根据省工商联汽车销售商会公布的数据，2023 年全省新能源汽车销量达到 74.2 万辆，同比增加 36.6%，销售额 1300 亿元，同比增加 37.7%。这一显著增长得益于省内对新能源汽车的大力支持和推广政策。此外，江苏省还自主研发了全国首艘 120 标箱纯电动内河集装箱船"江远百合"轮，标志着内河水运正式开启"纯电动时代"。2023 年，全省 13 个设区市累计新增新能源和清洁能源港作车辆、机械 333 台（套），淘汰老旧港作车辆、机械共 349 台（套）。

在具体实践中，江苏省不仅在乘用车领域取得了进展，还在商用车领域推动了新能源车辆的应用。例如，盐城港自动化集装箱堆场通过使用电动集卡等设备，实现了单箱能耗较传统燃油设备降低约 70%，成为国内港口首个获得"碳中和"认证的堆场项目。此外，江苏省还计划到 2025 年，城市新增和更新的邮政快递新能源车比例达到 80%，这一目标的实现将进一步推动新能源车辆在物流行业的广泛应用。

江苏省在绿色包装方面也取得了积极进展。2023 年，全省快递包装绿色认证工作取得显著成效，使用绿色包装数量达到 14.25 亿个。此外，江苏省邮政管理局引导推广使用可循环快递包装 1.09 亿件，回收瓦楞纸箱近 9000 万个，这些措施有效减少了包装废弃物的产生。

在具体实施上，江苏省内的邮政快递企业通过采用绿色采购制度、推广使用可降解塑料袋、电子面单等环保包装材料，以及优化包装设计减少材料使用等方式，推动了绿色包装的应用。例如，顺丰快递通过设计二次利用文件封、优化珍珠棉密度、改进封包条等方式，有效降低了包装材料的使用，节约了成本，同时也减少了环境污染。

江苏省在循环经济方面的实施也取得了一定成效。根据《江苏省交通运输领域绿色低碳发展实施方案》，到 2025 年，江苏省将建立分类别、广覆盖、易回收的再生资源回收利用体系，推进垃圾分类回收与再生资源回收体系融合。此外，江苏省还计划支持建设再生资源分拣中心和交易中心，鼓励有条件的城市争创国家废旧物资循环利用体系示范城市。

在实践中，江苏省通过优化城市逆向物流网点布局，完善城市社区废旧物资回收网络，创新逆向物流回收模式，围绕家用电器、电子产品、汽车、快递包装等废旧物资，构建线上线下融合的逆向物流服务平台和回收网络。这些措施的实施，不仅提高了资源的循环利用率，也为江苏省的绿色物流发展提供了有力支撑。

2023 年，江苏出台全国首个省级绿色港口评价指标体系，推动港口岸线资源集约高效利用，在苏州太仓港、南通吕四港推进无人驾驶集卡示范应用，6 个码头获评 2023 年中国港口协会"绿色港口"。全省港口码头已建岸电设施 4739 套，覆盖泊位 6026 个，泊位覆盖率为 98.3%。2023 年全省靠港船舶实接岸电 612232 艘次，占应接船舶艘次的 99.63%。全省港口企业靠港船舶累计使用岸电 5373.66 万千瓦时，同比增长 39.7%。

（二）绿色物流技术创新

江苏省在绿色物流的物流信息化与智能化技术的应用方面也取得了积极成果。大力推进智慧物流园区建设，通过物联网、大数据、云计算等技术手段，实现物流园区的智能化管理。例如，盐城城西南现代物流园通过智慧物流园区建设，最大限度地应用绿色新能源，建设高效、适用、安全的仓储设施。积极推动建立网络货运新业态。目前全省网络货运平台共有 178 家，累计整合车辆 278 万辆，2022 年运输货物达 3.23 亿吨，网络货运发展规模居全国首位，评选发布的江苏省运输企业 25 强中网络货运平台有 4 家，成功培育和壮大了运满满、中储智运、福佑卡车等全国知名的互联网货运平台。加快推进数字化运输新业态的发展，如无人配送、智能仓储等，提高物流效率，减少能源消耗。例如，无锡已累计实现 450 平方公里、856 个点段的车路协同基础设施覆盖，已有 50 辆无人驾驶小巴在 7 条线路投入运营。

综上所述，江苏省绿色物流市场在 2023 年已经展现出了显著的规模和增长潜力，预计在未来几年内将继续保持稳定增长，为推动江苏省乃至全国物流行业的绿色转型作出重要贡献。

二、2024 年江苏省绿色物流发展情况

江苏省的主要行业对绿色物流的需求均呈现出增长的趋势，这不仅反映了社会对环保和可持续性的关注，也表明了绿色物流服务在提升企业竞争力和满足消费者需求方面的重要作用。随着技术的进步和政策的支持，预计这些行业对绿色物流服务的需求将继续增长。

制造业：江苏省作为制造业大省，制造业对绿色物流的需求同样强烈。制造业企业越来越重视供应链的绿色化，通过采用绿色物流服务来降低能耗和排放，提高资源利用效率，实现环境和经济效益的双赢。

冷链物流行业：随着居民消费水平的提升和对食品安全的重视，冷链物流行业对绿色物流的需求日益增加。江苏省在冷链物流设施建设方面取得了积极成效，人均冷库库容达 0.22 立方米，高于全国平均水平。此外，冷链物流市场规模稳步增长，年均增长 20% 以上，这也反映出该行业对绿色物流服务的强烈需求。

电子商务行业：电子商务行业的快速发展带来了对物流服务，尤其是绿色物流服务的巨大需求。江苏省作为电子商务大省，其电商平台和物流企业纷纷推出绿色包装、减量化包装等措施，以满足消费者对环保和可持续性的需求。

农业：农产品的运输对时效性和温度控制有着严格要求，因此对绿色物流服务的需求也在不断增长。江苏省的农业企业通过采用绿色物流服务，确保农产品在运输过程中的新鲜度和品质，同时减少对环境的影响。

2024 年江苏绿色物流发展方面取得了显著进展，以下这些关键点不仅反映了江苏绿色物流发展的热点和重点，也揭示了行业发展趋势和关注焦点。

（一）物流设施和技术的绿色化

江苏省正在推进绿色物流枢纽、园区和基地的建设，加强土地和存量资源的集约利用，并推广应用绿色节能物流技术装备。此外，还在加大货运车辆（船）适用的 LNG 加气站、充电桩、岸电设施等配套基础设施建设。

（二）运输结构的调整

江苏省积极推动大宗货物运输由公路转向铁路和水路，加快发展铁水、公铁、

公水等多式联运，以减少碳排放。

（三）绿色物流新模式的发展

江苏省正在推动绿色运输、仓储和包装等环节的协同运行，实现物流全链条的绿色化发展。这包括推广先进运输组织模式，如公共"挂车池""运力池""托盘池"等共享模式和甩挂运输等绿色运输方式。

（四）逆向物流体系的构建

江苏省正在优化城市逆向物流网点布局，完善城市社区废旧物资回收网络，并构建线上线下融合的逆向物流服务平台和回收网络。

（五）绿色快递示范工程

江苏省围绕绿色发展理念和民生服务品质提升，推进绿色快递园区建设，强化绿色包装和绿色技术的应用，创新包装循环回收模式。

（六）骨干冷链物流基地建设工程

江苏省正在加快布局一批功能完善、特色鲜明、高效便捷的骨干冷链物流基地，提高冷链物流的规模化、集约化、组织化、网络化水平。

（七）政策支持

江苏省发展循环经济联席会议办公室印发了《2024 年江苏省推进循环经济发展工作要点》，要求持续推进废旧快递包装回收利用，提升快递包装标准化、循环化、减量化、无害化水平，并鼓励在各类快递场景中推广使用可循环快递包装。

随着省内对绿色物流设施的持续投资，以及对新能源车辆、可再生能源系统和精密物流软件等技术的应用，江苏省的绿色物流市场预计将实现显著增长。此外，随着消费者对可持续产品和做法的需求不断增加，企业采用绿色物流以满足这些期望，提升品牌形象，并获得客户忠诚度，进一步支持市场增长和竞争力。

第三节　江苏省绿色物流发展趋势

未来江苏省绿色物流的发展趋势体现在以下几个方面。

一、低碳环保政策引导

江苏在"十四五"期间将坚持低碳环保，推动物流全链路绿色发展。这包括全面提升物流设施、技术、模式的绿色化发展水平，优化城市逆向物流网点布局，构建逆向物流新体系，以及突出重点领域，提升物流专业化服务能力。

二、绿色物流设施建设

江苏将推进绿色物流枢纽、园区和基地的建设，加强土地和存量资源的集约利用，推广应用绿色节能物流技术装备，提升绿色化发展水平。同时，加大新能源或清洁能源汽车在枢纽园区、城市配送、邮政快递等领域的应用。

三、运输结构调整

江苏积极推进运输结构的调整，推动大宗货物运输由公路转向铁路和水路，发展多式联运，加快铁路专用线建设，以减少碳排放。

四、智慧物流发展

江苏物流行业正加快数字化转型和智慧化改造，利用5G、大数据中心、人工智能等新型基础设施，提升物流效率和绿色化水平，如智慧物流园区、智慧港口、智慧公路、数字化仓库等。

五、绿色包装和循环利用

推广普及电子面单、环保袋、循环箱、绿色回收箱，推进物流企业与制造、商贸流通企业包装循环共用，推广使用循环包装和生物降解包装材料，实施货物包装和物流器具绿色化、减量化。

六、逆向物流体系构建

优化城市逆向物流网点布局，构建线上线下融合的逆向物流服务平台和回收网络，加快落实生产者责任延伸制度，引导生产企业建立逆向物流回收体系。

七、重点领域专业化服务能力提升

重点推进冷链物流、航空物流、高铁物流、应急物流、粮食物流等领域发展，加强物流重点领域取长补短。

八、政策支持和实施保障

江苏将加强领导和组织实施，完善绿色物流统计体系，加强物流人才支撑，加大物流政策支持，优化物流营商环境，以确保物流业的绿色发展。

综上所述，江苏的绿色物流发展将通过政策引导、设施建设、技术创新、模式转变等多方面的努力，实现物流业的绿色化、智慧化和高效化。

第四节　2023—2024 年江苏省绿色物流政策和标准梳理

一、2023—2024 年江苏省绿色物流政策梳理

（一）《省政府关于加快建立健全绿色低碳循环发展经济体系的实施意见》（2022 年 1 月 24 日）

主要内容：该意见提出了全面推进绿色规划、绿色设计、绿色投资、绿色建设、绿色生产、绿色流通、绿色生活、绿色消费、绿色金融等措施，建立健全绿色低碳循环发展经济体系，促进经济社会发展全面绿色转型。

（二）《江苏省交通运输领域绿色低碳发展实施方案》（2023 年 2 月 10 日）

主要内容：该方案提出了推动交通工具装备低碳转型、构建绿色高效货运体系、积极引导城市绿色低碳出行、推进交通基础设施绿色低碳建设运营、强化科技创新和示范引领、强化低碳交通治理能力提升六项重点任务，包含 19 项具体举措，旨在加快江苏交通运输绿色低碳转型。

（三）《江苏省促进绿色消费实施方案》（2022 年 5 月 23 日）

主要内容：该方案旨在促进消费结构绿色转型升级，推动实现碳达峰碳中和目标，涵盖了食品消费、衣着消费、居住消费、交通消费、用品消费、文化旅游消费等多个领域的绿色化提升。

（四）《江苏省工业领域及重点行业碳达峰实施方案》（2023 年 1 月 12 日）

主要内容：该方案提出了深度调整产业结构、加快低碳转型、打造现代化产业

链、培育低碳产业、构建低碳创新体系、推动技术降碳、加大节能减排力度、优化能源利用方式、提升用能效率、提高资源利用效率、构建循环经济、推行绿色制造、深化数字技术融合、打造降碳典型等多项任务，旨在推动工业领域绿色低碳转型，确保全省工业领域二氧化碳排放量在 2030 年前达到峰值。

（五）《省发展改革委等部门关于印发江苏省绿色低碳先进技术示范工程实施方案的通知》（2023 年 12 月 21 日）

主要内容：该方案旨在加快绿色低碳先进适用技术示范应用，推动绿色低碳技术的研发和推广，提升产业竞争力。

（六）《江苏省道路运输条例》［2024 年 5 月 29 日（修订通过）］

主要内容：该条例修订旨在优化营商环境、促进新业态健康发展、保障道路运输安全、构建行业治理新格局，推动道路运输行业的绿色智慧转型升级。

（七）《江苏省推进冷链物流高质量发展三年行动方案（2023—2025年）》（2023 年 4 月 24 日）

主要内容：该方案旨在加快推进江苏省冷链物流高质量发展，确保《江苏省冷链物流发展规划（2022—2030 年）》提出的主要目标和重点任务顺利完成。方案包含了 50 个冷链领域重点项目清单，强调加强组织领导和统筹协调，完善政策支撑体系，推动冷链物流健康发展。

（八）《江苏省（近）零碳产业园建设指南（暂行）》（2024 年 3 月30 日）

主要内容：该指南旨在鼓励重点园区积极开展碳达峰碳中和试点建设，探索产业园（近）零碳发展模式，提升产业园绿色低碳发展水平。指南由江苏省发展改革委和市场监管局联合发布。

（九）《江苏省产品碳足迹管理体系建设实施意见》（2024 年 2 月 28日）

主要内容：该意见旨在加快打造绿色低碳供应链，有效提升江苏省产业绿色低碳竞争力，提出了建立产品碳足迹管理标准体系、推动重点行业产品碳足迹核算、建立重点行业碳足迹数据库、推进产品碳标识认证工作等任务。

（十）《2024 年江苏省推进循环经济发展工作要点》（2024 年 5 月 20 日）

主要内容：该工作要点要求持续推进废旧快递包装回收利用，提升快递包装标准化、循环化、减量化、无害化水平，深入推进可循环快递包装规模化应用试点，推广使用可循环快递包装，支持邮政、快递企业规划建设可循环快递包装回收设施。

二、2023—2024 年江苏省绿色物流标准梳理

（一）《绿色港口评价指标体系》（2023 年 9 月 22 日发布，2023 年 10 月 22 日实施）

主要内容：该标准由江苏省交通运输厅港航事业发展中心和江苏交科能源科技发展有限公司起草，旨在推动港口绿色发展。标准涵盖了港口的能源利用、污染防治、绿色管理等多个方面，评价港口的绿色发展水平。

（二）《绿色快递服务中心等级评定规范》（2023 年 12 月 21 日发布，2023 年 12 月 28 日实施）

主要内容：该标准由江苏省苏州市邮政管理局组织制定，规定了绿色快递服务中心等级评定的评价原则、评价主体、等级划分说明、评价指标及要求、评价实施和跟踪复评等内容，适用于绿色分拨中心和绿色网点的等级评定工作。

（三）《快递包装制造企业绿色低碳供应链管理评价规范》（2023 年 10 月 14 日发布，2024 年 10 月 21 日实施）

主要内容：该标准由平湖市景兴包装材料有限公司、中国质量认证中心有限公司牵头，浙江大胜达包装股份有限公司、上海济丰包装纸业有限公司、江苏晟泰集团有限公司、龙利得智能科技股份有限公司等龙头企业共同起草，该标准涵盖了快递包装制造企业从产品设计、材料选用、采购、生产、运输、储存、包装、使用、回收利用直至最终处置全生命周期过程，涉及快递包装制造企业及其供应商、物流商、最终用户以及回收、再利用及废弃物处置等相关方面，相关评价指标体系采用绿色低碳供应链管理指数（GCSCI）评价方法，包括绿色低碳供应链管理战略、绿色设计、绿色低碳采购及供应商管理、绿色生产、绿色物流等 7 个一级指标及 20 个二级指标。

（作者：江苏省现代物流协会　浦春鸣）

第二十三章　河南省绿色物流发展现状与趋势分析

第一节　河南省绿色低碳发展现状与需求分析

一、河南省绿色低碳发展背景

实现碳达峰碳中和，是以习近平同志为核心的党中央统筹国内国际两个大局作出的重大战略决策，事关中华民族伟大复兴事业，是实现可持续发展的迫切需要，是促进人与自然和谐共生的迫切需要。河南省委、省政府落实党中央决策部署，提出实施绿色低碳转型战略，抓住碳达峰窗口期、攻坚期、机遇期，在经济发展中促进绿色转型、在绿色转型中实现更高水平、更高质量的发展。河南省实施绿色低碳转型战略是贯彻落实党中央碳达峰碳中和决策部署的重要抓手和举措，是"十四五"时期把生态文明建设、碳达峰碳中和要求贯彻到经济社会各领域各行业发展的具体实践。

省委、省政府认真贯彻落实党中央、国务院决策部署，实施绿色低碳转型战略，作为全省推进碳达峰碳中和的重要抓手和具体举措。省委书记楼阳生在省第十一次党代会报告中明确提出，以推进碳达峰碳中和为牵引，实施绿色低碳转型战略，重点坚持绿色生产、绿色技术、绿色生活、绿色制度一体推进，全面提升能源安全绿色保障水平，建立健全绿色低碳循环发展的经济体系。

省政府印发实施《河南省人民政府关于加快建立健全绿色低碳循环发展经济体系的实施意见》，推进经济社会发展全面绿色转型。省碳达峰碳中和工作领导小组办公室印发实施《河南省推进碳达峰碳中和工作方案》，明确构建河南省碳达峰"1+N"政策体系。其中，"1"是《河南省碳达峰实施方案》；"N"是能源、工业、城乡建设、交通运输、农业农村等各个重点领域专项行动方案和配套保障方案。为了落实省第十一次党代会决策部署，省委办公厅、省政府办公厅印发《实施绿色低碳转型战略工作方案》，明确了重点任务、责任分工，提出了细化工作措施。

二、河南省绿色物流发展需求及路径措施

"立"好绿色低碳交通运输体系，加快构建高效低碳的交通运输体系，是实现绿色低碳转型的必然要求。河南省地处中原，航空、铁路、公路交通区位优势明显，要把绿色低碳理念贯穿交通运输发展的全过程，着力推动运输结构、交通装备、组织效率和基础设施迭代升级。交通运输行业石油消费量约占石油消费总量的 60%，碳排放量占全国碳排放总量的 10%，其中，公路运输占交通行业碳排放的 85% 左右。围绕交通领域"路（空路、铁路、公路、水路）、车（火车、汽车、飞机）、网（绿色交通网络）"，重点做好以下四个方面的工作。

（1）大力发展多式联运。加强枢纽、港口、物流园区等集疏运体系建设，提升物流智能化水平，降低物流成本和排放。河南省建设周口临港经济区，坚持绿色发展理念，加快构建"公铁水空"四位一体、高效联运交通体系，持续提升通航能力，推动船舶节能减排，促进航运绿色低碳发展，实现经济效益与生态效益相统一。

（2）持续推进大宗货物运输"公转铁""公转水"。加快铁路专用线进企入园，力争"十四五"期间新增铁路专用线 15 条，建设淮河、沙颍河、唐河、贾鲁河等干线航道。

（3）推广应用新能源。推进城市公交、出租、物流配送等领域新能源车辆推广应用，每年新增和更新的公交车、出租车全部为新能源车。按照 2021 年中国汽车技术研究中心发布的《中国汽车低碳行动计划研究报告》，对不同燃料类型的乘用车平均单位行驶里程碳排放进行了测算，结果显示纯电动汽车的碳排放最低。在统计的五种不同燃料类型乘用车中，柴油车平均碳排放最高，为每公里排放 331.3 克二氧化碳；汽油车平均碳排放次之，为 241.9 克；插电式混合动力车碳排放为 211.1 克；常规混合动力车碳排放为 196.6 克，纯电动车碳排放最低，为 146.5 克。另外根据核算，相比于传统汽油车和柴油车，常规混合动力车、插电式混合动力车和纯电动汽车的碳减排潜力更大。其中纯电动汽车碳减排潜力位居榜首，比汽油车和柴油车分别减排 39.5% 和 55.8%。

（4）积极引导绿色出行。加快城市轨道交通建设，推广快速公交系统，打造节能、低碳、高效城市客运体系，推动公共交通体系全面融合。以郑州市为例，近年来大力推进公共交通工具清洁能源化，城市出租车全面更新为电动车、公交车基本更新为新能源车，一些公交线路已经使用氢燃料电池车辆，再加上不断完善地铁网络，初步构建了绿色公交体系，减排效益显著。2023 年，工业和信息化部、交通运输部等 8 部门印发《关于启动第一批公共领域车辆全面电动化先行区试点的通知》，确定郑州等全国 15 个城市为首批试点城市。

（5）绿配示范城市创建。2017 年 12 月，交通运输部、公安部、商务部联合印发通知，在全国开展城市绿色货运配送示范创建工作。五年来，已开展三个批次申创工作。河南省积极响应、迅速行动、积极探索、系统推进，示范创建取得了明显成效。从城市数量看，全省 8 个城市入选示范创建名单，数量位居全国第一；入选城市数量占全国三批 77 个城市的 10.4%，占河南省省辖市级城市的 44.5%。从创建进度看，2021 年，安阳通过国家验收，荣获国家首批"绿色货运配送示范城市"称号；其他 7 市正在创建，其中许昌、济源 2 市在 2023 年迎检，郑州在 2024 年迎检，洛阳、南阳、商丘、平顶山 4 市在 2025 年迎检。从实际成效看，河南省示范创建城市在基础设施建设、新能源车辆推广、配送模式创新、市场主体培育等方面效果显著。一是节点网络体系初步构建。8 个城市均着手完善城市配送基础设施，推动形成有机衔接、层次分明、功能清晰、协同配套的节点网络体系。安阳市实现了"4+9+N"的创建目标，建成 4 个干支衔接型货运枢纽、9 个公共配送中心，1200 余个末端配送网点作为绿色配送示范三级节点，并结合城市规模，将分拨中心设置在物流园区内，推进一、二级节点融合发展。许昌市建成 4 个大型干支衔接型货运枢纽、7 个公共配送中心及 80 个末端配送网点。济源示范区打造 5 个干支衔接型货运枢纽、18 个公共配送中心及 58 个末端配送网点。郑州市实现了"5+12+N"的创建目标，建成 5 个干支衔接型货运枢纽、12 个公共配送中心，500 个以上末端配送网点作为绿色配送示范三级节点。洛阳、南阳、商丘、平顶山等地三级城市货运配送体系也在加快推进中。二是政策效果日益显现。示范创建城市坚持绿色发展理念，在资金支持、通行便利等方面，打出组合拳，支持新能源城市配送车辆推广应用。安阳市设立了 45 平方公里的城市绿色货运配送示范区，优先新能源车辆通行，发放 367.2 万元新能源城市配送车辆运营补贴专项资金。许昌市部分停车场对新能源车辆实施半价收费优惠。济源示范区允许新能源城市配送车辆全时段在城区公交专用道通行，并设置 114 个专用免费停车位。郑州市出台新能源城市配送车辆运营补贴政策。三是配送模式不断创新。示范创建城市积极探索共同配送、集中配送等组织模式，不断提高配送效率和质量。安阳市打造服务商超的夜间配送、服务便利门店的共同配送等多样配送方式，企业平均配送成本降低 15%。许昌市建立烟草定制化配送模式，培育"中央厨房+食材冷链配送"的新型冷链物流运作模式。济源示范区整合快递公司资源，实行股份经营，共用分拨场地、末端网点、配送车辆，实现共同分拣、全域统一配送。平顶山市实行为市域内中心城区大型超市提供集中配送的服务模式。四是市场主体不断壮大。示范创建城市重点围绕生鲜食品、农副产品、快消品、医疗用品、本地特色产业，鼓励配送企业规模化、网络化和品牌化发展，培育了一批服务当地产业发展的物流企业。安阳市培育 AAA 级以上物流企业 6 家、许昌市 3 家，济源示范区 1 家、郑州市超过 10 家，充分发挥骨干企业的示范带头作用，通过智慧化管理、绿色技术等应用，实现了从城市零担单一配送向绿色货运统一配送转型。

第二节　河南省绿色物流发展现状

一、2023 年河南省绿色物流发展情况

2023 年，在省委、省政府统一领导下，全省交通运输行业坚持以习近平新时代中国特色社会主义思想为指导，深入贯彻党的二十大精神，树牢绿色发展理念，深入实施绿色低碳转型战略，行业生态环境保护工作稳步推进。

（1）紧贴形势任务，强化顶层设计。一是成立交通运输污染防治攻坚战工作领导小组，统筹推进交通运输污染防治工作。二是印发《河南省交通运输绿色低碳试点项目管理办法（试行）》，规范试点项目管理，提升行业绿色低碳监管和服务能力。三是印发《河南省交通运输行业推动生态环境质量稳定向好实施方案》，统筹交通运输生态环境保护工作，促进行业生态环境质量稳定向好。拟定行业污染防治攻坚实施方案及督导检查方案、绿色低碳转型战略年度工作任务分解方案等一系列生态保护和绿色发展规章制度，减污降碳协同推进。四是 2023 年 4 月，郑州市人民政府办公厅印发《促进现代物流业高质量发展若干措施》，提出要持续推进绿色货运配送示范工程，鼓励城市货运配送企业使用新能源货车，支持物流仓储企业绿色化运营。对新认定的郑州市城市绿色货运配送示范企业，按照企业规模和绿色化比例分别给予 100 万元、80 万元、50 万元一次性奖励等。

（2）突出工作重点，优化运输结构。一是持续推进大宗货物中长距离运输"公转铁""公转水"。加快推动铁路专用线入港、入企、入园，打通"最后一公里"。全面启动内河航运"11246 工程"建设，加快补齐水运基础设施短板。全省铁路货运累计发送量 10835 万吨、到达量 18757 万吨；全省内河航道水路累计货运量 4349 万吨，同比增加 418 万吨。二是大力发展多式联运。以内陆型多式联运交通强国建设试点为契机，加快国家级、省级多式联运示范工程项目建设。全省集装箱公铁、铁水累计总量 131.7 万 TEU，同比增加 56.8 万 TEU。三是推动城市绿色货运配送示范建设。召开城市绿色货运配送示范创建推进会，邀请部委专家授课指导创建工作。开展第二批城市绿色货运配送示范工程验收省级审核，指导绿色货运配送创建城市做好部级验收工作。四是推动公共领域车辆全面电动化试点工作。2023 年 11 月，工业和信息化部、交通运输部等 8 部门联合发布《关于启动第一批公共领域车辆全面电动化先行区试点的通知》，北京、深圳、郑州等 15 个城市被确定为试点城市。

（3）提升装备能效，推动转型升级。一是加快新能源、清洁能源车辆应用。全省新增及更新出租车2.19万辆，其中新能源占比94.6%。全省新增及更新公交车407辆，其中新能源占比100%。2023年，河南全省新能源物流车销量创新高，共成交13488辆（上险数据），在全国排名第5。排在前面的是广东、江苏、四川、浙江。2023年河南新能源物流车销量增幅位居全国第一，达55.05%。二是加大低效率、高污染的老旧运输船舶淘汰力度，鼓励清洁能源船舶使用。2023年度已更新报废老旧客船33艘，全省共有新能源和清洁能源船舶237艘。三是推进绿色出行创建。组织各地利用公交车、地铁及车站等屏幕倡导公众绿色低碳出行。部分地市公交、地铁推出优惠乘车政策，引导公众优先选择公共交通出行方式。四是加快公路充换电设施建设。全省高速公路已开通运营的160对服务区共建成充电站320座、充电桩1796个，实现已开通运营服务区充电桩全覆盖；完成14处具备建设充电基础设施条件的普通干线公路服务区充电设施建设。五是推动港口码头岸电设施建设和船舶受电设施建设改造，截至12月，全省共有岸电设施105套，共完成293艘河南籍船舶受电设施改造。

（4）狠抓措施落实，加强行业水污染防治。一是督促做好高速公路服务区污水处理工作。全省已开通运营480个收费站、160对服务区全部安装污水处理设备或接入当地市政管网，处理后的中水实现达标排放和循环利用。二是完善港口船舶污染物接收、转运、处置设施建设。周口港、漯河港、信阳港已全部按要求配备船舶生活污水、船舶垃圾、船舶含油污水接收设施，并建立了船舶污染物接收、转运、处置有效衔接机制，船舶污染物接收设施港口覆盖率达100%。三是积极推进丹江库区水质安全和水源地保护工作，会同公安、生态等部门，以危货运输管控为重点，建立属地及相关单位有效协作机制，确保一泓清水永续北送。

（5）紧盯关键环节，强化扬尘污染管控。一是强化公路扬尘污染治理。按照《河南省高速公路养护管理提升三年行动方案》要求，加大高速公路清洁力度，形成"机械为主、人工为辅"的路面保洁模式，本年度累计出动人工约295万人次，清扫车清扫里程225万公里。组织开展普通国省道春季养护大会战，全省普通干线公路累计完成挖补坑槽48.1万平方米，完成补栽路树275.8万株。增加普通国省道清扫设备投入，确保绕城、穿城、城市出入口等重点路段100%机械化清扫保洁。二是严控施工扬尘输出。充分发挥行业环保监管平台和公路运行监测系统的作用，继续推进全省具备条件的在建项目安装在线视频监控、监测设备，重点在建项目远程监控数据开工一个、接入一个，推动扬尘污染防治"看得见、管得住"。三是督促各地做好公路超限检测站污染防治。对进出超限检测站车辆进行雾炮喷淋处理，实现超限检测站卸货场100%硬化，对卸载物料100%覆盖。四是持续加强污染防治督导力度。

成立第三轮中央生态环境保护督察协调保障工作领导小组，配合做好督察各项工作。多次开展行业污染防治督导检查，督促地市做好问题整改。

二、2024 年河南省绿色物流发展情况

（1）2024 年伊始，河南省人民政府办公厅出台《河南省加快实施物流拉动打造枢纽经济优势三年行动计划（2023—2025 年）》。要求"立足交通和物流枢纽优势，挖掘产业和市场潜力，坚持贸工结合、以贸促工、以工强贸，发展交通枢纽、生产服务、商贸服务、内陆口岸、智慧平台等类型的枢纽经济，构建布局合理、特色鲜明、活力强劲的枢纽经济发展格局。"

（2）《2024 年河南省政府工作报告》提出：全面提高经济绿色化程度。推动绿色制造标准体系建设，培育省级以上绿色工厂 100 个，打造一批"超级能效"和"零碳"工厂。加快公转铁、公转水，到 2025 年重点行业大宗货物清洁运输比例达到 80%。培育壮大绿色环保产业，重点发展节能环保装备和资源综合利用装备，引育一批绿色制造服务供应商。

（3）河南省发展改革委印发《河南省 2024—2025 年节能工作方案》，推进交通运输节能增效行动。要求推动货物运输"公转铁""公转水"，发挥铁路、水路比较优势。加快铁路专用线建设，推进物流园区、港口打通铁路运输"最后一公里"，大宗货物年货运量 150 万吨以上的大型工矿企业和新建物流园区铁路专用线接入比例力争达到 85% 以上。创新绿色货运模式，提升物流资源集约利用水平。鼓励绿色货运配送示范城市创新组织模式，发展共同配送、统一配送、集中配送、夜间配送等集约化模式。推进新能源、清洁能源车辆在城市公交、出租汽车、城市配送等领域的应用。加快氢能在交通运输领域的应用，鼓励试点区域将燃料电池汽车作为传统燃料汽车的优先替代选择。到 2025 年，除应急保障车辆外，全省新增公交车全部实现新能源化，新能源和清洁能源客货营运车辆数达到 5 万辆，新能源、清洁能源动力船舶数量较 2020 年增加 20% 以上。

（4）《中共河南省委 河南省人民政府关于全面推进美丽河南建设的实施意见》中要求：加快重点领域绿色低碳转型。培育壮大节能环保产业链，推动产业链、创新链、供应链、要素链、制度链"五链"深度耦合。加快推进运输结构调整，鼓励大型工矿企业、港口码头、物流园区配套建设铁路专用线。大力发展多式联运，构建"外集内配、绿色联运"公铁联运配送体系。有序推进铁路场站、民用机场、港口码头、物流园区等货运枢纽场地绿色交通基础设施建设运营，稳步推进铁路电气化改造。加大新能源汽车推广应用力度，扩大新能源船舶应用范围，有序推进老旧车船和非道路移动机械淘汰更新。到 2027 年，全省新增汽车中新能源汽车占比达到

45%，集装箱公铁、铁水联运量年均增长 15%以上；到 2035 年，重点行业大宗货物基本实现清洁运输。

（5）《河南省人民政府办公厅关于建设高质量邮政快递物流体系助力乡村全面振兴的意见》中，鼓励应用标准化、智能化、绿色化装备设备。鼓励企业按需配备标准化物流周转袋（箱）、托盘等装备，探索建立循环共用装备体系；在邮件、快件寄递过程中推广应用条码、射频识别、电子运单等；加快推进智能扫描终端、智能邮箱、智能快递柜等设备应用。鼓励使用低克重、高强度纸箱和免胶纸箱，通过优化包装结构减少填充物使用量，推广使用绿色快递包装物。持续加大农村物流领域新能源车辆推广力度，提高新能源车辆使用比例。

（6）《河南省人民政府办公厅关于印发河南省进一步强化金融支持绿色低碳发展实施方案的通知》中，明确要不断丰富和完善绿色金融产品和服务，更好服务传统产业和重点领域绿色低碳转型，全面提升河南省绿色金融创新发展水平。

第三节　河南省绿色物流发展趋势

河南省作为物流大省，在服务我国构建新发展格局、建设现代化产业体系中肩负着重大使命。以现代绿色物流发展支撑物流强省建设，将迎来新的重要机遇期。面对国际绿色物流发展新态势，河南省要着力推动物流行业结构调整和动能转换，促进物流要素在线化、数据化，开发境内外一体对接的多样化应用场景，推进现代绿色物流业健康发展，有效拓展新质生产力发展的赛道。

一、持续提升"绿色门槛"绿色物流发展体系化

（1）完善促进绿色物流发展的支持体系。一是不断完善推进绿色物流发展的制度体系，旨在促进包括物流企业在内的市场主体向绿色物流发展。二是制定物流企业绿色发展的标准，从运输、装卸、仓储、配送等各环节分别探索制定详尽的绿色标准，以切实规范引导物流绿色发展。三是不断加大对物流企业的金融支持力度。

（2）构建促进绿色物流发展的产业体系。注重综合供应链管理，实现信息的共享和资源的优化配置，促进生产者、销售者、运输者、消费者协同参与，才能从包装、运输、仓储、配送等全链条各环节推动绿色环保水平逐步提升。一是包装领域。尽可能更加广泛地使用可循环再利用、可降解的替代性绿色环保包装材料，譬如竹纤维包装、无胶带可折叠的快递包材、共享周转箱等。二是运输领域。更加注重使用氢能源、生物燃料等清洁能源，推动大型水运船舶从燃烧重油改造为使用氨燃料动力，以及向航运零排放努力等。同时，尽可能由公路运输向铁路、水运模式转换，

以有效减少二氧化碳等的排放。

二、加大数智化赋能 绿色物流发展成效显著

随着大数据、物联网、云计算、人工智能等信息技术与交通行业深度融合，以"物流+互联网+人工智能"为特征的智慧物流建设正在成为推动全球物流行业绿色发展的新趋势。河南省发展智慧物流可以在仓储运输、包装、流通加工、配送、装卸搬运等多个环节更好地优化配置资源设施，降低能源消耗和排放水平，人工智能在物流行业的应用，更是提高了对物流数据的分析能力，实现信息化、自动化和智能化处理，形成最优运输路线，节约运输时间、减少碳排放，对环境更友好。

（1）注重绿色物流发展顶层设计。注重政府规划引导，制定绿色物流发展规划与行动指南，明确实施目标、重点任务、技术路线与保障措施。

（2）强化应用场景创新。在实践发展中积极探索，通过数字化和智能化手段，创新绿色应用场景。譬如，大力推广使用无人操作的智能推车、电动车辆以及无人机配送等，非接触式执行物流任务，为健康环保的现代物流业务带来极大机遇。同时，通过智慧化管理，优化运输路线、提倡多式联运等，在快递企业之间展开深度合作，通过互联互通、共享信息和大数据等，制定最佳、最快的运输路线图，避免车辆运送路线重复、空驶，提高车辆运输效率，降低运输途中碳排放对环境的不利影响。注重推动电商企业与物流企业进行数字化对接、智慧化协同，提高存储、配送和运输效率等。

第四节　2023—2024 年河南省绿色物流政策和标准梳理

（1）2023 年 1 月，河南省发展改革委印发《河南省 2023—2024 年重点领域节能降碳改造实施方案》。

（2）2023 年 4 月，郑州市人民政府办公厅印发《促进现代物流业高质量发展若干措施》

（3）2023 年 10 月，河南省交通运输厅印发《河南省交通运输绿色低碳试点项目管理办法（试行）》。

（4）2024 年 1 月，河南省人民政府办公厅印发《河南省加快实施物流拉动打造枢纽经济优势三年行动计划（2023—2025 年）》。

（5）2024 年 2 月，河南省发展改革委印发《河南省 2024—2025 年节能工作方案》。

（6）2024 年 7 月，中共河南省委、河南省人民政府印发《中共河南省委 河南省

人民政府关于全面推进美丽河南建设的实施意见》。

（7）2024 年 8 月，河南省人民政府办公厅印发《河南省人民政府办公厅关于建设高质量邮政快递物流体系助力乡村全面振兴的意见》。

（8）2024 年 9 月，河南省人民政府办公厅印发《河南省进一步强化金融支持绿色低碳发展实施方案》。

（作者：河南省物流与采购联合会　李鹏　冀守铅）

第二十四章　山东省绿色物流发展现状与趋势分析

习近平总书记在 2023 年全国生态环境保护大会上强调，我国经济社会发展已进入加快绿色化、低碳化高质量发展阶段，要加快推动发展方式绿色低碳转型，加快形成绿色生产方式和生活方式，厚植高质量发展的绿色底色。经济发展，物流先行。作为国民经济的重要支柱产业，物流业肩负着节能降碳重要使命。推动生产生活方式绿色转型，构建山东省绿色生产和流通体系，加快建设绿色低碳高质量发展先行区，必须重视绿色物流发展，在全国率先打造物流业绿色低碳发展先行区。

第一节　山东省绿色物流发展现状及主要问题

一、山东省物流产业发展现状

山东是经济大省、人口大省，也是物流大省，社会物流总量约占全国的 1/12，在全国物流总体布局中占据重要地位。济南、青岛入围全国综合交通枢纽节点城市、全国性物流节点城市、全国一级物流园区布局城市、国家级流通节点城市、首批综合运输服务示范城市、区域性国际邮政快递枢纽承载城市，济南、青岛、烟台、临沂、日照、潍坊六市获批国家物流枢纽城市建设名单，济南、青岛、烟台、威海、潍坊五市入选国家骨干冷链物流基地建设名单，青岛、临沂、济南、潍坊、德州五市入围"中国快递示范城市"创建名单，临沂、济南、潍坊、淄博四市被列入全国绿色货运示范工程创建城市。济南、临沂入选国家首批 15 个综合货运枢纽补链强链城市，潍坊被列入国家首批 12 个产业链供应链生态建设试点城市名单。以上被纳入国家物流网络布局规划或重点建设名单的城市是山东省区位交通便利和经济较为发达的地区，彰显了这些物流枢纽节点城市在全国的地位和重要性，但同时也可看出山东省物流发展存在较为严重的区域不平衡现象。

（1）物流需求增势良好。2023 年，全省社会物流总额为 30.2 万亿元（占全国总量的 8.57%），同比增长 4.3%；完成物流业总收入 9090 亿元（占全国总量的

6.89%），同比增长 6.2%。实现工业品物流总额 12.9 万亿元，同比增长 3.9%；农产品物流总额 9735.2 亿元，同比增长 5.1%；商贸物流总额 10.96 万亿元，同比增长 4.7%；单位与居民物品物流总额 6825.1 亿元，同比增长 15.9%；进口货物物流总额 13212.4 亿元，同比增长 2.7%；外地流入货物物流总额 32408.9 亿元，同比增长 3.7%。物流有效支撑了经济稳定恢复，2023 年山东省社会物流总额构成如图 1 所示。

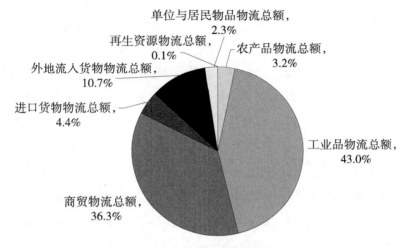

图 1　2023 年山东省社会物流总额构成

（2）物流运行效率持续改善。2023 年，全省社会物流总费用为 13430.2 亿元，同比增长 5.2%，增速较上年下降 2.1 个百分点；社会物流总费用与 GDP 的比率为 14.6%，较上年下降 0.2 个百分点，高于全国 0.2 个百分点。从结构看，运输费用 6418.1 亿元，同比增长 2.7%，占社会物流总费用比重为 47.8%；保管费用 5131.4 亿元，同比增长 8.5%，占社会物流总费用比重为 38.2%；管理费用 1880.7 亿元，同比增长 5%，占社会物流总费用比重为 14.0%。物流运行成本整体稳中有降，2023 年山东省社会物流总费用构成如图 2 所示。

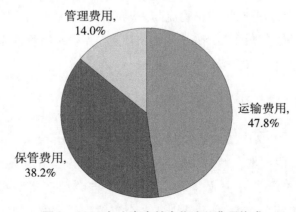

图 2　2023 年山东省社会物流总费用构成

（3）快递业保持平稳增长。2023年，全省邮政业务收入745.5亿元，同比增长17.2%，增速高于全国4个百分点；快递业务收入累计完成526.57亿元，同比增长16.5%，居全国第5位；快递业务量累计完成70.7亿件，同比增长22.5%，居全国第4位。快递业保持了稳中有进、进中提质良好态势。

（4）货运物流市场稳步增长。2023年，全省货物发送量34.7亿吨，同比增长4.5%，其中铁路、公路、水路货物发送量同比分别增长6.4%、3.1%、19.6%；累计完成货物周转量15042.82亿吨公里，同比增长5.43%。全省港口累计完成货物吞吐量19.7亿吨、集装箱量4174.55万标准箱，同比分别增长4.4%、11.1%。中欧班列实现开行量2566列，同比增长24.7%，开行位次稳居全国前五；先后在德国、波兰、塞尔维亚、乌兹别克斯坦设立了4个班列海外仓，成立了5个海外办事处及哈萨克斯坦分公司；中欧班列国际运营线路达53条，直达24个"一带一路"共建国家的56个城市。2023年9月，在哈萨克斯坦设立了首个境外阿拉木图集结中心，建设中亚地区班列核心枢纽。

（5）综合立体交通网络日趋完善。2023年，全省高速公路通车里程突破8400公里，继续保持全国领先；高速铁路运营里程突破2800公里，跃居全国第一；山东港口新开通航线32条，总数达340余条，航线总数和密度稳居北方港口首位；全省内河航道通航里程达到1100余公里，京杭运河济宁以南段基本达到二级航道通航条件；济宁大安机场正式通航，济南机场二期改扩建、烟台机场二期工程、临沂机场改扩建、威海机场迁建等重大民航基础设施加快建设。现代物流网加速完善，综合交通枢纽作用更加显著。

（6）物流市场主体活力和竞争力不断增强。截至2023年8月，山东省有A级物流企业594家、星级冷链物流企业28家。AAAA级以上企业332家，占总数的55.89%；其中AAAAA级企业56家，占总数的9.4%，居全国第一。4星级以上企业16家，占总数的57.14%；其中5星级2家，占总数的7.1%，星级企业总数始终保持领先地位。有51家企业获评中国物流与采购联合会A级信用评价企业，其中AAA级信用企业39家，占总数的76.5%。省会济南有AAAAA级物流企业19家，在全国省会城市和副省级城市中位居第一。

二、物流业发展存在的主要问题

（1）区域发展不平衡问题较为突出。地域间存在"中轴强、两翼弱""城市强、农村弱""东部强、西部弱"现象，首尾两个"一公里"堵点突出，城乡物流双向互通不够顺畅。从A级参评企业分布区域来看，省会经济圈物流网A级参评企业229家、星级冷链参评企业11家，分别各占全省总数的39%；胶东经济圈物流网A

级参评企业 292 家、星级冷链参评企业 16 家，分别占全省总数的 49%和 57%；鲁南经济圈物流网 A 级参评企业 73 家、星级冷链参评企业 1 家，分别占全省总数的 12%和 4%。

（2）工业物流发展明显滞后于全国平均水平。我国工业品物流总额占社会物流总额的比重长期保持在 80%以上，2022 年、2023 年分别为 88.95%、88.7%，而同期山东省则为 42.9%、43%，大大低于全国水平。2022 年，江苏、四川和宁夏回族自治区工业品物流总额占社会物流总额的比重高达 81.5%、60%和 69.6%。这表明，一是山东省工业企业管理理念相对落后，主辅业分离、非核心业务剥离步伐滞后，制造业物流需求释放不够；二是物流融合带动工业发展的能力偏弱，物流企业一体化综合服务能力不强。

（3）物流绿色化发展水平相对滞后。一般认为，产品从投产到销出，制造加工时间仅占 10%，而几乎 90%的时间为仓储、运输、装卸、分装、流通加工、信息处理等物流过程。与绿色生产、绿色营销、绿色消费等活动相比，山东省绿色物流发展起步晚、尚未真正形成规模，在绿色物流基础设施建设、绿色物流技术装备研发应用、绿色物流政策法规支持、物流运作模式创新、绿色物流专业人才培养、绿色物流意识及绿色物流发展的高技术支撑等方面均相对滞后。

（4）物流智能化水平亟待提升。综合交通运输仍存在公路占比高、网络运输能力不够强、交通方式衔接不够紧密等问题，智慧化、数字化赋能交通物流的应用融合依然不够。新技术新业态新模式等"物流新经济"缺少，运作模式粗放，同质竞争激烈，效率不高。基础设施有待提档升级，重要流通节点缺乏核心物流枢纽有力支撑，综合性物流园区、公共配送中心等设施功能亟须优化，农村物流网络存在布局建设短板，冷链设施设备改造升级步伐不快。

（5）行业主体发展尚不充分。山东省物流企业多数规模较小、专业性不高，龙头企业带动作用不突出，缺乏在全国具有较强竞争力的大企业集团和知名品牌，具备供应链整合和平台组织能力的链主型物流企业较少，对整个行业的引领带动作用偏弱。

第二节　山东省绿色物流发展趋势分析

智慧化、绿色化、低碳化、协同化是现代物流发展趋势。物流连接生产和消费、内贸与外贸，在推动生产、流通、消费绿色转型和节能降碳中肩负着重要使命。

一、绿色运输已成为绿色物流发展的重点和关键

运输过程中的燃油消耗和尾气排放，是物流活动造成环境污染的主要原因之一。

国际能源署（IEA）数据显示，2023 年全球能源相关二氧化碳排放量增长 1.1%，增加 4.1 亿吨，达到 374 亿吨的历史新高；交通运输行业成为全球第二大碳排放部门，碳排量占比达 25%，是引发全球气候变化的主要因素。2023 年，中国二氧化碳排放总量为 114.8 亿吨，碳排放量增长了约 5.65 亿吨，是迄今为止全球最大的增幅，而交通运输领域碳排放量约占全国终端排放量的 10.4%。

（1）公路货运是交通运输碳排放主体和减排重点。交通运输碳排放总量中，公路、水路、航空、铁路、其他运输占比分别为 84.1%、8.5%、6.1%、1.2%、0.1%；而公路交通碳排放中货运碳排放占 60% 以上，其中重型卡车碳排放量占公路货运的 85% 以上。据统计，货车以全国 9.5% 的机动车占比，产生了交通领域 65% 的碳排放、85% 的氮氧化物排放。2023 年，山东公路营业性货运车辆近 140 万辆。公路货运已成为交通运输行业节能降碳的关键环节，是交通物流降本增效重点环节。

（2）推广新能源物流车成为降低公路领域碳排放关键因素。数据测算，货运汽车、新能源汽车一公里碳排放量大约是 270 克和 80 克，而目前长途公路货运占主流的重型卡车使用清洁能源占比尚不足 3%。中国货车空载率在 40% 左右，据测算如果车辆空驶率从 40% 降至 20%，每年可减少无效行驶里程 1472 亿公里，减少二氧化碳排放 6951 万吨。可见，实现货运供需两端高效匹配和路线优化，对货运车辆进行绿色治理和提升运输效率将成为短期内节能降碳减排的重要目标。

二、科技创新支撑物流产业绿色转型

（1）借助数字化、标准化、智能化技术实现科技减碳。加快绿色科技在运输、仓储、流通加工、包装等主要物流环节的应用，在订单、包装、运输、仓储、回收等各环节发力，推动流通环节绿色转型。一是通过绿色能源技术逐步优化能源结构，为物流行业走低碳、绿色发展之路打下坚实基础。二是加速"互联网+"、物联网、大数据、云计算、无人配送服务等科技与物流业的融合，有效减少冗余物流活动，提升绿色物流效率。三是进一步鼓励新材料技术、生物技术、垃圾处理及废物利用技术等在物流领域的应用，更好地促进循环经济和可持续发展。

（2）大力发展物流平台经济。稳妥发展物流大数据平台、大宗货物交易平台、现货和期货交易平台、数字化第三方物流交付平台、供应链综合服务平台、网络货运平台等，通过平台有效整合国内外物流资源，发挥平台经济正向价值。积极发展贸易物流、供应链金融，做大物流交易和市场规模。通过网络货运平台所汇聚的海量货运供需数据，采用云计算、人工智能算法实现供需两端的高效匹配和路线优化，降低公路运输的"三空"（空驶、空置、空载）现象，提升运输组织效率，降低车辆单位运输周转量的碳排放。从发达国家发展经验来看，公路货运利用数字经济和平台经济发展智慧物流,已成为碳减排的重要手段之一。

三、多式联运成为绿色物流重点突破

(1)大力培育多式联运市场主体。通过多式联运形成完整的运输链条,把多式联运经营人、发货人、契约承运人和实际承运人、收货人、运输设备设施持有人及供应链服务商等多要素有机整合,带动运输链、物流链、产业链三链融合,构建智慧化多式联运综合服务平台。鼓励港口航运、铁路货运、航空寄递、货代企业及平台型企业等加快向多式联运经营人转型,激发市场主体活力,最大限度优化多式联运发展环境。

(2)积极创新多式联运发展模式。发展较为成熟的公铁联运、铁水联运、公水联运、陆空联运、空铁联运、河海联运等模式,积极应用集装箱联运、江海直达运输、铁路驮背运输等多种先进的多式联运组织形式,积极发展以集装箱为主的商品车、冷链等多式联运服务。推广应用铁路专用平车、循环甩挂式平板拖车、升降式商品车卸车平台等专业化装备和配套机具,推广陆空联运标准集装器、多式联运交换箱等标准化运载单元应用。推进空空中转联运、空高(高铁)联运、空公(公路)联运;发展铁路快运,推动冷链、危化品、国内邮件快件等专业化联运发展。大力发展集中配送、共同配送、夜间配送、分时配送、即时配送等先进物流组织方式,及"公转铁""公转水"等"一站式"多式联运业务,积极开展"一单制"试点。

四、不断创新绿色物流运作模式

(1)创新物流活动的减量化模式、循环化模式和绿色化模式。物流活动减量化模式,通过减少物流活动来减少物流废弃物和污染,具体可以通过产业集群、企业联盟运作模式、共同配送、多式联运、甩挂运输等模式来实现;物流活动循环化模式,基于可回收资源的再利用,提升绿色物流资源利用效率,降低成本和节能减排,主要可以通过逆向物流、生态园区等模式来实现;绿色化模式是在整个物流活动中建立绿色指标和绿色标准,从供应链全局实现所有物流环节的绿色化,政府作为监督者负责制定和统一绿色标准,企业遵从绿色标准且建立绿色评价指标体系。

(2)推广集约智慧绿色物流发展新模式。拓展物流信息平台功能,优化车、船、仓等分散物流资源供需对接,提升物流规模化组织水平。打造国家物流枢纽运营平台,集成储、运、仓、配等物流服务,创新一体化物流组织模式。搭建供应链服务平台,提供信息、物流等综合服务。加快发展智慧物流,积极应用现代信息技术和智能装备,提升物流自动化、无人化、智能化水平。扩大新能源运输工具应用范围,推广绿色包装技术和物流标准化器具循环共用。鼓励构建线上线下融合的废旧物资逆向物流体系，促进废旧物品、包装等回收再利用。推进物流与生产、制造、采购、分销、结算等服务有机融合，营造物流与产业互促发展生态。

（3）加快发展城乡绿色货运配送。做好城市绿色货运配送示范工程，积极推广绿色快递包装，引导电商企业、快递企业优先选购使用获得绿色认证的快递包装产品，促进快递包装绿色转型。鼓励企业使用商品和物流一体化包装，更多采用原箱发货，大幅减少物流环节二次包装。推广应用低克重高强度快递包装纸箱、免胶纸箱、可循环配送箱等快递包装新产品，鼓励通过包装结构优化减少填充物使用。围绕产业集聚区和消费集中地，加快推动绿色物流园区、物流中心、配送中心等建设，对接国家物流枢纽，提高一体化、集约化物流组织服务能力，推动物流网络的系统化、智能化与低碳化升级；加快城乡物流配送体系和快递公共末端设施建设，完善县乡村三级物流配送网络，创新绿色低碳、集约高效的配送模式。

五、绿色仓储、绿色包装和废弃物物流受到高度重视

（1）更加关注绿色仓储发展。绿色仓储是以环境污染小、货物损失少、运输成本低等为特征的仓储。2022年、2023年，我国物流仓储保管费用占社会物流总费用的比重为33.4%、33.5%，而同期山东物流仓储保管费用占社会物流总费用的比重则为37.6%、38.2%，分别高于全国水平4.2个和4.7个百分点，但总体上是缓慢下降趋势。通过发展绿色仓储，可以把过高的仓储保管费用降下来，助力产业提质降本增效。

（2）积极发展绿色包装和废弃物物流。绿色消费成为消费领域新热点，2023年全国快递业务量为1320.7亿件（山东省完成70.7亿件），2022年快递包装碳排放总量约为2395.84万吨CO_2e（二氧化碳当量，包括甲烷和一氧化二氮等）；预测到2025年我国快递业务量将达到1850亿件，电商企业碳排放量将达到1.16亿吨（物流包装环节碳排放量将达到5452万吨，不包含工业物流包装领域）。快递业使用了大量包装材料，也产生了海量的包装废弃物，已成为碳排放的重要来源。庞大的社会需求为绿色可持续包装产品研发和应用提供了重大机遇，也为包装产品的循环使用和减量化等提供了巨大空间。发展绿色包装和废弃物物流顺应国际环保发展趋势，既能大量节约包装材料、提高包装材料回收利用率、有效控制资源消耗、减轻环境污染、助力绿色消费和进出口贸易，也是促进包装工业绿色低碳、可持续发展的重要途径。

第三节 加快山东省绿色物流发展的对策

绿色物流的本质是在追求经济效益的同时不损害生态环境，实现经济社会发展与生态环境保护的"双轮驱动"，最终目标是实现经济、社会和环境的协同与可持续发展。为此，要在全社会树立绿色物流发展理念，切实做好理念、技术、创新文章，让绿色物流成色更足、底色更亮，切实走好以生态优先、绿色发展为导向的高质量发展之路。山东要发挥经济大省的责任担当，力争率先打造全国物流业绿色低碳发展先行区。

一、构建绿色物流发展产学研政金服用协同机制

（1）建立省内绿色物流推进机制。政府部门、行业协会、企业、消费者、金融部门、高校和科研机构等多方主体共同参与和努力，要明确参与主体权责，建立绿色物流评价指标体系和考核机制，增强协同工作合力，倒逼山东省传统物流向绿色智慧物流转型，从而推动生产生活方式绿色低碳化。

（2）建立绿色物流发展区域协同机制。以黄河流域协同发展为例，黄河流域各省区间发展差异较大，为此要加强流域跨区域合作，建立沿黄河流域物流主管部门、高校科研机构、龙头企业、行业协会、交通运输、金融机构和标准化主管部门等组成的沿黄城市绿色物流创新发展联盟，推动沿黄河流域物流产业绿色低碳协同发展。提高物流链协同水平，将沿海港口的政策与功能向腹地延伸，尽快形成"陆海联动、东西互济、南北贯通"的黄河"一字形"物流大通道和联动海内外国际物流大通道。

表 1　　2022 年黄河流域 9 省区各种运输方式货运总量及能源消费总量

单位：万吨，%

省区	铁路（占比）	公路（占比）	航空（占比）	水运（占比）	货运总量	能源消费总量（标准煤）
青海	3953.76（21%）	14873.64（79%）	1.6（0.009%）	0.79（0.004%）	18691.06	293.48
四川	6430.7（3.5%）	172369.3（93.3%）	63（0.034%）	6047.8（3.3%）	184792.3	1875.8
甘肃	8860.7（12.1%）	64083.8（87.8%）	5.8（0.008%）	—	72945.1	676.04
宁夏	10159.8（20.9%）	38462.9（79.1%）	2.6（0.005%）	—	48624.2	

续 表

省区	铁路 （占比）	公路 （占比）	航空 （占比）	水运 （占比）	货运总量	能源消费总量 （标准煤）
内蒙古	81121.8 （39%）	126708.9 （60.9%）	4.4 （0.002%）	—	207833	1112.35
山西	104514.5 （49.4%）	107024.5 （50.6%）	4.5 （0.002%）	1 （0.0005%）	211540	980.35
陕西	43500 （26.4%）	121188 （73.6%）	21.1 （0.01%）	—	164700	989.99
河南	10810.4 （4.2%）	230055 （88.9%）	62.6 （0.024%）	17772 （6.8%）	258700	—
山东	25000 （7.7%）	276906 （85.7%）	45.6 （0.014%）	21085 （6.5%）	323036.6	2276.4

资料来源：各省、区统计年鉴、统计年报等数据加工形成。以"交通运输、仓储和邮政业"为参考。

二、建立绿色物流政策法规体系

绿色物流发展离不开健全的法律法规、良好的法律环境和强有力的政策保障。中央政府高度重视绿色物流发展，先后在多个高层级、纲领性文件中提及要加快发展绿色物流，如《物流业发展中长期规划（2014—2020年）》《"十四五"现代物流发展规划》《"十四五"现代流通体系建设规划》等，发展绿色物流提升至国家战略层面。国家发展改革委、商务部、交通运输部等国务院相关部委也单独或联合发布了多项支持绿色物流发展的行业性、部门性政策，主要集中于交通运输、仓储配送、商贸流通、物流标准化等领域。目前，我国尚未有专门性的绿色物流法律法规，与绿色物流相关的立法主要体现在环境保护与资源再生回收利用等方面的法律法规中，如《中华人民共和国环境保护法》《中华人民共和国循环经济促进法》《报废机动车回收管理办法》等，这些法律法规虽然未对绿色物流加以系统专门的规制，但在立法精神上对绿色物流加以肯定，相关立法也适用于物流作业活动，成为我国发展绿色物流的基本法律依据。我国相关主管部门和机构先后发布了大量绿色物流的相关标准，如《营运货车燃料消耗量限值及测量方法》（JT/T 719—2016）、《托盘共用系统管理规范》（GB/T 34397—2017）、《重复使用包装箱通用技术条件》（GB/T 32568—2016）等，为绿色物流发展提供了有效技术支撑。近年来，山东省相继出台了《山东省"十四五"现代物流发展规划》《山东省绿色低碳高质量发展促进条例》《山东省建设绿色低碳高质量发展先行区三年行动计划（2023—2025年）》等众多规划和文件，积极鼓励和支持绿色物流发展。

加快山东绿色物流发展可从以下方面不断完善政策支持体系：一是出台与绿色物流紧密配套的一系列产业、财政、金融、土地等相关政策，通过政府绿色采购、财政补贴、税收扶持、贷款优惠等政策激励和引导物流主体的行为，科学引导绿色物流稳步健康发展。二是针对山东绿色物流发展制定出明确的、实施性强的法律法规细则，实现对物流活动绿色化的统一监管和控制，同时各级地方政府可以依据区域物流绿色化发展程度，颁布相应的地方性法规保障绿色物流发展，尤其是大中型城市物流配送车辆的绿色化。三是建立绿色物流标准体系，通过制定绿色物流标准来规范、约束物流活动，让绿色物流标准（如最低排放标准、车辆技术标准、包装尺寸标准等）成为物流企业的行业准入标准，实行绿色物流企业的行业许可制度。四是完善绿色运输政策体系，从车辆购置、实际运营、优先路权、停靠优惠、充电桩建设、电池回收、加氢站等全环节普遍予以资金或政策扶持，推动新能源物流车在城市配送领域应用。建立交通运输碳排放源的监测体系和排放清单，加强交通运输碳足迹分析；完善交通运输低碳转型考核体系，把它纳入地方和行业以及企业的考核。健全绿色金融和碳交易市场，强化碳循环技术的研发，尤其是在碳汇、碳捕捉、碳封存等方面的技术研发和应用。

三、完善绿色物流基础设施建设

绿色物流发展离不开硬件基础设施的支撑。物流基础设施主要包括公路、铁路、港口、机场等运载设施，物流园区等仓储设施以及网络通信设施等。一是要科学整合现有物流基础设施的规模、布局和功能，利用大数据、物联网、新材料、新能源等技术对物流设施及作业各环节进行改造升级，通过更新改造提高现有设施使用效率，发挥设施综合效能。二是继续扩大物流基础设施投资规模，加速现代物流基础设施网络化、体系化；对基础性、公益性设施政府要增加投入，对经营性设施则交给市场配置资源，鼓励企业市场化运营。三是新建基础设施必须在现有基础设施布局基础上进行科学规划，使物流规划、不同运输方式的场站建设规划、工业及商贸流通行业的仓储设施规划能够有机衔接和配合，防止盲目重复建设和土地资源浪费。四是注重加强各种运输方式的衔接，加快完善综合交通运输网络，构建山东现代物流网，大力发展多式联运。五是积极发展电子面单、切箱算法、智能箱型推荐等绿色物流基础设施。如菜鸟推出全球首个全品类"绿仓"，实现循环箱轻量化、全流程覆盖、效率更高、降本增效的作用。通过循环箱、原箱发货的模式，实现 0 胶带、0 填充物，0 新增纸箱，能够对数万 SKU 实现循环箱配送，且覆盖物流的全流程，效率提升 30%。六是推进交通运输设施设备低碳转型。不断优化交通运输工具，采用更清洁能源运输解决方案，通过物联网、车联网等前沿技术手段实现运输线路优化，减少能源消耗，旨在用新技术让物流实现绿色转型，赋能低碳消费和低碳商业模式。通过广泛应用智能交通系统（ITS）提高道路使用效率，通过采用车辆信息交通系统（VICS）、电子收费系统（ETC）等智能交通技术，提高车辆行驶速度，缓解了交通拥挤状况，进而提高燃油效率，实现交通减排。

四、加快绿色物流专业人才的培养

发展绿色物流需要系统性、复合型、创新型的专业化技术人才来保障。一是从国外引进一批从事绿色物流研究的高级研究型人才、管理人才和技术人才，完善和优化我国绿色物流人才层次结构。二是实施绿色物流人才培养工程，创新"政产学研用"协同培养模式，坚持产教融合、科教融合，培养涵盖理论研究、技术开发、技能操作等不同类型的绿色物流专业人才。三是完善引才、育才、用才支持政策，把绿色物流管理人才和专业技术人才纳入政府人才引培计划，设立绿色物流高层次人才专项基金，建立高层次人才荣誉体系，在住房、资金、子女就学、再教育等方面提供政策倾斜。

注明：

（1）文中数据来源于中国物流与采购联合会、山东省物流与采购联合会、相关省（区、市）统计年鉴和统计公报等公布的数据资料。

（2）文中个别内容引自国家、山东省正式公布的相关规划、文件资料。

（作者：济南大学　葛金田）

第三篇

资料汇编报告

2024 年绿色物流政策梳理

发文时间	发文部门	政策文件名称	主要相关内容
2024-11-08	第十四届全国人民代表大会常务委员会第十二次会议通过	中华人民共和国能源法	第一章　总则 第一条　为了推动能源高质量发展，保障国家能源安全，促进经济社会绿色低碳转型和可持续发展，积极稳妥推进碳达峰碳中和，适应全面建设社会主义现代化国家需要，根据宪法，制定本法。 第二条　本法所称能源，是指直接或者通过加工、转换而取得有用能的各种资源，包括煤炭、石油、天然气、核能、水能、风能、太阳能、生物质能、地热能、海洋能以及电力、热力、氢能等。 第五条　国家完善能源开发利用政策，优化能源供应结构和消费结构，积极推动能源清洁低碳发展，提高能源利用效率。 国家建立能源消耗总量和强度双控向碳排放总量和强度双控全面转型新机制，加快构建碳排放总量和强度双控制度体系。 第八条　国家建立健全能源标准体系，保障能源安全和绿色低碳转型，促进能源新技术、新产业、新业态发展。 第十四条　对在能源工作中做出突出贡献的单位和个人，按照国家有关规定给予表彰、奖励。 第三章　能源开发利用 第二十二条　国家支持优先开发和清洁高效利用化石能源，合理开发和清洁高效利用化石能源，推进非化石能源安全可靠有序替代化石能源，提高非化石能源消费比重

续　表

发文时间	发文部门	政策文件名称	主要相关内容
			国务院能源主管部门会同国务院有关部门制定非化石能源开发利用中长期发展目标，按年度监测非化石能源开发利用情况，并向社会公布。 第二十三条 国务院能源主管部门会同国务院有关部门制定并组织实施可再生能源在能源消费中的最低比重目标。 国家完善可再生能源电力消纳保障机制。供电企业、售电企业、相关电力用户和使用自备电厂供电的企业等应当按照国家有关规定，承担消纳可再生能源发电量的责任。 国务院能源主管部门会同国务院有关部门对可再生能源在能源消费中的最低比重目标以及可再生能源电力消纳责任的实施情况进行监测、考核。 第三十四条 国家推动提高能源利用效率，鼓励发展分布式能源和多能互补、多能联供综合能源服务，积极推广合同能源管理等市场化节约能源服务，提高终端能源消费清洁化、低碳化、智能化、高效化水平。 第三十五条 能源企业、能源用户应当按照国家有关规定配备、使用能源计量器具。 能源用户应当按照安全使用和有关节约能源的规定合理使用能源，依法履行节约能源的义务，积极参与能源需求响应，扩大绿色能源消费，自觉践行绿色低碳的生产生活方式。 国家加强能源需求侧管理，通过完善峰谷分时电价、分时价格、分时价格阶梯价格等制度，引导能源用户合理调整用能方式，时间、数量等，促进节约能源和提高能源利用效率。 第九章　附则 （一）化石能源，是指由远古动植物化石经地质作用演变成的能源，包括煤炭、石油和天然气等。 （二）可再生能源，是指能够在较短时间内通过自然过程不断补充和再生的能源，包括水能、风能、太阳能、生物质能、地热能、海洋能等。 非化石能源，是指不依赖化石燃料而获得的能源，包括可再生能源和核能。 （四）生物质能，是指利用自然界的植物和城乡有机废物通过生物、化学或者物理过程转化成的能源。 （五）氢能，是指氢作为能量载体反应释放出的能源。
2024-11-08	第十四届全国人民代表大会常务委员会第十二次会议通过	中华人民共和国能源法	

续 表

发文时间	发文部门	政策文件名称	主要相关内容
2024-10-18	国家发展改革委等六部门	国家发展改革委等部门关于大力实施可再生能源替代行动的指导意见	一、总体要求 大力实施可再生能源替代，以习近平新时代中国特色社会主义思想为指导，贯彻"四个革命、一个合作"能源安全新战略，坚持统筹谋划，正确处理传统能源和新能源"破"与"立"的关系、源网荷储一体推进，全面提升可再生能源安全可靠替代能力；供需统筹、有序替代，统筹可再生能源有序替代化石能源，协同融合、多元替代，加快推进增量替代，稳步推进存量替代，稳步推动可再生能源与工业、交通、建筑、农业农村等领域融合替代，经济高效推进发电、供热、制气、制氢等多元发展和替代；科技引领、创新替代，大力推动可再生能源替代领域新技术攻关试点，创新体制机制，加快培育可再生能源替代的新场景、新模式、新业态。"十四五"重点领域可再生能源替代取得积极进展，2025年全国可再生能源消费量达到11亿吨标准煤以上。"十五五"各领域可再生能源优先利用可再生能源生产生活方式基本形成，2030年全国可再生能源消费量达到15亿吨标准煤，有力支撑实现2030年碳达峰目标。 三、加快推进重点领域可再生能源替代应用 （六）加快交通运输和可再生能源融合互动。建设可再生能源交通廊道。鼓励在具备条件的高速公路休息区、铁路客站、汽车客运站、机场和港口推进光伏充放多功能综合一体建设。加快发展电动乘用车，稳步推进公交车电动化替代，探索推广应用新能源中重型货车。积极探索发展电气化铁路电气化改造力度。推进船舶使用岸电，鼓励发展绿色电动智能船舶试点应用。推动可持续航空燃料应用，开展电动垂直起降航空器试点运行。有序推广氢能源汽车运行。支持有条件的地区开展生物柴油、生物航煤、生物天然气、绿色氢氨醇等生物燃料、航空领域的试点运行。 （七）深化建筑可再生能源集成应用。把优先利用可再生能源纳入城镇人口城镇的规划、建设、更新和改造。推动城镇新建建筑全面执行绿色建筑标准，不断提高可再生能源电力、热力和燃气的替代要求。推广超低能耗、近零能耗建筑，发展近零碳建筑。推动既有建筑屋顶加装光伏系统，推动新建的新建厂房、新建公共建筑尽装尽装光伏应用。推动新能源公共电气化，推广电热泵热水器、高效电磁炉灶等替代燃煤燃气产品，推动新能源直流电器与设备应用。因地制宜推进地热能、空气源热泵和集中式生物质能等供热制热制冷应用，偏远地区可按照就地取材原则利用利用户用生物质成型燃料炉具供暖

续表

发文时间	发文部门	政策文件名称	主要相关内容
2024-07-31	中共中央、国务院	中共中央 国务院关于加快经济社会发展全面绿色转型的意见	五、推进交通运输绿色转型 （九）优化交通运输结构。构建绿色高效交通运输体系，完善国家综合立体交通网络，推动不同运输方式合理分工、有效衔接，降低空载率和不合理客货运周转量。大力推进多式联运"一单制"发展，加快货运专用铁路和内河高等级航道网建设，推进主要港口、大型工矿企业和物流园区铁路专用线建设，提高绿色集疏运比例，持续提高大宗货物的铁路、水路运输比重。优化民航航路航线，提升机场运行电动化智能化水平。 （十）建设绿色交通基础设施。提升新建车站、机场、码头、高速公路服务区、推进既有交通基础设施节能降碳改造提升，建设一批低碳（近零碳）车站、高速公路服务区、码头、机场，因地制宜发展高速公路沿线光伏。完善交通智慧管理系统，提升城乡物流配送体系智能化水平。推动配送方式绿色智能转型。深入实施城市公共交通优先发展战略，提升公共交通服务水平。加强城市步行道和自行车专用车道和慢行系统建设。 （十一）推广"低碳"交通运输工具。大力推广新能源汽车，推动城市公共服务车辆电动化替代。推动城市公交、船舶、航空器、非道路移动机械等采用清洁动力，加快淘汰老旧运输工具，推进零排放货运。加强可持续航空燃料研发应用，鼓励净零排放船用燃料研发。营运交通工具单位换算周转量碳排放强度比2020年下降9.5%左右。到2030年，新能源汽车成为新销售车辆的主流。 八、推动消费模式绿色转型 （十九）加大绿色产品供给。引导企业开展绿色设计、选择绿色材料，推行绿色制造，采用绿色包装，降低产品全生命周期能源资源消耗和生态环境影响。建立健全绿色产品全生命周期能源资源消耗和生态环境影响。建立健全绿色产品认证与标识体系建设，完善能效、水效标识制度，建立产品碳足迹管理体系和产品绿色标识认证制度。加强绿色产品和服务认证机构监管，培育具有国际影响力的绿色认证机构。 （二十）积极扩大绿色消费。健全绿色消费激励机制。优化政府绿色产品采购政策，拓展绿色产品采购范围和规模，适时将碳足迹要求纳入政府采购。引导企业执行绿色采购指南，鼓励有条件的企业建立绿色供应链，带动上下游企业绿色协同转型。支持有条件的地区通过发放消费券、绿色积分等方式，引导消费者购买绿色产品。开展新能源汽车和绿色智能家电、节能家具、绿色建材下乡活动，加强配套设施建设和售后服务保障，鼓励新能源汽车、节能灶具、节水器具等扩大绿色能源消费

续 表

发文时间	发文部门	政策文件名称	主要相关内容
2024-08-08	国家发展改革委、市场监管总局、生态环境部	国家发展改革委、市场监管总局、生态环境部关于进一步强化碳达峰碳中和标准计量体系建设行动方案（2024—2025年）的通知	二、重点任务 （一）加快企业碳排放核算标准研制。加快推进电力、煤炭、钢铁、有色、纺织、交通运输、建材、石化、化工、建筑等重点行业企业碳排放核算标准和技术规范的研究及制修订，制定温室气体审定核查、低碳评价等相关配套技术规范，支撑企业碳排放核算工作，有效服务全国碳排放权交易市场建设。制定面向园区的碳排放核算与评价标准。 （二）加强产品碳足迹碳标识标准建设。发布产品碳足迹量化要求通则国家标准，统一具体产品的碳足迹核算原则、核算方法、数据质量等要求。加快研制新能源汽车、光伏、锂电池等重点产品碳足迹标准研制。研究制定产品碳标识认证管理办法，研制碳标识相关国家标准。服务外贸出口新优势，开展电子电器、塑料、建材等重点产品碳足迹标准研制。 （三）加大项目碳减排标准供给。开展能效提升、可再生能源利用、甲烷减排与利用等典型项目碳减排量核算标准研制工作。条件成熟时，推动将全国温室气体自愿减排项目方法学纳入国家标准体系，支撑全国温室气体自愿减排交易市场建设和企业环境、社会和公司治理（ESG）信息披露应用场景。 （六）加快产品能效标准更新升级。对标国际先进水平，修订升级工业通用设备、制冷和供暖设备、办公设备、厨房电器、照明器具等产品能效标准。开展退役光伏设备、风电设备、动力电池回收利用标准研制，加快研制电动汽车充电桩、服务器等产品纳入能效标识管理，扩大能效产品覆盖范围，加快研制再生塑料、再生金属等系列国家标准。 代移动通信（5G）基站设备等新型基础设施能效标准，将能效标识研究出台数据中心能效标识实施细则。 （七）加强重点产品和设备循环利用相关标准研制。制定汽车、电子产品、家用电器等回收拆解标准，研究制定农用机械零部件回收利用相关标准。开展退役光伏组件、动力电池回收利用相关标准研制，加大新能源产品设备的绿色设计标准供给，加快研制再生塑料、再生金属、再生橡胶、再生纸等重点再生资源综合利用系列国家标准。 指标体系通则》《清洁生产评价指标体系编制通则》等系列国家标准。 （八）扩大绿色产品评价标准供给。修订绿色产品评价通则，增加低碳指标，建立分级评价指标体系，将染料化学品等绿色产品评价纳入绿色产品评价。研究制定绿证和绿色电力消费评价相关标准。在消费品基础上，制定钢管、建材、纺织品等绿色产品评价标准。修订卫生陶瓷、建筑陶瓷、化工、钢铁、建材等重点行业清洁生产评价标准。 价指标体系，研制卫生陶瓷、建筑陶瓷、建材、纸和纸制品等绿色产品评价标准清单。领先、市场成熟度高的团体标准纳入绿色产品评价标准清单。充分利用市场资源，将技术

311

续　表

发文时间	发文部门	政策文件名称	主要相关内容
2024-08-08	国家发展改革委、市场监管总局、生态环境部	国家发展改革委 市场监管总局 生态环境部关于进一步强化碳达峰碳中和标准计量体系建设行动方案（2024—2025年）的通知	（十一）加强计量对碳排放核算的支撑保障。制定重点排放单位碳排放核算和管理规范，推动企业碳排放计量器具配备。充分发挥国家行业能耗在线监测系统作用，优化相关行业温室气体排放核算和报告指南，强化碳核算数据优先来源于计量器具的要求。鼓励企业利用第五代移动通信（5G）、区块链等技术手段建立能源和碳排放数据采集和分析系统。按照国家温室气体排放因子数据库建设需求，探索建立国家温室气体排放因子计量实测验证平台。 （十三）加强重点领域计量技术研究。推动加强火电、钢铁、水泥、石化、化工、有色等重点行业和领域碳计量技术研究，开展碳排放直测法和因子实测研究，天然气排放因子的比对研究，在火电领域研制烟气排放连续监测系统气体浓度校准装置，不断提升碳排放和碳监测数据准确性和一致性。 （十四）加强国家碳计量中心建设。推动国家碳计量中心建设、研究制定《关于加强国家碳计量中心建设的指导意见》，强化国家碳计量中心顶层制度设计和建设任务推进。研究制定碳计量中心建设能力建设指导目录，指导计量技术机构和重点排放单位加强碳计量能力建设，不断提升碳计量能力水平。 （十六）加强能源计量监督管理。组织各地区对建筑建材、石化化工、能源、钢铁等传统行业以及数据中心、公共机构等重点领域开展能源计量审查，帮助用能单位解决节能减排降碳计量难题，不断提升用能单位能源计量管理水平和能力
2024-07-31	交通运输部、财政部	交通运输部 财政部关于实施老旧营运货车报废更新的通知	支持报废国三及以下排放标准营运类柴油货车，加快更新一批高标准低排放货车。对提前报废国三及以下排放标准营运类柴油货车，提前报废并新购国六排放标准货车或新能源货车，仅新购符合条件的新能源货车，分档予以补贴。已获得中央其他资金渠道支持本次补贴范围老旧营运货车报废更新补贴资金由中央和地方总体按9∶1比例共担。东部、中部、西部地区中央承担比例分别为85%、90%、95%。各省级财政根据本地区中央资金分配情况按比例安排配套资金

312

续 表

发文时间	发文部门	政策文件名称	主要相关内容
2024-08-02	国务院办公厅	国务院办公厅关于印发《加快构建碳排放双控制度体系工作方案》的通知	将碳排放指标及相关要求纳入国家规划，建立健全地方碳考核，行业碳管控，企业碳管理，项目碳评价、产品碳足迹管理制度和管理机制，并与全国碳排放权交易市场有效衔接，构建系统完备的碳排放双控制度体系，为实现碳达峰碳中和目标提供有力保障。"十四五"时期，实施以强度控制为主、总量控制为辅的碳排放双控制度，加强重点领域和行业碳排放核算能力，建立碳达峰碳中和单位能耗管理制度，开展固定资产投资项目碳排放评价，构建符合中国国情的产品碳足迹管理体系和产品碳标识认证制度，确保如期实现碳达峰目标。碳达峰后，实施以总量控制为主、强度控制为辅的碳排放双控制度，进一步强化对各地区及重点领域、行业、企业的碳排放管控要求，健全产品碳足迹管理体系，推行产品碳标识认证制度，加快建立产品碳排放总量管理体系
		七、加快建立产品碳足迹管理体系	（十三）制定发布产品碳足迹核算规则标准。制定发布产品碳足迹核算规则等国家标准，对产品碳足迹核算原则、核算方法、数据质量等明确统一要求。按照急用先行原则，聚焦电力、燃油、钢铁、电解铝、水泥、化肥、氢、石灰、玻璃、乙烯、合成氨、电石、甲醇、煤化工、光伏、动力电池、新能源汽车、电子电器等重点产品，组织相关行业协会、企业、科研单位等制定发布该领域产品碳足迹核算行业标准或团体标准。
			（十四）加强碳足迹背景数据库建设。加快建设全国温室气体排放因子数据库，为地方、企业开展碳足迹背景数据库提供基准数据。行业主管部门有条件的地区可以根据需要建设重点行业碳足迹背景数据库，鼓励相关行业协会、企业、科研单位等建设细分行业细分领域产品碳足迹背景数据库。
			（十五）建立产品碳标识认证制度。制定产品碳标识认证管理办法，研制碳标识相关国家标准，组织有条件的城市聚焦重点产品开展先行先试，鼓励企业按照市场化原则开展产品碳足迹认证
2024-07-18	中国共产党第二十届中央委员会第三次全体会议通过	中共中央关于进一步全面深化改革 推进中国式现代化的决定	聚焦建设美丽中国，加快经济社会发展全面绿色转型，健全生态环境治理体系，推进生态优先、节约集约、绿色低碳发展，促进人与自然和谐共生

续　表

发文时间	发文部门	政策文件名称	主要相关内容
2024-08-08	国家发展改革委、市场监管总局、生态环境部	国家发展改革委、市场监管总局、生态环境部关于进一步强化碳达峰碳中和标准计量体系建设行动方案（2024—2025年）的通知	一、总体目标 按照系统推进、急用先行、开放协同的原则，围绕重点领域研制一批国家标准，采信一批团体标准，突破一批国际标准，启动一批标准化试点。2024年，发布70项碳核算、碳足迹、碳减排、能效能耗、碳捕集利用与封存等国家标准，基本实现重点行业碳核算核查体系基本形成。2025年，面向企业、项目的三位一体碳核算核算和评价标准体系基本建成，重点行业和产品能效能耗技术指标基本达到国际先进水平，建设100家企业和园区碳排放管理标准化试点。 二、重点任务 （一）加快企业碳排放核算标准研制。加快推进电力、煤炭、钢铁、有色、纺织、交通运输、建材、石化、化工、建筑等重点行业企业碳排放核算方法的研究及制定修订，制定温室气体审定核查、低碳评价等相关配套技术规范，支撑企业碳排放核算工作，有效服务全国碳排放权交易市场建设。制定面向园区的碳排放核算与评价标准。 （二）加强产品碳足迹碳标识标准建设。发布产品碳足迹量化要求通则国家标准，统一具体产品的碳足迹核算方法，核算方法、数据质量等要求。加快研制新能源汽车、光伏、锂电池等重点产品碳足迹标准研制。研究制定产品碳标识核算规则、核算原则，优先开发电子电器、塑料、建材等重点产品碳足迹标识相关标准。服务外贸出口新优势，开展电子电器、塑料、建材等重点产品碳足迹标识相关标准。识认证管理办法，研制碳标识相关国家标准。 （三）加大项目碳减排标准供给。开展能源效率提升、可再生能源利用、余能利用、甲烷减排与封存等典型标准研制工作。条件成熟时，推动将全国温室气体自愿减排项目方法学纳入国家标准。支撑全国温室气体自愿减排交易市场建设和标准采信一批先进的团体标准。 （四）推动碳减排和碳清除技术标准攻关。加快氢冶金、原料替代、社会公司治理（ESG）信息披露等关键碳减排技术标准，在降碳技术领域采信一批先进的团体标准。制定生态碳汇、碳捕集利用与封存等关键碳清除技术标准，尽快出台碳捕集利用与封存通用标准、相关术语等通用标准。抓紧构建二氧化碳捕集、运输、地质封存全链条标准体系。 （五）提高工业领域能耗标准要求。修订提高钢铁、炼油、燃煤发电机组、制浆造纸、稀土冶炼等重点工业单位产品能源消耗限额标准，全面提升能效水平，基本达到国际先进水平。修订完善能源计量、监测、审计等节能配套标准。 （六）加快产品能效标准更新升级。对标国际先进，扩大能效产品覆盖范围，制冷和供暖设备、办公设备、厨房电器、照明器具、工业通用设备，修订升级工业通用设备，照明器具等产品能效配套标准。加快研制电动汽车充电桩，第五

续表

发文时间	发文部门	政策文件名称	主要相关内容
2024-08-08	国家发展改革委、市场监管总局、生态环境部	国家发展改革委 生态环境部 市场监管总局关于进一步强化碳达峰中和标准计量体系建设行动方案（2024—2025年）的通知	代移动通信（5G）基站设备等新型基础设施设备能效标准，将高压电机、服务器等产品纳入能效标识管理，研究出台数据中心能效标识实施细则。 （七）加强重点产品回收利用相关标准研制。制定汽车、电子产品、家用电器等产品回收拆解标准，研究制定农用机械零部件回收利用相关标准。开展退役光伏设备、风电设备、动力电池回收利用相关标准研制，加大新能源产品设备的绿色设计标准供给，加快研制再生塑料、再生金属等重点行业再生产品评价标准。按照《清洁生产评价指标体系通则》要求，研制钢铁、化工、建材等重点行业清洁生产评价系列国家标准。 （八）扩大绿色产品评价标准供给。修订绿色产品评价通则，增加低碳指标，建立分级评价指标体系，建立工业品绿色产品评价制定绿色认证和绿色电力消费相关标准。在消费品基础上，制定钢管、建材、染料等利用市场资源，充分利用市场资源，将技术标准价标准领先、市场成熟度高的团体标准纳入国家标准制品绿色产品评价标准清单。 （九）加强碳计量基础能力建设。面向完善碳排放统计核算和碳监测的需要，布局建设一批计量标准和标准物质，加快碳达峰碳中和相关量值传递溯源体系建设，建立碳达峰碳中和相关计量基准、计量标准和标准物质名录，持续做好碳相关计量器具的检定校准工作。 （十）加强"双碳"相关计量仪器研制和应用。加快高精度多组分气体快速分析探测仪、光谱仪等能源计量相关计量仪器的研制。组织对国产碳排放在线监测系统（CEMS）开展计量性能测试评价。 （十一）加强碳排放计量器具配备。优化相关行业能耗在线监测作用，制定重点碳排放核算和报告指南，强化碳核算数据优先来源于计量器具配备，推动企业加强碳排放数据直测与核算方法的比对研究，鼓励企业按照第五代移动通信（5G）区块链等技术手段建立能源和碳排放数据采集和分析利用平台。充分发挥国家温室气体排放因子数据库建设需求，探索建立国家温室气体排放因子计量实测验证平台。 （十二）开展共性关键碳计量技术研究。开展碳排放监测计量不确定度评定方法研究，持续开展基于激光雷达、区域和城市尺度反演等碳监测计量技术与应用，开展烟气捕集端碳捕集利用与封存关键计量技术研究，为碳排放统计核算、碳排放在线监测、低碳技术研究等提供计量支撑。 （十三）加强重点领域碳计量技术研究。推动加强火电、水泥、钢铁、石化、化工、有色等重点行业和领域碳计量技术研究，开展直测与实测因子实测研究、天然气排放因子实测研究，在火电领域建立碳计量技术研究，开展碳排放连续监测系统气体浓度校准装置，不断提升碳排放监测数据准确性和一致性

续　表

发文时间	发文部门	政策文件名称	主要相关内容
2024-08-08	国家发展改革委、市场监管总局、生态环境部	国家发展改革委、市场监管总局、生态环境部关于进一步强化碳达峰碳中和标准计量体系建设行动方案（2024—2025年）的通知	（十四）加强碳计量中心建设。推动国家碳计量中心建设，研究制定《关于加强国家碳计量中心建设能力建设的指导意见》，强化国家碳计量中心顶层制度设计和建设任务推进。研究制定碳计量技术规范和建设单位加强碳计量能力建设，不断提升碳计量能力水平。 （十五）完善"双碳"相关计量技术规范。加强"双碳"计量技术规范修订，编制重点排放单位碳计量审查规范、固定污染源二氧化碳排放连续监测系统校准、煤化工生产企业碳计量器具配置与管理等计量技术规范。 （十六）加强能源计量监督管理。组织各地区对建筑建材、石化化工、能源、钢铁等传统行业以及数据中心、公共机构等重点领域开展能源计量审查，帮助用能单位解决节能降碳计量难题，不断提升用能单位能源计量管理水平和能力 三、老旧营运柴油货车淘汰更新行动 实施城市公交车电动化替代、老旧营运柴油货车淘汰更新、老旧机车淘汰更新、邮政快递老旧设备替代、物流设施设备更新改造、标准提升七大行动，大力促进先进设备和北斗终端应用，促进交通运输动力系统清洁化、低碳化、高效化发展，有序推进行业绿色低碳转型。 （一）加快淘汰更新老旧营运柴油货车。支持老旧营运柴油货车淘汰更新、提前淘汰营运类柴油货车。依托道路货运经营者加快淘汰更新国三及以下标准营运柴油货车、更新营运车国四标准营运柴油货车。鼓励引导道路货运经营者加快淘汰更新营运车型管理工作，对标国际先进水平，持续提升营运货车节能低碳水平。 （二）有序推广新能源营运货车。鼓励各地结合道路货运行业发展特点，区域产业环境和新能源供应能力，有序推动新能源营运货车在城市物流配送、港口集疏运、干线物流等场景应用。因地制宜研究出台新能源营运货车的通行路权、配套基础设施建设等政策，积极探索电分离等商业模式。科学布局、适度超前建设公路沿线新能源营运车辆配套基础设施，探索充电站、换电站、加氢站等建设。 四、老旧营运船舶报废更新行动 （一）加快高能耗高排放老旧营运船舶报废更新。支持内河客船15年、货船20年船龄以上老旧船舶加快报废更新。加强船舶燃油质量监管，健全船舶燃油质量监测体系，实施船舶大气污染物排放控制区监测监管示范工程。鼓励有条件地区建立现有燃油动力船舶退出机制
2024-06-07	交通运输部等十三部门	交通运输部等十三部门关于印发《交通运输大规模设备更新行动方案》的通知	

续　表

发文时间	发文部门	政策文件名称	主要相关内容
			（二）大力支持新能源清洁能源动力运输船舶发展。加快液化天然气（LNG）、醇、氢、氨等燃料动力船型研发，强化高性能燃料发动机、大功率醇燃料船舶装备供给能力。提升新能源船舶装备供给能力，支持绿醇、绿氨等燃料动力国际航行船舶发展，推动 LNG、生物柴油动力船舶在具备条件的沿海、内河航线应用，支持纯电池动力在中小型、短距离内河船舶试点应用，支持船舶探索开展箱式移动电源等可移动动力设备换装模式改应用，逐步扩大绿电、LNG、生物柴油、绿醇等能源在船舶领域的应用。完善客运船舶重大改提政策，实施新能源船舶优先靠离岸离泊等激励措施，保障电力、LNG、生物柴油、绿醇等能源供应能力。鼓励探索建立区域性船舶全面新能源化先行示范区。 （三）完善新能源清洁能源动力运输船舶配套基础设施。加强岸线资源集约高效利用，支持 LNG、生物柴油、绿醇等加注及充（换）电供应服务保障能力建设，支持有条件的加油（气）网点、水上服务区更新提升配套设施综合服务水平，探索建设绿色航运综合服务区，加快构建便捷完善的配套基础设施网络。加强新能源加注作业及动力系统、储运加注系统等关键船舶配套系统设备的风险评估。 五、老旧机车淘汰更新行动
2024-06-07	交通运输部等十三部门	交通运输部等十三部门印发《交通运输大规模设备更新行动方案》的通知	（一）加快老旧机车淘汰。支持老旧机车淘汰报废，建立基于机车运用年限、污染物排放、安全性能等系列机车报废管理制度，明确老旧铁路内燃机车报废运用年限为 30 年，建设大功率新能源动力机车等产品研发，采用大功率新能源动力电池、新一代柴油机，内燃双源、氢动力系统，低碳/零碳燃料发动机等技术，推动老旧内燃机车更新升级。采用混合动力及新能源动力等技术，实现调车机车替代应用；装用新一代低排放柴油机中高速柴油系列化，实现干线货运机车替代，采用柴油机+动力电池集成应用，实现干线客运机车替代应用；采用高效交流传动技术，实现机车产品技术迭代升级。 （二）鼓励新能源机车更新。组织有关企业针对不同地域、不同场景打造谱系化、平台化中国标准新能源铁路装备平台，实现机车淘汰。 六、邮政快递老旧设备更新行动 （一）支持老旧安检设备更新。推动邮政快递企业淘汰更新使用超期服役或不符合要求的安检设备，配置使用邮件快件 X 射线安全检查设备。推动出台《邮件快件安全检查管理办法》等部门规章，修订《邮件快件 X 射线安全检查设备技术要求》。指导邮政快递企业因地制宜制定智能安全检查设备更新计...

续　表

发文时间	发文部门	政策文件名称	主要相关内容
			划。深入推进邮政业智能安检系统研发，不断提升智能安检设备工艺技术。鼓励邮政快递企业加强安检信息化建设，强化互联网、大数据、云计算、人工智能、区块链等现代信息技术在安检领域的应用，推动安检工作向信息化、智能化管理迈进。 （二）开展邮政快递末端配送车辆更新。结合城市公共领域车辆全面电动化先行区试点，指导各地因地制宜、制定新能源车辆更新计划，分阶段、分区域大规模使用新能源无人配送车，支持邮件快件中转效率。鼓励企业在符合要求情况下更新。指导邮政快递企业根据实际需求制定分拣设备更新计划，淘汰老旧分拣设备，配置使用全自动智能分拣成套设备。鼓励地方为分拣设备更新提供政策支持。加强绿色低碳和智能化创新技术研发应用，推进智能基础设施建设，提升分拣效率，推进设备智能化低碳化升级。 （三）支持老旧分拣成套设备更新。支持处理场所用地等基础条件，落实邮件快件处理场所，淘次老旧分拣设备更新计划，提升邮件快件中转效率。 七、物流设施设备更新改造行动 鼓励国家物流枢纽、国家骨干冷链物流基地、城郊大仓范范物流园区、国家示范物流园区、物流园区智能化改造。加快推进智慧物流设备及应用自动分拣系统、堆垛机、电动叉车等设施共用系统。支持冷藏车等运输装备、制冷系统、站和转运设施设备升级改造。支持高标准仓库、边境口岸铁路换装设施设备及应用自动分拣系统、周转箱等物流装载器具循环共用系统。 造。积极推广升级标准化托盘、周转箱等物流装载器具循环共用系统。统等冷链设施设备智能化绿色化改造。 八、营运船舶标准提升行动 （一）强化营运车船能耗、排放、技术标准升级。对标国际先进水平，加快提升营运货车、营运船舶等载运工具安全绿色发展水平。加快商用车能源标准升级，加大新能源车安全、环保标准供给。加快营运船舶燃料消耗量限值、碳排放强度等标准制修订，加快研究营运船舶充换电设施及生物柴油、甲醇燃料加注作业标准。加快构建绿色智能船舶规范标准体系，建立健全新能源船舶及关键设备和质量技术标准，实施绿色智能船舶标准化引领工程。 （二）建立新能源机车及配套工程的标准体系。推动新能源机车及绿色低碳标准体系建设，充分吸收国内外先进技术、先进经验、监测计量、评估认证，统筹推进国家标准、行业标准、团体标准的协调发展，实现标准体系对产品技术、质量安全、监测计量、评估认证、配套工程建设、维护，探索新能源机车运用，氢能动力电池充电，鼓励动力电池充电、氢燃料加注等配套设施建设、检修及配套能力建设，构建完善新能源机车全寿命周期运用体系
2024-06-07	交通运输部等十三部门	交通运输部等十三部门关于印发《交通运输大规模设备更新行动方案》的通知	

续　表

发文时间	发文部门	政策文件名称	主要相关内容
2024-06-04	国务院国资委	关于新时代中央企业高标准履行社会责任的指导意见	从"四个维度"界定了中央企业高标准履行社会责任的基本内涵。"夯实企业高质量发展根基"是高标准履行社会责任的必然要求;"增强服务经济社会发展能力"与"提升服务人民美好生活水平"是发挥功能价值的重要途径;"培育国际竞争合作新优势"是助力全球可持续发展、推动构建人类命运共同体的重要途径。 五、培育国际竞争合作新优势 (十一)有效开展海外履责。带头落实全球发展倡议、全球安全倡议、全球文明倡议以及联合国2030年可持续发展议程,推动构建人类命运共同体。坚持合作共赢、共同发展,共享发展成果和机遇。坚持绿色低碳发展。服务"一带一路",落实"八项行动",积极带动当地就业,助力建设开放型世界经济。在海外发展中注重属地化经营,积极带动当地就业。积极统筹资源做好绿色发展。积极遵守国际及所在地法律法规,尊重当地民族文化和宗教习俗。积极统筹资源做好境外安全与劳动权益保护工作,切实保障中外方员工、海外项目务工人员生命财产安全与合法权益。支持发展中国家的民生发展和减贫事业,主动谋划实施一批高质量"小而美"民生项目,增进民生福祉。 (十二)切实加强环境、社会和公司治理(ESG)工作。将ESG工作纳入社会责任工作统筹管理,积极把握、应对ESG发展带来的机遇和挑战。推动控股上市公司围绕ESG议题落实环境保护要求,积极履行社会责任,健全完善公司治理,加强高水平ESG信息披露,不断提高ESG治理能力和绩效水平,增强在资本市场的价值认同。推动海外经营机构在海外经营管理、重大项目实施中将ESG工作为重要内容,主动适应所在国家、地区ESG治理、强化ESG规范要求,实践和信息披露,持续提升国际市场竞争力
2024-06-04	生态环境部等	关于印发《关于建立碳足迹管理体系的实施方案》的通知	二、主要目标 到2027年,碳足迹管理体系初步建立。制定发布与国际接轨的国家产品碳足迹核算通则标准,制定出台100个左右重点产品碳足迹核算规则标准,产品碳足迹因子数据库初步建构,产品碳足迹标识认证和分级管理制度初步建立。 到2030年,碳足迹管理体系更加完善,应用场景更加丰富。制定出台200个左右重点产品碳足迹核算规则标准,数据范围广、数据质量高、国际影响力强的产品碳足迹因子数据库基本建成,产品碳足迹持续优化拓展,产品碳足迹标识认证制度全面建立,实质性参与产品碳足迹核算规则制定,产品碳足迹标识认证和碳足迹分级管理制度逐步与国际接轨,因子数据库与碳足迹核算规则相衔接国际规则制定

发文时间	发文部门	政策文件名称	主要相关内容
2024-06-04	生态环境部等	关于印发《关于建立碳足迹管理体系的实施方案》的通知	三、主要任务 （一）建立健全碳足迹管理体系 3. 建立完善产品碳足迹因子数据库。依托国家温室气体排放因子数据库，优先聚焦基础能源、大宗商品及原材料、半成品和交通运输等重点领域发布产品碳足迹因子，建立国家产品碳足迹因子数据库。指导研究机构、行业协会、企业等可根据需要依法合规收集整理数据资源，研究细分领域产品碳足迹因子数据，与国家数据库形成衔接和补充。（生态环境部、国家发展改革委、工业和信息化部、交通运输部、农业农村部、市场监管总局等部门按职责分工负责） （二）构建多方参与的碳足迹工作格局 8. 加大金融支持力度。为绿色金融和转型金融服务提供必要信息。鼓励融资主体高效、准确、及时核算产品碳足迹，并在此基础上进一步核算项目碳足迹、基于碳足迹信息丰富金融产品和服务。鼓励投资机构和评级机构将产品碳足迹纳入环境、社会和治理（ESG）及可持续发展尽职调查。（中国人民银行、金融监管总局、中国证监会、生态环境部按职责分工负责）
2023-12-27	国家发展改革委	产业结构调整指导目录（2024年本）	在鼓励类第四十二条，明确将"环境保护与资源节约综合利用"相关产业列入，具体如下： 七、废弃物回收。城市典型废弃物回收网络体系建设（包括规范回收站点、绿色分拣中心、交易中心建设），废钢破碎生产线（4000马力以上），废铜铝破碎分选线（回收率95%以上），废旧动力电池回收网络建设。 八、废弃物循环利用。废钢铁、废有色金属、废纸、废玻璃、废橡胶、废塑料、废旧木材以及报废汽车、废弃电器电子产品、废旧船舶、废旧电池、废轮胎、废弃木质材料、废旧纺织品及纺织废料和边角料、废旧光伏组件、废旧风机叶片、废弃油脂等典型废弃物循环利用、技术装备开发及应用，废旧动力电池自动化拆解、自动化快速分选成组、电池剩余寿命及一致性评估、梯次利用、再生利用，再生利用技术装备开发及应用，低值可回收物回收、城市矿产、"共伴生矿"、尾矿（共伴生矿）、工业副产"石膏、赤泥、冶炼渣、粉煤灰、煤矸石、建筑垃圾等工业废弃物循环利用，农作物秸秆、畜禽粪污、农药包装废弃物等农林废弃物循环利用，生物质能技术装备（发电、供热、制油、沼气）

续　表

发文时间	发文部门	政策文件名称	主要相关内容
2023-12-27	国家发展改革委	产业结构调整指导目录（2024年本）	九、再制造。报废汽车、退役民用飞机、工程机械、农业机械、矿山机械、机床、文办设备及耗材、盾构机、航空发动机、工业机器人、火车内燃机车等废旧设备及零部件拆解、再利用、应用及设备制造。为用户提供节能、节水、环保、资源综合利用等技术开发、设计、评估、审计、认证、检测、诊断、融资、改造、运行管理等服务，冰蓄冷技术及其成套设备制造、余热回收利用先进工艺技术与设备 十一、节能技术开发应用。节能、节水、节材环保及资源综合利用技术开发，为用
2023-08-09	北京电力交易中心	北京电力交易中心绿色电力交易实施细则（修订稿）	新细则适用于国家电网经营区域内开展的绿色电力交易。 绿色电力产品是指符合国家有关政策要求的风电、光伏等可再生能源发电企业上网电量。市场初期，主要指风电和光伏发电企业上网电量。根据国家有关政策逐步扩大至风电和光伏发电等新能源企业。 参与绿色电力交易的发电企业初期主要为风电和光伏等新能源企业。 绿色电力交易是指以绿色电力产品为标的物的电力中长期交易，交易电力同时提供国家规定的可再生能源绿色电力证书（以下简称"绿证"），用以满足发电企业、售电公司、电力用户等市场主体出售、购买绿色电力产品的需求。 绿色电力交易优先组织未纳入国家可再生能源电价附加补助政策范围内，以及主动放弃补贴的风电和光伏电量（以下简称"无补贴新能源"）参与交易。 稳步推进已纳入国家可再生能源电价附加补助政策范围内的风电和光伏电量（以下简称"带补贴新能源"）参与绿色电力交易，参与绿色电力交易时高于项目所执行的煤电基准电价的溢价收益，在国家可再生能源补贴发放时等额扣减。 发电企业放弃补贴的电量，参与绿色电力交易的全部收益归发电企业所有。 绿色电力交易主要包括省内绿色电力交易和省间绿色电力交易。 省内绿色电力交易是指电力用户或售电公司通过电力直接交易方式向本省发电企业购买绿色电力产品。 省间绿色电力交易是指电力用户或售电公司向其他省发电企业购买符合条件的绿色电力产品。初期由电网企业汇总确认本省绿色电力购买需求，跨区跨省购买绿色电力产品，有序推动以平台聚合以省为主体的方式与省间绿电交易

续表

发文时间	发文部门	政策文件名称	主要相关内容
2023-08-09	北京电力交易中心	北京电力交易中心绿色电力交易实施细则（修订稿）	绿色电力交易的组织方式主要包括双边协商、挂牌、集中竞价等，可根据市场需要进一步拓展，应实现绿色电力产品可追踪溯源。 参与绿色电力交易的市场主体包括发电企业、电力用户，以及电网企业、售电公司等市场主体、再生能源发展结算服务的机构、电力交易机构，国家可再生能源信息管理中心等。 绿色电力证书是国家对发电企业每兆瓦时可再生能源上网电量颁发的具有唯一代码标识的电子凭证，作为绿色电力环境价值的唯一凭证
2023-07-19	中共中央、国务院	中共中央国务院关于促进民营经济发展壮大的意见	加快推动数字化转型和技术改造。鼓励民营企业开展数字化共性技术研发，参与数据中心、工业互联网等新型基础设施投资建设和应用创新。支持中小企业数字化转型，推动低成本、模块化智能制造设备和系统的推广应用。引导民营企业积极推进标准化建设，提升产品质量水平。支持民营企业加大生产工艺、设备、技术的绿色柔性制造，加快发展柔性制造，提升应急扩产转产能力，提升产业链韧性。 支持参与国家发展重大战略。鼓励民营企业自主自愿通过扩大吸纳就业、完善劳动分配制度等，提升员工工资工享受企业发展成果的水平。支持民营企业到中西部地区和东北地区投资发展，投入边疆地区建设推进兴边富民。支持民族地区、生态革命老区、促进革命老区，民族地区加快发展，提供减碳技术和服务，加大可再生能源发电和储能领域建设投资力度，推动新型农村集体经济发展，装备制造业，参与碳排放权，进碳达峰碳中和。支持民营企业参与乡村振兴。支持民营企业经营领域社会化服务组织发展现代农业，壮大休闲农业、乡村旅游等特色产业，高质量发展现代宜农业，因地制宜发展现代宜农服务业，引导民营资本参与新业、积极投身"万企兴万村"行动。支持民营企业参与乡村建设，引导民营资本参与新型城镇化，交通水利等重大工程和补短板领域建设
2023-06-12	国家能源局综合司	国家能源局综合司关于开展新型储能试点示范工作的通知	申报要求：已完成备案，且预计在2024年年底前投产的项目。申报项目知识产权清晰，技术先进，示范带动作用良好。 示范项目工作流程主要包括：发布通知、组织申报、专家评审、审议决策、公示公告、总结推广，共6个环节

322

续　表

发文时间	发文部门	政策文件名称	主要相关内容
2023-06-06	国家发展改革委等	国家发展改革委等部门发布《工业重点领域能效标杆水平和基准水平（2023年版）》的通知	推动分类改造升级。依据能效标杆水平和基准水平，分类实施改造升级。对能效低于基准水平的存量项目，各地要明确改造升级和淘汰时限，制定年度改造和淘汰计划，引导企业有序开展节能降碳技术改造或淘汰退出，在规定时限内将能效改造升级到基准水平以上，对于不能按期改造完成的项目进行淘汰。原则上应在2025年年底前完成技术改造或淘汰退出领域：炼油、煤制焦炭、煤制甲醇、煤制烯烃、纯碱、烧碱、电石、乙烯、对二甲苯、黄磷、合成氨、磷酸一铵、磷酸二铵、水泥熟料、平板玻璃、建筑陶瓷、卫生陶瓷、炼焦、炼钢、铁合金冶炼、铜冶炼、铅冶炼、锌冶炼、电解铝25个领域。原则上应在2026年年底前完成技术改造或淘汰退出领域：乙二醇、尿素、钛白粉、聚乙烯、精对苯二甲酸、子午线轮胎、工业硅、卫生纸原纸、纸巾原纸、化纤及混纺机织物、针织物、纱线、粘胶短纤维11个领域
2023-04-26	国资委	关于印发《中央企业债券发行管理办法》的通知	央企通过发行碳中和碳达峰债券等创新品种，有效服务国家重大战略。第三章　债券全流程管控　第十六条　中央企业应当积极利用债券市场实现制度改革、债券市场基础设施互联互通、债券品种创新等资本市场重大改革举措，通过发行科技创新债券、乡村振兴债券、碳中和碳达峰债券、资产支持证券等创新品种，有效服务国家重大战略
2023-04-01	国家标准委等十一部门	关于印发《碳达峰碳中和标准体系建设指南》的通知	围绕基础通用标准，以及碳减排、碳清除、碳市场等发展需求，制修订不少于1000项国家标准和行业标准（包括外文版本），与国际标准一致性程度显著提高，主要行业和产品能耗能效国际标准稳步提升。实质性参与绿色低碳相关国际标准不少于30项，绿色低碳国际标准化水平明显提升。该标准体系总体框架如下：包括基础通用标准子体系、碳减排标准子体系、碳清除标准子体系、碳市场标准子体系和市场化机制标准子体系等4个一级子体系，进一步细分为15个二级子体系，63个三级子体系，该体系覆盖能源、工业、交通运输、城乡建设、农业农村、林业草原、水利、公共机构、金融、园区、行业、组织等各类场景，满足地区、行业、园区、公共机构、居民生活等碳达峰碳中和工作和领域碳达峰碳中和各类场景的应用

续 表

发文时间	发文部门	政策文件名称	主要相关内容
2023-04-07	财政部	关于修改《节能减排补助资金管理暂行办法》的通知	节能减排补助资金重点支持范围：（一）新能源汽车推广应用补助资金清算；（二）充电基础设施奖补清算；（三）燃料电池汽车示范应用；（四）循环经济试点示范项目清单；（五）节能降碳省级试点；（六）报经国务院批准的相关支出
2023-03-15	国家市场监管总局、国务院国资委	关于进一步加强中央企业质量和标准化工作的指导意见	为全面贯彻习近平总书记关于质量和标准化工作的重要论述和党中央、国务院决策部署，推进质量强国建设，落实《国家标准化发展纲要》，充分发挥中央企业在质量和标准化工作中的示范带动作用，推动中央企业进一步转变发展方式，提高产品服务质量和效益，提高质量和效率，培育以技术、标准、质量、品牌、服务等为核心的竞争合作新优势，实现质量更好、效益更高、竞争力更强、影响力更大的发展，现提出以下意见。 一、提升质量意识和质量管理水平（1. 提升全面质量管理能力；2. 提高质量技术创新能力；3. 加强质量基础设施建设和服务；4. 强化质量基础科技基础设施平台建设） 二、推动标准化和标准科技创新协调互动（1. 加强创新技术领域标准研制；2. 推进技术、专利和标准联动创新；3. 推动产学研用标准化创新；4. 积极开展标准化国际合作） 三、打造品质卓越的世界一流企业品牌（1. 实施企业质量强企战略；2. 开展中国精品培育行动；3. 加强企业品牌保护和维权） 四、积极履行高标准社会责任（1. 进一步提高履责水平；2. 加快绿色低碳转型升级；3. 筑牢企业风险防控和安全基石） 中央企业要全面贯彻习近平生态文明思想，深入落实碳达峰碳中和重大战略决策，加快绿色低碳转型和高质量发展。充分发挥标准化在实现碳达峰碳中和目标中的重要作用，广泛参与碳达峰碳中和国内、国际标准制定，积极提升碳中和标准水平，严格执行重点行业能耗限额、重点用能产品能效强制性国家标准和能源核算、检测认证、评估、审计等碳中和标准计量要求。鼓励中央企业参与统一的绿色产品标准、认证、标识体系建设，牵头或制定推广新能源、可再生能源、化石能源清洁高效利用、碳捕集利用和封存等领域标准，促进低碳零碳负碳关键核心技术研发改和创新应用

续　表

发文时间	发文部门	政策文件名称	主要相关内容
2023-03-28	国家能源局	国家能源局关于加快推进能源数字化智能化发展的若干意见	发展电碳计量与核算监测体系，推动电力市场和碳市场数据交互耦合，支撑能源行业碳足迹监测与分析。拓展面向终端用户的能源托管、绿电交易等多样化增值服务。以数字化智能化用能加快能源消费环节节能提效。持续挖掘需求侧响应潜力，聚焦传统高载能工业负荷、工商业可中断负荷、电动汽车充电负荷、可中断需求响应资源等，电动汽车价格等价格激励方式，推动电厂优化运营，虚拟电厂等典型可调建筑为重点，分层分区精准匹配需求侧负荷智能管理。以产业园区、大型公共建筑、大型公共建筑综合梯级利用水平。推动普及用能能源自主调优、多能协同创新，多能协同调度等智能化用能服务，引导用户实施能源托管。管理节能策略、绿电交易等多样化增值服务，支撑区域智能化用能服务与模式基础设施建设，拓展面向终端能源消费环节节能提效与智慧城市、数字乡村建设统筹规划。依托能源新型基础设施建设，推动能源绿色低碳循环发展体系构建
2023-03-28	国家发展改革委	固定资产投资项目节能审查办法	根据《中华人民共和国节约能源法》等有关法律法规制定。《办法》修订印发《办法》是贯彻落实党中央、国务院决策部署的一项重要工作，将对各地区扎实有序推进节能降碳工作形成有力支撑。《办法》出重点控制化石能源消费的导向，调控政策的有效衔接，突出重点控制化石能源消费的导向，补充完善节能审查变更、节能验收、不单独进行节能审查项目条件和制度要求，调整优化省级节能审查权限，强化节能审查服务等权限，并进一步加强节能审查事中事后监管，明确了相关违法违规行为的法律责任《民用建筑节能条例》《公共机构节能条例》有利于进一步提升节能消耗总量和强度
2023-03-23	国家发展改革委	国家发展改革委关于印发投资项目可行性研究报告编写大纲及说明的通知	《政府投资项目可行性研究报告编写通用大纲（2023年版）》和《企业投资项目可行性研究报告编写参考大纲（2023年版）》自2023年5月1日起施行。政府投资项目在规划政策符合性部分阐述项目与经济社会发展规划、专项规划、区域规划、国土空间规划等重大规划，以及与扩大内需、共同富裕、乡村振兴、科技创新、节能减排、碳达峰碳中和、国家安全和应急保障等重大政策目标的符合性。对于政府投资项目和企业投资项目碳排放管理等重大政策目标分析拟建项目碳排放强度和污染物减排，资源环境要素分析拟建项目碳排放强度和污染物减排

续　表

发文时间	发文部门	政策文件名称	主要相关内容
2023-03-23	国家发展改革委	国家发展改革委关于印发投资项目可行性研究报告编写大纲及说明的通知	排指标控制要求；在碳达峰中和分析中，应在资源利用分析的基础上，预测并核算项目年度碳排放总量及主要产品碳排放强度，提出碳排放控制方案，明确减少碳排放的路径与方式，并分析项目对所在地区碳达峰碳中和目标实现的影响。编制说明指出，"碳达峰碳中和分析"通过估算项目建设和运营期间的年度碳排放总量和强度，评价项目碳排放水平及其与当地"双碳"目标的符合性，并提出生态环境保护及碳排放控制措施
2023-2-20	国家发展改革委等	国家发展改革委等部门关于统筹节能降碳和回收利用加快重点领域产品设备更新改造的指导意见	到2025年，通过统筹推进重点领域产品设备更新改造和回收利用，进一步提升高效节能产品设备市场占有率。与2021年相比，工业锅炉、电站锅炉平均运行热效率分别提高5个百分点和0.5个百分点，在运高效节能电力变压器占比分别提高超过5个百分点和10个百分点，在运主要家用电器中高效节能产品占比提高10个百分点，家用制冷设备、通用照明设备中高效节能产品占比分别达到40%、60%、50%。废旧产品设备回收利用更加规范畅通，形成一批可复制可推广的回收利用先进模式，推动废钢铁、废有色金属、废塑料等主要再生资源循环利用量达到4.5亿吨。首批聚焦实施条件相对成熟、示范带动作用较强的锅炉、电机、电力变压器、制冷、照明、家用电器等产品设备，推动相关使用企业和单位开展更新改造，统筹做好废旧产品设备回收利用

326

第四篇

绿色物流案例

第一章　中外运物流有限公司

中外运物流有限公司（以下简称"外运物流"）是招商局集团有限公司发展现代物流业务统一运营平台中国外运股份有限公司合同物流板块的旗舰，也是中国颇具规模的合同物流业务公司之一。

外运物流秉承"成就客户 创造价值"的经营理念，致力于全程供应链管理解决方案的提供及执行，助力客户提高供应链运营效率、降低成本，使客户专注于自身核心竞争力的建设和发展。公司采用以"总部集群""区域集群""行业集群""直管公司集群"为基础的矩阵式管理结构，下设十个职能部门、十一个事业部、七大区域公司及五家直管经营单位，业务范围辐射全国及海外大部分地区，致力于建设成为供应链市场国内领先、国际一流的智慧平台型企业。

目前，外运物流聚焦消费品、商超零售、工业品、汽车及新能源、科技电子、医疗健康六大行业及特种物流领域，打造国际供应链、汽运通道、智慧仓储、多式联运、供应链金融五大专业产品，与宝洁、美孚、GE、飞利浦、玛氏、雀巢、麦德龙、金佰利、比亚迪等众多世界 500 强客户和政府机构展开了深入广泛的合作，并获得了客户的普遍赞誉。

一、外运物流创新绿色运力管理案例

据调查统计，交通运输行业约占全国碳排放总量 10%，属高碳排放行业。根据国际能源署 IEA 数据显示，1990—2021 年，中国交通碳排放量从 9400 万吨增长至 9.6 亿吨，增长 9 倍，公路营运车辆排放量占 50%，绿色化运力转型与减排刻不容缓。

针对上述问题，外运物流坚持生态优先、绿色发展理念，自 2022 年启动创新绿色运力打造计划，应对重点领域节能降碳迫切性问题，加快构建运输服务新型能源管理体系，服务行业客户整合低碳运输方式，采用清洁能源设施设备，以数字化减碳工具打造新生态，降低运输过程碳排放，实现绿色、低碳、高效的目标。主要措施与机制创新如下。

（1）识别新能源车辆技术适用性，结合运输距离、运输车型及能源补给站分布等多因素综合制定方案，差异化匹配应用新能源运力，构建绿色低碳的运输体系。

（2）聚焦运输载具减碳商机，探索供应链载具全程应用性，实现从入厂物流、生产物流、成品分销、末端配送环节的标准化托盘循环带板运输，大幅减少搬运，周转率提升35%，货损率下降55%，供应链成本下降17%。

（3）以数字化加持绿色运力服务，应用中国外运自主研发的智能调度系统，打造可控运力池进行智能化调度，减少运输距离与能耗。

（4）打造公路货运领域智能驾驶模式，作为中国外运L4自动驾驶跨省商业运营主体，运营国内首条自动驾驶跨省高速商业运营线路，以"智慧货运+自动驾驶"商业新模式推动绿色运输智能化发展。

在绿色效益方面，项目应用各类新能源车辆实现减污降碳，一方面在能源类型采用电力、氢能、甲醇等替代碳排放较高的传统能源，实现运输能源清洁化；另一方面，积极使用智能技术提升运输效率，深挖数据价值，如自动驾驶技术、智能调度技术、物联传感技术等，有效降低温室气体范围三碳排放。

在社会效益方面，通过绿色运力相关项目的实施，外运物流获得中国物流与采购联合会、中国仓储与配送协会等行业协会颁发的多项大奖，如"2024 LOG 低碳供应链物流杰出贡献奖"，在行业内和社会范围内都起到了示范引领的作用。

二、外运物流国际端到端碳中和案例

随着全球气候变化问题日益严峻，为了有效降低碳排放对环境的影响，越来越多的企业开始加入碳中和的目标中，通过优化生产流程、提高能源利用效率、采用清洁能源和低碳技术等方式降低碳排放，彰显企业承担的社会责任。

物流运输作为客户的商业活动中非常重要的环节，外运物流秉持着以客户需求为核心的服务理念，致力于协助客户实现碳中和目标。为此，我们提供了一站式的解决方案，以重点主机厂客户的进出口海外业务为试点，成功通过了通标标准技术服务有限公司（SGS）的认证，并荣获"达成碳中和宣告核证声明"。这一里程碑不仅标志着外运物流完成了首个国际"端到端"碳中和项目，也象征着我们在国际物流领域开创了为客户提供全面"绿色规划、低碳运营、零碳升级"一站式服务的先河。

为使项目有序进行，为客户提供高质量服务，外运物流首先组建了专门的工作团队，深入分析了客户"双碳"目标所面临的形势与任务，并对低碳工作的紧迫性和重要性进行了深入研究。在统一认识的基础上，外运物流依托科学的减碳体系，整合了供应链上下游资源，并结合绿色能源的应用和碳管理，为试点重点主机厂客户的进出口海外业务量身定制了全程"端到端"的碳中和绿色物流解决方案。通过这一方案，外运物流实现了全链路的碳中和，并最终顺利通过了机构认证。

此外，在碳中和园区管理上，外运物流利用自有物流园区资产优势，通过应用分布式光伏加快能源结构绿色转型、以100%电动叉车服务仓内运营，运用自动化立体仓库、RPA、视觉识别等技术应用提升运营效率，辅助IOT智能水电表实现能耗数据自动采集与监控。2023年试点碳中和园区，外运物流宁波北仑园区在SGS专家团队的指导下，依据ISO 14064—1：2018标准对园区边界范围进行碳盘查与碳核查后，在优化绿色减排方案、夯实数据的基础上根据PAS 2060：2014标准最终取得碳中和专业认证，成为中国外运首个"零碳智慧物流园区"，为"零碳智慧物流园区"的推广复制提供了参考样板。

最后，为了应对更多客户的碳中和需求，更好地提供"端到端"碳中和服务，外运物流通过组织专业培训打造碳盘查人才团队，精准提升碳盘查、碳核查相关能力，目前累计50余人取得CCAA认证的温室气体核查员培训证书。并不断加强和高校间的产学研合作，培养具备绿色物流知识和技能的专门人才，共同推动物流产业的绿色化、智能化发展。

在绿色效益方面，为了协助客户实现碳中和的目标，外运物流持续不断地对运营过程中的各个环节进行优化。这种优化不仅提高了运营效率，降低了成本，还带来了显著的减排效果。通过这些努力，外运物流在减少碳排放方面取得了良好的成绩，为客户的碳中和目标作出了积极贡献。

在经济效益方面，外运物流积极构建国际"端到端"的碳中和服务体系。这一举措不仅有助于国货品牌开拓国际市场、突破绿色低碳的壁垒，还能够共同构建一个具有韧性和低碳特性的供应链生态圈。此外，通过提供绿色服务，外运物流能够撬动新的业务领域，从而为公司赢得长期的市场竞争力。这种绿色服务能力不仅提升了公司的品牌形象，还为未来的可持续发展奠定了坚实的基础。

（作者：中外运物流有限公司物流事业部可持续发展部　张盼盼）

第二章　中国外运股份有限公司

中国外运股份有限公司下属中外运物流华东有限公司秉承"成就客户 创造价值"的经营理念，致力于专业物流、仓储及增值服务和咨询在内的全程供应链管理解决方案的提供及执行，助力客户提高供应链运营效率，降低成本，使客户专注于自身核心竞争力的建设和发展。公司下设 6 个职能部门、10 个运作部门，同步经营 5 家城市公司（南京、宁波、镇江、扬州、南昌），业务范围辐射上海、江苏、浙江、江西等地区核心城市，致力于建设成为具有一流服务能力与行业影响力的智慧物流科技型企业。

目前，华东公司围绕食品饮料、个护清洁、医疗电子、工业制造、零售电商、母婴时尚、化学工业与汽车等行业领域，向客户提供包括多式联运、货运代理、冷链危化、配送专线、仓储规划、方案设计等多项专业物流服务，与亿滋、玛氏、麦德龙、GE 医疗、壳牌、宝洁、美泰芭比、宝马等众多世界 500 强和行业龙头企业展开了广泛而深入的合作，并获得了客户的普遍赞誉。

截至 2022 年年底，华东公司营业收入 28.5 亿元，运营的仓储面积达 101.78 万平方米，覆盖上海、江苏、浙江、江西等地区核心地区，可控车辆超过 3000 台，在 30 多个地级市设立了 48 个仓库园区及 229 个供应商网点，公司从业人员 1200 余人。

中外运物流华东有限公司氢能通道

外运物流华东区域打造的氢能通道，是以上海为中心覆盖长三角区域的绿色低碳公路运输服务产品，通过氢能通道搭建形成公路运输标准化减碳服务方案，为客户提供绿色低碳的公路运输服务，旨在帮助客户达成绿色低碳的目标。

通过与上下游伙伴深入合作，实现业务、车辆、氢站等高效融合。目前，已构建多条城配、区配低碳服务线路，2024 年已累计减排 8.2 吨。布局多处加氢站，汇聚 50 多辆氢车资源，并自主研发绿色运力数字化管理工具确保高效补能与碳足迹追溯，助力多个客户绿色供应链建设。

（作者：中国外运股份有限公司创新研发部　纪晓蒽）

第三章 日日顺供应链科技股份有限公司

日日顺供应链科技股份有限公司（以下简称"日日顺供应链"）成立于2000年，脱胎于原海尔集团物流服务部，先后历经了企业物流—物流企业—物流平台等发展阶段。通过建设"科技化"基础物流能力、"数字化"供应链管理能力、"场景化"场景服务能力，发展成为中国领先的供应链服务方案供应商。日日顺供应链业务范围覆盖家电、家居、汽车、光伏、快消、冷链、跨境、健身、出行等众多行业领域，2024年服务收入预计可达200亿元。

日日顺供应链积极应用物联网、云计算、边缘计算、大数据、人工智能和自动化等先进技术，建设运营供应链全流程一体化智慧物流管理平台和大件智能无人仓集群，成为数字化、智能化发展代表性领军企业。近年来日日顺供应链牵头完成"智慧物流管理与智能服务关键技术国家重点研发计划"，牵头制定智慧物流领域多项国家标准和国际标准，完成国家发展改革委两业融合发展等重点建设项目，获得"全国商贸流通标准化试点企业"和"全国供应链创新与应用示范企业"等荣誉。

一、日日顺：人工智能算法优化仓配运营

仓储和运输是物流作业的核心内容。传统的仓储和运输主要依靠人工进行管理，人员对作业场景的熟悉程度和业务经验直接影响着运营质量。伴随业务量的急剧增长和业务类型的多元化，单纯依靠人员经验已经难以满足物流作业管理要求，管理人员在面对海量动态的库存管理时无法做出及时准确的库存管理决策，在面对动态复杂的车货匹配和路线规划时也无法进行及时准确的调度决策。仓储和配送场景中的决策智能化已成为物流发展的重要方向。

日日顺供应链在全国拥有超过500个仓储中心，仓库类型包含智能仓、立体货架仓、平面库等。随着业务的飞速增长，管理难度逐渐增大以往通过人工配置仓储策略的方式指引仓库作业，费时费力，人员培训成本高。

日日顺供应链积极探索开发和应用智能算法以提高仓储作业效率，设定商品尺寸、堆码限制、库位库容/品类限制、库位优先级、先进先出等多种约束条件组合，设定仓库利用率最大、效率最高（距离最短）等智能决策目标，开发出多约束多目

标的运筹优化算法，并应用大数据分析技术对历史数据进行挖掘，进一步优化算法策略。仓库管理智能算法在开发时将人工经验训练到模型里，减少培训成本，降低巡仓时间，提升作业效率，降低作业成本。以日日顺供应链青岛中心为例，未使用智能库位管理算法时新手的寻库位时间平均一单需要 3~4 分钟，使用算法后可以在10 秒内寻找到可用库位，有效减少仓库人员寻找库位时间，提升人员效率。其次通过智能理库算法指引操作，可将货物一品多位率从 2%~4% 降低到 1% 以下，可腾出5% 的空库位，这些库位可用于新的入库货物存储，显著提高仓库利用率。

在日日顺供应链以往的配送运营中，需要依赖人工经验进行规划配车，将用户订单与服务网点进行匹配后由配车线长指派给相应的司机。由于每天货物量不同，网点订单量存在差别，如何将货物从一点或多点提货再运送到多个地点，同时需要满足时效和成本最优要求，是一个复杂的供需匹配和路径规划问题。

日日顺供应链开发智能调度算法，通过运用大数据分析和运筹优化技术，将订单、车辆以及配送网点等关键数据进行建模与求解，在建模中考虑最小化配送路径、最小化配送时间等目标，同时满足时效约束车辆装载体积约束、司机工作量约束、网点所需车型约束等条件。智能调度算法实现了输出最优化的配送路线，并将其匹配给合适的车辆。在日日顺青岛中心上线后，智能算法依据实时的货量大小及配送区域特点灵活推荐出最优的配送方案，辅助人工调度，提高调度效率，人效提高30% 左右，配车时长减少 40%。

二、日日顺：家电以旧换新逆向物流体系

家电以旧换新是政府当前着力推进的工作事项，通过淘汰老旧、低效能的家电产品，既能够提升人民生活质量，还能促进消费升级和刺激经济增长，并推动节能环保和资源循环利用，对消费者、企业、社会及环境都能带来积极影响。国家鼓励家电生产企业开展回收目标责任制行动，国家发展改革委预测 24 年有 2 亿至 3 亿台旧家电报废，回收市场规模约 220 亿个。

家电产品以旧换新业务的实施包括"在线交互、订单下达、新机送达、旧机取件、旧机归集、旧机运输、旧机拆解"等主要流程环节，在各个环节中均需要家电回收逆向物流企业的参与，其中不仅包括家电旧机的实体运输物流服务，还包括家电以旧换新相关的信息流和资金流服务。相对于普通的家电运输和配送业务，家电以旧换新业务的逆向物流服务场景更为复杂，所涉及的信息流、物流、资金流更加庞杂，服务链条长，参与主体多，对逆向物流服务商的服务能力提出了非常高的要求。

日日顺供应链依托自身覆盖全国的服务网络和仓配物流资源，搭建家电以旧换

新逆向物流体系，提供全流程信息流、物流和资金流的服务支撑。向上链接各类电商平台和家电销售渠道，向下链接海尔集团废旧家电回收拆解互联工厂，实现了新品家电销售和废旧家电回收拆解的无缝衔接。

日日顺供应链对接上游电商平台和销售渠道，获取消费者新机送货订单信息和旧机回收订单信息，根据订单信息调度物流资源进行新机运输配送和旧机回收。在送新取旧时，日日顺供应链根据新机实际送货签收和旧机实际回收情况制定多情景处理方案，保障新机销售与旧机回收业务真实性。日日顺供应链向下对接海尔家电回收互联工厂，对旧机进行一机一码数字化管理，完成废旧家电归集和回收。日日顺供应链与上下游平台实现信息流互通，对以旧换新业务的商业价值进行电子契约化管理，实现业务和财务的一体化。通过日日顺供应链提供的基础物流服务、上下游信息共享和财务结算服务，电商平台、日日顺供应链、服务网点、家电回收工厂等生态资源之间实现了价值共享。

（作者：日日顺智慧物流研究院　乔显苓）

第四章　唐山港集团股份有限公司-智慧能源综合管控平台建设

　　唐山港集团股份有限公司（以下简称"唐港股份"）是主导唐山港京唐港区散杂货业务经营的大型国有上市企业，2010年7月在上海主板上市，开河北港口上市之先河。2022年10月，河北省委、省政府实施省内港口资源整合，唐港股份成为河北港口集团二级子公司，站在了服务沿海地区经济社会发展的更高平台上，高质量发展迎来更大机遇。

　　唐港股份拥有全资及控股子公司17家、参股企业13家，在册职工3700多人，平均年龄39岁。2023年完成吞吐量2.3亿吨，同比增长10.7%，创建港以来历史新高。2023年，唐港股份实现利润总额25.78亿元，同比增长14.15%。

　　唐港股份加快培育新质生产力，重点开展了港机装备智能化升级、生产运营数字化管控、集疏运物流链业务协同等项目实施，以科技创新赋能公司高质量可持续发展。近年来，累计诞生700余项新工艺、新发明，获得知识产权300余项，取得市级及以上科技成果奖30余项，近20项课题先后入选省市创新发展试点项目库，先后成为交通运输部智慧港口、绿色港口、多式联运示范港口。

　　唐港股份获得全国五一劳动奖状、全国文明单位、国务院国资委"双百企业"、全国文明诚信示范单位、全国模范劳动关系和谐企业、全国模范职工之家、全国青年文明号、全国绿色港口示范企业、全国实施卓越绩效模式先进企业、河北省政府质量奖、唐山市市长特别奖等多项殊荣。

一、案例背景

（一）宏观政策积极引导

　　我国人均能源占有量低，能源供给不足制约经济可持续发展，建立和推行能源管理体系，能够加强能源管理、节能降本，对实现节能目标、建设节约型社会和可持续发展意义重大，而能源管理系统是根据能源管理体系的需求具体落实对能源消耗和能源利用效率等有关能源因子实际情况进行信息化管理的系统，是整个能源管理体系的重要实施环节，是实现能源管控的中心。

（二）港口企业发展的需要

近年来，港口竞争日益激烈，降本增效的需求愈发迫切。港口作业设备主要依靠水、电、油等能源运行。以能源为核心主轴，将设施内所有的能源以及用能系统进行集成，构建一个以能源为目标的智慧能源综合管控平台，把各个与能源相关的部分紧密连接在一起，持续、实时地监测整体设施的所有负载能耗，找出无效能耗，分析出所有可控的无效能耗，再通过实时反馈控制来消除可控的无效能耗部分，从而节省无效能耗，使得能源的管理和控制更加高效、精准，从而进一步提升港口在能源利用方面的效益，增强港口在激烈竞争中的优势。

智慧能源综合管控平台可以对能源管理体系中所规定的能源因子进行主次区分，识别和监测重要能耗区域，通过集成云计算、人工智能、物联网等技术，可以对港口各设备多种能源数据进行采集及综合能效分析，形成综合能源管理平台，通过策划、实施、检查和改进的循环过程，不断提升能源绩效和能源效率。

二、案例拟解决问题及方案概述

（一）重点用能设备的能源数据收集缺乏时效性和准确性

通过采集港区重点用能设备的电、水、油、气等能源数据，对用能设备的能耗与能效参数进行实时监测和跟踪，根据环境因素的变化调整运行参数，及时发现用能环节中的无效用能盲点并不断改进，提升数据的时效性和准确性，提高公司能源管理的信息化、精细化水平。

（二）无法实现能源成本的闭环管理和持续优化

通过对所收集能源数据开展图形化分析、大数据分析以及指标对比分析等工作，科学、合理地评价节能效果，并提出具有针对性的改善建议，从而达成能源成本的闭环管理与优化。

（三）未能实施对用能设备的能效诊断

无法对标能耗限额强制性国家标准和相关能效标杆水平，进行能效诊断，以摸排主要用能设备的运行管理情况和能效水平。

（四）解决公司能源管理中存在的信息孤岛问题

由于各种原因，公司的能源管理中往往存在着信息孤岛的现象，需要将不同的分系统统一接入到能源管理系统中，在一个综合的平台上对电、油、气等能源介质进行监控。

三、技术路线和实现效果

智慧能源综合管控平台是以物联网技术互联为基础搭建的，可实现设备设施能耗数据实时采集、监管和图形化展示，并与智慧生产智能派工充分融合，实时分析梳理作业流程能耗漏洞和工艺优化空间，达到管理创新和技术创新双轮驱动下的节能保障。

（一）平台的总体架构（见图1）

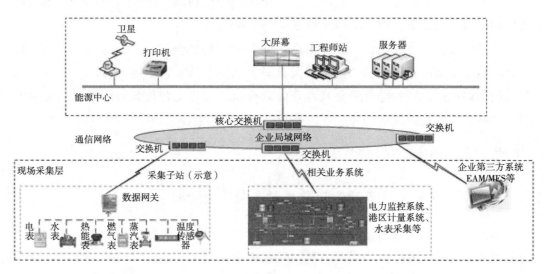

图1　平台的总体架构

（二）平台的设计思路

按照智慧能源综合管控平台对实时性、分布式计算以及与其他子系统互联的需求，运用开放分布式的设计理念，采纳国际标准 IEC 61970 CIM/CIS，针对企业的电、水、油、气等能源介质，统一采集、处理和管理计量数据，同时预留功能扩展空间，达成基于 Internet 的 InduView EMS 系统的网上浏览与远程维护功能，为企业能源管理全面信息化提供一套先进、开放、可扩展且可靠的管理平台，并且在此平台上支持对企业各类能源数据的高级分析应用。

1. 先进性和实用性

系统建设依托公司技术优势（数十年积累），技术起点高。采用组态软件（标准功能）和 SCADA 系统（先进工业技术），利用多项技术（计算机通信、网络、数据库、面向对象、Internet、软件标准化）最新成果，融合多种实用功能（OPC 通信、专用通信规约、程序脚本控制、跨平台、网络拓扑），保障客户投资效益最佳。

2. 灵活性和可扩展性

平台包括了一套基于实时技术的开放分布式系统中间件平台，封装底层操作系统和硬件平台，提供统一开发和运行接口（与具体应用系统无关）。有效利用多种操作系统资源（Windows、UNIX、LINUX 等），借助 UNIX、LINUX 稳定高效特点，让应用程序构件化，便于扩展新模块，且采用模块化分层设计结构，易于扩展新操作系统功能。

3. 标准化和互操作性

该系统平台严格遵循国际、国内标准，具备很强的开放性和兼容性，任何符合标准的设备、系统都能够方便地与本系统实现互联。

4. 安全性和可靠性

该系统平台作为实时系统，处理速度和可靠性高于非实时系统，硬件和软件设计需全方位安全保证，支持双网、服务器双机热备等，支撑平台对重要服务器进程一级守护，数据库和 Web 系统访问有权限管理与物理隔离，确保系统实时、安全、可靠运行。

该系统平台主站系统采用 Java EE 多层架构与组件技术，分离界面控制、业务逻辑和数据映射，实现内部松耦合，灵活响应业务需求。系统层次结构包括客户层、接入表示层、业务逻辑层、数据层（含数据映射层和数据源）和基础架构平台，通过各层组件间服务承载关系（见图 2）实现功能。

（三）平台的功能

1. 数据采集功能

（1）采集服务。

统一采集任务调度与负荷均衡，前置采集服务器统一管理。

系统生成定时任务自动采集，数据传输加密压缩，实现负载均衡与互为备用。

（2）采集方式。

支持定时自动采集，采集时间、内容、对象可设，失败可重抄、补测。

支持人工补采任意时间段数据，终端可主动上报（需支持）。

支持随机召测、事件响应、数据采集处理等主动上报数据。

（3）规约支持。

规约库丰富，具备主流终端/表计接入能力，特殊规约支持二次开发。

支持多种规约，如 Q/GDW 376.1—2009、DLT645、Modbus 协议、CJ/T188—

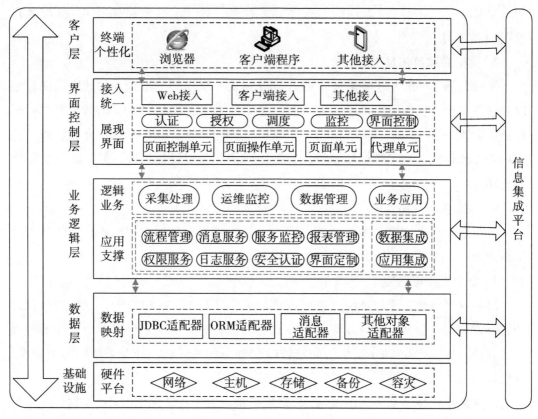

图2 各层组件间服务承载关系

2004等及扩充规约。

（4）通信方式。

支持多种通信方式，如光纤、PSTN拨号、电力微波等，可互为备用。

（5）采集质量检查。

检查采集任务执行情况，分析数据，统计成功率与完整率。

分析通信异常，列出异常报表。

（6）异常处理。

对不合法或不完整数据补采，分析延迟终端并处理。

主站提供数据导入功能，包括手工录入和文件导入。

（7）状态查询。

方便监视采集信道、通信报文、运行状态等。

（8）采集监测。

基于用户客户端与MQ技术的浏览器监测采集服务，可实现终端调试、历史数据补召等功能。

（9）数据处理。

对采集解析的原始数据进行加工，包括值转换、电量计算、负荷极值处理等。

基于原始数据进行校验和预处理，记录错误日志并存档数据库。

2. 能源数据大屏展示

根据企业用能现状，实现能耗驾驶舱功能。以数据列表、流程图、曲线展示实时生产能耗数值，且按生产部门、生产工序、生产班组分类显示。

3. 公司用能总览

通过能源流图形化，从能源介质、生产工艺、综合能耗三角度可视化监视企业能源流，直观整洁地体现生产系统能耗与平衡状况。

能源介质能源流：按照油料、电能、用水等单一能源介质的生产和消耗状况，展示单一能源介质的消耗与平衡状况。

生产工艺与综合能耗能源流：对全厂生产过程中使用的各种能源介质和消耗状况以直观的图形化方式进行展示，并通过折算为标煤的方式显示全厂的能源消耗和平衡状况。

4. 部门用能总览

针对企业各部门能源（电、水、煤等），实现时、日、月、年计量分析，生产区域消耗介质月度单耗、消耗量指标。用户可查看每月部门用能数据（同比、环比）、今昨两日用能情况。

5. 重点设备能耗

一是，按企业生产工艺流程，为重要工序建立生产模型，模型化管理重点耗能设备与主要工序耗能过程，直观图形化展现能源介质使用状况，表达各工序能源生产和消耗情况；二是，实时监测生产工序数据并画面展示，经计算、统计后汇总到调度画面，以图形展示单耗数据；三是，整合、分析数据并结合工厂建模，综合展示工序级能源实绩、成本、质量、设备和分析，用多种图形表格展示，且能实现以下多种分析功能。

（1）比较分析多种同类型生产线、工艺、关键设备能耗数据。

（2）综合分析同一生产线不同工艺、关键设备能耗数据。

（3）比较分析同一生产线、工序、关键设备不同时段能耗数据。

（4）对比分析同条线不同班组产量和消耗。

6. 能源诊断预警

平台支持内置能源质量分析算法，实时分析公司、单位、工序、重点设备能源使用情况，形成分析曲线和报表。对异常用能（高于标准或历史同期值）可查询数据、预警，提升能源质量控制水平。平台有设备运行监视诊断自检功能，动态在线连续监视网络通信情况，诊断异常状况，确保系统 24 小时不间断运行，包括系统通信设备连接、数据通信接口连接、系统通信故障等。

7. 能耗分析管理

依据唐山港能源状况，综合分析电、水、油、气，分类计量，对电、水分区域、设备、时段进行统计分析。支持用户自定义筛选查询数据，输出图表和报告。

8. 能源计划管控

（1）能源消耗计划。

①平台能制订公司能源消费计划，能源消耗计量数据精确到作业单位、码头泊位，时间精确到分钟。

②以表格、柱状图、曲线图等方式呈现各环节能源消耗与生产产出关系。

（2）计划与实绩对比分析。

①制定唐港股份用能考核标准（涵盖用能计划、能效指标、行业对标等）。

②定义超标考核项、计分规则和权重。

③对比分析能源消费实际与计划，计算计划完成率，与绩效考核挂钩实现精细化全面化能源管理。

（3）能源过程分析。

①实现公司整体、单位、工序、设备四级重点能耗指标统计分析，用数据列表和对比图形进行横向、纵向对比。

②可视化计算过程，展示计算公式、参数组成和参数值。

9. 能源绩效管理

（1）能源绩效分析。

①分级指标分析：平台支持为组织结构对象、重点用能设备设置指标（定额或单耗指标）。指标值设置后一般不可改，仅最高级用户可改。定额指标含日、月、年定额等，单耗指标含单吨能耗、单船能耗等。

②指标值比较与预警报警：平台能实时比较监控对象指标实际值与设定值。实际用能超设定值时预警，严重超限时自动报警给管理人员。

③历史数据存储：系统支持自动存储历史考核数据。

（2）绩效考核。

①用能考核标准：依据公司用能计划、能效指标和行业对标制定考核标准，定义超标考核项、计分规则和权重。

②实时考核：按超限考核标准实时计算并展示单位和班组的考核扣分、得分。

③阶段考核统计：按年、季、月、日或自定义时间段汇总统计考核得分，给出得分与排名，可钻取计分明细；对单位或班组按季、月、日分组汇总统计得分，有

统计表格、柱状图、曲线图等展示方式。

10. 数据融合

平台需对接前端能源数据系统以整合能源数据，支持与其他系统数据交换。标准 OPC、WebService、RESTful 等接口供外调数据，支持定制接口开发服务，还支持第三方平台数据上传，在授权下为其免费提供接口与数据服务（见表1）。

表1　　　　平台中按系统名称、对接方式和数据类型分类

序号	系统名称	对接方式	数据类型
1	变电站监控系统（6套）	104 或 Modbus 协议	电能数据
2	港区计量系统	中间数据库方式或其他方式	电能数据
3	水表采集系统	中间数据库方式或其他方式	用水数据
4	EAM 系统	中间数据库方式或其他方式	用油数据
5	MES 系统	中间数据库方式或其他方式	生产作业流程数据

四、实践经验

智慧能源综合管控平台的建设旨在实现设备能耗的高效管理和优化使用，通过集成先进的信息化技术，实现对重点设备能耗的实时监控、分析和控制。平台的建设过程需要注重技术创新、系统集成、智慧化管理和绿色低碳目标的实现。同时，平台的建设还应考虑到用户的特定需求，提供定制化的解决方案，并确保系统的稳定性、安全性和可靠性。

五、实施效果

该平台以物联网技术互联为基础搭建，并与智慧生产智能派工充分融合，实时分析梳理作业流程能耗漏洞和工艺优化空间，达到管理创新和技术创新双轮驱动下的节能保障。平台上线后取得显著经济效益。

（1）港口电力能源消耗下降5%，每年节约电费约350万元。

（2）用水消耗下降3%，每年节约水费约25万元。

（3）实现简化能源运行管理，减少日常管理人力的投入，节约人力资源成本，提高生产率。

（4）平台提供的数据和分析可用于优化生产流程，确保生产在能耗最低的情况下进行，提高整体生产效率。

同时，项目的实施还带来了其他综合效益。

（1）以科技创新提升能耗管控水平。平台通过实时监测和数据分析，能够精准识别能源消耗的"痛点"和"盲点"，从而制定针对性的节能措施。

（2）提升可再生能源的利用空间。平台通过细粒度精准分析，能够促进优化能源结构，增加可再生能源的使用比例，推动能源消费的绿色化、低碳化。

（3）带动相关智能控制技术发展。平台的建设和应用需要先进的传感器、自动化控制系统和数据分析技术支持，有利于推动相关领域的科技创新和转型升级。

综上所述，智慧能源综合管控平台的建设不仅有助于企业实现节能减排和成本控制，还有助于企业抓住数智化转型的机遇，推进绿色、智慧协同发展，提升企业综合竞争力，其建设理念和成果对于推动行业高质量可持续发展具有积极借鉴意义和推广价值。

（作者：唐山港集团股份有限公司技术信息部　杨立光）

第五章　内蒙古蒙牛乳业（集团）股份有限公司

内蒙古蒙牛乳业（集团）股份有限公司（以下简称"蒙牛"）成立于1999年，作为乳业国家队，位居全球乳企8强。产品涵盖常温、低温、冰品、鲜奶、奶粉、奶酪六大品类，700多款产品。蒙牛在2019年发布首个可持续发展战略，以"守护人类和地球共同健康"作为可持续发展愿景，在致力于为消费者带去营养健康的同时，也高度重视守护地球环境的健康。蒙牛实施"GREEN"可持续发展战略，从公司治理、社会责任、绿色低碳、可持续生态圈、卓越产品五个维度，全面践行可持续理念。蒙牛持续完善"从牧草到奶杯"的全产业链质量管理体系，用数字化、智能化手段覆盖养殖、加工、物流等各环节，确保每一包牛奶质量过硬、品质上乘。同时，蒙牛也是最早提出"双碳"目标的乳企，蒙牛承诺2030年前碳达峰，2050年前全产业链碳中和。

作为龙头企业，蒙牛的可持续发展对于整个乳产业链可持续发展的带动作用至关重要。在"2030年实现碳达峰，2060年实现碳中和"的目标下，发展绿色物流是大势所趋。尤其是随着营养健康和生鲜消费的需求，物流行业的减碳和可持续贡献显而易见。蒙牛低温事业部积极践行企业社会责任，全链路协同发力，加快推进绿色冷链物流转型升级，以高质量服务塑造更负责任的乳制品行业品牌。

2024年，低温履约积极构建绿色物流体系，从库房能源精益管理、"端到端"带托运输、多业态共享共配、运输路径优化、仓干配一体化运营及电商D2C（指公司直接生产并向最终消费者销售产品或服务的模式）一站式服务，多措并举打造绿色物流，助力"双碳"目标达成。

一、库房能源精益管理

低温部分高端产品需要进行速冷降温，库房能耗增加，速冷通道使用效率较低，通过库房速冷风机节能管理，将旧工厂迁移后的闲置风机安装到货架库（20组）立体库进行风冷降温，库房月度电耗同比降低65%，速冷可完全停用，货架降温风机单日耗电同比降低85%，每年可节约电耗20万元（见图1和图2）。

图1　速冷通道（改善前）

图2　货架降温（改善后）

二、"端到端"带托运输

低温重点客户实现"端到端"带托运输（见图3），提升车辆的装载率，降低单位货物的运输成本和碳排放。标准化的托盘配有 RFID 标签，能够对产品的全流程跟踪、监控，提高物流透明度，更高效、更环保履约。

图3　"端到端"带托运输

三、多业态共享共配

集团内多业态共享共配，低温与鲜奶、奶酪共配 300 多条线路，协同发运 10000

多吨，提高了库房、车辆利用率，降低总运输里程和碳排放，成本贡献 500 多万元。

四、运输路径优化

通过科学布局四级仓网，优化运输路径 50 多条，缩短里程 8000 多公里，降低每单位产品的碳足迹。

五、仓干配一体化运营

低温冷链多家承运商分段管理、多段配送，链路长、成本压力大。通过全链路高效协同一体化运营（见图 4），干线承运商与分公司城配服务商一体化管理，分仓与分子公司的仓储、运力、人力实现统一管理及资源有效整合，仓储使用面积降低 200 平方米，单次运距缩短 70 公里，有效降低链条履约成本，到货新鲜度平均提升 1 天，客户满意度提升 10%。

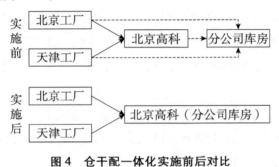

图 4 仓干配一体化实施前后对比

六、电商 D2C 一站式运营

低温武汉工厂采用电商 D2C 模式运行，电商仓与工厂仓共享，减少了传统履约链路中的多个中转环节，产品上架效率提升 1 天，履约效率提升 15%，同时降低了多次储运环节的碳排放。通过全程数智化系统支持，实现仓储空间的实时监控和高效利用。通过数据分析和预测技术，D2C 模式更精准地预测消费需求，优化库存管理和生产计划，减少库存积压和运输，提升产品库存周转效率，进一步降低环境影响。

未来，低温履约将更加注重物流技术创新和模式创新，推动物流行业的转型升级，为蒙牛可持续发展注入绿色能量。

（作者：内蒙古蒙牛乳业（集团）股份有限公司低温履约部门 朱金蝶）

第六章　中集运载科技有限公司

中集运载科技有限公司（以下简称"中集载具"）成立于 2019 年 9 月，是中集集团控股子公司，注册资本 12.6 亿元，位于深圳蛇口，为中集集团旗下循环载具业务单元的运营主体，专注于为客户提供循环包装替代一次性包装综合解决方案，为客户减碳，助力碳中和。可提供定制化、绿色低碳可循环使用的载具产品生产以及载具租赁运营等综合服务，逐渐扩充产品线和业务模式。目前在全国拥有苏州中集良才、天津中集物流装备、大连中集物流装备、深圳中集智慧托盘、深圳中集特装等二十余家成员企业，九大制造基地，十二个专业型服务单元。服务网点 100 多个，服务覆盖全国及在北美、欧洲、日韩、东南亚等海外地区均有运营服务网点。

中集载具作为全球领先的循环载具综合解决方案专家，公司从打造一流的载具产品，到创造更多价值的循环服务，再到多元赋能综合解决方案以创新驱动发展，持续深耕，为客户创造更多的价值。

近年来，中集载具不断地完善商业模式和运营机制，企业规模迅速扩大，同时营业收入和利润均快速增长。公司运营两年来取得快速发展，在新产品开发、新客户或新行业拓展方面都有实质性突破。

一、智能终端设备的研发与部署

中集载具凭借其先进的生产组装工厂和专业的软硬件开发团队，不断精进硬件技术，以确保其平台的持久稳定（见图 1）。这些智能终端设备集成了多样化的功能，如 GPS/北斗双模定位、高精度的温湿度传感、实时监控以及智能预警系统，它们共同构成了一套强大的监控网络，能够全方位、无死角地实时追踪和监控载具的状态和位置。这样的智能化设计不仅提升了物流管理的效率，也为货物的安全运输提供了坚实的技术保障。

二、建立可靠的云物联网平台

公司精心打造的云物联网平台，是一个集 IoT 技术、大数据分析、移动互联网于

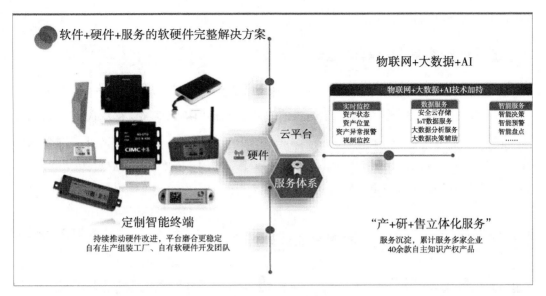

图 1　服务介绍

一体的物联网云平台，该平台深度融合云计算与 AI 技术，以资产管理为核心，提供了一套包括软件平台化、硬件定制化及服务立体化的全方位解决方案。平台采用开放系统架构与组件化设计，确保系统的高复用性与低耦合性；全面云化与微服务化部署，支持业务性能的快速弹性扩缩容，并具备第三方对接、业务与数据分离等灵活架构能力。在数据传输上，平台支持灵活配置以适应多样场景，同时设备能智能切换 2G 与 4G Cat1 信号以优化连接。尤为值得一提的是，平台还内置了异常存储与补传机制，确保在通信中断等异常情况下，能缓存多达 100 次设备状态，并在恢复后自动补传至平台，保障数据的完整性与实时性。

三、大数据分析与智能决策

借助尖端的大数据分析服务，企业得以深入挖掘数据宝藏，实现智能决策的全面辅助。该平台不仅提供资产状态的实时监控，确保企业资产的安全与稳定；更能查询历史运行轨迹，助力企业全面了解业务运行的全貌；并且配备先进的异常报警系统，一旦发现潜在问题，便能立即发出警报，从而显著提升企业运营管理的智能化、精准化水平。这样的解决方案，无疑为企业的发展注入了强大的科技动力。

四、定制化服务与开放性接口

物联网解决方案凭借其卓越的开放性特质，不仅支持无缝对接各类第三方系统，还能灵活满足广大客户的个性化定制需求。这种强大的兼容性确保了企业能够迅速响应市场的瞬息万变，通过精心设计的灵活接口，为客户提供量身定制的服务，从而赢得市场竞争的先机。

五、全球覆盖与多样化通信

云物联网平台（见图2），作为先进技术的集大成者，全面支持全球范围内的运营商网络。该平台整合了多种尖端的通信制式，包括但不限于4G移动通信、高精度的GPS定位、RFID无线射频识别以及高效便捷的Wi-Fi连接，从而实现了对载具的全球无缝漫游与高效管理。这一创新的技术架构能够灵活应对不同业务类型的需求，确保在各种应用场景下都能提供稳定、可靠的服务。

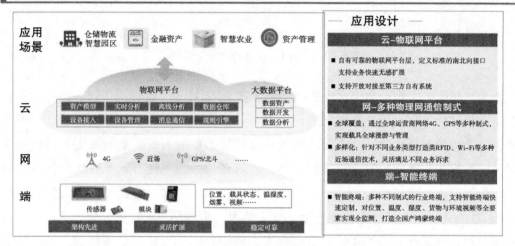

图2　云物联网平台

（一）提升运营效率

为了进一步提升物流运营效率，公司依托强大的数据分析技术，对物流路径进行深入优化。通过精准的数据分析和科学的决策制定，公司能够精确识别物流过程中的瓶颈和潜在问题，进而制定针对性的改进措施，实现物流运输效率和准确性的显著提升。这一举措将为企业带来更加高效、精准的物流服务，提升客户满意度和竞争力。

（二）实现自动管理

针对传统载具盘点过程中存在的诸多困难和挑战，公司积极引入自动化管理系统，以实现物流载具的自动盘点和实时监控。这一系统不仅极大地提高了盘点的准确性和效率，还显著降低了人为错误的风险，为企业的物流运营提供了更加可靠、高效的支持。通过自动化管理系统的应用，公司将为企业带来更加智能化、自动化的物流管理体验，推动企业的数字化转型和升级。

（作者：中集运载科技有限公司数字化办公室　彭方春）

第七章 马士基（中国）航运有限公司

A. P. 穆勒-马士基（以下简称"马士基"）是一家综合的集装箱航运物流企业，致力于连接和简化客户的供应链，以帮助客户发展壮大。

一、背景和问题

作为全球物流集成商，马士基不仅通过"公转水、公转铁、铁海联运"三位一体的多式联运网络优化运输模式，而且通过开发单一运输模式（驳船、铁路和公路）环保运输产品，为客户提供韧性强、碳排低的综合解决方案。

A. P. 穆勒-马士基自 1999 年以来一直支持中国的学校建设项目。到 2024 年，已经向中国农村地区的 29 所学校捐款。自 2017 年以来，一直与中国发展研究基金会合作，在"99 慈善日"活动中向 1500 所小村庄的幼儿园捐款。此外，马士基在中国的公司每年从事 100 多项与当地企业社会责任相关的活动。活动的目标是中国的农村教育、当地社区以及环境保护。

在探索低碳物流的过程中，马士基发现众多企业面临的一大挑战是减少的温室气体排放如何能获得"普遍"认可，避免"漂绿"风险。即使采用了某种低碳运输方案，但对于可再生能源的定义和理解仍存在差异，对碳排放核算范围和参数的选择也可能存在不同，导致减排核算结果和环境权益归属难以获得相关方的认可。此外，在采取减排措施的同时，如何保证运输效率和服务质量，避免因环保要求而影响物流服务质量，也是亟待解决的问题。为此，马士基开发了"环保内陆运输服务产品"来解决以上行业遇到的问题，加速传统货物运输向低碳物流发展。

二、解决方案："马士基环保内陆运输服务产品"

马士基开发基于电动重型集装箱卡车的运输方案，在中国推出了环保内陆运输服务，为客户提供包括低碳运输工具、碳核算和认证的整套低碳解决方案。这项服务专门针对脱碳需求设计，作为多式联运服务基础上的附加服务，不仅满足企业的内陆运输需求，还可根据企业自身脱碳目标提供定制方案，实现更为精准和高效的减排管理。

在正式推出产品前，马士基在中国进行了为期一年多的低碳方案测试，涵盖了不同实际场景和多种能源类型，确保运力资源充足和流程顺畅。马士基开发团队搭建了环保运输产品逻辑平台，选择从纯电集卡脱碳方案开发入手，并采用全球物流排放理事会物流排放核算与报告框架（GLEC V3.0）作为核算标准。运输过程中的碳排核算范围包含从能源开采至运输全生命周期，具体流程包括数据收集、碳排核算、可视化展示、证书发放和环境权益划归五个阶段，整个过程由国际认证机构鉴证和审核，确保低排放解决方案的透明性和认可度。马士基环保内陆运输服务产品三个主要特色如图 1 所示。

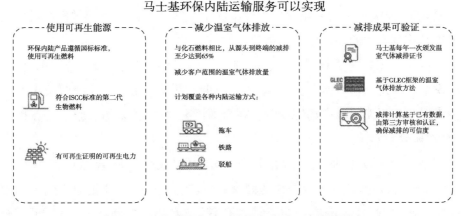

图 1　马士基环保内陆运输服务产品三个主要特色

三、主要成效

自马士基环保内陆运输服务产品推出以来，客户反馈积极，低碳服务已陆续在华北、华东和华南口岸落地实施。近期，某跨国零售电商巨头与马士基达成了新合约，采用马士基的环保内陆运输服务，涵盖深圳盐田港周边的货物运输，包括工厂、仓库至码头 7000 个 40 尺集装箱（14000 标准箱）运输服务，将全部使用电动卡车。经过初步测算，相比传统燃油运输，总计减少约 400 吨温室气体排放。这次合作深度聚焦于国内段的减排，展现了双方在实现广泛脱碳合作方面的决心。不仅为全球可持续物流探索新的道路，也为中国"双碳"目标作出自己的贡献。

（作者：马士基（中国）航运有限公司供应商管理部　由鹏飞）

第八章　无限极（中国）有限公司

无限极（中国）有限公司［以下简称"无限极（中国）"］是李锦记集团旗下成员，成立于1992年，是一家立足于健康养生主赛道，以中草药健康产品研发、生产、销售及服务为主的现代化大型企业。

无限极（中国）努力打造产品、品牌、核心技术和平台建设等方面的竞争优势，拥有广东新会、辽宁营口两个生产基地，香港无限极广场、广州无限极中心、上海无限极大厦和广州无限极广场等物业，在全国设有30家分公司、服务中心和近7000家专卖店/体验空间。

在不断发展壮大的同时，无限极（中国）积极响应联合国可持续发展目标（SDGs），结合公司独特的企业文化与健康养生理念，打造以"健康人生"为定位的公益品牌，在"健康""品质""员工""伙伴""环境""社区"六大领域积极履行社会责任，致力于"成为履行社会责任的优秀企业"。

一、背景

在国家大力倡导绿色环保以及产业绿色转型的大背景下，无限极（中国）有限公司积极响应，将绿色理念深入贯彻到物流环节。公司秉持可持续发展的思想，认识到物流作为企业运营中的关键一环，其绿色化对于实现整体绿色发展目标具有重要意义。这种绿色物流理念是基于公司对环境保护、资源节约以及社会责任履行的深刻理解。

二、绿色物流解决方案（见图1）

（一）供端循环：原材料包装的绿色转型

在供应商/OEM向无限极工厂配送原材料的业务流程中，开启了包装可循环利用的创新模式。过去使用的纸箱包装逐渐被循环包装所取代。

从供应商/OEM装货伊始，就将原材料装入循环包装，然后运至工厂用于生产，生产完成后，循环包装再被安排返回供应商/OEM处。

供应商/OEM　　工厂　　DC　　门店
新能源车　　氢能源车　　新能源车
供端循环包装　　产端循环包装　　销端循环包装

图1　绿色物流解决方案流程

这种循环模式在多次运作中，大幅减少了纸箱的使用量，从供应链的源头环节开启节能降碳之路，有效降低了因纸箱生产和处理所带来的环境影响。

（二）产端循环：多维度的绿色生产与运输

1. 生产循环箱应用：循环利用的智慧物流包装

生产循环箱项目于2023年4月立项，并于2024年4月开始试点运行。该项目采用的蜂窝板注塑循环箱具有防水、防尘和在途可视化等先进功能。

在生产环节，工厂通过采购方式将生产循环箱投入使用，在生产车间流水线上进行拣货打包作业后出库，随后由新能源车负责运输至全国DC仓。货物抵达DC仓后进行拆零，再更换成销售循环箱用于后续的生产出库配送。最后，生产循环箱被回收并逆向返回工厂，开启下一轮的循环使用，从而形成了一个完整的包装循环利用体系，有效减少了包装废弃物的产生，实现了资源的高效利用。

2. 设备节能改造与光伏/太阳能建设：工厂的绿色能源升级

无限极注重工厂自身的绿色升级，一方面，对生产设备进行节能技术升级改造，提高能源利用效率，降低生产过程中的能源消耗；另一方面，积极推进工厂光伏太阳能建设（见图2）应用，利用可再生能源为生产提供电力支持。这些举措共同作用，使工厂在生产环节实现了节能降碳目标，减少了对传统能源的依赖，降低了生产过程中的碳排放。

（三）销端循环：终端配送的绿色升级

1. 新能源电动车配送：绿色"最后一公里"

在DC仓到无限极近7000家门店的终端配送环节，新能源电动车取代了传统燃油车。这种转变有效降低了燃油碳排放量，为终端配送实现绿色化提供了有力支持。

新能源电动车（见图3）在配送过程中，将货物从全国22个DC仓安全、高效地送达门店，成为连接供应链与消费者的绿色纽带。

图 2　工厂光伏太阳能建设

图 3　新能源电动车

2. 销售循环箱：兼具环保与智能的包装利器

销售循环箱作为一款具有国家设计专利的创新包装产品，自 2017 年 10 月试点、2018 年 4 月全面推广以来，在无限极的绿色物流体系中发挥了关键作用。

它具备防水、防尘和在途可视等功能，在全国 DC 库内流转和门店配送环节循环使用。在 DC 仓出库前，工作人员将货物装入销售循环箱，配送至门店后，配送员使用 PDA 操作电子签收，整个过程通过循环箱管理系统"天鸽系统"实现可视化实时监控。

门店签收完成后，循环箱逆向回收返回全国 DC 仓，形成了一个闭环的循环利用模式，进一步减少了包装废弃物对环境的影响。

三、绿色物流成效显著

(一) 环境效益：可观的节能减排与资源节约成果

依据《瓦楞纸箱生产碳足迹的计算方法与实力分析》，五层瓦楞纸 $100m^2$ 生产碳排放量为 135.6kg。

通过计算单个纸箱的瓦楞纸使用面积与单位面积碳排放的乘积，可知使用一次循环箱可节省 1.336kg 碳排放量。

1. 生产循环箱

公司计划在全国范围内使用 5 万个蜂窝板循环箱，月均循环次数达 1.5 次。

以此计算，公司每年可节省纸箱约 60 万个，折合纸浆 15.9 万吨，相当于节省 2708 棵树，占地面积约 3 亩。这些树木每年所产生的氧气可供 195 人呼吸，同时，每年可减少碳排放 1202.4 吨，为缓解环境压力作出积极贡献（见图 4）。

图 4　环保与资源对比

2. 销售循环箱

目前公司在全国已投入使用 8 万个销售循环箱，月循环次数为 2 次。

公司每年可节省纸箱约 192 万个，折合纸浆 51 万吨，约合 8670 棵树，占地面积约 9 亩，这些树木所产生的氧气可供 585 人呼吸，每年可减少碳排放 2565.1 吨，在减少包装废弃物和降低碳排放方面效果显著（见图 5）。

图 5　环保与资源对比

3. 新能源汽车（含新能源）

公司在全国范围内投入使用 110 辆新能源汽车。

以一辆卡车年均行驶 15 万公里、每百公里耗油取中间值 15 升计算，一辆卡车一年减排约 61 吨，公司总计每年可节省碳排放 6682.5 吨，有力推动交通运输环节的低碳化发展（见图 6）。

图 6　CO_2 减排成效

（二）经济效益：成本节约与效益提升双赢

生产循环箱预计每年节省约 60 万个纸箱，销售循环箱预计每年节省约 192 万个纸箱，两者相加带来了显著的经济效益。

这不仅体现了绿色物流在环境保护方面的价值，也证明了其在经济层面的可行性，实现了环境效益与经济效益的双赢。

通过上述绿色物流方案的实施，无限极在物流环节成功实现绿色转型，为企业的可持续发展注入强大动力，为社会的绿色发展作出贡献。

（作者：无限极（中国）有限公司计划与物流部门　李宿斐）

第九章　中远海运物流供应链有限公司

中远海运物流供应链有限公司（以下简称"中远海运物流供应链"）是中远海运集团旗下唯一的第三方公共物流平台、唯一的参加国家发展改革委混改试点企业和国内成立时间较早的物流企业之一，拥有员工近万人。公司在综合物流供应链领域长期保持国内领先地位，有普洛斯、上港集团、东方航空、南方航空、上汽集团、中远海运集运六家战略股东。公司以"打造国内领先、世界一流的综合性数字化供应链企业"为愿景，立足于工业制造业和大宗民生物资流通保障，为各类货物提供包括仓储、运输、配送、关务、船货代理等全球"海陆空"一体化端到端综合物流供应链服务。公司 2023 年实现营收 254.17 亿元。

一、打造低碳园区，树立示范标杆

2023 年，中远海运物流供应链与天津远海新能源有限公司签署光伏发电战略合作协议。双方以宁波冷链物流园光伏项目首次成功合作为基础，本着"优势互补、资源共享"的原则，继续携手深化推进低碳物流园区建设，进一步延伸区域零碳商业模式建设，力求在零碳资产、零碳运营能力、零碳品牌及其他绿色低碳和智慧技术领域方面取得新的突破。宁波冷链物流园屋顶光伏项目（见图 1）于 2023 年 6 月正式并网发电，据测算，项目年平均发电量约 105.05 万千瓦时，减碳 1044 吨。夏季可以降低顶层室内温度 2~3℃，降低空调或降温设备负荷 15%。项目按照 25 年运行计算，总发电量约 2637 万千瓦时，减少粉尘 284.87 吨，减排二氧化硫 72 吨，减排氮氧化物 36 吨。同时，宁波冷链物流园自行设计并成功组装制冷工质循环水辅助系统。该系统已于年内正式投入使用，可有效解决冬季冷风机除霜效果差及夏季蒸发冷蓄水温度偏高的问题。通过实测计算，该系统使融霜时间从 2.5 小时缩短至 1 小时，节约用电 8% 以上，仅该技术就使得宁波冷链物流园 2023 年度电量总能耗较之前减少 34560 千瓦时。

2024 年 10 月，日照远海冷链物流 940kW 分布式光伏项目实现并网发电。这是日照远海冷链物流携手天津中远海运绿色低碳发展有限公司，共同打造的绿色低碳物流园区示范项目，也是中远海运物流供应链和中远海运（天津）有限公司认真贯彻底落实中远海运集团绿色低碳智能发展战略，共同打造的北方地区首个冷链物流分布式光伏项目。该项目年平均发电约 98.86 万 kWh、减排二氧化碳 780.91 吨，将进一步优化公司绿色用能模式，为园区绿色低碳转型、实现"双碳"目标和培育新支柱产业提供支撑。

(a)

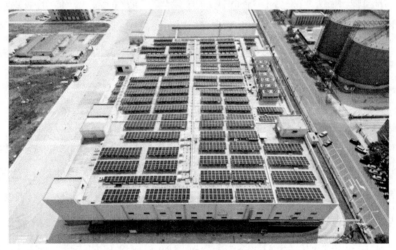

(b)

图 1　宁波冷链物流园屋顶光伏项目

二、助力绿色甲醇产业链企业获 ISCC EU 认证

中远海运物流供应链下属中理检验为 A 企业提供国内首创以农场/种植园为原点的绿色甲醇原料端国际可持续性和碳认证（以下简称 ISCC）认证技术服务，并帮助客户获得 ISCC EU 认证证书。

此次获证标志着中理检验再次在航运绿色燃料减排领域验证及应用自主研发的科技创新成果，同时也是在国际 ISCC 认证领域取得新的突破，并为后续绿色甲醇工厂认证获取提供了强有力的技术保障。

依靠中理检验 ISCC&RSB 认证、生物能源、可再生能源及新燃料等相关领域的资深专家团队，基于前期中理检验自主研发的科技创新成果—减排评估优化模型与方法（已成功获得国家发明专利），帮助企业有效评估绿色甲醇产业链建设减碳效果并实现最优减排方案，精准实现全流程可追溯和可验证，有效帮助企业在产业建设和投资中辅助投资决策，降低相关风险。

下一步，公司将继续紧跟集团发展战略，聚焦航运物流，赋能于集团绿色燃料产业链各公司，为集团和相关单位提供减碳技术支持。为社会各界绿色产业链建设与发展提供检验认证、绿色低碳、可持续技术等全方位一站式服务。

（作者：中远海运物流供应链有限公司运营管理部门　沈珑）

第十章　深圳中集智慧托盘有限公司-绿色可循环 SSD 租赁运营项目

深圳中集智慧托盘有限公司（以下简称"公司"），成立于 2017 年，位于广东省深圳市，是中集载具 100%控股全资子公司，依托中集集团强大的实力，致力于橡胶、液体化工、果汁果酱等供应链上下游企业的循环载具研发、制造、租赁运营以及运包一体化服务。公司凭借卓越的技术积淀和广泛的业务网络，为客户提供全面的综合服务，这些服务涵盖了金融、设备供应、运输、仓储、配送及回收等多个环节，确保了供应链的高效运转。

公司在绿色低碳和循环经济领域取得了显著成绩，作为业界的佼佼者，公司积极推行创新技术和可持续发展战略，致力于资源的有效利用和环境的保护，赢得了业界的广泛赞誉和认可。我们的服务范围遍及国内外知名橡胶、液体化工和食品企业，覆盖了中国主要的经济区域，业务领域横跨物流运输、仓储管理、供应链金融等多个领域，充分展示了公司的全面实力和广泛影响力。深圳中集智慧托盘有限公司不仅在技术上不断突破，更在服务模式上不断创新。公司深入了解行业特性，针对不同企业的实际需求，量身定制了个性化的解决方案。从产品设计到生产制造，再到运营管理和售后服务，每一个环节都体现了公司对于服务品质的执着追求。

此外，公司还积极响应国家对于绿色物流、循环经济的号召，通过优化产品设计、提高产品质量、推广循环使用等方式，有效降低了物流过程中的能耗和排放，为构建绿色、低碳、可持续的物流体系作出了积极贡献。

在未来的发展中，公司将继续秉承"创新、质量、服务、环保"的经营理念，不断加大研发投入，拓展业务领域，提升服务水平，为行业客户提供更加高效、便捷、环保的循环载具解决方案，推动供应链上下游企业的绿色发展，为实现全球可持续发展目标贡献自己的力量。

一、包装产品创新

公司 SSD 产品，即 216L 不锈钢锥形开口钢桶（见图 1），区别于普通传统钢桶，具有以下特点。

（1）高强度，支持多次可循环使用。

（2）无涂层及锈蚀，方便清洁使用。

（3）空桶可嵌套，极大提升空桶运输装载效率，显著降低运输成本。

图1　216L 不锈钢锥形开口钢桶

二、共享服务模式

公司积极引入并采纳了前沿的共享服务模式（见图2和图3），通过精心布局的全国主要区域线下运营网点和高效便捷的线上信息化运营平台，致力于为客户提供全方位、一站式的液体包装物流解决方案。在这个全面升级的服务模式下，客户可根据其业务的具体需求和运营计划，灵活地选择期租或次租的租赁方式。这一创新的服务模式，不仅大幅度提高了物流运输的效率，还有效地为客户节约了运营成本，充分展示了公司在物流服务领域的专业素养和对客户需求的深刻理解。

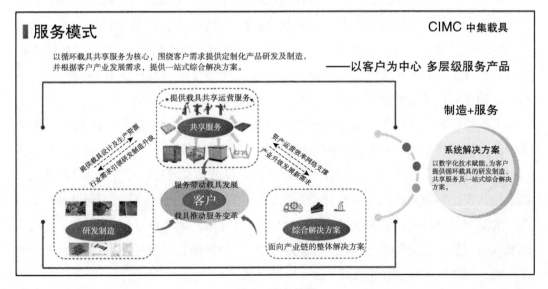

图2　服务模式

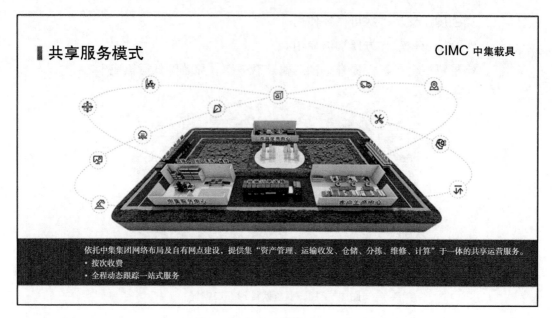

图3 共享服务模式

三、智慧管理平台

天罗智慧管理平台（见图4），巧妙融合了数字 ID、GNSS 与 GIS（地理信息系统）等尖端技术，实现了对循环载具的无缝追踪与精准管理。这一创新平台的引入，不仅大幅提升了资源利用效率，还显著增强了运营的透明度，为我国物流行业的繁荣发展注入了新的活力。

在数字 ID 技术的助力下，每个循环载具都拥有独一无二的身份标识，使它们在庞大的物流网络中都能被精准识别、追踪和监控。GNSS 技术的精准定位功能，使得我们能够实时掌握载具的地理位置和运行状态，无论是城市街头还是偏远地区，都能进行追踪。而 GIS 技术的应用，则为我们提供了丰富的地理信息和环境数据，有助于我们更加科学地规划运输路线，优化资源配置。

天罗智慧管理平台还具备强大的数据分析功能。通过对海量数据的深入挖掘和分析，我们能够获取更多有价值的运营信息，为决策提供有力支持。同时，平台还提供了全面的运营监控功能，让管理者能够随时了解运营状况，迅速应对各种挑战，让整个运营过程更加透明、高效，进一步提升了资源利用效率，降低了运营成本。

天罗智慧管理平台以其卓越的性能和创新的理念，助力物流行业进步。我们将继续致力于技术创新和服务优化，推动物流行业的智能化、绿色化发展，为构建更加高效、可持续的物流体系贡献力量。

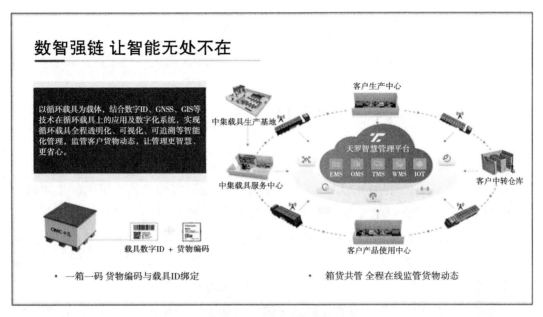

图 4 天罗智慧管理平台

四、绿色低碳评价

（1）2022 年，公司凭借着在绿色实践上的持续投入和不懈努力，荣幸地被中国招投标网授予"中国招投标领域碳中和承诺示范单位"。这是对公司坚定推进碳中和、追求可持续未来的坚定承诺的认可。

（2）2024 年，SSD 产品通过中国船级社（CSC）碳足迹认证证书。评估结论：与同等容积的传统钢桶相比，租赁运营 1 个 SSD 产品，生命周期内可实现减少碳排放 $2.55tCO2e$，相当于 33 个传统钢桶的生命周期碳排放。

（3）可持续发展认证：进入 2023 年，公司在环保领域的卓越表现再次得到了国际认可。在备受瞩目的 Ecovadis 可持续发展认证中，我们荣获了铜牌奖章，这一荣誉让我们在全球 85000 家参与评估的企业中脱颖而出，位列前 61%，彰显了公司在可持续发展领域的实力和成就以及对我们长期坚守环保理念、积极推动绿色发展的高度认可。

（作者：深圳中集智慧托盘有限公司技术部 金巍）

第十一章　中国物流宁夏有限公司

　　中国物流宁夏有限公司（以下简称"公司"）是国资委所属中国物流集团旗下中国物流股份有限公司的二级子公司。公司成立于 2014 年 3 月 26 日，注册资本 1.47 亿元，公司经营范围涵盖道路普通货物运输、铁路运输、金融质押监管、仓储装卸、货运信息服务、煤炭销售、货运代理、停车服务、房地产经营等，是国家 AAAA 级综合服务型物流企业，通过了 ISO 9001 质量体系认证。

　　公司所在的中国物流中卫物流园是中国物流集团投资西部的重要物流基础设施，是中国物流股份有限公司布局"一带一路"的物流骨干网络，园区位于中卫市沙坡头区柔远镇，占地面积 278 亩，于 2018 年建成并投入使用。已形成了具有货物仓储功能、货物集散运输功能、流通加工及配送功能、大宗商品交易、旅游物流、金融物流、新能源汽车销售及售后服务、综合办公及配套服务功能和信息服务功能等为一体的现代物流园区。

　　2023 年 5 月，郑州商品交易所在中国物流中卫物流园批准设立了硅铁指定交割仓库，自 2023 年 8 月 20 日起开展硅铁期货交割业务。为周边硅铁生产企业及贸易商提供质量检验、仓单注册等硅铁期货交割服务。

一、主要做法

　　依托中国物流中卫物流园硅铁产地指定交割仓库及中国物流品牌优势，中国物流宁夏有限公司与本地多家硅铁生产企业及杭实善成、宁波海天等 60 余家贸易商达成了供应链一体化业务合作。并在中国物流中卫物流园及石嘴山库区，实现了一对一、一对多的货权转移服务，仅 2023 年就实现库内合金交易 30 余万吨，为交易双方节省物流成本 300 余万元；此外，还通过供应链一体化模式，通过合理规划物流节点，优化业务流程，节约客户物流成本和管理成本的同时，提高物流作业效率。并且与浦发银行、石嘴山银行、宁夏银行等金融机构已达成初步合作意向，通过在仓、在途货物，为贸易商、生产企业提供融资、保险等金融服务。

二、实施成效

1. 经济效益（见表1）

表1　　　　　　　　　　　　　方案实施前后对比

项目	方案优化前	方案优化后	变化幅度
短驳价格（元/吨）	25~28	15~18	降低 35%~40%
装卸、过磅价格（元/吨）	18~25	15~18	降低 16%~28%
仓储费（元/吨·天）	0.35~0.45	0.25~0.35	降低 28%~44%
质押率（%）	40~50	60~75	上浮 10%~25%
库内交易价格（元/吨）	10~15	1~2	降低 86%~90%
融资成本（元/吨）	0.77	0.45	降低 41%
管理人员（人）	2~3	1	降低 50%~66%

2. 社会效益

一是创新物流业务模式。将传统的硅铁公共库升级为交易市场，实现了仓储与交易的有机结合。二是提高了物流效率。应用先进的仓储管理技术、交易平台技术和物流配送技术，充分发挥了硅铁交割仓库功能，期现结合更加完美，交易更加方便灵活，交易成本降低，运营效率和服务质量进一步提升。三是解决生产企业可持续发展问题。硅铁生产企业或贸易商通过注册仓单方式融资或交割仓库内交易模式，不仅解决了生产企业资金不足的问题，加速了资金流通，还确保了生产企业良性和可持续发展。四是节能降耗，推动绿色物流。通过库内货转，减少出入库频次，进而节约装卸作业和汽车运输数量，降低油耗，达到绿色节能目的；同时园区部分装卸使用电动叉车作业，达到绿色环保效果。

三、应用性与推广性/经验启示

1. 与客户建立了紧密合作关系

通过硅铁交割仓库，与硅铁生产企业、期货交易所及贸易公司等建立紧密合作关系，形成产业链融合的生态系统。通过合作，各方可以充分发挥各自的优势，实现资源共享、优势互补。作为物流企业，为客户降低成本的同时，增加了客户黏性。

2. 提供了一站式服务

通过为硅铁生产企业及贸易商提供期货交易、仓储物流、风险管理等一站式服务，让客户可以在一个平台上完成所有业务操作，提高效率，降低成本；同时，通过订单式物流服务，由中国物流通过合理规划，完成了硅铁短倒、装卸、仓储及干线运输一整套物流体系，达到了客户降本、企业增效的目的。

3. 数字化应用

通过引入先进的期货交易平台、物流信息系统及仓储管理系统，实现货物信息的高效传递、快速出入库和精准管理，提高了仓库的管理水平和运营效率。

（作者：中国物流宁夏有限公司　王保祥）

第十二章　中铁快运股份有限公司西安分公司

中铁快运股份有限公司西安分公司（以下简称"中铁快运西安分公司"）于2003年3月14日成立，现有125名职工，2023年实现经营收入1.56亿元。中铁快运西安分公司依托西安局集团有限公司运输资源，全力推进行包快运、高铁快运、多式联运三大业务板块，向社会提供全程运输、分拨配送、仓储运营、信息跟踪等服务。

一、项目名称：时令水果运输项目（见图1）

中铁快运西安分公司2024年正式开通樱桃专线，充分利用高铁快运的速度优势，将新鲜的樱桃从田间地头直接送达消费者手中，不仅保证了樱桃的新鲜度，也为乡村振兴贡献了一份力量。

樱桃作为季节性水果，其新鲜度和口感对于消费者来说至关重要。然而，传统的运输方式往往因为路途遥远，时间漫长而导致樱桃品质下降，为了解决这一问题，中铁快运西安分公司从2024年4月开始提前规划，精心设计、冷链运输，安排最佳装运车次，全程无缝衔接运输，全力缩短在途时间，保证樱桃的新鲜度与口感，帮助三原县大寨村的樱桃实现了从"枝头"到"舌尖"的快速传递，为樱桃农户服务提升收益，助力特色农产品走向全国。同时，中铁快运西安分公司也推出了"樱桃

图1　时令水果运输项目

尝鲜季，等您来尝鲜！"的高铁甄选项目，努力构建"高铁+电商+扶贫"新模式，架起优质农产品铁路服务的绿色通道，最大限度缩短从田间地头到客户餐桌的距离。

二、项目名称：高铁急送——中铁快运引领即时物流新风尚

"高铁急送"（见图2）创新性地融合了即收、即运、即送的服务模式，依托高铁载客动车组列车的强大干线运力，构建起横跨国内主要城市的快速物流网络。客户只需线上下单，即可享受足不出户的门到门当日送达服务，跨省运输4~8小时内即可达成，极大地拓宽了高铁服务边界，促进了经济社会的高效运转。目前，"高铁急送"已广泛应用于商务函件、生鲜礼品、急用药品及个人物品等多个领域，上千种货物在高铁的助力下与时间赛跑，实现了"江湖救急"般的物流体验。同时，中铁快运西安分公司大胆创新，探索高附加值高利润率的医药冷链业务新模式，迎合医药冷链企业对专人"手提件"业务的物流服务需求，这一服务成功实施，不仅突破了传统物流的时空限制，更以实际行动诠释了铁路快运服务的新速度、新高度，为社会经济发展注入了新的活力。凭借其高效、便捷的特性，日均订单量迅猛突破百单大关，中铁快运西安分公司更是以累计超过7000批的成绩彰显了服务活力。

图2　高铁急送

三、项目名称：铁路快运冷链

在国家"十四五"冷链发展规划的蓝图下，积极响应高质量发展号召，专注于铁路快运冷链领域的创新与发展。依托高铁动车组、旅客列车行李车等丰富运力资源，致力于打造特色化冷链产品和服务，精准对接医药冷链、食品冷链市场的迫切需求。

温控药品：遵循国家GSP标准，提供"-25℃至-15℃"冷冻及"2℃至8℃"冷藏等多温区精准控温服务，满足药品从受理到交付的全流程温控需求。

医学检测：利用高铁快速网络，为生物医药企业提供体外诊断试剂当日达物流

服务，加速生物样本流转，强化温控保障。

生鲜肉类：依托高铁恒温车厢环境，采用环保可循环冷链箱，为高端海鲜、果蔬、肉禽蛋奶等提供 24 至 48 小时"产地到餐桌"的高效冷链运输。

赛事保障：服务于北京 2022 年冬奥会和冬残奥会等国际重大赛事，提供专业、高效的检测样本运输服务，助力赛事顺利进行。

中铁快运西安分公司正以科技创新为驱动，不断优化冷链运输服务，为医药、食品等行业提供更加安全、高效、绿色的冷链物流解决方案，引领冷链物流行业迈向新高度。目前，已与蒙牛、双汇、嘉吉、汉堡王、煌上煌、华大基因、上海医药、国药集团、金域医学、迪安诊断等企业建立了稳固的合作关系，共同推动冷链物流行业的健康发展。

（作者：中铁快运股份有限公司西安分公司市场部　张家佳）

第十三章　武汉中百物流配送有限公司

武汉中百物流配送有限公司（以下简称"中百物流"）是中百集团下属的一家专业物流公司，成立于2002年12月，注册资本2.58亿元，总部位于武汉市东西湖区吴家山台商投资区开发区。

在规模上，中百物流共拥有8个物流配送中心（其中AAAA级物流2个，4星级冷链物流1个，AA级物流3个），其中湖北省内常温干货配送中心6个、冷链配送中心1个及湖南长沙分仓1个，总投资金额11亿元，总占地面积56万平方米，库房总面积23万平方米，已形成涵盖常温、冷链仓配一体化配送、设施设备技术先进的物流体系。

在业务范围方面，中百物流主要从事物流配送业务，包括装卸搬运、道路货物运输、国内货物运输代理、普通货物仓储服务、提供仓储设备租赁服务等。中百物流与多家知名企业建立了长期合作关系，服务范围覆盖全国各大城市。

在发展战略方面，中百物流始终坚持以客户为中心，不断优化物流服务，提升客户满意度。注重技术创新，引进先进的物流技术和设备，提高物流效率和准确性。同时，中百物流还注重人才培养，通过内部培训和外部引进相结合的方式，不断提升员工的专业素质和业务能力。

在业界的地位和影响方面，中百物流凭借其强大的综合实力和优质的服务，赢得了业界的广泛认可。中百物流多次获得"中国物流百强企业""湖北省优秀物流企业"等荣誉称号，成为物流行业中的佼佼者。此外，中百物流还积极参与行业交流与合作，推动物流行业的健康发展，为行业树立了良好的典范。

随着全球气候变暖和资源短缺问题的日益严峻，中百物流意识到必须采取行动，减少物流活动对环境的影响。因此，中百物流开始探索和实施一系列绿色物流措施，旨在降低碳排放、节约能源消耗、减少废弃物产生，并提高资源利用效率。

一、在绿色物流管理方面

中百物流有较完善的管理组织，内部设有绿色发展管理工作组，绿色发展管理工作组已制定了相关工作制度：绿色发展管理组织工作制度、标准化物流作业与管理制度、节能降碳制度、公司能源消耗统计制度、节能宣传教育和培训制度等。在管理体系建设上，已建立质量管理体系，并通过国家相关认证。在绿色物流发展规划与实施上制定了相应的工作计划和实施方案，有人力、财力、设备及技术资源的支持。

二、在设施、设备、包装器具等方面

中百物流中央仓园区位于武汉市江夏区纸坊街大桥路 4 号，北邻四环线，南临沪蓉立交桥，西临青郑高速，东临沪渝高速与武阳高速。

中央仓园区拥有自动化立体库区域长约 130 米，宽约 50 米，占地面积约 6500 平方米，由 10 个巷道的单深位 AS/RS 成品托盘立库组成，立库高度为 20.4 米，共 12 层，约 20160 个托盘位。四向穿梭车库位于楼库一、二、三、四楼，一楼为三层四向穿梭车库，一层与三层为拣选层，二层为储存层；二、三、四楼均为两层，一层为拣选层，二层为存储层，每层共 59 条巷道，每条巷道四个托盘位，共 2124 个托盘位。高位货架位于楼库二、三、四楼，共 10008 个托盘位，每组高位货架高 2.8 米，分为三层，一层为拣选位，二层为尾托存储位，三层为整托存储位。多层穿梭车 32 台、无人搬运车 111 台、进口滑块分拣机 2 套、进口螺旋提升机 4 套、托盘提升机 12 套、电子标签 1 套、托盘及箱式输送线 1 套等先进设备。

中百物流作为城市绿配的积极倡导者和推行者，也在顺应行业发展大势，聚焦绿色货运配送。近期积极深入开展市场调研，在保证车辆运输性能和服务质量双达标的前提下，最终筛选出符合公司需求的新能源货车制造商和服务商，顺利引进 35 台新能源配送车辆，中百物流业务运营内的新能源车辆平均行驶效率比传统货车高出 20%~30%，物流运作的整体效率取得了大幅提升。同时，引进的新能源货车在其生命周期内的平均碳排放量相较于传统货车可减少 30%~50%，有效推进了公司 ESG 管理体系建设和年度环保目标的实现。中百物流配备计量能源和水资源等的计量器具（见图 1），并对计量器具定期检查与维护。中百物流新能源叉车（见图 2）的使用比重已高达 99%；全部使用的是标准托盘和标准周转箱，标准周转箱和料箱在上下游间的循环使用，减少了对包装资源的浪费；物流包装使用可降解打包膜，减少对环境的污染。

三、在运营、资源绿色化方面

中百物流在数字化和智能化技术应用上，主要体现在：AGV 机器人、昆船输送线、威雅分拣机等。在管理信息系统中的应用主要体现在：仓库管理系统、运输管理系统、容器管理系统、订单履行系统、驿虎运单管理系统。运营方案优化主要体

图1　水资源计量器具

图2　新能源叉车

现在四向穿梭车库区、高位货架区、多层穿梭车库区、滑块分拣出库区。在资源绿色化方面主要体现在使用了可再生能源光伏（见图3），物流包装减量化主要体现在周转箱智能算法。

中百物流在数字化和智能化技术应用：AGV机器人、昆船输送线、威雅分拣机等。

AGV机器人（见图4）：一种自动化搬运设备，可以根据预先设定的路径和指令，在仓库或生产线上自主行驶，并完成货物的搬运任务。AGV机器人通常具有激光导航、传感器系统、电池动力等功能，可以提高物流效率，减少人力成本，避免人为错误。

昆船输送线（见图5）：物流输送线自动控制系统主要利用PLC控制技术，使系统按照生产指令，通过系统的自动识别功能和输送线系统，自动地和柔性地把托盘

图 3　光伏维护管理

图 4　AGV 机器人

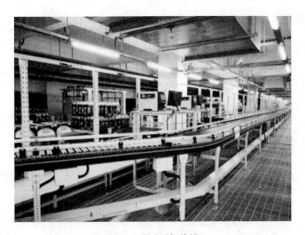

图 5　昆船输送线

箱里的生产物料，以最佳的路径、最快的速度，准确地从生产场地的一个位置输送到另一个位置，完成生产物料的时空转移，保证各种产品的生产按需要协调地进行和按需要迅速地变化。保证工厂设备和生产的高效率运行。

威雅分拣机（见图6）：物品接受激光扫描器对其条码的扫描，或通过其他自动识别的方式，如光学文字读取装置、声音识别输入装置等方式，将分拣信息输入计算机中央处理器中。计算机通过将所获得的物品信息与预先设定的信息进行比较，将不同的被拣物品送到特定的分拣道口位置上，完成物品的分拣工作。分拣道口可暂时存放未被取走的物品。当分拣道口满载时，由光电控制，阻止分拣物品不再进入分拣道口。

图6　威雅分拣机

随着集团公司业务多元化发展，物流公司从单一的仓库管理系统逐步发展为订单管理、仓库管理、运输管理、容器管理等多系统协同的物流管理系统。

1. 仓库管理系统

2003年，中百物流常温物流系统由上海同振信息管理有限公司开发完成并投入使用，服务仓储、便民客户。2009年由上海同程信息技术有限公司开发升级为中百连锁物流系统，支持多仓多客户，开发了中百冷链物流系统，支持多温层配送，并根据业务需求逐年进行技术升级。2022年在江夏大桥新区新建常温仓库，采用大量自动化设备，作业模式与流程发生了较大变化，现有WMS系统已不能满足仓库管理需要，因此，选择了上海通天晓信息科技公司开发了仓库管理系统（见图7），主要特点如下。

（1）智能化：契合自动化设备，与其他信息系统如OFS、TMS、智慧园区联动。

（2）精益化：精细化库存管理，精益化作业管理，实现全面绩效管理。

（3）海量数据处理：海量订单处理效能，实时波次优化，弹性扩展架构。

（4）高可配置性：开放式规则引擎，开放式架构，开放接口平台。

该系统已于2023年8月在汉鹏仓上线运行，目前运行情况良好，预计2025年江夏新仓建成后平移至新仓使用。

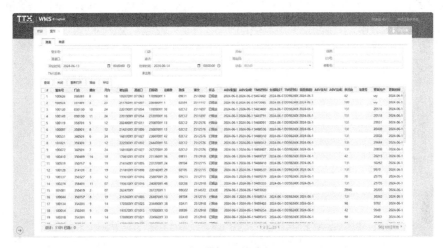

图7　仓库管理系统示意

2. 运输管理系统（见图8）

用于所有目前配送中心，实现车辆到仓、到店配送运输过程信息全程可视化管理和车辆任务调配计划。该系统于2018年5月20日投入使用，可面向中百物流各客户、1000多家门店的配送运输过程进行全方位的管理，目前系统运行情况良好。2021年TMS在中央仓实现了与WMS、OFS、智慧园区系统联动，通过车辆任务调配计划，可反向指导库区作业，实现仓配一体化的协同运作。

图8　运输管理系统示意

3. 容器管理系统（见图 9）

2017 年，根据集团要求在集团内对容器进行有效的系统管理，物流公司组织了对容器管理系统的开发并于同年投入使用。该系统由上海同程信息技术管理有限公司开发和维护，于 2017 年 6 月投入使用。通过数据交换，实时掌握周转箱、周转筐、托盘等容器在仓库与门店的流转情况。目前系统运行情况良好。

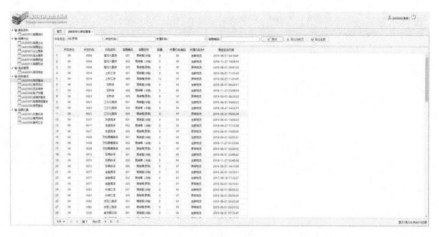

图 9　容器管理系统示意

4. 订单履行系统（见图 10）

2020 年 6 月订单履行系统（OFS）集中化订单管理功能已在各客户陆续上线，实现预约与订单跟踪功能，实现与 WMS、TMS 等系统联动，同时按需求融合第三方业务订单。通过 OFS 的整合，我们可以实现供应链可视化（SCV），方便客户全程掌控商品物流过程，供应商查询各类信息、门店对订单的跟踪、各方计费结算等操作

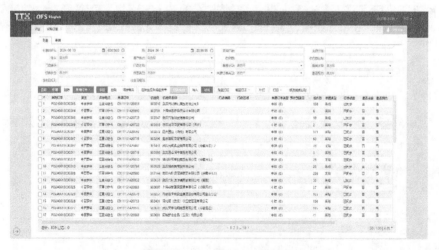

图 10　订单履行系统示意

都将更加便捷。OFS 具有较强的可拓展性，根据实施构想，后续阶段可接入第三方业务、线上业务。基于 OFS 创建供应链公共门户网站，通过功能拓展，所有客户、供应商、门店等用户都可在供应链公共门户网站上完成诸如订单处理、库存查询、送货预约、订单跟踪、计费结算等一站式操作。

5. 驿虎运单管理系统（见图 11）

驿虎系统于 2022 年 9 月由上海来去网络信息技术有限公司开发并投入使用，服务于三方物流。以订单为起点回单为终点，以运单贯彻始终形成完整的业务闭环，可以批量导入订单，可以对接客户系统进行订单数据接入，支持自有车辆、外调车辆、网络平台、承运商管理，支持业务外发、拆票、中转、转包等运输操作，支持线路规划及班车运行，支持记录业务实时进程，支持记录异常情况和处理方式。以对账为场景，打造收入和成本两条管理主线，五类数据：对客户销售收入、承运商承运成本、车辆运行成本、外调车用车成本以及平台成本费用。五个环节：发生、调整、审核、确认和结算单。五个环节的层层递进，最终以结算单锁定收入和成本数据。遵循会计准则设计，功能完整，管理规范，财务数据来源于业务数据，财务收支核销业务数据。业务管理和财务管理深度契合，使财务部门对全公司的经营活动进行监控管理成为可能，而且管理及时到位有效。

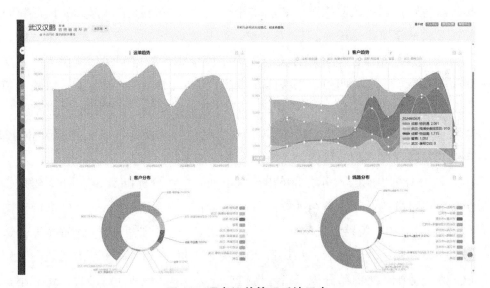

图 11　驿虎运单管理系统示意

运营方案优化主要体现在四向穿梭车库区、高位货架区、多层穿梭车库区、滑块分拣出库区。

（1）四向穿梭车库区：四向穿梭车库位于楼库一、二、三、四楼，一楼为三层四向穿梭车库，一层与三层为拣选层，二层为储存层；二、三、四楼均为两层，一层为拣选层，二层为存储层，每层共 59 条巷道，每条巷道四个托盘位，共 2124 个托盘位。系统根据补货逻辑，触发自动化立体仓库发起补货任务，堆垛机将指定货位商品取出送至对应楼层的托盘输送线上，再通过四向穿梭车将补货商品送至指定补货位，在作业时间段以外，可根据系统补货逻辑进行主动补货，在作业时间段，系统可根据商品实际发货量进行主动补货，当一层商品不足完成拣选任务时，系统主动下发补货指令，通过四向穿梭车将二层存储商品移至一层指定货位，若二层商品不足时，系统发送补货任务，触发堆垛机从立库补货至四向穿梭车库一层指定货位。

人工触发拣选指令并打印拣选标签，系统下发拣选任务，通过四向穿梭车将拣选商品搬运到指定拣选位，拣选人员根据拣选标签进行拣选，将商品拣选投放至箱式输送线，通过箱式输送设备传送至滑块分拣机进行分拣。

（2）高位货架区：高位货架位于楼库二、三、四楼，共 10008 个托盘位，每组高位货架高 2.8 米，分为三层，一层为拣选位，二层为尾托存储位，三层为整托存储位，系统根据客户请货订单发起整件补货任务，触发自动化立体仓库发起补货指令，堆垛机将指定货位商品取出送至对应楼层的托盘输送线上，传送至补货叉取位，再通过电动堆高车将补货商品送至指定补货位，系统发起整件拣选任务，人工打印拣选标签，拣选员刷卡领取拣选标签，采用分拨模式进行拣选，拣选完成后将拣选的整件商品投放至箱式输送线。

（3）多层穿梭车库区：多层穿梭车库由多层穿梭车与流利式货架组成，多层穿梭车库位于楼库二、三、四楼。二楼四条巷道，三、四楼各两条巷道，每条巷道四层，每层一台穿梭小车，共 32 台穿梭车，每组货架有四层，每层四至五条滑道，平均每条滑道可储存 4 箱商品，三层楼共有 392 组流利式货架，系统根据补货逻辑，触发自动化立体仓库发起补货任务。

（4）滑块分拣出库区：滑块分拣出库区由两套滑块分拣机及 AGV 小车组成，每套滑块分拣机可分拣任意一条箱式输送线上的商品，每套滑块分拣机可进行双向分拣，有 28 条滑道和 1 条异常剔除口，共 56 条滑道口，拣选完成的商品通过输送设备传送至一楼，经过分合流后，扫码进入滑块分拣机，扫码信息上传系统，滑块分拣机根据系统分配，将商品分拣至指定滑道口，人工码垛完成后，通过 AGV 小车将托盘搬运到出库集货区进行出库交接。

在资源绿色化方面，中百物流光伏项目（见图 12）位于中央仓工业园，光伏装机容量 1MW，采用先进的智能绿电光伏系统，共安装 1820 块单晶硅光伏组件，配备智能光伏逆变器及智能监控云平台。项目于 2022 年 9 月 21 日并网发电，设计年均发电量 97.18 万千瓦时，运营期 25 年，25 年总发电量约 2429.7 万千瓦时。折算成火力发电,运营期内相当于节约标准煤 7408.16 吨,减排二氧化碳 2.02 万吨,减排效果相当于植树 3225 棵。本项目所产生的清洁电力优先供冷库、干货库使用,多余电力并入国家电网,具有显著的经济效益和环境效益,践行绿色发展理念,助力国家"双碳"目标。

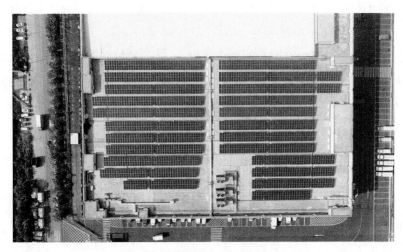

图 12 光伏项目

在包装减量上,中百物流使用了周转箱智能算法,这是一种优化算法,它被广泛应用于解决装箱问题。这种算法能够有效地找到最优的装箱方案,从而降低包装成本并提高物流效率。周转箱问题是一种常见的组合优化问题,它涉及将一系列物品放入箱子中,每个物品都有自己的尺寸和重量,并且要求每个箱子中物品的总重量和尺寸都必须小于或等于某个限制。这个问题的关键在于如何有效地分配物品到箱子中,以便最大限度地减少浪费并最大化装箱效率。

周转箱智能算法按照以下几个步骤实施。

(1) 在前期需要收集和分析数据,包括商品的尺寸、重量、数量以及箱子的容量等信息。以周转箱容积率的 0.8 测算装箱物品体积。

(2) 根据门店需求配送商品,后台数据中心测算合理装箱商品。

(3) 作业人员按照测算后的装箱需求装入商品。

总之,周转箱智能算法是一种具有广泛应用前景的优化算法,它能够通过模拟自然进化过程来找到最优的装箱方案。通过合理应用和优化该算法,企业可以降低成本、提高效率,从而在市场竞争中获得优势。

四、在绿色信息披露与生态共建方面

中百物流 ESG 项目正在进行,已经完成了基础数据的搭建,后期将会统计能源消耗及二氧化碳排放总量。

中百物流通过资源的高效集聚，绿色物流实现了经济效益、社会效益和环境效益的高度统一。如采用新能源车辆降低消耗，利用数字技术优化仓储网络规划和实时最优路径规划，减少在途车辆，提升往返车辆的满载率，从而达到降本增效的目的。绿色物流不仅履行了企业应对全球气候变暖的社会责任，还在激烈的市场竞争中占据了有利位置。通过积极参与环保行动，物流公司提升了企业的社会责任意识和品牌形象，赢得了客户的信任和支持。绿色物流通过采用先进技术和管理方法，合理规划和实施产品或服务全生命周期中的物流活动，优化资源利用，降低物流活动的负面环境影响和碳足迹，实现了经济、社会和环境的协调可持续发展。

综上所述，中百物流的绿色物流实践在提升经济效益、增强社会责任感、减少环境影响等方面都取得了显著成效。

（作者：武汉中百物流配送有限公司质控部　张骥）

第十四章　宁夏东来能源运输有限公司

　　宁夏东来能源运输有限公司（以下简称"公司"）成立于 2017 年 1 月，主要从事危险货物（2 类 1 项、2 类 2 项、3 类、4 类 3 项、8 类、危险废物）、道路普通货物运输。公司注册资本 2000 万元，拥有各类罐式危险品运输车 187 辆，一体式罐车 2 辆。目前，公司已获得多项国内外权威认证，包括 SGS 国际通用公证行认证，交通运输部交通运输企业标准化二级达标认证。此外，公司还荣获了中国物流与采购联合会颁发的 AAA 运输企业认证，被中国物流与采购联合会评为 2023—2024 年度中国化工物流头部百强企业，并成功通过中石化自提服务商审核认证。

　　公司深耕宁夏及其周边省市危化物流领域，以宁东地区为核心，为包括国家能源、长城能源、宝丰能源、宝利新能源、宝廷能源等在内的多家重点生产企业，提供关键的原料采购与产品外销物流支持。我们的运输网络广泛，覆盖宁东至山东、新疆、内蒙古、西藏、陕西、四川、江苏等多条重要线路。

　　自成立以来，公司已成功助力超过 50 家大中小企业，通过提供高质量、专业化的物流服务和定制化货源解决方案，满足了甲方的多样化需求。当前，公司正稳定运营多个关键项目，如国家能源、长城能源、宝丰能源、宝廷、宝利等企业的产品外销运输；宁夏至青海甘河园区 20 万吨/年的电石运输；青海甘河园区至西藏玉龙铜矿 2.5 万吨/年的硫酸运输；北京、江阴至新疆天利高新 6 万吨/年的乙酸乙烯运输；新疆至内蒙古 3 万吨/年的工业乙醇运输；以及宁鲁石化的原料采购运输等。

一、事前预防

　　在从业人员入职之初，公司便着手强化其安全意识，通过安全管理平台实施严格的岗前安全教育培训。线上考核的引入，使公司能够评估培训效果，确保从业人员和管理人员每月完成安全教育培训任务。对于考核未通过的人员实施补学，直至全员达标。

　　风险管控上，公司利用安管平台建立了完善的风险告知体系，从风险辨识到风险评估，再到安全风险分级管控，确保从业人员对潜在风险有清晰的认知。

　　依据自治区交通厅设定的三查一询工作流程，驾驶员需在出车前在平台上传个人身体指标，包括血压、血氧饱和度及血液中乙醇含量，同时监控员利用监控系统对驾驶员的精神状态进行审查并截图录入相应台账，以确保驾驶员的身心状态符合安全驾驶的要求。

1. 智能化监控系统

公司利用车辆内置的高精度定位系统、先进的主动防御系统和全面覆盖的监控摄像头，对从业人员的行为和车辆的运行状态进行实时监测（见图1）。对于行驶过程从业人员的任何违规行为，利用平台能够及时发出调度指令，要求立即改正并规范驾驶行为。这种快速响应机制有助于保障交通安全和秩序，减少事故发生的可能性。

图1　监测系统界面示意

2. 紧急响应机制

监管平台一旦检测到异常情况并触发报警，监控员将迅速采取行动，处理报警信息，并在企业内部的通信平台（如微信群）发布考核通知，以此达到警示和教育全体从业人员的目的。

3. 严格审查与安全标准执行

公司对车辆运行中的调度指令以及安管平台规定的中途停车检查项目进行严格审查，确保所有操作严格遵守安全标准，不留安全隐患。

4. 监督与服务体系

道路运输监督服务体系定期对监控人员进行查岗，确保监控人员始终保持高度的警觉性和效率。为车辆行驶过程中的监控工作提供了额外的安全保障，确保了监控工作的连续性和可靠性。

二、事后评估

车辆运输行为完成后，依托监控平台，对车辆的各项运行数据进行详尽的报表分析。这包括行车轨迹、里程、车辆报警信息等关键数据，通过深入分析数据，能够对车辆运行状态做出准确判断。这不仅有助于公司初步描绘驾驶员的驾驶习惯，还能够根据驾驶员的风险程度实施差异化关注，从而提高监控工作的针对性和效率。

利用公安部交通安全综合服务管理平台，查询车辆行驶后的违章记录。一旦获取违章信息，公司会立即通知驾驶员进行处理，并对此类情况进行台账登记。月底对当月的违章信息进行汇总分析，以识别车辆行驶路线中的高风险路段，并提醒驾驶员在这些区域驾驶时需特别小心，以降低行车安全风险。

宁夏回族自治区道路运输监督服务体系对驾驶员的日常驾驶行为进行评分和赋码。这一数据驱动的方法，通过对驾驶员行为的数据分析，构建初步的用户画像，并对风险较高的驾驶员实施更频繁的监控管理。

依托于先进技术化平台与大数据工具的管理体系，公司在安全生产方面取得了显著成效。监控平台报警次数和主动防御报警次数分别下降了 26.35% 和 97.47%，月安全教育覆盖率由 86.7% 上升到 100%，并保持至今，达到安全教育培训全覆盖。车辆安全行驶累计里程超过 12914400 公里。

三、业财管理方面

管理人员能够实时查看项目运营数据，线上记录装卸吨位，提前维护线路价格。

经过线上的接单监管，物流业务人员及财务人员，有效减少了 31.24% 的加班时间，同时还减少了 2.4 万元/年的报销费用。

四、应用性与推广性/经验启示

公司的安全与业财管理体系具有显著的可推广性和可复制性，主要体现在以下几点。

（1）标准化流程：通过建立标准化的岗前安全教育培训和考核流程，确保从业人员具备基本的安全意识和技能，易于在不同公司间复制。

（2）技术驱动：运用高精度定位、主动防御系统和大数据分析等先进技术，提高了监控效率和风险评估准确性，技术平台可广泛应用于其他行业。

（3）数据化管理：通过详尽的数据分析和报表，实现对驾驶员行为的精准监控和管理，这种数据驱动的方法易于在其他企业实施。

（4）风险分级管控：建立风险告知体系和风险分级管控机制，有助于不同企业根据自身特点制定个性化的风险管理策略。

（5）数智化管控：在业财管理方面，通过数智化平台实现物流管理效率的提升和成本控制，这种模式适用于各类物流企业。

（6）持续改进：对安全教育和业务流程进行持续优化，鼓励创新思维，保证管理体系的活力和适应性。

五、下一步发展思路

对安全意识和技能的培训应持续进行，定期更新培训内容，引入最新的安全知识和技能，以适应不断变化的工作环境和技术；引入更多先进的技术，如人工智能算法，以实现更精准的风险预测和实时监控；根据驾驶员的用户画像，实施个性化的风险管理策略，为不同风险级别的驾驶员提供定制的培训和监控方案；利用大数据分析工具，对业务数据进行深度挖掘，以数据驱动的决策支持业务增长和成本控制；加强与上游和下游合作伙伴的协同，通过共享数据和实时沟通，提高整个供应链的透明度和效率。

（作者：宁夏东来能源运输有限公司综合管理部　王晶）

第十五章　宁夏坤达物流有限公司

宁夏坤达物流有限公司成立于2020年5月，于2020年8月入驻青铜峡工业园区，位于青铜峡市艾山街315号，是一家集公铁运输、汽车销售、物流一体化于一体的企业。公司主要业务有：普通道路货物运输，道路危险货物运输，新能源汽车销售，国内货物运输代理，充电桩销售，集中式快速充电站，电动汽车充电基础设施运营等。现有17台LNG燃气半挂牵引车，56台充电式新能源半挂牵引车，2台危险货物运输车，正在持续增加适应散货、吨包袋、集装箱、CNG、LNG等各种挂车和罐车。

一、案例一

长途拉运石英砂（见图1）：运往甘肃、内蒙古、陕西、四川、重庆等区域，每天运输量可达2000吨左右。

图1　长途拉运石英砂作业

二、案例二

拉煤（见图2）：业务主要在宁东，从煤矿拉到电厂，每天可运输3000吨左右。

图 2　拉煤作业

三、案例三

拉运集装箱（见图 3）：主要集中在青铜峡市内，每天可运输 3000 吨左右。

图 3　拉运集装箱业务

新能源物流优势突出，主要体现在以下几方面。

（1）节能减排。每辆新能源重卡每年减排二氧化碳 140 吨，污染物 12.5 吨，能耗费用较燃油车节省 5%~10%。公司 56 辆新能源重卡每年可减排 7840 吨二氧化碳，700 吨污染物，节能降碳效果显著。

（2）降本增效。①电耗：每公里耗电成本 0.5~1 元。②维保：维修项目不多，主要是焊接、添加防冻液等常规维保项目。③保险：只需购买商业险和交强险，不用缴纳车船税。④绿通：在电厂可走绿通，大幅缩短排队时间，以拉煤业务为例，从灵新矿到方家庄电厂来回近 100 公里，其他车每天拉运 1 趟，而 1 辆新能源重卡每天可拉运 3 趟左右，降低了商品周转费用，为公司增加效益。

（3）安全运输。车辆配套充电设备和运输数据平台，并配备专人监测管理。运输数据平台可实现对驾驶员进行安全运输培训，对车辆进行实时监控，包括实时位置、充电情况、安全预警等，有效提高物流运输的安全保障。

（作者：宁夏坤达物流有限公司行政部　柳慧）

第十六章　北京金谷智通绿链科技有限公司

　　北京金谷智通绿链科技有限公司（以下简称"金谷智通"）隶属于金隅集团与平谷区国资委下属企业共同设立的创新型科技型平台公司。公司成立于 2021 年 6 月，主营供应链技术服务及供应链管理服务，包含供应链平台技术开发、供应链解决方案实施、供应链解决方案咨询、公转铁绿色运输、汽运运输、大宗物资采销服务等。2021 年 12 月立项承建金隅集团唯一网货平台，2022 年 9 月网货平台上线。2022 年 1 月立项承建冀东水泥矿建产业互联网平台，2022 年 11 月矿建产业互联网平台上线。

　　2023 年 1 月获批天津东疆税务局网货牌照，同期开始推动冀东水泥采购、生产、销售物流业务向数字化物流转型升级。完成冀东水泥可控网货业务物流资源全量整合，形成冀东水泥网货数字货源池及运力池，引入 12 家外部网货客户上平台，累计达成物流交易额 3.5 亿元。

一、建设背景

　　全国行业性政策连续提出清洁运输改造时间表和比例目标，国家发展改革委印发的《水泥行业节能降碳专项行动计划》中提出，要提升水泥行业清洁运输水平，推广铁路、水路、封闭式皮带廊道、新能源车船等清洁运输方式，因地制宜推动作业车辆和机械新能源改造。到 2025 年年底，水泥行业清洁运输比例达到 50%。

　　为深入践行《水泥行业节能降碳专项行动计划》，响应冀东水泥碳达峰行动方案，根据公司绿色运输业务发展需要，结合呼和浩特市新能源汽车推广应用和产业高质量发展相关政策，天津金石智联科技有限公司（以下简称"金石智联"）拟在内蒙古冀东水泥有限责任公司（以下简称"内蒙古冀东"）开展绿色物流建设实施，服务于公司绿色运输业务场景，助力内蒙古冀东物流运输绿色升级，实现降本增效。

二、必要性

金石智联依托"金石智运"网络货运平台,服务集团产业供应链,探索供应链服务新模式,助力企业降本增效。在经过业务调研后,确认以建设线路补能设施,以平台整合当地运力资源,推动运力绿色化水平的工作方向。金石智联将以物流总包模式完成内蒙古冀东的运输委托,成为"科技物流承运商"。通过平台竞争、绿色竞争形成物流成本的长期优化机制。

经过前置工作,确定通过建设充电设施实现清洁运输,有助于内蒙古冀东物流降本增效、促进企业绿色低碳发展。前置工作如下所示。

(1)于 2024 年 6 月完成武川—玉泉线路、武川—伊东线路测试,经过测算玉泉线路单趟往返综合电耗在 1.5 千瓦时/公里,线路成本在 18～20 元/吨;伊东线路的综合电耗在 1.22 千瓦时/公里,线路成本在 27～30 元/吨,两条线路较油车成本低 5%～10%。

(2)当前相关线路尚不具备必要的补能设施,临时设施难以支持项目长期运营需求,因此需要以内蒙古冀东武川厂区为节点,建设充电设施并组织新能源运力开展物流业务。

(3)目前已完成与内蒙古冀东的需求调研、现场调研、方案规划、方案汇报等相关工作,双方达成合作共识,并形成备忘录,明确双方合作权责和投入资源。

三、项目主要内容与目标

1. 项目主要内容

(1)内蒙古冀东与金石智联采用合作经营方式,在内蒙古冀东武川厂区熟料广场建设充电设施,满足熟料调拨、矿石运输的清洁运输需求。

(2)通过"金石智运"网络货运平台整合绿色运力,打造绿色承运服务模式。

2. 建设目标

(1)建设 5 个 320kW 充电桩,3 个 240kW 充电桩。

(2)天津金石智联科技有限公司以总包模式实现对武川厂区的清洁运输服务。

四、项目建设方案

1. 选定的工艺方案与技术路线

拟由厂区一号生产线低压变电柜处引线作为充电桩电源,对现有变电柜进行利旧改造,单独设置充电设施开关并配置电表计算总耗电量,当前可用电容量为

1600kVA+1250kVA，可配置 5 台 320kW 直流充电桩+3 台 240kW 直流充电桩。

施工走线以道路埋管和架线走线相结合，涉及园区道路部分采用 80cm 以上金属套管直埋工艺避免园区道路限高，其余部分采用 6 米高架空线桥走线工艺，躲避复杂环境并降低走线成本。

车位设计示例如图 1 所示。

图 1　车位设计示例

表 1　　　　　　　　　　　　场地建设调研

可用场地面积（平方米）	4000 平方米以上，已硬化
设施面积	设施+车位 1000 平方米
可用功率（kVA）	1600 kVA +1250kVA 低压可用
变压器	无须增加，进行开关改造即可
线缆长度（米）	255×2 米（单桩）
铺设方式	桥架+地埋
充电设施	320kW 直流充电桩×5+240kW 直流充电桩×3
车辆情况	转弯半径充足，无拥堵

2. 熟料广场布局

图 2　熟料广场布局

五、项目经济效益与社会效益分析

1. 总耗电量

参考玉泉线路综合电耗 1.5 千瓦时/公里，伊东线路综合电耗 1.3 千瓦时/公里，项目年总耗电量 27762000 千瓦时。

2. 一年充电总收入

电费单价由基础电价和充电服务费组成，基础电费按内蒙古冀东预估 0.46 元/千瓦时综合成本计算，充电服务费按 0.4 元/千瓦时行业平均数计算。（物流车队目前测算为 1~1.2 元/千瓦时）电费收入合计 238.75 万元。

3. 项目符合国家"双碳"战略

车辆全部投入运营后年运输量约为 50 万吨，与柴油重卡车运输对比，可降低碳排放 580 吨，响应行业及地区清洁运输改造需求，树立国企标杆形象。

六、未来向绿色化拓展

武川年产百万吨砂石骨料项目预计年内投产，将带来更为稳定的运输需求，预计将投入更多的绿色运力，从而获得更稳定的电费收入。

（作者：北京金谷智通绿链科技有限公司战发部门　孙磊）

第十七章　宁夏宇鹿供应链科技有限公司

宁夏宇鹿供应链科技有限公司位于银川市兴庆区数字经济科创园，是一家专做纯电冷链运输配送的民营企业，致力于"打造西北地区规模最大配送最专业的冷链配送企业"，为客户提供绿色、智慧、高效的"美好出行、美好物流"解决方案。同时公司也为客户提供新能源冷链车辆租赁业务。目前，公司运营车辆138台，均以快消品、蔬菜、瓜果、速冻肉类配送为主业，配送半径600公里，主要运营区域为宁夏、陕西、甘肃、青海。

一、"高效返仓、运力优化"精准匹配用车需求

在做固定项目作业过程中，尤其仓储直配方面的快消品项目，为确保每日配送的运力充足，公司不得不为此购置大量冷链车做配送循环。车辆增加后所带来的管理成本、人员成本、养护费用、能源消耗支出、保险等费用迅速增长，导致企业无法获得很好的收益。2023年公司选择新能源产品后，既可以通过降低运输成本实现增效，也可以减少车辆的总购置成本。

二、应用型与推广性

新能源货车代替燃油车运输具有能耗低、养护费用低、打冷效率高等突出优势，同时通过车辆保养周期长降低养护费用、质保期长降低维修费用等优势进一步降低企业成本。

三、"智能管控、精准高效"快速提升营运效率

在管理方面，利用厂商共享新能源管控系统（见图1），可实现电池预约加热、超温报警、温湿度监控、远程打冷、远程解锁车辆、车辆实时状态监控、车辆能耗管理、轨迹回放等功能，实现对车辆更加精准高效的管控和使用。

图1 新能源管控系统

（作者：宁夏宇鹿供应链科技有限公司运营部门 李涛）

第十八章　北京国研趋势科技有限公司

北京国研趋势科技有限公司成立于 2010 年，是中国一站式智能技术解决方案提供商，致力于成为客户企业管理创新、数字化转型的长期合作伙伴。

国研趋势科技拥有自主研发的人工智能检测设备，智能制造解决方案，大数据解决方案，咨询服务方案及实施方法等，为客户提供从生产制造到营销的完整的端到端智能化解决方案。

"成为企业领先数智时代的赋能者"是国研趋势科技的企业愿景。未来，国研趋势科技将以数字化解决方案和数字化产品为支撑，不断提升在数字化服务领域的核心竞争力，助力客户在数智化时代不断突破。

面对"双碳"战略发展共识，国研趋势科技将数字化在烟草行业绿色物流领域的应用作为重要产品研发方向，已积累了 8 项碳中和管理软件著作权。同时，承接了烟草商业第一个试点碳中和管理平台项目——云南德宏州烟草物流园项目。在 2023 年完成了该项目的开发、部署和验收，在业界引起了强烈的反响。

公司在绿色低碳领域，拥有与碳中和管理相关的软著共 8 件。

（1）碳排放管理核查系统。

（2）碳排放大数据分析系统。

（3）碳资产管理系统。

（4）烟草物流园碳排放实时监测系统。

（5）烟草物流园碳中和数字化管理平台。

（6）烟草物流园碳足迹跟踪管理系统。

（7）烟草物流园能耗在线监测系统。

（8）烟草碳排放移动端 App 系统。

2022 年 1 月，国家烟草专卖局印发《关于烟草行业做好碳达峰、碳中和的实施意见》，提出要加快建立绿色高效烟草物流体系，优化物流网络资源布局，创新绿色低碳、集约高效的配送模式，开展企业绿色物流园区建设，推动运输工具装备低碳转型，持续开展包装物循环利用模式。同年 10 月，云南省烟草公司发布了《云南烟草商业低（零）碳绿色物流体系（试用版）》，要求建立碳中和数字化管理平台，实现碳"可采、可算、可视和可控"。

2023 年 3 月，德宏州公司作为全省低（零）碳绿色物流体系的试点单位，致力于通过碳中和数字化管理平台，建立并完善数字化低碳治理体系；结合物联数据采集技术，夯实低碳治理工作；基于智能大数据分析技术，强化低碳治理效果。数据监测分析服务平台如图 1 所示。

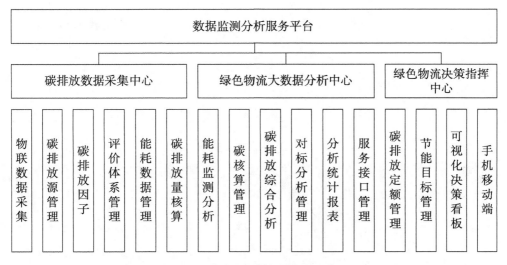

图 1　数据监测分析服务平台

党的二十大报告提出要建设"数字中国"，要实现产业数字化，数字产业化。具体到烟草物流方面，碳中和数字化管理平台从烟草物流行业的视角，着重建设三大中心：碳排放数据采集中心、绿色物流大数据分析中心、绿色物流决策指挥中心。平台通过智能电表、智能水表等物联网技术、RPA 智能机器人、各系统接口等采集碳排放数据，依据国标进行核算、分析，以 3D 建模、一张图、全景式地呈现仓储、分拣、配送、回收、综合办公等各个作业环节的碳排放量，以及屋顶光伏、太阳能路灯、雨水收集、中水利用、沼气利用、新能源车、绿色终端、AGV 小车、无人叉车、碳中和小屋、灌木绿植等各种路径的碳减排量、碳吸收量。

平台通过大数据分析和人工智能分析技术的加持，可以溯源到每个重点排放源，对比物流园区的"双碳"目标，辅助管理决策，并通过继续优化配送、包装、精细化管理等减排、降碳措施，降低单箱排放量、提高绿色能源占比，从而实现"碳可控"。

在烟草碳中和数字化管理平台建设过程中，云南省烟草局物流处领导四次赴德宏州就全省低（零）碳绿色物流工作进行调研和指导，经过技术团队多次迭代和优化，目前德宏烟草碳中和数字化管理平台已建设完成，并打造成全省低（零）碳绿色物流标杆，建成全国烟草行业首家零碳物流园区。

2023 年 9 月 20 日，德宏烟草碳中和数字化管理平台项目通过了专家组的验收。

2023 年 10 月 12 日，云南省烟草专卖局（公司）系统绿色低碳物流现场会在德宏州召开，省局领导和 16 个州市物流公司领导考察了德宏州烟草物流园，对德宏烟草碳中和数字化管理平台的开发和建设工作给予了高度评价和认可，也得到了人民网等媒体广泛报道。

（作者：北京国研趋势科技有限公司技术部　余传志）

第十九章　重庆长安汽车股份有限公司

重庆长安汽车股份有限公司（以下简称"长安汽车"）隶属于中国兵器装备集团公司，是中国汽车四大集团阵营企业，拥有 161 年历史底蕴、39 年造车积累，全球有 12 个制造基地、22 个工厂。作为中国汽车品牌的典型代表之一，长安汽车旗下包括长安、深蓝、阿维塔、凯程等自主品牌以及长安福特、长安马自达、江铃汽车等合资品牌。截至 2023 年 6 月，长安系中国品牌汽车销量已累计突破 2440.9 万辆。

一、案例一

在绿色运输工具方面，氢燃料电池运输车辆因其更低的故障率和更高的运输效率，在物流运输中展现出广阔的前景。碳排放类别与物流活动类型如表 1 所示。

表 1　　　　　　　　　碳排放类别与物流活动类型

碳排放类别	物流活动类型
范围一 （直接排放）	运输及配送活动过程中的自营部分
	装卸搬运及仓储活动过程中的化石燃料消耗
	辅助物流活动中的化石燃料消耗
范围二 （间接排放）	装卸搬运及仓储活动、辅助物流活动中的电力及热力消耗
范围三 （其他间接排放）	包装环节
	运输及配送活动过程中的外包部分

目前，长安汽车联合长安民生物流及两江工厂，在鱼嘴片区开展了一个试点项目。该项目涵盖 5 条运输线路，旨在实践和验证氢燃料电池运输车辆（见图 1）的应用潜力和实际效果。

二、案例二

实施国内包装通用化创新：长安汽车在推进新车型投产及量产车型产量减少的

图 1　运输车辆

过程中发现，受车型增加、产量变化、车型尺寸、生产工艺等影响，厂内自制包装有部分闲置浪费现象，并需占用大量物流场地储存。厂内自制包装是工厂制作或委外制作投入的自用包装，包含自制件周转用料架、托盘、流利架、转运小车等。以上现象中以冲压零件包装最为典型。

针对这一现象，结合冲压零件具有大批量、少品种的特点，长安汽车提出对厂内自制包装通用化的研究，在渝北工厂新厂区投产中实施，以期能够减少包装闲置、节约场地面积。

首先，针对新工厂三个车型的自制包装，确定了以冲压车间自制件转运料架为核心，按照确定零件明细、确定流通环境、包装方案设计、数量确认、包装样件制作、包装批量制作等工作的流程。

其次，制定了包装通用化的技术路径（见图 2）：一是"放大的框架"，通过将

预留区域　　　　　　　　可水平、竖直调节　　　　　　　精确限位安装

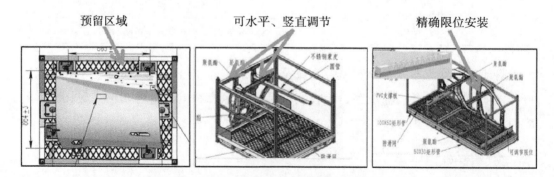

图 2　包装通用化的技术路径

包装长度、宽度、高度方向尺寸预留 50mm，给予立柱调整空间，满足不同车型间零件尺寸差异的通用性；二是"活动的立柱"，通过将限位的立柱进行上下左右调节、立柱与地面采用可调节的"一圆孔"固定，满足不同车型间零件尺寸差异的通用性；三是"精确的限位"，通过精确固定立柱与地面可调节的"一圆孔"，满足不同车型间零件尺寸差异的通用性。

最后，按照工作流程和技术路径，对冲压车间自制件转运料架进行包装方案设计和包装投入。

（作者：重庆长安汽车股份有限公司长安汽车物流中心　李苑昕）

第二十章　山东京博物流股份有限公司

山东京博物流股份有限公司（以下简称"京博物流"）是一家集危险化学品物流、大宗商品物流于一体的多元化、服务型第三方物流企业，成立于2012年。

目前京博物流自有危化品车辆400余辆，可调动各类社会车辆10000余辆，拥有7类危化品承运资质，以公路、铁路、仓储等方式为客户提供多品类的场景物流服务；拥有自主产权的铁路专用线8条及配套建设的海关监管作业场站，"滨海欧""滨新欧"国际货运班列实现"一次申报、一次查验、一次放行"，以专线库区优势打造以铁路场站为核心的多式联运服务，实现集铁路、公路、水运、管道等一站式综合物流服务，为搭建金融、商贸、物流、仓储一体化平台提供装备支撑；用品类对接需求，让资产变为资源，以技术赋能方案，借助数智化手段，定制个性化的综合物流方案，提供全链路全场景的综合物流服务。

京博物流是中国石油和化学工业联合会全国危险化学品运输和物流协作联盟理事长单位、山东省交通与物流协会会长单位。荣获全国AAAAA级物流企业、中国民营物流企业50强、国家级商贸流通标准化专项试点企业、全国公路运输甩挂试点单位、山东省先进制造业与服务业融合发展试点企业、山东省博士后创新实践基地、滨州市企业技术中心、滨州市工程研究中心等荣誉称号，京博牌货运商标是山东省著名商标。由京博物流承建的黄河三角洲滨南物流园项目是国家级示范物流园区，也是山东省政府重点建设项目。

京博物流始终以解决方案价值为核心、以物流数智化为手段、以多式联运为重点，做专化工物流、做精企业物流、做优物流企业，成为化工物流行业值得托付的供应链方案解决商。

"滨海欧"公铁联运全程一单制绿色物流解决方案如下所示。

一、案例发展背景

（1）当前物流行业碳排放比重高。

根据《中国绿色物流发展报告（2023）》，物流行业是能源密集型行业，温室气体排放量显著增加。当前，我国物流业碳排放占全国碳排放总量的9%左右。据测算，货物运输及配送活动、装卸搬运及仓储活动、辅助物流活动是物流业碳排放的三大来源，其中，货物运输及配送碳排放占比高达85%左右。"公转铁"是国家提出打赢蓝天保卫战的重要举措。通过"滨海欧"公铁联运全程一单制绿色物流货运班列运送货物，现代班列机车使用电力清洁能源，对空气污染有良好的改善。

（2）政策驱动与支持。

2021年交通运输部印发《绿色交通"十四五"发展规划》，旨在通过优化物流流程、推广绿色包装、使用环保型运输工具等措施，降低物流行业的资源消耗和环境污染。联运发展政策特别是鼓励"一单制"创新发展的政策不断出台且得到有效落实，为试点项目建设提供制度保障。京博物流的发展得到了交通运输部、山东省交通运输厅、滨州市政府等主管部门的大力支持，各地方有关部门对具体落地项目给予了重点培育、重点支持；受益于"一带一路"建设、交通强国建设以及运输结构调整、"集装箱铁水联运"政策的利好，京博物流绿色物流发展进入新的发展阶段。

二、拟解决问题

（1）减少物流过程中的环境污染。

京博物流通过建设铁路相关安全、装卸效率管理相关系统，优化运输路径，提高运输效率，减少不必要的运输环节和空驶现象，从而降低整体运输过程中的碳排放。

（2）提高物流效率与服务质量。

通过一单制模式，实现全程无缝衔接，减少烦琐手续和不必要的中间环节，提高物流效率。

（3）推动绿色物流理念普及。

京博物流一单制绿色物流的实施可以起到示范带头作用，将推动整个物流行业向更加环保、可持续的方向发展。

三、开展"滨海欧"公铁联运全程

"京博物流'滨海欧'公铁联运全程一单制绿色物流海铁联运班列"全程"一单到底""一箱到底"，实现了面对客户的"一个承运单位、一次结算、一份提单、一份保险、一箱到底"的全程多式联运模式。京博物流为客户提供门到港的铁路运输服务，船公司为客户提供港到门的海运运输服务，真正做到了"一箱到底、绿色物流"。

京博物流为客户提供门到港服务，如图1所示。

图1 "滨海欧"公铁联运全程一单制绿色物流解决方案流程

四、解决方案主要内容

（1）完善基础设施。

为了满足"一单制"多式联运需求，需要对铁路物流园进行改造（见图2）。本试点项目主要对现有的场站及设备进行改造，包括专2股、专5股、专8股铁路道口整修、专7股货场优化改造项目、专用线大修工程。

图2 物流园改造

（2）补充运行设备（见图3）。

补充运行设备主要包括门式起重机、危化品牵引车、挂车等车辆购置。

国五危化品车有助于减少尾气排放，从而减少对环境的污染，同时还能减少能源消耗，推动物流行业向绿色、低碳方向发展。

（3）构建信息系统。

主要包括场站运行系统（铁路智慧园区系统项目、铁路智慧园区站企联动项目、

图3　补充运行设备

集装箱管理系统项目）、业务系统（捷油宝、捷运互联智慧物流平台项目）等信息化系统的建设，通过信息化系统，实现各业务场景线上化运作，提高运行效率。

①场站运行系统。

铁路智慧园区系统项目：为提升铁路物流园的铁路专用线运行安全水平、装卸效率，融合信息系统与物联网智能应用技术，构建该系统。系统的搭建基于云计算、物联网、人工智能及区块链等高新技术，对铁路物流园进行智能化改造，实现了无人机智能预检、空重错装识别、无人值守智能门禁、智能配载、智能交接检查、三维可视化堆场，打通了现车系统、95306电商平台、铁路箱管系统，有机整合订单录入、车辆授权、路线规划、可视对讲，实现铁路物流园无纸化、移动化和智能化作业的目标。

铁路智慧园区站企联动项目（见图4）：该系统是基于铁路货运物流场景设计的，实现铁路货车运转效率可视化、数据化、可控化的线上管理平台。主要通过对火车运转全流程的分解梳理，整合铁路取送车作业、专用线装卸作业、货运外勤检车作业等流程步骤，利用系统采集各个步骤的实际作业时间，累积数据后建立作业时间标准，通过实际与标准的对比关联作业人员绩效，提升整体运转效率。

图4　铁路智慧园区站企联动项目

集装箱管理系统项目：主要包括作业信息采集和查询统计功能。作业信息采集功能包括：发运计划采集，装、卸箱重量采集，短倒信息采集以及基础信息维护。查询统计功能包括：集装箱按位置、空重查询统计，费用查询统计，预警信息展示，亏吨、残留量信息统计，堆存信息统计，运输经营周转统计以及集装箱追踪查询等。系统上线使用后，相关业务管理人员能够整体掌握公司所有沥青罐式箱的位置分布、堆存时间、空重联运情况及运输周转使用情况。

②业务系统。

捷油宝、捷运互联智慧物流平台项目：平台实现对外能面向各类客户承接物流订单，对内能够支撑各类运输场景派车调度的目标。针对平台服务特点，平台重点搭建了订单管理、运力管理、客户管理、承运商管理、智能调度、运输监控、排队预约、货物签收复核等14个功能模块。同时，还可以与企业ERP/SAP系统、电商系统、园区管理系统、综合计量系统、财务结算系统、主数据等进行对接集成。通过共同构建智慧物流体系，实现了平台与供应链物流的上下游互联互通，预防货物在途异常风险，提高整体作业效率。

（4）加强产学研合作。

针对一单制试点建设问题，联合高校智囊团队深入开展多式联运"一单制"产学研合作。京博物流联合东南大学开展"基于区块链技术的多式联运'一单制'信息管控方式研究"项目，该项目已入选教育部产学合作协同育人项目，项目主要推进内容包括研究多式联运"一单制"的主要形式和适应条件、信息管控方式，结合京博物流发展现状与现有信息化系统，研究流程如何与现有系统衔接，提供系统方案设计建议；论证分析区块链应用于多式联运"一单制"信息管控的可行性和路径，依托"一单制"拓展金融保险服务功能提升，以区块链技术应用实现多方信息交互与信息传输，确保信息可信、不可篡改。依托该项目成果，京博物流与东南大学共同申报的"一单制"下大宗物流数智一体化平台项目获批中国物流与采购联合会科学技术进步二等奖（见图5）。

图5 证书

（5）创新组织模式。

多式联运"一单制"业务模式由京博物流全程对接，衔接顺畅。由京博物流作为承运人统一对接铁路、港口、保险等各环节，实现海关、商检、铁路、船东、货主、集装箱堆场等各环节的数据交换与共享，客户可不用自行对接，实现了多式联运相关政务功能的"一站式"服务，有机串联起仓储、拖车、铁路、堆场、海运及其他物流组织，建成路企联合调度指挥中心，打破铁路固有的运行交接模式，在全路具备引领标杆作用。

五、项目荣誉

山东京博物流股份有限公司获评 2023 年山东省多式联运"一单制"试点工程（见图 6）。

附件

2023 年山东省多式联运"一单制"试点工程

序号	项目名称	公司名称
1	"通欧亚、连内陆"多通道智慧创新海铁公多式联运"一单制"试点工程	山东京博物流股份有限公司
2	山东京杭多式联运"一单制"试点工程	济宁港航梁山港有限公司
3	泰安"一核集成、二网联动、内外融合"多式联运一单制试点工程	泰安鑫拓物流有限公司
4	山东临满欧绿色智慧集装箱公铁联运"一单制"试点工程	山东临满欧国际物流有限公司
5	鲁北铁路物流园运输融合供应链一体化多式联运试点工程	山东鲁北国际物流发展有限公司
6	德州宏运通国际物流股份有限公司多式联运"一单制"试点工程	德州宏运通国际物流股份有限公司
7	枣庄青港国际物流有限公司内陆港及多式联运"一单制"信息化工程实施方案	枣庄青港国际物流有限公司
8	中欧班列（齐鲁号）公铁水国际多式联运"一单制"试点工程	山东高速齐鲁号国际陆港发展有限公司
9	山港陆海国际物流（济南）有限公司多式联运"一单制"试点工程	山港陆海国际物流（济南）有限公司
10	日照海铁公园国际多式联运"一单制"试点工程实施方案	日照众合国际货运代理有限公司
11	中俄物流产业园多式联运"一单制"试点工程	山东建投新丝路供应链有限公司
12	瑞铭冷链物流公水集装箱多式联运"一单制"试点工程	山东瑞铭冷链物流有限公司

图 6　项目荣誉示意

六、经济效益

在试点建设过程中，京博物流整合多种运输方式，与铁路部门深度开展合作，成立路企联合调度指挥中心，打破铁路固有的运行交接模式，省去来回办理手续的复杂流程，优化沟通成本，提升运输效率。客户只需通过京博物流一个承运单位即可获得公、铁、海全程运输服务，极大地降低了客户的物流成本和时间成本。京博物流铁路园区内集装箱汽运集疏站效率由 59% 提升到 70%，钢卷汽运集疏站效率由

56%提升到69%，运行效率大幅度提升（见表1）。

表1　　　　　　　　京博物流一单制绿色物流业务开展情况

类型	2023 年		2024 年 1—8 月	
	TEU	运量/吨	TEU	运量/吨
内贸集装箱业务	14831	444930	14517	435510
外贸集装箱业务	3187	95610	3227	96810
合计	18018	540540	17744	532320

七、社会效益

起到行业引领示范作用。京博物流聚焦创新型、数字化、平台化，整合公路、铁路、海运资源，搭建铁路智能园区系统，在智慧创新方面下大工夫、投入资金，从联运服务细节入手，不盲目追求联运基础设施的大规模投入，更加重视联运的精细化管理，结合公司先进的精益物流管理经验，促使京博物流多式联运"一单制"服务模式成功落地，能够为市场提供全程"一单到底""一箱到底"的服务，降低企业物流成本、货物在途时间，提高物流效率，成为全路标杆。

八、环境效益

多式联运是加快运输结构调整的重要途径之一。本解决方案，通过优化运输组织效率、提升联运效率，进而提高铁路、水运运量占比，减少了不必要的运输环节和汽车空驶现象，从而降低了整体运输过程中的碳排放。相比传统的分段运输模式，"一单制"能够更有效地利用运输工具，减少单位货物的碳排放量，通过该解决方案每年约减少2.3万辆公路运力，约减少碳排放量14627.01吨，这种低碳运输方式有助于应对全球气候变化，推动绿色物流的发展。

（作者：山东京博物流股份有限公司　徐学敏）

第二十一章　陕西易运力科技有限公司

陕西易运力科技有限公司（以下简称"易运力"）成立于2021年9月，注册资本1000万元。公司专注于大宗物流场景服务，由陕西鸿盛集团倾力打造，致力于通过科技赋能解决大宗物流场景中的小、散、乱等问题，进而提升社会物流发展水平。

易运力通过对社会运力信息整合，以数智化为核心，与西安交大共同开发搭建智慧调度系统。公司运用智慧调度系统可实现物流车辆智能调度、车辆路径规划、车辆在途管理、运力能耗分析、客户运力池标签建立以及车辆加盟管理等功能，最终优化物流运输过程，提高运输效率，降低运输成本。

易运力还与中化集团等企业合作，共同推广零碳物流园项目，进行新能源场站布局，提供优质清洁运力。目前，在榆林神木大保当已建成占地面积70亩的新能源综合补给站，实现200台新能源电动车充换电，每年可提供清洁运力1100余万吨，为运输高峰期提供运力补充，逐步提高清洁能源消耗占比。整体计划到2027年，累计布局充换电站140座，累计入网车辆7000辆以上，满足70%以上100万吨大宗物流场景下清洁运输的要求。零碳物流既助力减少物流运输过程中的碳排放，推动绿色物流的发展，也为企业打造了"智慧能源+数字管车"的特色管理模式，实现了智慧化调度及新能源运力的广泛应用。

一、案例内容简介

煤炭作为我国第一大能源，其运输环节在能源供应链中占据重要地位。然而，在煤炭运输领域，面对日益增长的环保压力、运营成本挑战及行业竞争力提升的需求，亟待转型升级。数字化技术和新能源技术的快速发展，为煤炭运输行业的转型升级提供了新机遇。

易运力致力于煤炭运输行业的绿色化、智能化发展。公司与新能源供应商、科技企业、金融机构等建立了战略合作关系，共同推动在煤炭产地或消费地的绿色物流园区建设，结合新能源车辆的试点和自研数字化管理系统的应用，集成智能调度算法，构建了绿色、高效的煤炭运输网络和生态，通过技术创新和模式升级，极大地提升了运输效率，推动行业向更高质量发展。

目前已建设的大保当新能源综合补给站，是易运力联合金茂智慧交通建设的首个新能源综合补给站，集合清洁发电与补能系统、新能源车辆、智慧调度系统、智慧物流服务平台、精细化运营管理体系，为运输高峰期提供运力补充，逐步提高清洁能源消耗占比。

大保当新能源综合补给站规划 1#，2#，3#换电站及 6~8 个充电桩，已陆续投产使用，首批购置 120 台换电重卡已投入运营。黄陵、彬长换电站目前在试运营中，山立补能站、麻黄梁补能站、芹河补能站、巴拉素补能站也在手续办理中。

二、创新做法与典型经验总结

（一）创新做法

1. 人车分离模式

人车分离调度是一种分开管理车辆和驾驶员的模式。设置两个资源库，一是车辆库，二是司机库，通过系统优化计算，在任务库中将人与车单独配置到效率最大化。

2. 多模态交互融合

人车交互不再局限于传统的按钮和触摸屏，而是向多模态交互发展。这包括语音交互、手势识别、面部识别、眼球追踪等多种交互方式，提升人机交互的自然性和流畅性。

3. 远程监控平台

建立远程监控平台，实时获取车辆位置、状态等信息，实现精准调度和优化资源配置。

（二）打造新能源补给网络

1. 新能源车辆改造升级（见图1）

沉淀优质运力。以新能源车辆为底层专属运力、以传统油气车作为调峰补充，最大限度满足煤炭运输的稳定性和清洁化需求。根据运输实际情况，采用换电+充电模式，既缩短充电时间，提高车辆运营效率，又降低了运营成本。在特定区域或线路上试点氢能车辆，评估其经济性和可行性，为后期应用奠定基础。

2. 建设补能网络

打造新能源重卡补能网络。3 年内建成 450 公里新能源重卡补能网络，覆盖榆林煤炭物流的核心干线。形成重点子区域，包括：府谷区域、神木区域网络、榆阳区域、横山靖边区域。5 年内向西北延伸，打造国家级能源走廊。

图1　新能源车辆改造升级

3. 能源调节

积极参与购买和使用绿电,缓解电力消纳压力。同时,通过实施削峰填谷的用电调整措施,降低电网负荷峰谷差,提高电网的稳定性和可靠性,有效降低车辆运营成本。

(三) 数字化管理系统

1. 智慧调度系统

搭建智慧调度系统,实现煤炭运输的全链条数字化管理,包括订单管理、车辆调度、能耗监控等。从订单的接收、分配到运输过程中的跟踪,再到最后的交付确认,都在平台上完成。订单自动分配给距离货物出发地最近且空闲的车辆。收集并处理相关数据,包括驾驶员的工作绩效(准点率、能耗情况、安全记录等)、车辆的运营数据(行驶里程、维修频率、利用率等)。通过对这些数据的分析,管理者可以准确评估驾驶员和车辆的绩效,找出存在的问题并制定改进措施。

2. 智能调度算法 (见图2)

根据实时路况、装卸状态、天气、车辆状态等多维度数据,自动优化调度方案,减少空驶率,提高运输效率。采用Dijkstra算法,计算出最短路径与历史平均能耗,使用线性规划模型求解,得到最合适的运输路线以及补能方案,降低运输的无效时间,提升运输效率。

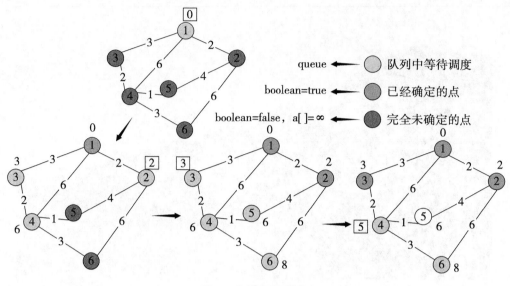

图2 智能调度算法

（四）车后生态服务

1. 建立服务网络

在陕西、内蒙古、山西、河南、河北、湖北、重庆、四川、甘肃等省区市建立了5个车辆综合维修中心、20多个车辆零配件销售点、2000多家指定补能服务点，基本形成了较为完善的运力服务基础保障体系。

2. 建设司机之家（见图3）

响应交通运输部、中华全国总工会提出的在全国范围内全面推广"司机之家"的号召，公司推进建设一批功能实用、经济实惠、舒适便捷的"司机之家"，加强安保设施投入，切实解决司机停车休息、车货安全保障等问题。

图3 司机之家

3. 服务保障

为车主营造安全、便捷、优惠的综合货运生态圈，涵盖了补能、维修保养、轮胎、保险、ETC、北斗及延伸六大产业板块，实现对司机和车辆的全方位服务保障。

开设在线服务窗口，用户可以在线预约维修、保养服务，查询服务进度和费用明细，以及咨询车辆使用过程中遇到的问题。

三、实施效果

（一）经济效益

通过智慧调度系统的路径规划，从司机接单到装货、行驶、送达的过程中，总耗时节约30%以上，路线距离节约15%，有效降低了物流成本。通过人车分离模式实现调度效率的提升，降低综合人力成本15%，车辆平均收益提升30%，司机的工作和收入也得到稳定。通过远程监控平台的应用和管理，车辆维修成本下降了10%，同时保险出险率也得到有效控制。

（二）社会效益

首先，带动产业升级和提供就业机会。布局新能源物流产业链，吸引主机厂、新能源设备制造商、电池梯次利用及回收、光伏、行业智库等企业落地，推动能源转型和产业健康发展，创造工作岗位和机会。

其次，节能减排和可持续发展。推进新能源车辆的升级改造，减少了碳排放和环境污染，实现经济、社会和环境的协调发展。

最后，提高能源利用效率、优化能源结构、提升能源安全性。削峰填谷措施有助于保障电力系统的稳定运行，减少电力中断的风险，提高电网的可靠性和安全性。

四、借鉴意义

（一）经济价值

1. 节约成本

通过数字化管理，可以实现煤炭运输车辆的智能调度和路径优化，减少空驶和等待时间，从而降低运输成本。新能源车辆的使用，虽然初期投资可能较高，但长期来看，由于能源消耗成本低，可以显著降低运营成本。

2. 效率提升

数字化平台可以实时监控运输进度，提高运输效率。新能源车辆的换电模式，缩短了车辆停留时间，提高了运输效率。

（二）环保价值

1. 减少排放

新能源车辆的使用可以显著减少二氧化碳、氮氧化物等有害气体的排放，有助于改善空气质量。通过数字化管理，可以优化运输路线，减少不必要的行驶，进一步降低排放。

2. 可持续发展

项目符合国家的碳达峰、碳中和政策，有助于推动煤炭运输行业的可持续发展。新能源车辆的应用可以减少对化石燃料的依赖，推动能源结构的优化和转型。

（三）社会价值

1. 提升公众环保意识

该项目的成功实施将向公众展示新能源和数字化技术在环保方面的潜力，提升公众的环保意识。

2. 改善驾驶员工作环境

数字化平台可以提供更准确的导航和路况信息，减少驾驶员的驾驶压力。新能源车辆通常噪声较小，振动也较少，可以改善驾驶员的工作环境。

3. 促进就业

该项目的实施将带动新能源车辆制造、维修、充电站建设等相关产业的发展，创造更多的就业机会。

（作者：陕西易运力科技有限公司中台运营中心　张彦峰）

第二十二章　西安自贸港建设运营有限公司

西安自贸港建设运营有限公司（以下简称"公司"）是西安浐灞国际港管委会出资设立的独立法人子公司，负责西安港多式联运及枢纽港建设、中欧班列长安号、海铁联运通道（东向）及中欧班列（西安）集结中心等中国第一大内陆港的核心业务运营。

公司成立于2018年，是陕西省网络货运平台试点企业，是拥有无车承运人资质、海关肉类进口许可、ISO 9001、ISO 14001、ISO 45001认证的班列平台公司，并且获国内物流行业最高级资质——中物联AAAAA级物流企业称号，2020年被国务院复工复产推进工作机制国际物流工作专班列入第一批国际物流运输重点联系企业名单，是中欧班列运输协调委员会成员单位，连续3年荣获西部百强企业。

公司主要负责中欧班列长安号中亚、中俄、中白俄、部分欧洲线路、东向海铁联运的运输，目前已开行线路达到17条，实现欧亚地区45个国家全覆盖，开行中老、中越国际货运班列，实现南北、东西国际通道战略交会。2019—2024年分别开行1169列、2033列、2153列、3833列、4596列，各项指标居全国前列。

中欧班列长安号综合服务平台

公司自主研发的中欧班列长安号综合服务平台，致力于为跨境物流及相关服务提供高效、智能的综合解决方案。平台通过数据共享和资源整合，显著提升了业务流程的自动化和信息透明度。在实际应用中，公司开发了多项子系统，实现单证自动生成、报关流程优化、国际物流信息可视化、三单联审等功能，不仅提升了工作效率，还降低了客户的运营成本，进一步促进了"一带一路"共建国家和地区的贸易便利化。

一、项目背景

中欧班列长安号综合服务平台由公司自主研发，旨在为物流运输、货代企业、货主、进出口贸易商以及多方第三方供应商提供数字化服务。通过整合各类资源并实现信息共享，平台助力跨境物流的高效发展。公司在多年的运营中积累了丰富的业务经验和数据资源，并通过与国铁集团、海关单一窗口、哈铁等多系统的对接，实现了数据互联互通。

二、主要做法

随着信息化技术的进步，公司为进一步优化跨境物流业务，提升数字化应用水平，推动了基于中欧班列长安号综合服务平台的地接服务相关模块的功能建设，包括与国联系统打通 API 接口后开发的单证制作系统，海关单一窗口模式的报关业务系统，境外单证审核系统，境外运踪反馈系统，三单联审系统，堆区批复系统，短驳调度系统，综保区关务辅助服务系统。

1. 单证制作与报关子系统

利用 OCR 识别和 NLP 等先进技术，平台实现了随车单证的自动分类、识别、和运单、报关单等生成。与国联 API 对接后，系统可自动生成运单草单，由公司单证人员审核后推送至国联系统生成正式报关单；系统也可自动生成报关单草单，由报关人员审核后推送至海关单一窗口。此功能的实现提高了运单和报关单制作的及时性和准确性，显著减少了制作及审核时间。

2. 境外单证审核子系统

该系统通过线上和 API 接口，在列车发车前将随车单证发送至境外代理，实现提前审核，确保资料准确无误。目前系统已对接 KTZ，实现了与哈铁的 API 资料、数据、审核结果等对接，加快了跨境文件处理的效率，缩短了反馈时间。未与公司对接接口的境外代理公司，也可使用公司针对境外代理用户开发的多语言线上操作平台进行资料审核等业务功能。

3. 境外代理与境外车站对接

平台通过 API 接口与境外代理和车站对接，实现运踪信息的共享、报价信息推送以及对账单推送等功能，提升了国际物流的透明度和效率。目前已完成与 RTSB、哈铁等境外代理的系统验证工作。对方可直接通过接口向公司平台实时反馈集装箱运行跟踪信息。对于未与公司对接运踪接口的代理企业，公司向其开放多语言线上操作平台用于运踪信息的及时维护；代理企业也可以通过原本的线下模式向公司反馈运踪邮件，公司的系统通过识别邮件中的箱号、位置等信息自动更新集装箱运踪。

4. 三单联审、堆区批复、短驳调度等子系统

通过与中铁多联和国际港站的线上三方联审，系统装箱方案进行高效审核，减少客户多次往返，提升方案制作和审核质量。中心站堆区批复后，系统自动通过短

信、App、微信等多渠道将审批信息推送给客户，简化了堆区的管理流程，便于客户集装箱高效入场。通过系统化的管理流程，将堆区批复信息及上站集装箱信息推送至相关班列订舱人、堆场、司机等业务角色，指导其完成发运前的集装箱上站全流程工作，提高业务效率。

三、成效

通过中欧班列长安号综合服务平台的实施，公司实现了多项业务的流程优化和资源整合，进一步推动了中欧班列运输服务的高效化、智能化。一方面，平台缩短了运单制作和报关时间，提升了通关效率，使客户能够更快速地将货物送达目的地；另一方面，通过与境外代理和多方系统的对接，实现了跨国业务的无缝衔接，提高了信息透明度和物流可视性。此外，平台的场景化应用与数据共享，不仅帮助客户降低了运营成本，还促进了客户业务模式的创新与转型，使客户在国际市场竞争中更具优势。平台的成功推广显著提升了公司在国际物流领域的品牌影响力，进一步巩固了公司作为"一带一路"倡议中重要物流服务供应商的地位，为国际贸易的长远发展奠定了坚实的基础。

（作者：西安自贸港建设运营有限公司运输研发部　燕美婷）

第二十三章　陕西坤源供应链集团有限公司

陕西坤源供应链集团有限公司（以下简称"公司"）是集钢材、煤炭、农副产品、国内外商品贸易、加工、合作于一体的综合性集团公司。公司于 2015 年 3 月成立，设有 4 个区域 8 个部门，年销售收入 100 亿元。自公司成立以来，在大宗商品行业中占据主导地位。

一是钢材贸易。陕西坤源供应链集团有限公司形成了以钢铁贸易为龙头的支柱型供应链集团公司，成为陕钢集团龙钢公司禹龙品牌代理商，并在销售及维护客户工作中起到主导作用。近年来，公司曾连续被评为"西部百强企业""陕西省优质钢贸企业""4A 级物流企业""最佳供应商"等多项荣誉称号，作为优秀企业被西安市电视台广泛报道宣传。

二是煤炭贸易。公司拓展动力煤及焦煤供应链业务，与国央企电厂、大型电力企业、煤矿源头企业建立长期合作的纽带关系。加强煤炭物流运输，确保煤炭质量交付，诚实守信的经营作风赢得广大客户的一致好评。

三是农产品贸易。公司秉承以需定采的经营方针，结合客户需求，增加农副产品经营板块，择优选择生产基地，坚持走绿色食品的销售路线。选取新疆奇台面粉、有机手工挂面、红花籽油、葵花籽油等产品拓展西北地区销售市场。已为厂矿、超市、学校、机关等场所提供所需农副产品的精准服务与供应。

四是国际贸易。根据市场发展需要，公司于 2020 年成立了国际贸易部，开展国内外贸易、转口贸易等新型模式，在产业链供需之间建立交易的桥梁与纽带，一站式服务提高供应链创新效率。

一、拟解决问题

1. 中间环节成本问题

传统钢材贸易中存在多个中间环节，增加了成本，降低了利润空间。

2. 物流效率问题

多次转运导致运输效率低下，影响工程进度。

3. 碳排放问题

传统燃油运输方式产生较高的碳排放，不符合绿色环保的发展趋势。

二、实施流程

1. 市场调研与需求分析

调研终端工地的钢材需求量和规格要求。

分析直配直运的可行性，包括物流成本、运输路线、电量需求等。

2. 合作伙伴选择

选择愿意合作并提供直配直运服务的钢材生产厂家。

确定具有电车运输能力的物流合作伙伴。

3. 系统搭建

建立订单管理系统，实现厂家与终端工地的直接对接。

引入物流跟踪系统，实时监控钢材运输状态。

4. 试点运行

在选定的小范围市场进行直配直运试点。

收集数据，评估试点效果，调整优化流程。

5. 规模化推广

根据试点结果，逐步扩大直配直运的范围和规模。

增加电车数量，提高电车运输比例。

6. 持续优化

定期评估直配直运的效果，持续优化流程。

根据市场变化和新技术发展，调整运输策略。

三、经济效益

1. 降低成本

减少了中间环节的加价，降低了采购成本。

电车运输成本低于燃油车，进一步减少物流费用。

2. 提高利润率

成本降低直接提高了企业的利润率。

物流效率提升加快了资金回笼速度。

3. 增强市场竞争力

直配直运模式提高了企业的市场响应速度和服务质量，增强了市场竞争力。

四、社会效益

1. 促进就业

直配直运模式需要更多的物流和运营人员，为当地创造就业机会。

2. 提升行业形象

绿色物流的实施有助于提升整个钢材贸易行业的社会形象。

3. 推动产业链升级

促进了钢材产业链向更加高效、环保的方向发展。

五、环境效益

1. 降低碳排放

电车运输相较于燃油车，显著降低了碳排放。

2. 减少污染

电车尾气排放量几乎为零，减轻了城市空气污染。

3. 节约资源

直配直运减少了不必要的转运和包装，节约了资源和能源。

通过上述实施流程，钢材贸易企业不仅能够实现经济效益的提升，还能在社会和环境层面产生积极的效应，实现可持续发展。

（作者：陕西坤源供应链集团有限公司　王艳莉）

第二十四章　大众汽车（安徽）有限公司

大众汽车（安徽）有限公司（原江淮大众汽车有限公司）成立于 2017 年，由大众汽车集团与安徽江淮汽车集团股份有限公司合资组建，是大众汽车集团在中国第一家专注于新能源汽车的合资企业。2020 年 12 月，大众汽车集团增持江淮大众汽车有限公司股份至 75% 的战略投资完成，并接管企业管理权，合资企业正式更名为大众汽车（安徽）有限公司（以下简称"大众安徽"）。

大众安徽智能电动汽车生产基地占地面积 51 万平方米，于 2021 年 7 月开工建设，仅用 18 个月即完成建造，具备一流设备和基础设施。工厂目前已实现核心生产环节的全自动化，包括 100% 车身自动焊接，100% 自动喷涂，100% 自动底盘组装，集中展现了大众汽车品牌的智能制造能力，体现了对质量的严格把控和可持续发展理念。车身车间占地面积约 14 万平方米，配备了约 1200 台机器人，是大众汽车在华工厂中自动化率最高的车间，同时也是集团首座在华应用 "100% In-line measurement 2025" 技术的车间，为产品的卓越品质提供保障。首款车型于 2023 年年底投产；面向国内市场的大众品牌 ID. UNYX 与众已在 2024 年 7 月正式上市。

一、案例一

大众安徽零塑料业务发展响应环保需求，减少物流中塑料包装浪费，降低环境污染，提升供应链可持续性。在 2023 年累计减少 30 吨的物流塑料包装，约 97.2 吨的二氧化碳排放当量。物流塑料包装前后对比如图 1 所示。

图 1　物流塑料包装前后对比

二、案例二

大众安徽携手合作伙伴推进智慧物流项目，共同探索未来出行解决方案，助力合肥"双智城市"建设。项目已于 2023 年 2 月启动联合调试，3 台电动网联卡车（见图 2）车队预计每年行驶里程将超过 135780 公里，减少约 84 吨碳排放。2025 年大众安徽还将推出自动驾驶电卡，用于冲压车间零件的运输。

图 2　电动网联卡车

三、案例三

大众安徽大力推广无纸化在物流拣选超市和物流运输环节的应用，通过数字化流程再造，显著提升了作业效率，降低了人工和时间成本。通过无纸化改革，节省了超市物流成本 20 万元/年，减少二氧化碳排放 55 吨/年。此外，无纸化交接减少了纸质单据的打印和流转，通过电子数据的实时传输和存储，提高了信息的实时性和准确性，从而增强了物流的经济效益和环境效益。

（作者：大众汽车（安徽）有限公司　张语嫣）

第二十五章　上海箱箱智能科技有限公司

上海箱箱智能科技有限公司（以下简称"箱箱共用"）成立于2013年，是一家全球领先的运用物联网技术的智能物流包装循环共享服务商。凭借十余年全行业物流包装、物联网、循环管理等综合研发能力，以及5G、大数据、AI辅助决策等创新技术，形成了"包装+循环服务+数据"一体化绿色供应链解决方案，为万华化学、海尔集团、中车尚驰、霍尼韦尔、欧莱雅、沃尔玛、博世、美的等来自新能源、新材料、汽车及家电零部件、生物医药等领域近2000家全球知名企业和行业头部企业提供智能物流包装技术和循环运营服务，先后在世界级"灯塔工厂""博世无锡工业园""美的微清'灯塔工厂'""欧莱雅苏州尚美碳中和工厂""海尔中德智慧园区"等工业园区和制造工厂成功应用。箱箱共用循环包装技术方案如图1所示。

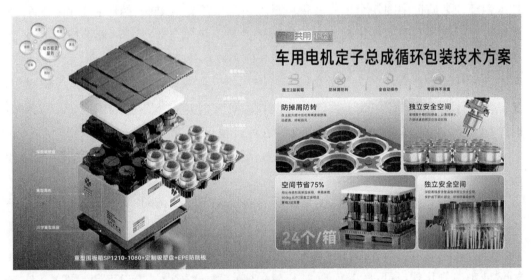

图1　箱箱共用循环包装技术方案

截至2024年，箱箱共用在中国部署了30个中心仓、2553个上下游循环服务网点，投放了200万套智能循环包装，面向非危化学品、新能源、汽车及家电零部件、食品饮料、生鲜冷链五大行业的26个垂直细分领域客户提供专业包装循环服务。

1. 非危化学品行业案例——万华化学绿色供应链循环解决方案

箱箱共用根据万华化学的产品特性及灌排条件，为其定制了专属智能 IBC 解决方案，并依托箱箱共用云管理平台，实现一箱多段的联动共享，即从上游原材料装运，再到下游成品发送的全链条循环。另外，箱箱共用开发了自动化结算系统，实时收集数据，通过"包装+服务+数据"一体化智能 IBC 循环方案，不仅使 TCO 总成本降低 30% 以上，更协助万华打造出绿色低碳供应链的基础。

（1）平台解决方案。通过共建智能 IBC 包装资产池，利用数字化平台管理，能够服务区域内的集群客户，实现标准、服务和管理的统一。此外，通过 IoT 物联网模组方案，能够解决供应链的资产管理、防窜货管理、防丢失管理、循环周转管理等痛点问题。

（2）包装智能化方案。1040 吨立方+一箱一码 IoT 解决方案。

（3）管箱 SaaS 系统。在线订单系统、资产分布图、库存预警、空箱超期预警、丢失预警、箱货共管、可视化在途跟踪、资产利用率分析报表、AI 调度。

（4）绿色成果。替换一次性包装：16800 托（2022 年）。减少供应链碳排放量：2842.56 吨二氧化碳当量（2022 年），40608 吨二氧化碳当量（2025 年预期）。

2. 汽车零部件行业——博世氢能智慧循环服务平台

（1）案例举措。箱箱共用通过新能源零部件循环包装定制+数字化循环运营服务技术创新，为博世中国 5 个工厂及供应链上下游伙伴提供 PaaS 循环服务和循环管理解决方案，累计实现循环超过 300 万箱次，涵盖电机零部件、喷油器、ECU 等多个核心部件，全面匹配博世集团自动化立体仓库和数字化管理需求。

（2）平台解决方案。与博世集团制定统一的包装管理标准，箱箱通过 VMI 模式统一为零件供应商供应包装。智能云交割技术可实时获得上下游的出入库记录和实时库存，带有 IoT 模组的围板箱，可实现在途可视化的功能。

（3）包装智能化方案。标准围板箱+单元化折叠箱+超轻型卡板箱+一箱一码 IoT 解决方案

（4）管箱 SaaS 系统。出入库记录、库存数量、库存预警、丢失预警、可视化在途跟踪、用量报表。

（5）绿色成果。替换一次性包装：49903 托（2021 年）。减少供应链碳排放量：3068.4 吨二氧化碳当量（2021 年），13343.3 吨二氧化碳当量（2025 年预期）。

3. 家电制造行业——美的"灯塔工厂"定制化循环解决方案

案例举措：箱箱共用将数字化和信息化嵌入循环服务的核心环节，通过智能复合仓、在线订单系统、运营专网与一箱一码"IoT+SaaS"循环管理平台协同调度，大大提升车辆装载率，减少翻包次数和运输次数，进一步实现物流环节的可追溯、

可跟踪，并基于对生产制造场景的深刻理解，全面匹配美的安得智联 VMI（供应商管理库存）、循环取货、循环包装、运包一体、JIT（排序供货）/JIS（及时供货）配送及产中送线能力需求，通过场外 PaaS 用箱和场内 SaaS 管箱全链路数字化循环，助力安得智联打造数字化供应链生态闭环，在降本增效的同时带来节能减排效益。箱箱共用重载通如图 2 所示。

图 2　箱箱共用重载通

（1）平台解决方案。与美的安得智联携手打造运包一体化方案，以物流包装单元标准化、循环化和数智化的设计应用为切入点，一体优化上下游运输、存储、装卸、搬运、分拣过程，协同供应链合作伙伴降本增效，节能减排低碳转型。

（2）包装智能化方案。超轻型卡板箱+HDPE 吸塑隔层（循环材料）+4G 盘古模组+壁虎网关+蓝牙信标+RFID。

（3）管箱 SaaS 系统。出入库记录、库存数量、库存预警、丢失预警、可视化在途跟踪、用量报表。

（4）绿色成果。替换一次性包装：99168 托（2022 年）减少供应链碳排放量：1018.727 吨二氧化碳当量（2022 年），5087 吨二氧化碳当量（2025 年预期）。

（作者：上海箱箱智能科技有限公司 ESG 发展中心　倪倩）